本书系中国博士后科学基金会第11批……
新型用益物权法律问题研究"（项目批准……
基金第62批面上资助"城乡建设用地置换……
2017W621436），2017年中国法学会自选课题"城乡统筹中……
目批准号：CLS（2017）D78］，国家社会科学基金重点项目"当代中国改革创新试点的法治问题研究"（项目批准号：17AZD017）阶段性研究成果。

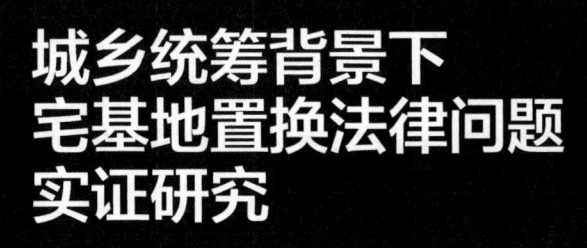

城乡统筹背景下宅基地置换法律问题实证研究
——以上海市为例

孙建伟　著

CHENGXIANG TONGCHOU
BEIJINGXIA
ZHAIJIDI ZHIHUAN
FALÜ WENTI
SHIZHENG YANJIU
YI SHANGHAISHI WEILI

知识产权出版社
全国百佳图书出版单位

图书在版编目（CIP）数据

城乡统筹背景下宅基地置换法律问题实证研究：以上海市为例／孙建伟著．—北京：知识产权出版社，2018.11

ISBN 978-7-5130-5945-9

Ⅰ.①城… Ⅱ.①孙… Ⅲ.①农村—住宅建设—土地管理法—研究—上海 Ⅳ.①D922.324

中国版本图书馆 CIP 数据核字（2018）第 250102 号

责任编辑：齐梓伊		责任校对：潘凤越	
执行编辑：凌艳怡		责任印制：孙婷婷	
封面设计：SUN 工作室　韩建文			

城乡统筹背景下宅基地置换法律问题实证研究
——以上海市为例

孙建伟　著

出版发行：知识产权出版社有限责任公司		网　　址：http://www.ipph.cn
社　　址：北京市海淀区气象路50号院		邮　　编：100081
责编电话：010-82000860 转 8176		责编邮箱：qiziyi2004@qq.com
发行电话：010-82000860 转 8101/8102		发行传真：010-82000893/82005070/82000270
印　　刷：北京九州迅驰传媒文化有限公司		经　　销：各大网上书店、新华书店及相关专业书店
开　　本：720mm×1000mm　1/16		印　　张：19.25
版　　次：2018 年 11 月第 1 版		印　　次：2018 年 11 月第 1 次印刷
字　　数：302 千字		定　　价：78.00 元
ISBN 978-7-5130-5945-9		

出版权专有　侵权必究

如有印装质量问题，本社负责调换。

序

沈国明

经严格评审，孙建伟的博士学位论文《农民住房权与生存权保障实证研究——以2003~2010年上海市宅基地置换为例》即将以《城乡统筹背景下宅基地置换法律问题实证研究——以上海市为例》为名出版了，这是可喜的事情。

当年，我与他商定以这个题目作为他的博士论文选题时，我们对于做好这个题目的难度是有充分考虑的。我们都认为，做好这个题目必须深入实际，做大量的调查。如果没有实证资料支撑，只是根据书本知识和媒体上的资料，对现实的解释力、说服力是不够的，对将纸面的法律变成生活中的法律也不会有切身感受。基于这样的认识，他花了很长时间深入上海郊区，了解各区在宅基地置换方面的做法，对既有法律法规和政府规章有了较为深刻的理解，对相关法律法规应用中遇到的问题有了较全面的了解，对实践中暴露出来的法律法规存在的问题也有了切身感受。因此，这篇学位论文言之有物，有一定深度。

改革开放以来，我国农村经历了翻天覆地的变化。凡是改革，都缘于原先的体制机制运行失灵了，必须探寻新的路径，建立新的体制机制，给发展带来动力。而新的体制机制运行一段时间后，又会遇到新的问题，为探索解决之道，还必须继续对已经实施的改革措施再行改革，正可谓"改革永远在路上"。40年农村改革就是这样一路走下来的。中央连续多年每年的一号文件都是以农村改革为主题的。持续深入的改革使得"三农问题"逐步解决，初步实现了农民增收、农业发展、农村稳定的状态。尤其是在2006年1月1日，我国完全取消了延续上千年的农业税，包括农业税、屠宰税、牧业税、农林特产税，使一个时期以来由于农民负担过重导致的官民矛盾得以缓解。在这样的总体向好的形势下，新的矛盾又凸现出来，那就是，在城市周边地区，因为征地，官民矛盾多了起来。

2004年，中央政府实行最严格的耕地保护制度，土地征用指标受到国家严格约束和监管，而同时，城市化进程加快，土地需求量增加，这是一对矛盾。处于矛盾之中的地方政府纷纷将视线投向农村集体所有土地中的建设用地，期望通过集体建设用地集约利用、置换和整理等措施，节余一定的建设用地指标，以缓解城市发展建设用地指标利用上的困难；此外，还试图用宅基地置换为城市发展和建设提供更多用地。

城市化建设需要资金，地方政府财力有限。可是，要做的事情很多，于是，在农村集体土地制度不够完善的情况下，地方政府在土地上做文章，通过低成本征收农村集体土地，包括宅基地，再高价出让。在很多地方，土地出让金成为政府最重要的财政收入，形成"土地财政"。要使失地农民相关权利和社会保障落实得好，这方面的财政支出必须增加，但一些地方政府只追求GDP增长，忽视这类民生问题，结果是激化了官民矛盾。因此，农村土地制度改革必须在制度层面进一步加以完善。

集体建设用地集约利用相对矛盾较小，而宅基地置换则是一件比较麻烦的事情，因其政策性强，法律关系复杂，与农民切身利益休戚相关。宅基地置换还与社会保障有关，农村的社会保障制度虽然已经建立，但保障水平还不高。鉴于这种状况，当年在制定物权法时，就宅基地问题所作的规定甚为谨慎，没有规定宅基地可以流转。各地的相关规定也比较笼统，甚至比较模糊。

因此，宅基地置换工作一俟进入实际操作阶段，便遇到了众多问题。与农民切身利益相关的住房权保障、生存权保障和社会保障等，都是法律层面没有清晰规定，需要在实践中探索，进而形成规则的。也因为法律没有清晰规定，各地在宅基地置换中做法不一，工作重点也不尽相同。例如，安徽省的宅基地置换主要是要实现宅基地集约利用和整理，通过这项工作，将节余的土地指标用于城镇建设，这期间，几乎没有城镇社保的置换，也没有发生农民身份的转化。而天津市的"宅基地换房"、重庆市的"地票"交易则是在城市化进程中，通过农村集体建设用地制度的改革，来获取城市发展所需要的土地指标以及土地指标背后的财政收入，在这过程中，对农民住房权保障和生存权保障有所考虑，社会矛盾相对缓和。

上海在对宅基地制度进行改革时，强调在集约利用土地的同时，要补偿农民相应的住房，此外，还实行以土地承包经营权置换"镇保"等措施，突出了产权置换、承包经营权转换和农民身份转换的结合。农民身份转换不是简单的居住地改变，它涉及土地和户籍的变动，生产资料、生活资料和财产的变动导致生活方式和生产方式的改变，是深刻的利益调整。置换工作的制度设计和操作，直接关系到农民生活满意度的升或降。上海实施的"镇保"是区别于"农保"与"城保"的小城镇居民社会保障。社会保险法出台之后，"镇保"被归入"城保"，保障水平提高了。而在该法律颁布之前，"土地换镇保"的做法还是为郊区农民所接受的，特别是"镇保"的保障水平不断提升，使这些实现身份转换的农民获得了看得见摸得着的好处。

但是，作者尖锐地指出，这些做法看似维护了农民的权益，仍然剥夺了农民土地权益和土地增值收益，是在侵犯农民土地财产权基础上对农民生存权保障的一定维护。他认为，为了更好地维护涉地农民土地权益和生存权保障，在实施"土地换镇保"的基础上，法律应当明确失地农民仍享有一定的土地收益权、土地发展权，地方政府则应当在"土地换镇保"过程中承担起其应该承担的失地农民生存权保障的责任。

作者提出的问题是有合理性的。我国的经济社会发展如此之快，得益于农民的支持，尤其是农民在土地问题上作出的牺牲。《中华人民共和国宪法修正案》第20条将"国家为了公共利益的需要，可以依照法律规定对土地实行征用"修改为"国家为了公共利益的需要，可以依照法律规定对土地实行征收或者征用并给予补偿"。土地管理法、物权法等都依照宪法作了相关规定。但是，这项修改和相关的法律规定，只是解决了农民离开土地时的补偿问题，没有解决这部分人离开土地后走向富裕的问题。"宅基地换社会保障"的做法也是如此，虽然顾及了给予农民的补偿，也解决了这部分人的基本社会保障，但是土地增值收益计算上却漏掉了他们的份额，即他们享受不到。随着经济社会进一步发展，改变城乡二元结构，缩小城乡差别，实现共同富裕，成为各级政府的工作目标，十八届四中全会决定中强调让"市场在资源配置中发挥决定性作用"，同时，农民的权利意识也在增强，这一切催生了土地制度进一步改革。现实中，出现了一些有别于过去的做法。过去只要农村集体土地改变用途就要由国家征收，改变性质为国有土地，现在则出现了以集体土地入股的形式，农民通过分红获得了更多土地收益。这种将土地收益中的一部分让渡给农民的做法，对于让农民富起来，进而缩小城乡差别起到很大作用，也更显公平，是值得肯定的。为此，作者建议，将宅基地置换中节余的土地或土地指标出让金一部分以股权化的方式返给失地农民，并明确规定这部分资金应作为失地农民及其子女的住房权保障金，并明确专款专用。他的建议，似有可取之处。

宅基地置换不仅在政策层面存在尚待解决的具体问题，在操作层面也存在很多问题，如作者在调查中发现的，有的地方对住房财产权的保障尚未到位；有的地方未充分体现自愿原则；有的农村家庭入住小区后生活成本上升，造成实际收入减少，等等。这些问题影响了失地农民相关权利的实现，也影响各项社会保障落到实处。任何政策都不可能设计得尽善尽美，但是，如果把握住设计的初衷，很多不尽如人意的地方是可以在执行中加以弥补的。针对法律政策实施中出现的上述问题，作者提出了一些很有针对性的建议，我认为，对于各级政府具有一定参考意义。

作为博士生，孙建伟选择了应用性、实践性很强的选题，本着弄懂、弄通一个问题的想法，在具有一定书本知识之后，深入实际作调查研究，提出一些独立见解，是很值得提倡的。我希望他保持这样的热情和干劲，今后取得更多优秀成果。

2018 年国庆节

自 序

在城市化中地方政府推行宅基地置换政策，某种意义上而言，其主要目的是为城市发展和建设提供用地或土地指标。特别是2004年，中央政府实行最严格的耕地保护制度，土地征用指标受到国家层面上的制约和监管，各地纷纷将视角转向本地区的集体建设用地，通过集体建设用地集约利用、置换和整理等措施，节余一定的建设用地指标，以缓解本地城市发展建设用地指标的困难。然而，由于当前关于宅基地制度的规定比较笼统，产权以及归属问题的界定一直比较模糊。因此，用宅基地置换来推动农村社会转型和城市化建设，不仅在制度层面上，而且在实践层面上都存在这样或那样的问题。本书主要关注上海市宅基地置换中涉地农民的住房权保障和生存权保障问题，在实践调研的基础上对这一问题进行了分析和研究。

第一，本书对宅基地置换的概念进行了界定。经过与安徽省的实践比较，作者认为上海市除了集约利用宅基地、补偿农民相应的住房外，还将宅基地置换与土地承包经营权置换小城镇社会保障、身份转变等措施结合起来；而安徽的宅基地置换则主要是将宅基地集约利用和整理，将节约的土地指标转移到城镇建设，实践中几乎没有用农地承包经营权来置换城镇社保，也没有发生身份转化。在这个意义上，笔者认为上海宅基地置换更加突出社会转型和产权置换的特征，且住房权保障和生存权保障问题相对比较突显。而安徽的宅基地置换则更加凸显农村宅基地的集约利用，住房权保障和生存权保障问题相对比较缓和。

第二，以"耕者有其田、居者有其屋"为视角，笔者梳理了新中国成立以来的农地改革方式，认为无论是农村集体化运动，还是家庭承包责任制，都是党和国家落实农村社会"居者有其屋、耕者有其田"基本策略。尽管在成文法层面上没有明确规定农村土地承担着农村社会的住房权和生存权保障，但是透过一系列政治策略和政治实践在农村社会的推行和完善，可以发现这些努力的方向和目的。但是这种政治策略和政治实践，在城市化中日益面临挑战和危机。基于地方政府的"土地财政"、基层社会的治理逻辑，特别是农地产权规则的不明确和不科学，地方政府征地和宅基地置换的实践正在挑战传统农村社会居住和生存的土地根基。笔者结合全国的调研，梳理了当前农村宅基地置换的宏观背景以及进一步改革的发展趋势，其中主要趋势则是将农村土地制度改革与"社会保障"为主的综合配套改革结合起来，尽管这种改革存在这样或那样的问题，需要从制度层面上进一步完善。

第三，在对上海市郊区各试点和非试点地区调研的基础上，笔者主要从上海市宅基地置换的背景、政策以及实践的特点等方面来描述宅基地置换实践。为了更好地认识上海市宅基地置换及其存在的问题，笔者将上海市宅基地置换与天津市"宅基地换房"、重庆市的"地票"交易以及安徽宅基地整理等做法进行了对比分析，认为各地推行的宅基地置换尽管名称不一，但实质上都是在城市化进程中，试图通过农村集体建设用地制度的改革，来获取本地区城市发展所需要的土地指标以及土地指标背后的财政收入。虽然各地在补偿标准上以及推行方式上存在差异，但在这种差异的背后，获得城市建设用地的"土地指标"，以及依托"土地"来经营城市的理念并没有实质性改变。地方在中央政府耕地指标监管日趋严格的背景下，纷纷从耕地以外的农村建设用地来寻找城市发展用地或用地指标。但是这一过程中，农村和农民的土地权益在某种意义上成为城市发展用地的牺牲品。农村社会的住房权保障和生存权保障问题逐渐凸显出来，成为城市化过程中的衍生物，并逐渐考验当前党和国家的执政能力。

第四，本书以宅基地置换后进城"农民"住房权保障为焦点。在宅基地置换中，由于传统农村生产方式、社会结构和家庭结构与城市相比，存在很大的差异，而这种差异性在宅基地置换后，成为进城后"农民"住房空间、住房习惯以及住房产权等问题的根源。目前，学界对于这方面研究非常欠缺，笔者通过调研和访谈发现，在宅基地置换中部分涉地农民还存在住房财产权难以得到有效地保障；"自愿"置换原则在当前的农村社会结构以及治理逻辑下，还得不到有效地遵守；农民进入小区后居住成本的上升所带来的损失威胁到其进入小区居住的可持续性；还存在家庭人口结构和置换中分配住房数量和空间的不可持续性等问题。这些问题致使进城农民的住房权保障很难得到有效地维护。笔者认为，应该在政策和法律层面上明确规定，在宅基地置换中应保障涉地农民的住房权。同时，为了有效地保障涉地农民的住房权，应该将宅基地置换中节余的土地或土地指标出让金一部分以股权化的方式返给涉地农民，并明确规定这部分资金应作为涉地农民及其子女的住房权保障金，并明确专款专用。

第五，以宅基地置换后进城农民"生存权"保障为中心。在宅基地置换中，各区县政府积极主动地推行"土地换镇保"，笔者认为这项政策及其实践，看似维护了农民的生存权，其实质是变相剥夺农民土地权利和生存权保障。地方政府推行"土地换镇保"实践，在法律层面还存在很多局限性，特别是将传统的征地补偿"镇保"模式，推广到通过"镇保流转土地"。城市规划区内通过"镇保流转土地"，配合宅基地置换后节余的土地指标实现，而在城市规划区内征收这些"镇保流转土地"时，由于"镇保流转土地"在法律层面是通过"土地承包经营权"置换"镇保"，与实践层面上地方政府因征地而将原来"镇保流转土地"任意变为国有建设用地存在悖论。笔者认为，在法律和政策层面上，用"土地承包经营权"置换"镇保"本质上是地方政府为了更好地控制集体建设用地而完成法律上和政策上要求给予失地农民落实社会保障的一种实践。在这个意义上，在宅基地置换中这种通过"镇保流转土地"，是传统征地制度在新的历史条件下一种延续，只不过这种延续在方式上和补偿上与传统的征地相比得到了改进和提升。但是通过剥夺农民土地权益和土地增值收益的思路并没有实质意义上转变，也没有落实中央政策所要求的农村集体建设用地与国有建设用地应该"同地、同权、同价"。因此，这种模式仅是在侵犯农民土地财产权基础上，在某种程度上维护了农民生存权保障。

但是，由于这种"镇保流转土地"方式与传统的征地方式相比，有了很大的改进，因此，在实践中其被郊区农民所接受与赞同。特别是"镇保"资金与"镇保"待遇不断得到提升，决定了这种模式具有一定合理性。但是这种"镇保流转土地"在各区、县镇保资金存在严重压力的背景下，特别是2010年新出台的《中华人民共和国社会保险法》所推行"个人缴费、集体补助、政府补贴"的新农保制度，不断地冲击着"镇保流转土地"实践的推行。根据实践，笔者认为，为了更好地维护涉地农民土地权益和生存权保障，法律应该在逐步改造"土地换镇保"的基础上，明确"土地承包经营权"换"镇保"后，涉地农民还应该基于土地所有权，享有土地经营管理权、征地参与权与因征地而享有的土地收益权；在"土地换镇保"后，涉地农民还应享有土地发展权；地方政府应该在"土地换镇保"过程中承担起其应该承担的涉地农民生存权保障的责任。

目录
CONTENTS

绪 论 ………………………………………………………… 1
 一、研究的主题 ……………………………………………… 2
 二、研究问题的界定 ………………………………………… 4
 三、相关研究概览 …………………………………………… 34
 四、研究思路与选题意义 …………………………………… 41
 小结 …………………………………………………………… 46

第一章 农村宅基地制度的历史分析
——以"耕者有其田和居者有其屋"学术史为视角 …… 47

第一节 改革开放前农村宅基地制度的研究 ……………… 47
 一、农民土地所有制（1946~1952 年）…………………… 48
 二、农村土地集体化时期（1953~1978 年）……………… 51

第二节 改革开放后农村宅基地制度研究评述 …………… 58
 一、农地研究评述 …………………………………………… 58
 二、农村宅基地研究 ………………………………………… 69

第三节 改革开放前后农村宅基地制度研究比较分析 …… 71
 一、农村宅基地制度演进的内在关联 ……………………… 71
 二、农村宅基地制度差异 …………………………………… 75

本章小结 ……………………………………………………… 78

第二章 宅基地利用调整对立法的要求 ……………………… 79
一、在农村社会保障缺失情况下，政治考量优先于经济和
法律权衡 …………………………………………………… 79
二、宅基地制度改革方向 ……………………………………… 81
三、立法上的高度统一与实践的探索相结合………………… 84
四、以"社会保障"为主的综合配套改革思路明显加强 ……… 86
本章小结 ………………………………………………………… 89

第三章 上海市宅基地置换制度生成及实践形态……………… 90
第一节 上海市宅基地利用现状分析 ………………………… 91
第二节 上海市宅基地置换制度形成的背景分析 …………… 94
一、宅基地置换制度生成的动力机制：郊区城市化和
城市郊区化 ………………………………………………… 96
二、置换制度生成的直接原因：村域居住形态制约
中小城镇发展 ……………………………………………… 97
三、置换制度生成的社会背景：社会转型推动居住
形态的变迁 ………………………………………………… 100
四、置换制度生成的本土资源：土地置换、房屋
置换的成功实践 …………………………………………… 102
五、置换制度生成的政策依据：城乡建设用地增减挂钩制度 …… 106
第三节 上海市宅基地置换制度实践及其问题 ……………… 110
一、上海市宅基地置换制度实践——一个简短的描述 ……… 110
二、宅基地置换制度的规则设定 ……………………………… 112
三、上海市宅基地置换制度实践形态 ………………………… 119
本章小结 ………………………………………………………… 126

第四章 上海市置换制度与其他省市的制度比较分析
——兼与天津市、重庆市、安徽省比较 ……………… 127
第一节 天津市"华明模式"——宅基地换房 ………………… 128
一、概况 ………………………………………………………… 128

二、具体做法 …………………………………………………… 129
　　三、存在的问题 ………………………………………………… 131
　第二节　重庆市"双交换"和"地票"模式 ……………………… 135
　　一、九龙坡的"双交换"模式 ………………………………… 135
　　二、"地票"模式 ……………………………………………… 137
　　三、存在的问题 ………………………………………………… 140
　第三节　安徽省城市规划区内外指标置换 ……………………… 145
　　一、在城市规划区内实行征地，并落实城镇社会保障 ……… 146
　　二、在城市规划区外，通过宅基地置换获得城镇建设用地
　　　　指标 ………………………………………………………… 146
　　三、宅基地置换问题 …………………………………………… 147
　第四节　天津市、重庆市、安徽省的宅基地置换与上海市比较
　　　　　分析 ………………………………………………………… 150
　　一、不同点 ……………………………………………………… 151
　　二、相同点 ……………………………………………………… 153
　本章小结 …………………………………………………………… 153

第五章　上海市宅基地置换中的住房权保障 …………………… 154
　第一节　住房保障在宅基地置换中的问题分析 ………………… 154
　　一、转型社会中的住房权保障问题 …………………………… 155
　　二、城市低收入家庭住房问题对宅基地置换中住房问题的
　　　　警示 ………………………………………………………… 159
　　三、传统征地中农民住房权保障问题——以上海市某镇为例 …… 162
　第二节　上海市宅基地置换中农民住房权保障法律问题分析 … 165
　　一、侵犯涉地农民住房财产权 ………………………………… 165
　　二、置换后农民住房保障权问题 ……………………………… 186
　　三、住房习惯权得不到有效保障 ……………………………… 191
　第三节　置换中农民住房权保障立法思考 ……………………… 196
　　一、从住房权保障高度来审视宅基地置换的法律和政策 …… 196

二、房地置换"客体"定位与住房权保障 …………………………… 204
三、土地收益分配与置换中农民的住房权保障 …………………… 214
本章小结 …………………………………………………………………… 218

第六章　上海市宅基地置换中的生存权保障
　　　　——以土地权益与农民生存权内在联系为视角 ………………… 219

第一节　置换中"土地换镇保"的法律问题 …………………………… 220
一、"镇保"基本内容 ……………………………………………………… 220
二、置换中"土地换镇保"的法律问题 ………………………………… 222
第二节　生存权保障视野下的理论和实践悖论："土地换镇保" …… 232
一、生存权视角下的土地补偿：财产增值抑或保障功能 ……………… 233
二、实践逻辑：以社会保障为主导的运行机制 ………………………… 236
三、权利保护与经济发展：理实悖论的生成逻辑 ……………………… 247
第三节　"土地换镇保"：基于农民生存权保障的立法思考 ………… 250
一、"土地换镇保"的制度改造 ………………………………………… 250
二、"土地换镇保"中的土地发展权与生存权保障 …………………… 257
三、"土地换镇保"中生存权保障的政府责任 ………………………… 261
本章小结 …………………………………………………………………… 267

结　语 ……………………………………………………………………… 269

参考文献 …………………………………………………………………… 272

后　记 ……………………………………………………………………… 286

绪　论

土地以及土地制度是一个国家和社会的政治、经济以及文化的基础载体。从宏观层面上来讲，土地问题的特殊性和复杂性，在某种意义上影响和制约一个民族和国家制度生成和演进的路径和特点，并最终在文化意义上，显示其特有的民族性；在微观层面上，其对一个地域或民族的行为举止、行为模式以及心理文化都或多或少地发生直接或间接的影响，并最终体现为一定的微观社会结构以及相应的社会治理策略的选择。同时，土地以及土地制度又是在特定的社会场域或社会情境中进行的，而既定的社会群体基于不同的社会生产方式及相应的社会价值观和利益分配规则，对于土地的分配和利用模式选择，具有不同的特点和内涵，从而使土地和土地制度在每一个历史时期呈现出丰富的内涵和意义。

尤其是在社会转型中，传统社会土地利用与分配模式（主要是农村土地）在现代化为背景的当下，发生了"合法性"的危机[①]，同时，在土地利用和产权转化中，往往是以牺牲弱势群体的利益（经济、政治和文化等各个方面）为代价，以换取以"现代化"为主流"意识形态"的用地方式（主要表现为工商业用地），进而演变为劣势群体（失地农民）的"生存危机"。而失地农民的"生存危机"不仅考量我们党和国家的执政能力，而且还直接或间接带来了社会治理以及社会秩序等一系列问题，并最终有可能引发严重的社会危机。因此，在这个意义上来说，转型时期的土地问题不单单是某一领域的问题，而是一个涉及社会各个层面的综合性问题。

---

① 农业用地因为其投入与产出的效率远远低于工商业用地，农业土地利用的方式，在各地面临着让位于工商业用地的发展趋势。但是，由于农业用地还要保证粮食问题和吃饭问题，所以各国不得不采用政治手段和法律手段来保护农业用地数量。

一、研究的主题

（一）选题的内容

古往今来，关于土地以及土地制度的研究可谓是汗牛充栋，举不胜举。本书的选题，无意于从宏观层面上来泛泛而谈土地和土地制度，而是选择农村土地中一个热点问题——农村宅基地置换中住房权与生存权保障——并将这样的一个实践置于特定的空间——上海市的实践，通过对这一特定实践观察、思考和分析，以探求和反思社会转型时期农村土地改革的可能路径。特别是传统农村社会"耕者有其田和居住有其屋"的土地制度和建立在其基础上的住房权和生存权，在城市化中日益面临挑战，并不断出现危机的背景下，如何在置换中保障涉地农民的住房权和生存权日益成为问题的焦点。学界对于这个问题的研究，尚不尽如人意，或者从土地法学，或者社会保障法学单一的视角进行分析，对于宅基地研究和农村社会住房权与生存权保障研究之间的内在关联性、功能及意义研究，可谓是凤毛麟角。将农村宅基地置换与农村社会建设之间的关系，置入制度化和法律化分析模式中进行研究，更是少之又少。本选题不仅尝试将农村宅基地置换与农村社会建设之间的内在联系进行研究，而且还要在此基础上，对二者之间的关系进行"制度化"和"法律化"的思考和分析。

（二）研究目的

本选题主要是对上海市宅基地置换中存在的涉地农民的生存权、住房权保障问题进行研究。本书以法社会学的视角，以上海市为平台，兼与其他各省市进行比较分析，以农民的生存权、住房权保障为焦点，并将这一问题置入宏观背景（工业化、城市化、市场化、现代化、社会转型、城乡二元化、政策导向、农村社会结构、财政体制，农村社会的生产方式、生活方式等）和微观层面（生存策略、具体场景或情形、心理变化等）中进行观察、描述、解释、分析，在此基础上，梳理、总结、提炼出具有制度可塑性的实践、经验、知识、智慧以及更为"普适性"（相对的）的规则。

（三）研究思路

本书在选题和研究中，将这些具有鲜活生命力的实践、经验、知识、智慧、规则等因素，结合相关的实证法（宪法、土地管理法、房地产法、社会保险法等）和相关政策文件（来自中央和地方——主要是上海市）进行评析，指出既有的农村土地制度的功能和限度。在论证过程中，本书尝试遵循以下两个思路：一是"通过法律来超越法律"的专业思维，试图通过具体的实践来反思和评价现行农村宅基地和农村土地的实在法和相关政策。这构成本书研究的第一个基本思路；与此相对，本书研究的另一个思路，则是在经过长期调研和实证考察基础上，通过对这一实践的观察、分析和思考，在具体的社会情境或社会事实中，来把握这一实践的经济意义、社会意义、政治意义以及历史文化意义。在此基础上，进行法律意义的考察和提炼，对农村宅基地置换中农民住房权、生存权进行"制度化"和"法律化"的思考和探索，来探求农村宅基地置换中制度构建与制度生成机理。最终的目的，是为了能够寻求宅基地置换中，所形成的具有法律意义或制度因素的经验和知识，并将其通过相应的法律语言来加以科学化和系统化的表达，以便可能为地方立法乃至全国性的立法提供正面或反面的经验和借鉴。

（四）本研究需注意的事项

在本书研究中，笔者时刻提醒自己要注意避免以下三种倾向：一是避免极端的"法律化"和"事实化"，前者具有制度构建主义的倾向，试图将一切社会问题都通过法律制度的设计或通过"问题法律化"的方式来加以解决或解释；而后者则一味地迁就社会事实本身，而看不到社会事实的可塑性；二是避免宏大叙事，而是通过具体的实践和典型的案例来窥视问题、分析问题、解释问题和把握问题；三是在分析农民的生存权、住房权保障"法律化"的过程中，避免机械、静止地分析，尽量将影响居民住房保障和生存保障等"变量"的主要因素纳入"问题法律化"中来；并在此项研究基础上，探求具有可操作性和可接受性的制度构建的因素。

二、研究问题的界定[①]

（一）宅基地置换

1. 何谓宅基地使用权

对宅基地产权概念和内涵的把握，必须结合现行法的规定，从历史的角度来审视，才能得以清晰地说明。

（1）现行土地法律体系中的"宅基地"。在现行土地法律体系中，不同的法律部门对土地的分类具有不同的侧重点，但对于"宅基地"这一概念，立法者都采取回避直接界定的策略。如作为基本规范的《中华人民共和国宪法》（以下简称《宪法》），则仅仅从权属上进行分类，将土地分为城市的土地、农村和城市郊区的土地，但同时强化和明确了宅基地和自留地、自留山的集体属性。[②]《中华人民共和国土地管理法》（以下简称《土地管理法》）从土地用途的角度，又将土地分为农用地、建设用地[③]和未利用地[④]。从该法第五章关于建设用地相关规定来看，宅基地则属于建设用地的范畴[⑤]。作为定纷止争的《物权法》，则分别在第十二章和第十三章分别规定了建设用地

[①] 概念构成了一项研究的基础性工作，也规定了研究者所研究对象的基本范畴。由于概念本身又是由语词构成的，而语词和概念的实践关联性带来了概念和语词不确定性和开放性。这也决定了笔者对概念界定的意义，既需要界定概念，同时又需要结合具体的实践来审视概念本身的界限和局限性，以便更为深入地认识和把握概念背后的实践意义和文化意义。具体而言，有以下两个方面的作用：一是，透过这些基础性的概念，将所研究的对象界定在一定范围之内，从而使研究对象更具有针对性和精确性；二是，对这些基础性概念的界定，并不是仅仅就认识这些概念而进行文字游戏式解读和学习，而是透过这些概念，结合具体的实践，不仅在内容上要丰富概念本身的内涵，而且还要透过这些概念来深入地认识和把握具体的实践及其背后的意义。正如哈特所言："探究文词的深意并非只在于了解文字本身"，而是通过"深化对此语的认识，来加深我们对现象的认识"。[英] 哈特：《法律的概念》，许家馨、李冠宜译，商周出版社2000年版，前言。

[②] 《宪法》第10条规定：城市的土地属于国家所有。农村和城市郊区的土地，除由法律规定属于国家所有的以外，属于集体所有；宅基地和自留地、自留山，也属于集体所有。但《宪法》没有对何为宅基地进行界定。

[③] 我国1986年《土地管理法》将建设用地分为"国家建设用地"和"乡（镇）村建设用地"并将"乡（镇）村建设用地"作为独立的一章予以规定。但1998年新修订的《土地管理法》将1986年《土地管理法》中的"国家建设用地"和"乡（镇）村建设用地"两章合并为一章，即"建设用地"一章，而不再使用"乡（镇）村建设用地"一词。详见司艳丽：《论集体建设用地使用权流转的法律规制》，中国政法大学2006年博士学位论文，第11-12页。

[④] 《土地管理法》第4条第2款规定：国家编制土地利用总体规划，规定土地用途，将土地分为农用地、建设用地和未利用地。严格限制农用地转为建设用地，控制建设用地总量，对耕地实行特殊保护。

[⑤] 详见《土地管理法》第59条和第62条的规定。

和农村宅基地，并将建设用地的范畴界定在国有土地的范围①，而将宅基地规定为属于集体所有的住宅及其附属设施用地②。

（2）宅基地使用权内涵的界定——一个历史的诠释。笔者认为，对于宅基地使用权这一概念必须采取一种历史的立场，才能将其说得明白和具体。单纯一个概念的界定不管立法者怎样去规定，都会惹来不必要的麻烦，而且是一种吃力不讨好的事情。这是因为，现行宅基地制度不仅是历史形成的，而且其还有很多现实的历史遗留问题需要去解决③。现行宅基地使用权概念的演变，肇始于新中国成立初期的集体化运动，通过集体化和人民公社化运动，将农民的耕地和建设用地（宅基地）所有权逐步收归于集体所有。基于当时的政治、经济、社会和文化背景，如何避免几千年的小农经济社会中土地兼并和集中的悖论④；如何实现共产党人的革命理想；小农经济如何能够使农业持续不断地为工业发展提供支撑，当时的策略是：永远把农民固定在土地上从事农业生产，并在此基础上，进行农村基层社会的重构。⑤

将农民固定在土地上，以便获得农村社会的彻底改造和工业化发展的资本积累。当时以毛泽东为首的中央政府通过人民公社化运动，将以保障农民生存权和住房权为基本的农地、宅基地等生产资料集体化，"宅基地推行了无偿、无期限和严格限制流动的制度，消灭其商品属性"；⑥辅以户籍制度（1958年1月《户口登记条例》），将控制人口迁移的功能引入户籍管理，农民成为户籍制度最主要的控制对象。严密的户籍制度在城乡之间筑起一道厚

---

① 详见《物权法》第135条。
② 详见《物权法》第152条。
③ 关于这一点美国法学家卡多佐给予了很好的论述："某些土地法的概念，一旦固定下来，就被无情地导出其逻辑结论……这些概念本身就是从法律的外部而不是从法律内部来到我们面前的；它们所体现的，许多不是现在的思想，更多是昔日的思想；如果和昔日相分离，这些概念的形式和含义就无法理解并且是专断恣意的；因此，为了真正合乎逻辑，它们的发展就一定要充分注意到他们的起源。"[美]本杰明·卡多佐：《司法过程的性质》，苏力译，商务印书馆1998年版，第32-33页。
④ 在阅读我们国家现实的土地政策过程中，笔者认为我国土地制度虽然存在这样或那样的问题，但是它可能是解决我们国家"土地集中"问题最好的选择，从历史上看，中国古代王朝兴替直接和间接的原因都与私人土地集中有着或多或少的联系，这也是共产党人，特别是深通中国治乱之道的毛泽东所体会和体察的。
⑤ 喻文莉、陈利根："农村宅基地使用权制度嬗变的历史考察"，载《中国土地科学》2009年第8期。
⑥ 同上。

重的藩篱，阻断了农业人口向非农领域转移和向城市迁移的通道，从此中国步入了一个漫长的城乡二元分割体制时期。这一制度造成的直接后果是合作社社员对于土地的严重依附性和谋生手段的单一性。①

在此背景下，宅基地使用权制度得以产生和建立。1962年中共八届十中全会通过的《农村人民公社工作条例修正草案》（以下简称人民公社60条）第21条规定，生产队范围内的土地，都归生产队所有。生产队所有的土地，包括社员的自留地、自留山、宅基地等，一律不准出租和买卖。1963年中央下达了《关于对社员宅基地问题作了一些补充规定的通知》，第一次使用了"宅基地使用权"的概念，并就宅基地使用权相关问题作出了比较详细的规定，明确了农民对宅基地只有使用权而没有所有权，并构筑起了宅基地使用权制度的基本框架。

而在城镇，政府采取将公房以象征性的租金标准提供给城镇居民以及单位修建宿舍分配给职工居住的方式，来保障城镇人口的住房权；在农村，虽然土地所有权发生了变化，但是"基于农村宅基地利用法律设计的住房权保障功能，不仅未发生改变，而且还进一步给予了强化"。② 从新中国成立初到20世纪90年代，城乡居民住房用地的都可以申请集体所有的土地进行建房，即无偿、无期限限制；两者功能也是一致的，即确保人人有其居所。那时的宅基地使用权是通用于城乡居民之间的一个广义上的概念。

改革开放以后，宅基地使用权制度通过《宪法》和《土地管理法》等法律得以确定下来。同时，结合具体实践变化立法者也相应地对其内容进行修正，其中最大的变动主要表现为以下两点：一是，将宅基地获取的主体范围逐渐缩小到仅仅具有农村村民身份的人，更加凸显农村社会住房权保障功能。依据1986年《土地管理法》第38条、第41条的规定，农村居民、城镇非农业户口居民③都可以申请在集体所有的土地上建房，但是到了1998年修订的

---

① 黄荣华：《革命与乡村——农村地权研究：1949~1983以湖北新洲县为个案》，上海社会科学院出版社2006年版，第228页。
② 刘俊：《土地权利沉思录》，法律出版社2009年版，第88页。
③ 此外，1993年11月1日国务院颁布了《村镇建房用地管理条例》，其中第18条明确规定，回原籍村庄、集镇落户的职工、退伍军人和离休、退休干部以及回乡定居的华侨、港澳台同胞，也可以依照法律程序申请集体所有的宅基地建房。

《土地管理法》，其规定"因一些农村集体经济组织和房地产开发商利用此项规定炒卖农村宅基地，非法进行房地产开发，新土地管理法已删除该规定。因此，城市居民已不具备取得农村宅基地使用权的主体资格"，[①]并将使用的主体由原来的"农村居民"修改为"农村村民"，更凸显获得宅基地的身份性和福利性；二是，结合我国耕地资源的紧张程度，实行了更为严格的宅基地制度。如1981年国务院《关于制止农村建房侵占耕地的紧急通知》中，要求"农村建房用地，必须统一规划，合理布局，节约用地"。1982年国务院《村镇建房用地管理条例》，首次对宅基地面积作了限制性的规定，同时也规定社员迁居并拆除房屋后腾出来的宅基地由生产队收回，出卖、出租房屋的，不得再申请宅基地。1986年的《土地管理法》规定申请宅基地的主体是"农村居民"，而1998年修改为以"农户"为申请主体；1995年，原国家土地管理局《确定土地所有权和使用权的若干规定》规定，空闲或房屋坍塌、拆除两年以上未恢复使用的宅基地，不确定土地使用权。已经确定使用权的，由集体报经县级人民政府批准，注销其土地登记，土地由集体收回。这些从严管理的规定都被2004年重新修改的《土地管理法》所重申和肯定。

（3）宅基地使用权概念演变分析。第一，宅基地使用权概念的内涵和外延，不能仅仅从宅基地使用的用途来进行分析，而且要将中国社会转型和农村土地整体上的改革、宅基地与农地、宅基地与社会保障功能联系在一起进行分析。但在社会发展中，其核心价值"住房权保障功能"不仅没有得到削弱，而且在社会转型中日益凸显和强化。这一点特点决定了宅基地制度在中国特有的国情下的内涵，刚开始就不具有独立的经济意义和法律意义，而是一种以政治和社会保障功能为主，并辅之以经济意义和法律意义的概念。关于这个论断可以从宅基地集体化、身份性、无偿性和无期限性得以佐证[②]。

第二，宅基地使用权的概念经过"城乡共享"到"乡村独有"的发展历

[①] 王卫国、王广华主编：《中国土地权利的法制建设》，中国政法大学出版社2002年版，第142页。

[②] 关于这点学界已经进行了深入的探讨和研究，详见刘俊：《土地权利沉思录》，法律出版社2009年版。

程。即现行法律规定宅基地使用的主体仅仅是农村集体经济组织成员[①]。制度变迁的同时也遗留下许多历史问题，如具有城镇户籍的公民在1998年以前使用的农村集体土地建房情形如何处理？特别是1998年以前一些投机者利用法律的漏洞进行的"商品房开发"所形成的"小产权房"如何处理等。这些问题都是立法者在界定宅基地使用权概念时所遇到的困难与难以克服的障碍。

第三，从宅基地使用权概念的历史考察中，我们可以发现，现行中国法律体系下的宅基地使用权制度，农村村民仅仅具有长期使用权，而不享有所有权。这与宅基地作为一种社会性财产具有内在的关联性。特别是现在学界往往自觉与不自觉试图用民法以及产权等基础理论来分析宅基地产权制度，但是忽视了宅基地作为一种社会性的财产，除了具有财产性的价值以外，其还负有社会保障以及政治稳定等功能。而当通过产权理论或民法基本理论来分析宅基地问题，遇到难以突破的瓶颈时，学界就开始怀疑制度出现了问题。无可否认，当前的宅基地制度在某种意义存在滞后性等问题，但是是否单单用产权理论和民法理论就可以抓住问题的要害，在某种意义上是有疑问的[②]。

第四，宅基地使用权作为一个法律概念而言，除了具有资源性特点外，还有一个非常重要的特点，就是社会的生产方式和生活方式的改变，对宅基地利用产生直接或间接的影响。即宅基地作为一种资源，其利用的方式，受制于特定历史和社会条件下的生产方式与生活方式。在改革开放以前，其更多的功能是提供人们居住的场域，而在特殊时期或困难，人们利用房前屋后

[①] 详见《物权法》第十三章关于宅基地的规定。本书在写作的过程中，如果不做特殊说明，宅基地仅仅是农村村民使用的农村宅基地。

[②] 关于这一点，笔者比较赞同刘俊教授从一种社会法的视角来分析宅基地的权属性质，即将宅基地使用权置居住保障性和物权性双重意义上来审视宅基地权属性质，并将农村宅基地使用权从一个动态的角度，划分为权利的设定、权利的取得与权利的利用；其认为在权利的设定和获得阶段，注重于居住保障功能，而在权利的利用方面侧重于效率价值的实现。刘俊：《土地权利沉思录》，法律出版社2009年版，第94页以下内容。还有的学者对此的评论更是一针见血，如刘云生认为农村集体土地产权作为一种制度性存在，其代表的共富理念及公有制路向，绝非法律的，亦非经济的，而是政治的、社会的，而集体土地产权存在的政治与社会意义也远远大于其法律意义与经济学意义。详见刘云生："集体土地所有权身份歧向与价值悖离"，载《社会科学研究》2007年第2期。笔者认为，宅基地问题不仅仅是经济问题，而且还是重要的社会问题和政治问题，如果处理不当或处理的方式和措施不适合本国的九亿多农民的行为模式、心理文化和利益价值观，不仅仅会导致经济发展受挫，更为严重的问题是其可能转化为政治危机和社会转型的危机。详见孙建伟："农村宅基地实践背后的路径分析"，载《天府新论》2010年第3期。

的土地挺过了自然灾害和社会改革所带来的生存危机①。而在改革开放以后，宅基地，特别是经济发达地区的宅基地则为乡镇企业兴起提供了建设厂房的基础性条件——土地资源。而到了城乡统筹阶段，为解决城市化中用地问题，宅基地所面临本质的问题在于，在城市化中，如何面对地方政府通过土地资源的管理来侵犯农民建设用地权益的问题，以及如何正确处理城市资本入侵的问题，即城市化、工业化以及背后的工商业资本所带来的积聚效应和集中效应，大大提升了宅基地价值，但与此同时，以工商业资本所推进的城市化又往往以牺牲或侵害宅基地使用权人或所有权人的利益为代价。

第五，宅基地使用权概念的考察，不能离开整个中国土地问题。"耕者有其田，居者有其屋"这句话表达了传统农耕社会人们对安居乐业的向往与渴望，同时也说明了宅基地问题从来就不单单是土地问题，其与整个现行中国社会转型具有内在的关联性。农业合作化时期的改革，农地集体化必然要求宅基地集体化。改革开放以后，工业用地与保护耕地的资源瓶颈，是宅基地概念发生演变的内在动力。而在城乡统筹阶段，农用地、城市土地以及农村建设用地（主要是宅基地）内在关联性史无前例得到加强，三者之间不仅是简单地互相调配，而且还需要对三者之间的比例分配、规划设计进行宏观上的把握和调控。正如江平教授所说："农村土地问题实际是三大土地问题：第一是承包经营土地问题；第二是农村建设用地问题；第三是宅基地问题。"②而周其仁教授将土地问题比喻成三个圈圈，即第一个圈圈是农用地，第二个圈圈是非农业利用的城市土地，第三个圈圈属于农民集体的农业用地和农村建设用地，要转变为工业和城市利用。在对比分析中，其认为第三个圈圈"现在是土地制度矛盾的焦点，因为涉及土地从农民所有转变为国家所有。根据现行法律，原本用于农业的土地转为城市和工业所用的时候，只能通过征地来完成。这个征地制度不是基于资源权利的自愿交易，而是国家权力强制完成征用"。③

---

① 据杜润生先生的考察，在三年自然灾害中，房前屋后的宅基地和自留地挽救了很多人的生存危机。详见杜润生：《杜润生文集》（上），山西经济出版社1998年版，第30页。
② 江平："农村土地问题实际是三大土地问题"，载《法制日报》2007年7月10日，第3版。
③ 周其仁：《产权与制度变迁——中国改革的经验研究》，北京大学出版社2004年版，第189页。

第六，关于宅基地与乡村建设用地关系。乡村建设用地，现在已经不作为一个法律上的概念使用，但是在农村土地研究中则是一个非常重要的范畴。其范围主要包括：①宅基地，即农村村民住宅及其附属设施用地；②乡（镇）村企业用地；③乡（镇）村公益事业用地，如中小学、卫生所、幼儿园、敬老院用地；④乡（镇）村公共设施用地，如道路、桥梁、码头用地。宅基地是乡村建设用地主要组成部分。但是，目前的《土地管理法》以及相关政策，基于宅基地对于农村村民住房保障的考虑，宅基地与其他乡村建设用地在法律的规定上存在很大的差异，表现在：一是宅基地没有抵押权的例外规定，而其他乡村建设用地则具有特定情形下的抵押权①；二是没有集体土地使用权出让、转让或者出租用于非农业建设的例外规定②；三是宅基地与其他集体建设用地最重要的区别在于其无偿分配性和福利性。因此，有的研究者基于二者的差异，在研究"集体建设用地"这一问题时，直接将"宅基地"从"集体建设用地"范围内予以排除③。

第七，宅基地与耕地的关系。宅基地与耕地的关系，就是在土地总量不变的前提条件下，二者处于一种反比例关系。也就是说，宅基地的扩大利用也就意味着耕地面积的缩小。从当下的整个大背景来看，工业化和城市化的快速发展，对土地需求迅猛增长，而现实的耕地面积需基于粮食安全、耕地保护等因素的考虑。这些现状使我们不得不重新审视和考量农村宅基地合理和科学的利用。特别是2008年18亿亩耕地的红线的划定，让地方政府在用地上更是捉襟见肘。地方政府只好将精力集中在农村建设用地（主要是宅基地）的合理使用上，以便寻求问题的破解之道。而农村宅基地由于经济、政治、社会以及制度等方面的原因，在整理和置换中有着很大的存量和潜力。有数据表明，截至2005年，中国农村居民点用地面积达到1470万平方米，

---

① 《中华人民共和国担保法》第36条第3款规定："乡（镇）、村企业的土地使用权不得单独抵押。以乡（镇）、村企业的厂房等建筑物抵押的，其占用范围内的土地使用权同时抵押。"《物权法》第183条肯定了这一规定。

② 《土地管理法》第63条也明确规定："农民集体所有的土地使用权不得出让、转让或者出租用于非农业建设；但是，符合土地利用总体规划并依法取得建设用地的企业，因破产、兼并等情形致使土地使用权依法发生转移的除外。"

③ 宋志红：《集体建设用地使用权流转法律制度研究》，中国人民大学出版社2009年版，第5页。

是城镇用地的5~6倍①。这也是近几年来，政府和社会为什么如此关注农村建设用地，推行宅基地置换和整理的直接原因之所在。

综上所述，对宅基地使用权概念的分析，决定了本书的分析和论证范围，即将宅基地使用权理解为一种综合性且具有实践性的一个概念，即宅基地是保障农村村民住房权的最基础的资源财产，其使用主体经过了一个"城乡共享"到"乡村独有"的发展历程，在权利内容上，使用者一般不具有所有权，只享有长期使用权，其作为一种资源，其利用的方式，受制于特定历史和社会下的生产方式与生活方式，且在使用内容和资源配置上，其和农地（耕地）、乡村建设用地以及国有建设土地存在着直接或间接的联系。

2. 何谓宅基地置换

（1）置换、房屋置换、土地置换。从语义上而言，置换有两种基本的含义：①替换的意思；②一种化学名词，如一种单质跟一种化合物经过化学反应生成另一种单质和另一种化合物，如镁和硫酸铜反应生成铜和硫酸镁。②在日常生活中我们常常使用"房屋置换""土地置换"等概念来界定这些不动产的物物交易。房屋置换在通常意义上就是通过"差价换房""差价调房"等方式来进行交易。

"土地置换"一词，据有的学者考证，"在我国的土地政策实施中，土地置换做法首先是在企业中得到了应用，并随着企业扭亏为盈和在改组改制而开始普及的"。③ 一般是企业为了获取土地极差收益，卖掉位于市区价格相对较高的企业地皮，用以建设新厂址或偿还银行贷款的需要而进行的土地置换。④

---

① 谷晓坤、代兵、陈百明："中国农村居民点整理的区域方向"，载《地域研究与开发》2008年第6期。

② 《现代汉语大辞典》编委会：《现代汉语大辞典》，现代汉语大辞典出版社2002年版，第2642页。

③ 陈大兴、马焕灵："高校土地置换的逻辑制约与平衡"，载《煤炭高等教育》2010年第1期。政策性文件最早使用该词的是2000年《国土资源部关于加强耕地保护促进经济发展若干政策措施的通知》，要求实行建设用地指标置换政策，积极稳妥地推进农村建设用地的相对集中；2003年中共中央、国务院下发了《关于做好农业和农村工作的意见》（中发〔2003〕3号），明确提出，"通过集体建设用地流转、土地置换、分期缴纳土地出让金等形式，合理解决企业进镇的用地问题，降低企业搬迁的成本"。

④ 刚开始在我国发生这种土地置换的主要是由于产业结构布局调整引起的。其动力主要是在极差地租的调节下，城市中经济效益低下的工业项目逐步退出黄金地段，改由第三产业进驻。工业项目在城郊或远离城区的工业集聚区选址落户，以获取地租差额。其结果是，第二产业和第三产业各自找到应有的位置，土地利用实现了经济效益的最大化。关于这个分析，详见徐建锋、蒋俊："对土地置换两种不同形式的分析"，载《中国土地》2006年第8期。

有学者从土地整理的角度将其界定为"通过土地功能布局调整、土地整理等各种过程和行为,而使不同权属之间、不同用途之间、不同区域之间的土地进行交换配置的情况"。① 有的学者从经济与社会发展需要的角度,来定义土地置换,认为土地置换本质与核心是按照经济与社会发展要求进行土地资源的再开发,"通过土地用途更新、土地结构转换、土地布局调整、土地产权重组等措施,实现土地现有功能和潜在功能的再开发、土地资产的增值和土地的可持续利用,从而不断优化土地资源配置"。② 有学者则从土地流转的角度将其界定为"土地所有权或土地使用权的有偿交换,是土地流转的一种重要形式,也是调整产业结构和土地利用结构的一种配置手段"。③

也有学者从土地置换的具体形式上来把握土地置换的概念,将土地置换分为两种形式:一是异区地块的置换,二是同区内地块的置换。所谓异区地块的置换就是将土地利用总体规划确定的农用区域内的建设用地(甲地块)复垦成农用地,在规划建设用地区域范围内占用等质等量的农用地(乙地块)进行非农建设。异区置换的两个地块一般不相邻,绝大部分属于两个土地使用者或分属于两个集体经济组织。同区置换形式则是在土地利用总体规划的建设用地范围内,将甲地块的建设用地复垦为农用地,在乙地占用等质量的农用地用于非农建设。现实中表现为:乡镇建设用地向城市集中,零星村向中心村、集镇集中,工业项目向集聚区集中。④

(2)宅基地置换。对于宅基地置换概念的界定,目前实务界和理论界还没有达成一致。研究者往往基于具体宅基地置换的实践不同,对于宅基地置换概念的理解也存在较大差异。如有些学者将"宅基地置换"理解为单纯地宅基地整理和集约,即"宅基地置换是将分散居住的农民集中起来,搬入新建多层或规划合理的住宅小区之中,'腾出来的'农村非农建设用地可以从事其他用途,包括复耕、工业用地等。这种置换,不是指农民之间的宅基地置换,也不是农村自然村落之间的土地置换,而是将分散的农民自有的宅基

---

① 李志明、李刚、黄晓林:"土地置换若干问题研究",载《国土经济》2002年第2期。
② 陶小马、何芳:"黄浦江沿岸地区土地置换模式研究",载《城市规划汇刊》2000年第5期。
③ 徐燕雯:"土地置换与土地估价相关问题分析",载《财会通讯》综合(上)2009年第5期。
④ 吴萍、吴克宁、隕文聚:"城乡挂钩置换的相关问题探讨",见国土资源部土地整理中心等编著:《农用地定级估价与农地流转》,中国经济出版社2010年版,第253页。

地转换成集中的集体性宅基地的一种变换方式"。① 有学者将"宅基地置换"划分为两个基本的内容,"一是进城人口的宅基地置换;二是宅基地整理后腾出的土地置换折抵建设用地指标"。② 苟滢华认为宅基地置换,是指"农民居住地空间的转换。从有利于推进郊区城镇化以及土地集约使用的角度考虑,宅基地置换通常是指宅基地拥有人在政府政策引导下自愿进行的以土地换土地、以土地换住宅以及以土地换现金的行为"。③

也有学者将宅基地置换理解为以农村宅基地置换为背景的综合性的农村社会改革,"所谓宅基地置换,是指农民以'三地'(承包地、宅基地和自留地)换取具有商品属性的城镇公寓和'镇保'(即小城镇保险),本质上属于集体土地流转和农民居住方式的变革"④;"宅基地换房,是指农民自愿以其宅基地,按照规定的置换标准,换取小城镇内的一套住宅,迁入小城镇居住。原村庄建设用地进行复耕,而节约下来的土地整合后再'招、拍、挂'出售,用土地收益弥补小城镇建设资金缺口"。⑤ 有学者将宅基地置换理解为住房与户籍的置换,宅基地置换"是指在县、市政府的统一安排下,进城工作和生活的农民将自己的宅基地和上面的房屋,交给县、市政府处理,换取城市户籍,并得到一套居住面积大体相当的城镇公寓住房"。⑥ 芮黎明将宅基地置换理解为"两置换一转化",就是指农民以农村住宅置换城镇住房,以土地承包经营权置换城镇保障,农民身份转化为城镇居民身份⑦。本书所采用的宅基地置换概念就是在这种意义下而言的。

为了更为深入地把握宅基地置换概念,笔者认为在界定"宅基地置换"一词时,应注意以下几个问题的分析:由谁来进行农村宅基地置换?通过什么方式来进行宅基地置换?宅基地置换的客体是什么?宅基地置换与宅基地

---

① 信欣、牛宏艳:"试析'宅基地置换'的变与不变",载《天津经济》2009年第6期。
② 胡新民:"农村宅基地整理纵横谈——来自金华市的实践与思考",载《中国土地》2002年第10期。
③ 苟滢华:《上海市郊农民宅基地置换与城市化再推进》,华东师范大学2005年硕士学位论文,第7页。
④ 朱林兴:"农村宅基地置换若干问题",载《上海市经济管理干部学院学报》2006年第2期。
⑤ 邓中生:"宅基地换房关键在于平衡利益",载《中山日报》2009年4月20日,第A5版。
⑥ 陈修玲:"我国农村宅基地置换现存问题及政策建议",载《地方财政研究》(沈阳)2010年第1期。
⑦ 芮黎明:"'两置换一转化':推进农村改革发展",载《江南论坛》2009年第10期。

整理、宅基地复垦以及宅基地流转等相关概念之间的关系等问题。

第一，宅基地置换的主体。宅基地置换的主体即谁有资格和权利进行置换。在实践中，各地因为推行宅基地置换的动机与动力、土地利用、土地资源的紧张程度以及对宅基地置换的性质认识差异，导致宅基地置换的主体及主体之间的权利和义务关系存在很大差异。笔者在调研中了解到，宅基地置换参与主体有以下几类：市县政府及各相关职能部门、镇政府、地产开发公司、村委会和村集体经济组织以及涉地农户或农民。在涉及农村土地问题时，由于土地资源的重要性和置换实践的复杂性和综合性，往往涉及相关主体部门（如规划部门、财政部门、社会保障部门等）和农村社会的稳定等各方面。实践中往往都由市、县以及镇（乡）政府正（副）职首长作为置换第一负责人，来统筹和调动各职能部门之间的财力、物力和人力，将宅基地置换作为一项政治任务来抓。这种操作在法律意义上可以说是国家具有农村宅基地置换的管理权的一种表现，具体到宅基地置换上，主要通过各市县政府以及职能部门（如土地管理部门）和下辖乡镇以及各乡镇成立的国有或集体独资土地开发公司。他们在宅基地置换中都有或多或少的土地行政管理权，并引导、干预以及参与宅基地置换。同时，按照现行法律和政策，宅基地置换决定权属于村集体经济组织或村民。2010年上海市政府办公厅发布的《关于本市实行城乡建设用地增减挂钩政策推进农民宅基地置换试点工作的若干意见》规定"'依法、自愿、有偿、规范'地推进农民宅基地置换试点工作""实施农民宅基地置换试点区域要有85%以上的农户签字同意置换"。而这些政策上的设定，主要是基于农村集体经济组织是宅基地所有权人，以及农民是宅基地使用权人的法律地位。如何在实践中，将各参与主体的权利义务通过相关法律予以规范化和明确化是今后进行立法的一个重点。

第二，宅基地置换的方式。在实践中，宅基地置换方式由于各地的情况不同，置换方式也存在很大的差异，由此导致对宅基地置换概念的理解也存在很大的分歧。经济落后省份或地区，如安徽省与河南省等地，这些地方土地资源紧张程度比较低，宅基地置换的方式比较单一，大多是通过实物补偿，货币补偿的情形很少，实践中具体往往是通过新农村建设、农村居民点整理、村庄合并等方式来进行置换。而新建的农民住宅一般不是楼房或农民公寓，主要是传统的四合院，只不过严格按照规划和各省宅基地使用标准给予重新分配。其在置换中，一般不涉及耕地的流转问题和就业问题，因此，也没有相应社会保障问题。而经济比较发达地区，土地资源高度紧张，如上海、浙江以及天津等地，宅基地置换的方式相对比较多元。在实践中主要表现为：一是货币置换，也即宅基地拥有者将宅基地的使用权有偿出让给农村集体经济组织，原宅基地农民自行或由所在集体经济组织退耕复垦，或由原集体经济组织批租经营等；二是异地住房置换，即宅基地使用者出让原宅基地后，在中心村或集镇所在地置换相应的住宅面积；三是异地宅基地置换，即原宅基地出让后，在政府规划的城镇或中心村换取相应面积的宅基地，由农户自行建房。[①] 在宅基地置换中，一般都涉及农用地流转和村民就业方式和居住方式的转换、涉地农民的城市化以及社会保障问题。虽然天津进行了名为"宅基地换房"的试点工作，但周京奎等人实地调研表明，"华明镇在宅基地换房的实施中，总体坚持了民主、政府主导与市场化相结合的原则，但承包责任制不改变、耕地不减少的承诺没有实现"。[②] 天津市所推行的"宅基地换房"、上海的宅基地置换都涉及农民农用地流转问题以及所带来的居住方式、生活方式、就业方式转换和社会保障问题。

第三，宅基地置换的客体。宅基地置换客体主要是回答在置换过程中用什么来置换什么的问题。关于宅基地置换客体的界定，对于本书选题及宅基地置换概念的界定具有非常基础性的地位。因为对这个问题认识不清，将会导致我们对于宅基地置换中一些问题很难给予清晰的解释和说明，如为何给予涉地农民社会保障？如何来分配置换后宅基地指标增值收益？

正如前文对宅基地制度的分析，现行法规定农村村民对于宅基地只享有使用权，而不享有所有权，所有权归农村集体经济组织。因此，在宅基地置换中，很多学者认为置换中主要有三个客体发生置换，即"农民用宅基地使用权，异地置换国有土地使用权；农民用宅基地使用权及其住房异地置换国有建设用地使用权及其住房；农民用宅基地使用权及其住房换取货币"，[③]

---

① 荀滢华：《上海市郊农民宅基地置换与城市化再推进》，华东师范大学2005年硕士学位论文，第20页。
② 周京奎、吴晓燕、胡云霞："集体建设用地流转模式创新的调查研究——以天津滨海新区东丽区华明镇宅基地换房为例"，载《调研世界》2010年第7期。
③ 张正芬、王德："宅基地置换在上海农民居住集中的运用"，载《上海城市规划》2008年第2期。

"宅基地置换实质上是置换者对宅基地拥有的财产权利进行置换,是置换者对宅基地拥有的财产权利的一种交易形式"。① 但是这种财产权具有什么样的特征,特别是对于涉地农民具有什么样的经济意义和社会意义,其中有很多问题的答案需要在置换中,结合具体的实践来挖掘。

首先,关于宅基地置换客体的范围之界定。宅基地置换客体的特殊性,在学界很少有人进行系统的研究。蒲方合认为宅基地"置换的客体应该为宅基地的使用权或宅基地的发展权以及国有建设用地使用权"。② 但这种对宅基地置换客体的范围界定还是比较模糊。具体而言,宅基地置换中表面上涉及宅基地使用权、房屋所有权以及国有土地使用权和国有土地上的房屋所有权、农用地的承包经营权与农村村民的社会保障权。但是细细推敲起来,我们就会发现,这些对置换的客体范围的界定远远没有说得清楚和具体,如果我们从以下几个问题去思考,就会发现其中的漏洞。

一是农民住房权保障问题在置换中可能被忽视。宅基地使用权主要是保障农村村民住房的权利,但是传统农村社会有的家庭几世同堂,特别是五口人以上的农户③,虽然现在每人平均分配30平方米(有的地方是24平方米)的住房,分两套房,但是从长远来看,因为现在社会居民平均寿命的增长,且子孙成家需要住房,而住房在上海这样的地区又比较昂贵,三世同堂的家庭以后的住房问题会随着子女的成年和代际的增加而逐渐被问题化。最后的结果可能是一些老年人无处居住。如果我们考虑到以下情形,就会发现问题可能会更严重。结合现在农村社会家庭关系来看当下宅基地置换住房分配(也可以置换货币),有的老夫妻为了给子女留下更多遗产,将宅基地和原有的房子置换成货币,而自己则无处居住④。如何在宅基地置换中思考问题解

---

① 蒲方合:"中国新农村建设中的宅基地权利置换客体研究",载《前沿》2010年第1期。
② 同上。
③ 调研显示,在上海农村地区虽然一户一个子女的情况比较普遍,但是五口人以上的农户因为历史问题或年龄问题还是存在的。
④ 陈映芳教授在2002年对于失地农民的调研过程中,也遇到过类似的问题。C镇某户采用买断的方式,儿子购买了一套商品房,老夫妻则购买了一套二手房。有的老夫妻把征地安置的房子折算成面积或钱,都分给了儿子们,自己只能待在由车棚改建的平房里。说是临时过渡,可是只要买房的钱不到位,就只能一直在这样的房子里住下去。详见陈映芳等:《征地与郊区农村的城市化——上海市的调查》,文汇出版社2003年版,第151-152页。

决的途径，将预期的问题在置换的开始就尽量避免或克服，也是笔者在研究中思考的重点问题。

二是农用地的承包经营权双重功能（生存保障和就业保障）如何置换？宅基地置换中，一般涉及农用地收归集体经济组织，然后由个人、集体经济组织和所在地政府结合《上海市小城镇社会保险暂行办法》给予办理"镇保"。如上海市政府办公厅2010年1月11日发布《关于本市实行城乡建设用地增减挂钩政策推进农民宅基地置换试点工作的若干意见》中规定，"对置换区域内农业人员，经与集体经济组织协商一致，在将土地承包经营权退还给集体经济组织后，具备条件的集体经济组织可按照有关政策，为其落实小城镇社会保险"。而传统的农地不仅是农村村民生计的一个重要来源，而且还承载着农村社会的就业功能。如何解决涉地农民长远生计问题是一个非常基础性的问题。与此同时，有些农民同意宅基地置换，但是其承包地已经流转给别人，但是也要求村集体经济组织给予办理"镇保"，否则就不同意宅基地置换，这样的问题在实践中矛盾比较突出。

其次，对置换客体之间的特点没有充分考虑。宅基地置换的客体具有明显的特殊性。宅基地使用权本身的特殊性，在置换中没有予以充分考虑。按照现行法律的规定，宅基地使用权是一种没有固定期限、无偿性、身份性、福利性和保障性的权利。但是，与之置换的国有土地使用权则是有具体时间限制的。两块性质不同的土地在置换中会带来一系列社会问题和法律问题。而如果考虑到在宅基地置换中还推行"土地换镇保"，即用耕地的承包经营权来置换"镇保"，问题则更为突出。现实中存在两种情形。

一是，在城市近期规划区内或小城镇周边推行宅基地置换，通过置换小区的建设，将小区建设用地征收为国有建设用地，而宅基地置换节余的建设用地指标就地转为化城市建设用地。如A村、B村、C村各有宅基地1000亩和耕地2000亩，实践中往往将这三个村村民集中到一个置换小区入住，宅基地节约率一般在50%左右，即节约宅基地1500亩，而原有宅基地就地征收为国有建设用地。而这三个村的耕地则通过"镇保"来流转土地承包经营权的办法将共6000亩的耕地控制在地方政府（一般为乡镇政府）的手中。而节约的宅基地一般处于城市规划区附近，因此，就地开发的潜力较大，其"部分作为储备土地，或者与建设规划区内的土地联片开发，以实现或充实现该结余土地的用途变更性增值,形成结余土地工商业开发的规模效益"。[1] 在这个过程中,用农村无期限限制的宅基地上的集体所有权、农民使用权来置换具有 70 年期限限制的国有城市建设用地使用权,明显存在现行法上的冲突。这种冲突主要体现在以下几个方面:第一,现行《土地管理法》明确禁止将农用地出租、出让用于非农建设,这种法律冲突的背后实质上是城乡二元化的土地管理体制之间的矛盾;第二,用 70 年的建设用地使用权来置换无期限限制的宅基地使用权,明显存在不对称的地方,如 70 年后涉地农民是否还要像其他城市市民一样缴纳土地使用费?

二是,在城市近期规划区外,特别是在一些纯农业地区推行宅基地置换节余的土地指标,因为本地产业发展不充分、基础设施建设落后等原因,不可能在本地进行就地开发。因此,实践的做法一般将这些建设用地就地复垦为耕地,地方政府获得建设用地指标,以便将这些指标转移到城市近期规划区或小城镇周边进行开发。而这些建设用地指标的实现,则需要城市近期规划区耕地征收征用来实现,如 D 村、E 村、F 村分别有宅基地 1000 亩和耕地 2000 亩,通过宅基地置换在纯农业地区获得 1500 亩建设用地,由于这些土地在本地无法充分实现土地高额出让金,则将这 1500 亩宅基地就地复垦为耕地,换取 1500 亩建设用地指标,在城市近期规划区内再征收 1500 亩耕地,这样一方面实现了耕地的占补平衡;另一方面也实现了置换指标的高额出让。实践中在城市近期规划区内征收这 1500 亩耕地,因为有了"土地换镇保"做法,使得征地比以往更为有效地实现。因为地方政府已经通过"镇保流转土地"将城市规划区内的耕地控制在自己手中,一旦有建设用地指标来进行平衡,则可以启动征地程序,由于先前对这部分土地已经补偿给农民"镇保"费用,致使农民失去了承包地被征收的参与权、收益分配权。在此过程中,我们可以发现,地方政府剥夺了 D 村、E 村、F 村的土地发展权,因为在这三个村所节余的建设用地指标不能作为非农用途进行开发,而只能进行生产力比较落后的农业生产;另外,地方政府通过"镇保流转土地",名义上是通过农民土地承包经营权来置换了"镇保",由于在镇保流转土地后,

---

[1] 张袆娴、王仲谷:"上海郊区宅基地置换试点运作模式研究",载《苏州科技学院学报》2008 年第 4 期。

还要配合宅基地置换中建设用地指标转移,而将这些城市规划区内的耕地征收征用用于城市开发建设,实质上则是通过"土地流转"之名来控制集体土地使用权乃至所有权。

第四,为什么不称其为"农村建设用地置换"?从上海市置换试点政策文件来看,其采用的是农村"宅基地"来置换城镇中的住房,根据政策的内容实行"双作价、零基价"。其实,在实践中政府着眼点是农村建设用地,即农民置换城镇住房的代价不仅仅是失去宅基地,而且还包括农村的集体建设用地。为什么实践中称其为农村宅基地置换,根据我个人的分析主要有以下两点原因:①宅基地在农村建设用地中所占用的数量最大,并主导其他用地功能。如根据上海市原规划和国土资源局的统计,上海集体建设用地的数量是1100平方公里,而宅基地为600平方公里。其主导其他用地,如企业用地、农村道路用地等。政府的主要目的不是在600平方公里的宅基地上进行置换,而是着眼于1100平方公里的农村建设用地。②这正是政府的精明之处:在置换试点文件中所称的宅基地置换,在实践中一般都是按照建筑占地面积①(80~125m^2)来进行作价,而不是按照《上海市农村个人住房建设管理办法》规定的宅基地总面积(120~150m^2,包括建筑占地面积和房前屋后的占地面积)。也就是说政府只要用远远低于600平方公里的宅基地就可以置换剩余的农村建设用地。

(3)宅基地置换的相关概念辨析。第一,宅基地置换与宅基地整理及复垦。

宅基地整理是属于土地整理的一部分,严格意义上而言,所谓土地整理主要是从农业科学的角度而言的,即"指在一定区域内,按照土地利用规划或城市规划所确定的目标和用途,采取行政、经济、法律和工程技术手段,对土地利用状况进行综合整治,调整改造,以提高土地利用率,改善生产、生活条件和生态环境的过程"②。土地整理在内容上"不仅包括土地利用的空

---

① 根据《上海市农村个人住房建设管理办法》(1997年修正)的规定,建筑占地面积最低的为80平方米,而最高的为125平方米;宅基地总面积最少的则为120平方米,最高的为150平方米。特别是在计算宅基地总面积和建筑占地面积,是根据农村社会"不同的地区、户型和人口"得来。

② 李卫祥编著:《农村土地整理》,中国社会出版社2008年版,第12页。

间配置和土地利用内部要素的重新组合，还包括土地权益和土地收益的调整"。① 在这个意义上而言，土地置换更侧重于后者，而土地复垦则侧重于前者。土地置换和土地复垦都是土地整理内容的组成部分。《土地管理法》把土地整理定位在农村土地范围内，该法第41条规定，国家鼓励土地整理。县、乡（镇）人民政府应当组织农村集体经济组织，按照土地利用总体规划，对田、水、路、林、村综合整治，提高耕地质量，增加有效耕地面积，改善农业生产条件和生态环境。从世界各国的农村土地整理的情况来看，虽然各国对于农村土地的治理的目标存在差异，如德国、荷兰等西欧国家侧重于村庄基础设施的改造和景观的保护，韩国、日本等人多地少的东亚国家，注重重新布局农村聚落结构来集约利用农村建设用地②。根据农村土地整理的内容，可将农村土地整理划分为农地整理和农村建设用地整理，宅基地整理就是属于农村建设用地整理的范畴。

但是，使用宅基地置换一用语更能凸显出宅基地整理中土地产权和收益的转换、调整以及其背后的社会意义，如城市化、就业方式与居住方式的变化、利用土地资源的转型以及带来的土地制度变迁等。特别是在城镇化背景下，建设用地指标高度紧张，各地结合自己的实际，推行农村宅基地置换。尽管置换的模式和路径虽有不同，但是有一点是共同的，就是为了解决城市建设用地指标的问题。与此同时，选择宅基地置换这一概念，也与笔者的背景有很大关系，作为一个法学专业的研究者，对于土地技术层面和相关学科知识的先天不足，决定了本书的研究重点和范畴只能界定在宅基地整理中的宅基地置换，尽管这有时也需要土地复垦方面的知识，但这方面不是本书研究的重点。

第二，宅基地置换与宅基地流转。

宅基地流转在我国现行法律语境下有其特有的内涵，其是指宅基地使用权的流转，即其是在"宅基地使用权人与他人之间的转移，其实质是宅基地使用权主体的变更"。③ 宅基地流转在实践层面主要表现为宅基地（使用权）

---

① 李卫祥编著：《农村土地整理》，中国社会出版社2008年版，第12页。
② 袁丰、陈江龙、黄天送、郭垚："基于SCM的经济发达地区农村宅基地置换研究——以海门市为例"，载《资源科学》2009年第8期。
③ 董万程："农村宅基地使用权流转的法律分析"，载《河南省政法管理干部学院学报》2010年第1期。

出让、租赁、抵押、赠予、置换、继承等形式。从宅基地流转的内容而言，宅基地置换是宅基地流转的一种具体形式。目前，就我国宅基地流转的法律规定而言，其仅限于本集体经济组织内部流转。因此，宅基地置换主要发生在本集体经济组织成员之间，常见的有本集体组织成员为了便利生产生活而进行的互换。这种宅基地置换的方式不是本书研究的对象，本书研究的对象主要是城乡统筹视角下，以中心村和城镇化为背景的由政府组织、引导下进行的农户及村集体经济组织用集体宅基地使用权或所有权与国家土地使用权之间进行的宅基地置换。

第三，宅基地置换与农村居民点整理（集中）。

农村居民点整理（集中）主要是针对当前农村村民建设用地规划和布局不合理，特别是基于耕地保护等因素的考虑，而对农村建设用地进行的整理。在整理中，必然涉及农村村民集中居住和宅基地置换的问题。学界目前对于这个问题称谓还不是很一致，有的称之为农村宅基地整理、有的称之为村庄整理，也有的称其为农村居民点整理或集中。[①]

（二）农村社会住房权和生存权

本书认为，农地改革是一个综合性和实践性极强的社会系统工程，必须要结合相关制度，如城乡二元化体制的改革，农村社会住房权和生存权保障体系建立、健全与完善，农村户籍制度的改革，农民的公共意识和城市文化意识的塑造和培育等。但是就这些综合性配套措施而言，最具有紧迫性、基础性和实质性的措施，还是涉地农民的住房权和生存权保障制度的建立、健全。这也是本书为什么将此作为研究重点的根本原因所在。同时，农地制度的改革也为农村社会住房权和生存权的保障制度建立和完善，提供了政府所无法提供的物质基础和社会条件。

宅基地置换实践中存在突出问题是，如何消除涉地农民后顾之忧和住房问题。而存在这些问题的根源则是传统的农村土地制度还发挥着农村社会"耕者有其田和居者有其屋"的生存权和住房权保障功能，即这些保障功能除了保障财产权利外，更多地承担着政治保障功能。现行农村宅基地制度改

[①] 刘勇、吴次芳、杨志荣："中国农民居民点整理研究进展与展望"，载《中国土地科学》2008年第3期。

革受阻的主要原因在于农村住房权和生存权保障功能的缺失，致使出现了"保障问题制约着产权问题，产权问题制约着市场化改革的问题"[①]的恶性循环。

1. 农村社会住房权保障

农民住房权本质上是农村社会生存权重要的内容之一[②]。笔者之所以用"住房权"一词来作为本论文的相对独立的研究范畴，是基于以下三点考虑。一是宅基地置换实践对于传统农村社会的"居者有其屋"的土地保障制度形成了挑战，并逐渐瓦解传统农村社会住房制度的土地根基。二是在宅基地置换中确实存在侵犯农民住房权的现象，如侵犯农民房地财产权、住房保障权和住房习惯权等。三是传统的农村社会住房保障主要是由集体经济组织免费提供无期限限制的宅基地使用权来实现的。基于保障农村社会的住房权等方面的考量，法律设定其权利在原始取得上就不是一种独立的"财产权"，而是具有强烈的身份性和福利性。具体而言，为了有效地保障农村社会的住房权，需要根据农民身份权和成员权来分配农村宅基地，而身份权和成员权建立则与集体经济组织存在着内在的联系，并在此基础上形成了一个相对独立的宅基地制度体系。因此，为了更好地研究在社会转型时期传统的宅基地制度所面临的挑战，为了更好地保障农村社会的住房权，笔者将住房权从农村宅基地所具有的生存权保障中提取出来，作为一个相对独立的研究范畴。

在宅基地置换中，集体所有的宅基地和其他农村集体建设用地通过宅基地置换而集约化地利用，特别是将节余的宅基地和农村集体建设用地指标流转到其他地区，以用作城市建设用地，而将置换地节余的土地复垦为耕地。宅基地置换试点的推行切断了农村社会分散建房的后路，促使农村集体建设有效地利用和管理。但是也会随之带来一个最为严重的问题，随着时间的推移，置换地社区人口的自然生长，分家立户现象的增加，特别是一户五口及

---

① 黄祖辉等："基于我国农村土地制度创新视角的社会保障问题探析"，载《浙江社会科学》2009年第2期。

② 笔者同意这样的分析："住房保障对于维系人的生命、健康等基本生存是和食物、衣物等一样必不可缺的条件，住宅的享有是保障人的尊严的基本条件，只有享受了住宅，才有条件行使选举、劳动等其他基本人权，而且住房保障依靠民间的力量很难加以实现，必须依靠国家的资助与鼓励。因此，住房保障应属于生存权保障的内容之一。"详见凌维慈：《公法视野下的住房保障——以日本为研究对象》，上海三联出版社2010年版，第82页。

五口之家以上的居民将在这一过程中出现住房问题。特别是随着社会经济的发展，现代科技以及医疗技术的进步，人均寿命的延长，分家立户的过程就是住房需求增长的过程。面对天文数字般的住房价格，如何保证涉地农民在城市化中来解决相应的住房需求。特别是如何解决在二十世纪八九十年代的上海征地中所遇到类似的问题，如浦东区的合庆镇庆丰村至今还面临着住房问题①。而在宅基地置换中是不是还可能存在这样问题，答案无疑是肯定的。根据笔者在奉贤区庄行镇调研发现，5人以上户占了庄行镇试点总户的45%。其中按照规定5人之家的户在置换中能获得 $225m^2$ 的住房面积，全部按照货币补偿可获得566250万元。而其中还有近1/3的农户没有在中心村购置房产，主要是因为庄行镇产业工业不发达，地理位置不好，部分农户准备到临镇南桥购置房产，而南桥的住房则要比庄行镇的住房价格高得多。这样其购置的面积和户数可能更为减少。如何满足他们分家立户所带来的住房问题则成为切断农村宅基地供应后，引起的住房困难和相关的社会问题（见表1-1）。

表1-1　庄行镇试点不同家庭结构分析

类型	1人户	2人户	3人户	4人户	5人户	6人户	7人户	8人以上户	5人以上户
户数（户）	14	35	144	289	235	100	56	6	397
比例（%）	1.6	4	16.4	32.9	26.7	11.4	6.4	0.7	45

资料来源：根据宅基地置换工程中农民居住空间需求与房型设计研究②整理。

而如果考虑到置换实践中侵犯农民房地财产权的问题，涉地农民住房问题则更为凸显。在笔者的调研中发现，无论是上海市还是其他省市，在推行宅基地置换中，地方政府都过于关注宅基地土地指标节余的数量，而相对忽视农民的房地财产权，甚至有很多地方发生侵害或变相侵害农民房地财产权的现象。如宅基地置换补偿标准仅仅按照宅基地的一部分——建筑占地面积——而不是按照宅基地总面积来补偿给农民；在置换中评估程序以及评估

---

① 因市政建设、园区建设及规划和土地等诸多原因，庆丰村从2005年由于土地资源贫乏，相当部分家庭按上海市农民建房规定应享受的建房面积无法落实，造成庆丰村现有农民缓建住房报告有三千多平方米，致使部分农民家庭的住房实际困难，而已形成影响庆丰村正常工作和社会稳定的一个重点。

② 徐瑞祥：《宅基地置换工程中农民居住空间需求与房型设计研究》，同济大学2007年博士后流动站出站报告。

标准不规范，所导致的农民的住房面积极大地缩水，如上海市宅基地置换中，因为评估公司基本上都是由开发公司聘请，而农民对此没有参与权，更没有话语权，存在评估公司和开发公司合谋来侵犯农民住房财产权的嫌疑。而在笔者的调研中也遇到过这样的案例，如有的农户实际有160平方米的住房，评估的结果仅仅为59平方米。这样类似的案件在实践中时有发生。这些侵犯农民房地财产权的情形造成一个最为严重的后果就是，农民在置换中不仅无法获得原有的住房面积，而且出现原有的住房面积大大缩水的现象。这些问题本身更是加剧了置换中侵害农民住房权的问题。

与此同时，传统的农民住房基本上都是院落式的。其在传统的住房空间上，形成相应的生活习惯和住房习惯。而通过置换进入小区居住以后他们存在明显不适调的问题，在现实中侵犯农民的住房习惯权的现象也屡有发生。如传统的农村社会都有相应的祭祀故人的吊唁场地，而置换后小区中则禁止农民设立吊唁场地；特别是实践中，地方政府为了获得更多的土地指标，不顾农民住房需求和住房习惯，将农民的小区住房盖成9层、11层甚至22层的现象也时有发生，最终导致侵犯农民的住房习惯权。

2. 农村社会生存权保障

（1）生存权的法理底蕴。生存权作为一种法权观念，最早是由奥地利空想社会主义思想家安东·门格尔，在其《全部劳动权史论》一书中表达的："劳动权、劳动收益权、生存权是造成新一代人权——经济基本权的基础。生存权被揭示为：在人的所有欲望中，生存的欲望具有优先地位。"[①] 据日本学者大须贺明的研究，真正将生存权作为一种实证法上的权利，则是以自由权为核心的法律体系在应对资本主义经济运行过程中所出现的失业、贫困及其所带来的资本主义统治秩序的危机时，而不得不通过国家的积极作为来解决因自由竞争而带来的底层民众的生存危机，进而来巩固资本主义的统治秩序和恢复、刺激经济[②]。特别是因历次资本主义经济危机所带来的失业、贫

[①] ［美］加布里埃尔·A. 阿尔蒙德等：《比较政治学：体系、过程和政策》，曹沛霖等译，上海译文出版社1987年版，序言。

[②] 当时各主要资本主义国家纷纷修正传统自由竞争理论，而开始通过国家干预的方式来为失业者和贫困者提供救济和援助的主要目的有两个：一方面，是在于使国民的生活趋向稳定，克服经济萧条造成的社会不安，维护市民社会的基本秩序；另一方面，也有着更显出其本质的经济目的，这就是要借此来提高劳工和农民的购买力，争取景气的再度恢复，圆滑地疏通商品的流通渠道，复兴产业，重建经济。［日］大须贺明：《生存权论》，林浩译，法律出版社2001年版，第9页。

困等问题,各国逐渐将生存权理论加以体系化,并通过立法而将这种法权观念和理论引入到以自由权为核心的资本主义法律体系中来,并使其最终成为资本主义社会继自由权之后的第二代人权而被各国宪法和法律加以确定下来[1]。正是在这个意义上而言,"生存权被推到实在法体系的上面来,此实为现代之事,是以资本主义社会的发展剥夺了无产阶级大众生存下去的可能性为历史背景的"[2]。

但是这种以生存权保障为价值取向的制度设计,并没有整体上否定国民自由权,而是在坚持最大限度尊重个人的主体性和自立性基础上,只是在极端自由资本主义所导致的贫困和失业等社会问题危害到了资本主义整体上统治秩序和社会秩序的时候,国家才会对弱势群体的基本生活和劳动就业给予积极的政策干预,即通过消除危害社会统治的社会问题,并通过生存权保障的制度设计来恢复这些弱势群体最基本(或最低限度)的生活保障。资本主义的生存权保障的制度设计是建立在公民资格和公民自立性的基础上,而对因市场竞争以及非市场竞争可能带来的弱势群体的生存危机进行救济和干预。但是这种制度的设计与其说是对自由权的否定,倒不如说是针对自由权的扩张所带来的资本主义社会统治基础危机,而通过生存权保障的方式来规避或限制因过度使用自由权而带来的弊端,来加强和巩固资本主义社会统治的一种措施。

(2)农村社会生存权保障。传统农村社会生存权保障主要是由承包地来承担。而在宅基地置换中,这种由承包地来承担的生存权保障功能的方式面临着前所未有的挑战。首先,农村土地集约化利用和规模化经营与其土地保障功能存在越来越多的矛盾和冲突,农用地的非农化利用以及非法流转、宅基地的上市流转等社会焦点问题,其背后的一个深层次的原因则是承包地的生存权保障功能弱化,而基于小农理性而作出一种实用主义的选择。在当前农村社会生存权保障主要还是建立在以土地保障为核心的家庭保障为主,社会救济为辅的社会保障体系之上。这种社会保障制度主要分为两大类,一类

---

[1] 如德国魏玛宪法,法国、日本等国也相继在宪法中加以规定,详见[日]大须贺明:《生存权论》,林浩译,法律出版社2001年版,第10页以下论述。

[2] [日]大须贺明:《生存权论》,林浩译,法律出版社2001年版,第11页。

是制度性生存权保障,即政府在农村推行的各种生存权保障方面的公共政策,如农村养老保险、农村合作医疗、农村社会救济制度等;另一类是非制度性生存权保障,即农村社区自发形成的互济互助制度,它的核心是家庭保障。家庭保障通过家庭内部配偶之间、代与代之间的互济互助来抵御生活风险。但是,由于家庭小规模分散经营阻碍了农业的规模经营,而导致我国土地经营收入增长缓慢。家庭收入增长缓慢又导致了家庭保障功能弱化。由此可见,无论是制度性生存权保障还是非制度性生存权保障都受制于农村经济发展水平。农村生存权保障的困境就在于农村经济发展落后和农民家庭收入的低水平。因此,传统农村社会的生存权保障还处于非常低的水平。

特别是随着改革开放以来的经济体制的改革和社会结构的转型,农村土地的生存权保障功能本身存在困境,其内涵也发生了变化。在一些沿海城市、大城市周围以及一部分富裕的农村,农民主要收入已不再依靠耕作土地,而是靠"种房"或将房子建成后出租当地企业做厂房,或者土地入股办企业或者靠村集体进行招商引资来进行非农开发或利用等,这些违法使用土地的现象从反面也间接地说明了农地资源在配置上的低效,并加剧了传统意义上农地生存权保障作用的弱化。

与此同时,农村土地在城市化和工业化的背景下,土地价格急剧上升,在既定存量的前提下,"土地在某一位置的供给曲线是一条处于极端状态的垂直线,它被用于何种经济活动取决于经济主体所出的租金"。① 而在此过程中,如何保障农村的土地增值收益与及相关权利,则成为农村宅基地置换中农村社会的生存权保障的重要内容。特别是农地的生存权保障功能"虚而有实",不能从宏观上进行"一刀切"式的改革,而必须走渐进的改革路径,更是加剧了问题的复杂性。

尽管承包地生存权保障功能趋向弱化,但是在实践中也存在"虚而有实"的状态,即使在大城市以及沿海地区也是如此。2009年的金融危机致使很多农民不得不回家务农,重操旧业。笔者在调查中,发现农民工因为户籍、住房和社会保障以及医疗保险等制度性障碍因素,而不能在城市中扎根——

---

① [美]威廉·阿朗索:《区位和土地利用:地租的一般原理》,梁进社等译,商务印书馆2007年版,前言。

毕竟能在城市中买房立足的很少，特别是经济和社会发展中一些不确定性因素如经济危机和天灾人祸等影响依然使他们面临着生存危机，承包地还是农民工生存权保障的主要资源。2009年的国际金融危机给国内经济造成的不良影响也在逐渐凸显，致使一部分农民工返乡的潮流不断涌现，从中也可以看到承包地制度所具有的生存权保障依然发挥着巨大的功能。

这种困境的出现很好地解释了当前农村土地制度上存在的悖论，对此有人进行了以下总结："①既希望承包土地使用权流转，又不当地限制承包土地使用权流转。②既以切实保障农民的基本生存作为制度的基本价值目标，又出台一系列以承包土地使用权物权性质为基础的政策规定，否定这一价值目标。③既以农民的生存保障为基础建构农村土地利用权制度，又不完全遵从社会保障的基本法律规则。④既规定'减人不减地'，又规定丧失成员权资格应当收回承包土地。⑤既规定承包土地使用权可以流转，又规定承包土地使用权禁止抵押。"[①] 这种困境的根本原因在于，实践中进行农地制度彻底改革的时机还不成熟。制约实践上充分进行农地改革的深层次原因在于当前的社会、经济条件不成熟，而其最为直接的原因，则在于农村社会保障体系的整体缺失。如何破解这个困境，笔者认为，由于农地与社会保障的改革受制于特定历史和社会经济条件，不能从宏观上进行一刀切或整体上进行改革，而必须走渐进式的改革路径。农地上所具有的经济权利与保障权利的多重性，决定了农村土地的改革复杂性和综合性，并加剧了问题的严重性。

（3）上海市宅基地置换中的生存权保障。2003年以来上海市针对统筹城乡发展中，农村土地制度改革所存在的阻力，对传统农村社会依赖的"土地保障"进行了改革。[②] 提出"完善城保、推进镇保、淡出农保"的方针，率先在全国推行了小城镇社会保险。小城镇社会保障制度对解决被征地农民的长远生计可持续问题，发挥了非常关键性的作用，尽管在理论上和法律上还存在一些问题和困境。特别是通过宅基地置换所获得土地增值收益如何

---

① 柴晓宇："社会保障视野下农村土地制度完善之思考"，载《东方法学》2010年第1期。
② 在统筹城乡的过程中上海市提出了"三个集中"，即"土地向规模集中，居住向城镇集中，企业向工业园集中"。在"三个集中"中"企业向工业园集中"的推进速度是最快的，也是最富有成效的。而"土地向规模集中，居住向城镇集中"在实践中，农村社会长期依靠"土地保障"而相应的城镇社会保障缺失，是其推进最主要的阻力。

给予农民分配问题,可以说是宅基地置换过程中用"土地换镇保"的核心问题。

在推进宅基地置换中,《上海市郊区宅基地置换试点意见》中没有强制性要求推行"镇保",而是要求有条件的试点地区,应积极推进镇保。而实行镇保的条件则是将承包地的经营权退回村集体经济组织后,并与村集体经济协商一致的情况下,可以落实镇保。从这个具有规范意义的行为模式来看,上海市并没有搞一刀切,而是要各试点地方根据自己的条件来推进镇保。

从置换来看,保障进城后的"农民"生存权,就是要在置换中将土地财产增值权和收益权赋予农民。对此,上海市《关于本市郊区宅基地置换试点意见》指出,"通过宅基地置换,让农民享受土地增值收益,积累一笔财富,给农民以实惠,在现代化建设中水涨船高,充分享受城市文明和改革开放的成果"。但是,对于这样一个原则性的规定,政府和农民的理解是存在严重分歧的。特别是农民通过什么样的方式或什么样的渠道来分享这些土地增值收益?涉地农民是否对结余的宅基地和承包地指标享有增值收益权利?以及在经济和城市发展中,特别是土地级差地租不断提升中,如何在动态经营中,分享这些土地增值收益?这些都是置换中农民朋友比较关注的问题。而其中最为核心的问题则是,如何通过制度设计,将置换后农村社会长远生计可持续与土地集约利用后的收益分配及其增值紧密联系起来,这对于保障农民生存权具有非同寻常的意义,在某种程度上是维系农村社会生存权保障的核心内容。

(4)本书在何种意义上使用生存权保障?由于本书选题是宅基地置换中的生存权保障实证研究,因此,这一选题无论是从选题的内容上,还是在研究方法上都决定了本书中生存权保障是一个相对具体而内涵丰富的范畴,这一点与通说理论上的生存权具有很大的出入。从选题的内容上而言,本书主要着眼于宅基地置换后农民"被"上楼后生活开支的增加,如因传统的庭院菜园经济的消失和物业管理费、水电费、交通费等相关费用的增加影响到了其进入城镇后居住的长远生计可持续的问题,另一方面其在推行宅基地置换中又推行了"承包地换镇保",农民在上楼居住后又失去了传统上赖以生存的土地保障,并面临着相应的长远生计可持续问题。从研究方法上来看,本书主要是通过实践调研来发现宅基地置换中影响农民长远生计可持续性的现象和案例,而不是以理论上的生存权学术脉络的梳理和反思现行生存权理论为主要任务。这一点也决定的生存权概念在本书的应用具有具体的、相对的而又丰富的内涵。

(三) 实证分析方法

1. 社会实证的方法

在具体的研究中,实证调查是研究工作的逻辑前提。"没有调查就没有发言权"(毛泽东)。从社会学上而言,实证调研的方法一般可以分为定量分析和定性分析的方法,"具体包括四种方法:观察、调查、文献分析、实验。为取得较好的研究效果,实践中往往采取多种方法相结合的研究方式"。① 在开展农村宅基地制度研究中,为了更为全面地了解和发现问题,需要做深入的调查研究。笔者这两年为了做这方面的研究,到过上海、安徽、浙江以及江苏等地进行过观察、问卷调查、访谈(农民和地方政府官员、下岗工人等)、文献分析(主要是从中学习调研的方法和发现相应的学术问题等)。每一次调研都有一种新的收获,更为重要的是,每一次调研都发现和体会到,进行调研的必要性和急迫性。以农村宅基地置换为例,刚开始进行调研时,主要发现其是地方政府为了获得城市建设用地指标,同时也兼顾科学地利用和集中农村宅基地。但是随着调研的深入和调研范围的扩大,慢慢才发现各省市进行的农村宅基地置换的模式几乎都是不一样的,当地人民群众以及政府官员对其的认识和理解各地都存在认识上的差异,如安徽农村宅基地置换的内涵相对简单,包括"空心村"整治和科学利用农村建设用地,以便为城市发展获得建设用地指标,而上海市、浙江省等地的实践除了这些内涵以外,还包括农民公寓和小区化、承包地和口粮田换社会保障、农民市民化、城乡二元体制的突破、农民的就业等各方面的内容。

2. "类型化"的描述方法

在调研中,如果仅仅对各地的宅基地置换实践进行观察是不够的。如何将其上升为理论?如何要对各地宅基地置换进行科学化的探讨?这种以学术和科学为诉求的研究,决定了其研究问题的方法本身就要求对此进行一个尽

---

① 张洪涛:"再论我国法社会学研究的结构性缺陷———从方法的角度",载《西南交通大学学报(社会科学版)》2006年第3期。

量客观的描述，其需要研究者尽量保持冷静、理性和客观的态度。用韦伯的话说就是要尽量做到价值无涉。"科学的首要任务就是像其对待自身那样描述实在。"① 然而，基于各地农村宅基地实践丰富性和复杂性，无疑给"描述"方法带来了难题和困境。因为"每一种个别的情况都包含有无限多的属性，我们无法作出选择；无限多的东西是不能被描绘的"。② 因此，对于社会事实进行描述，首先必须进行一个技术化的处理，即将这些所描述的社会事实进行"类型化"的处理。正如涂尔干所说："如果实在被还原为一种类型，那么它们所呈现的事物就可以得到精确的定义，并勾画出这一类型的特征，因为对同一类型中的所有个体来说，共同的特征是有限的，其性质也是显而易见的。"因此，他得出结论说"科学不能描述个体，只能描述类型"③。如笔者在调研中，对各地的宅基地实践试图从类型化的视角给予尽量客观化的描述，如上海实行的中心村建设模式、天津的"宅基地换住房"模式、重庆试行的宅基地上市流转模式、安徽等内陆地区的科学规划原有的村院的宅基地整理模式等。这些类型化的描述，为我们进一步进行比较分析以及更为深入地研究提供了技术支撑。

3. 比较分析方法

在对农村宅基地进行"类型化"描述时，还需要使用比较的手法，这种方法既是其建立类型的直接目的，也是使其描述的手法得以淋漓尽致发挥的手段。类型化描述这种手法最重要的功能就是说明事物本来的面貌，这种说明如果仅仅通过确立类型，而不进行比较，是达不到对现象和问题说明和揭示。特别是要对各地宅基地置换实践中的经验和教训，进行学术化探求和科学化的总结。这种诉求也要求，在确定类型以后，要想准确和深刻的说明现象，必须要对各类型之间的异同进行比较分析。这是说明问题的要求，也是确定类型以后的深化。如全国各地都在进行农村宅基地置换，但是这样一个概念和实践的内涵确是林林总总，千差万别的。在进行类型化的描述之后，我们就必须对这些类型进行比较分析，解释其背后存在的逻辑。这一点比较

---

① [法] 爱弥尔·涂尔干：《孟德斯鸠与卢梭》，李鲁宁等译，上海人民出版社2003年版，第8页。
② 同上。
③ 同上。

法中的规则就显得力不从心①。此时需要进行功能比较，即各地的宅基地置换的实践中，很多地方已经突破宅基地置换本身（如重庆、上海、天津等地），而是将宅基地置换放在了城市化、城乡一元化建立的高度来进行。这种实践和内地的安徽等省份是具有很大的实践差异的。

4. 历史学的方法

从现行宅基地的实践而言，可以看出相关理论和国家的成文法有一定的缺陷。因为原有的农村宅基地立法是在计划经济体制的背景下确立的，当时为了获得工业发展资金和解决城市人口增加所带来的粮食问题，通过户籍制度、集体土地制度等方法将农民牢牢地束缚土地上。这种制度的形成，是以否定农村土地的产权和效率为代价的，以便发挥政治上的功能，尽管在当时制度形成中有一定的历史合理性。但是随着改革开放的进行，中国社会经济取得突飞猛进的发展，特别是市场经济体制在我国的确立，整个社会处于剧烈的大转型时期，既有的宅基地制度除了小打小敲地进行修补以外，立法原则和制度内涵并没有发生过实质性的转变。法学界虽然意识到这个问题，但基本上都是从一种应然的视角来进行分析，而不能从社会实证的角度去探求改革的路径，以及研究在改革中如何清除既有的种种制度障碍和非制度障碍。同时，农村宅基地的改革与重新制度化的需求，客观上是与城乡二元化壁垒、农村社会保障制度的整体上缺失、农村基层民主水平低下等现状结合在一起的。因此，这决定了研究农村宅基地问题，单纯地用规范分析方法具有很大的局限性，必须要结合社会条件、经济需求、历史传统以及政治结构等各个方面因素进行分析和解释，才有可能得出一个较为全面和正确地认识。而整个法学界由于受"专业"思维的禁锢和相关"知识资源"的欠缺，或由于相关知识路径依赖等各方面的影响和局限，没有能力或不愿对此进行过多地研究和分析，造成整个法学界对这个问题的分析落后于其他学科。

5. 法社会学的方法

学界如何结合当前各省市的实践及其面临的问题，不断地思考和审视相

---

① 这里笔者引用比较法中的方法来说明，可能存在问题，因为对全国各省市的比较，并不属于严格意义上的比较法，但是笔者认为对于说明问题而言具有很大帮助，因此，这里进行的比较，不是比较法意义上的比较，特作此说明。

关问题，在此基础上提炼出具有一定学术可塑性的本土化的概念，关于这一点法学，包括农村土地法学的研究现状都不容乐观。我们在进行农村土地法学研究时，要将各地农村宅基地置换中出现的问题及其经验，用一种本土化、中国化的法言法语来表达出来。当然笔者在这里不是为了提炼概念而刻意地提炼概念，而是在研究中，基于农村社会土地问题，特别是中国农村宅基地置换过程中的特殊性，基于学术诉求和科学诉求而进行的独特而准确的理解，并在此过程中凝练和提炼出本书对这一问题的思考的逻辑，并通过自己独特的法言法语而进行表达。这种概念式的提炼是法社会学方法进入农村土地法学研究成功的标志。因为它预示了中国法学对当下的农村土地法以及宅基地法有着自己的特有的逻辑思维。现在法学界有能力进行这方面研究的学者还不是太多，倒是一些社会学家进行着思考，并有了初步的成果，如中国社会科学院的张时飞等学者对于上海宅基地置换中失地农民社会保障问题，提出"土地换保障"① 这样一种模式，这样的表述是对上海模式的经典概括。

理论模型的塑造，天然就不是纯粹理性的问题。关于这样的问题，毛泽东同志很早就对此给予过经典而又质朴的表述。② 西方经典社会学界对此也给予过系统而详细的批判。在制度形成中，实践是检验理论的唯一标准，这也恰恰适用于当前中国的土地法学研究。当然笔者在这里并不是否定理论的功能和作用，而是关注我们要建立一种什么样的理论，是构建抑或塑造理论？即抽象的理论必须在具体的历史条件和社会条件下才有其用武之地。从这个意义上来说，农村土地法理论天生不是构建的产物，更不是法律移植的产物，而是现实社会中涉及土地问题的现实表达，尽管法律移植和人类理性对于问题的解释和解决有其独到的贡献，但这种贡献在刚开始时就受制于社会实践质的规定性。即这种理论的形成和法律移植不能脱离现实的社会、农村土地法的实践以及制约这种实践的各种社会、经济、历史以及文化条件。总之，当下中国各地正在展开的农村宅基地置换为我们理论模型的创新和塑造提供了广阔的舞台和巨大的矿藏，亟待我们去挖掘其背后的法学意义或制度内涵。

---

① 张时飞、唐钧、占少华："以土地换保障——解决失地农民问题的可行之策"，载《红旗文摘》2004年第8期。

② 毛泽东："实践论"，见《毛泽东著作选读》，人民出版社1986年版，第80页以后内容。

（四）何谓法律

对于法律本身的理解不同，决定研究的重心的关注点也存在很大的不同。[①] 本书主要是从两个方面来分析和研究现行的法律，一是本书的研究方法决定了本书主要是从法社会学的立场来审视和研究法律，这一立场决定了对"法律"概念的界定更多地取决于社会生活和社会实践对于法律生成和发展的影响，甚至其具有决定性的意义。在这个意义上来说，笔者认为，法律的制定者不是在创制法律，而仅仅是在表述法律。因此，社会实践以及社会生活本身对于法律生成或形成的作用和功能，构成了本书"法律"概念的一个基本的维度。

二是由于农村宅基地置换问题主要还停留在试点和探索阶段，还主要靠党中央文件、国务院的行政法规及国土资源部（主要）和地方政府的规章来进行调整。很多研究者在做这方面的选题时都害怕陷入"政策学"式的研究[②]。笔者认为无论是国务院的行政法规还是国土资源部及省市人民政府的文件基本上（大部分）都是政府规章，结合具体的实证调研来审视和解读这些规范性文件理应是法学研究者应该尝试的，特别是在日益强调法学本土化和实证化研究的今天，如何将抽象的法律条文结合现行的实践进行思考，不仅可以促进当下法学的本土化，还有助于法学能够突破逻辑体系的局限，从中国本土资源中来汲取更多的营养，以丰富法学的中国内涵。

不容忽视的是，由于农村土地问题特别是农村建设用地和承包地问题事关农村社会的治理和稳定，在这一领域党和国家政策至今还发挥着主导性功能。尽管已经出台了《土地承包经营权法》等规范性文件，但是在笔者研究中时刻感受到，"实际上，许多制定法都有意地寻求推进重建社会生活的某些经济的或社会的政策"。[③] 如果我们在这一领域内不了解现行的党和国家的政策及文件，对我国的土地法律制度的理解将是一知半解的。

[①] 自然法学派关注的重心是自由、正义等高层次的法；分析实证主义关注的重心则在于国家制定法；历史法学派关注重心在于过往的法律对于当下法律制度生成和发展的影响；法社会学则更加关注现实的社会实践过程中法律的实效性，更加关注社会生活和社会实践本身的内在制度的生成逻辑，其中社会事实大于或先于法律成为这个学派的基本立场。

[②] 如中国人民大学的宋志红博士在做这一选题时就害怕自己的研究成果成为"政策性变化的废纸一堆"，详见宋志红：《集体建设用地使用权流转法律制度研究》，中国人民大学出版社2009年版，后记。

[③] ［德］K. 茨威格特、H. 克茨：《比较法总论》，潘汉典等译，法律出版社2003年版，第428页。

三、相关研究概览

由于"宅基地置换"是现行农村土地制度改革一个非常重要的领域。经济学、政治学、公共管理学、社会学以及法学等学科都对此进行了研究。

（一）对农村宅基地置换的相关研究

学界对于农村宅基地置换具体问题研究，大致有以下方面。

1. 农村宅基地置换的背景分析

对于为什么要进行农村宅基地置换？目前学界主要以下几种观点。从宏观层面上而言，推行宅基地置换有助于农村城市化和土地资源的集约利用①，特别是农村宅基地置换有效协调了经济发展与耕地保护间的矛盾，兼顾了城市发展和新农村建设的需要②。施建刚认为，伴随着经济的高速增长，我国东部发达地区遭遇了严重的土地资源瓶颈，而宅基地置换能有效地缓解用地需求压力，因而得到了广泛应用③。朱林兴教授认为推行农村宅基地置换有助于深化农村经济体制改革的要求，实现农业规模经营和改善与提高农民的生活水平④。

在微观层面上，有学者从地方政府和农民以及村集体二者之间的关系进行了分析，认为地方政府之所以推行宅基地置换，不仅是由于地方政府有着土地资源的集约利用的需求，更为重要的是，地方政府可以利用法律赋予的土地一级市场垄断权而高额获取土地出让收入，这是地方政府之所以推行宅基地置换强大的经济动力；而与此相对应，农村集体经济组织或村委会因为缺少土地出让的垄断权，即使其推行宅基地置换，也只能进行农业经营，而不能实现高额的土地级差地租收入，因此其缺乏推行宅基地置换的动力⑤。有的学者也从农民的角度来分析他们为什么愿意推行农村宅基地置换，主要

---

① 荀滢华：《上海市郊农民宅基地置换与城市化再推进》，华东师范大学2005年硕士学位论文。
② 袁丰、陈江龙、黄天送、郭垚："基于SCM的经济发达地区农村宅基地置换研究——以海门市为例"，载《资源科学》2009年第8期。
③ 施建刚、黄晓锋、王万力："对发达地区农村宅基地置换的模式思考"，载《农村经济》2007年第4期。
④ 朱林兴："农村宅基地置换若干问题研究"，载《上海市经济干部管理学院学报》2006年第2期。
⑤ 施建刚、黄晓锋、王万力："对发达地区农村宅基地置换的模式思考"，载《农村经济》2007年第4期。

是如何在宅基地置换中保障农民的土地权益与增加农民的财产性收入是农民"自愿"前提性条件,因此,应在政策的透明性与提高置换补偿标准等方面来提高涉地农民的满意度,进而富有成效地推行农村宅基地置换。①

这些宏观层面和微观层面的研究,对于研究上海市宅基地置换背景提供非常重要的知识基础。笔者认为,对于上海市宅基地置换的背景分析,除了使用这些研究之外,还应该将上海宅基地置换与上海市在改革开放以来的土地利用模式等背景结合在一起进行研究,以便使问题的研究得到进一步的深化和提升。

2. 宅基地置换推行模式研究

目前,大多数关于农村宅基地置换的研究,着眼于宅基地置换推行模式及其所带来的问题。其中绝大多数研究结论认为,以政府为主导的宅基地置换模式存在着剥夺农民土地与房屋权益的倾向,并认为应该坚持以市场为主导,地方政府为政策的提供者和监督者角色应该是一种比较理想的置换模式。②而施建刚等人对于宅基地置换中政府要占主导地位,从地方政府控制土地出让的垄断权与谈判权的角度,解释了为什么在面对着巨大的土地外部利润,而农村土地的所有者没有自下而上地推行,而主要是由地方政府来推行,其背后的深层次原因则是由于村集体和农民缺少土地出让的垄断权和谈判权等权利,不可能充分实现土地的外部利润和级差地租以实现资金平衡。因此,在这种土地管理制度体制下,"在今后相当长的一段时间内,政府统管仍然是宅基地置换的主要推动模式"。③当然他并没有放弃对现行政府主导宅基地置换模式的改造,在经过对松江区宅基地置换试点调研的基础上,提出基于"和谐"理念来创新宅基地置换模式,并在这一理念的指导下,作者认为要赋予涉地农民话语权。由于宅基地置换涉及农村居住形态的变迁、城市发展的整体布局和置换后进城农民的就业、社保以及农业规模化等问题,政

---

① 朱烨辛:"关于不同经济状况农民宅基地置换工程满意度的实证研究",载《安徽农业科学》2008年第10期。

② 朱林兴:"农村宅基地置换若干问题研究",载《上海市经济干部管理学院学报》2006年第2期。

③ 施建刚、黄晓锋、王万力:"对发达地区农村宅基地置换的模式思考",载《农村经济》2007年第4期。

府应该给予综合性和系统地指导,并循序渐进的来推进。在此过程中,作者提出,要变农民被动参与到主动参与,并在置换中允许农民自行或合作建房。

在这个问题上,张祎娴的研究打破了政府主导与市场主导的宅基地置换模式的分类研究,在对上海市第一批宅基地试点研究的基础上,总结了宅基地置换模式具有四种,即行政指令推进模式、近期规划结合模式、已有项目套用模式以及历史遗留问题借用模式。从这些模式中我们可以发现各试点在置换中,除了落实上海市置换政策和制度之外,有几个试点地区刚开始就将本地区的项目用地以及遗留下的农村住房问题与宅基地置换挂起钩来,存在着落实政策同时,又能解决本地区用地或住房问题等搭便车的心理,致使宅基地置换推行时就存在着动机不纯的嫌疑。[1] 宅基地置换模式的研究有助于理解和解释现行法律和政策在实践中存在问题的根源。对于这一问题的研究还有待于将现有的土地管理制度、农村社会治理以及农村城市化等方面结合起来深入研究,特别是如何将这些研究成果转化为农村土地制度改革以及立法内容是今后研究的重点和难点。

3. 宅基地置换存在的问题

宅基地置换中存在很多政策和法律层面的冲突问题,也存在着实践中侵犯农民权益的问题,还有上海市政府在制定政策和执行政策方面存在的不科学或不符合实际的一些问题,这些问题也引起了学界的关注与讨论。

(1) 宅基地置换政策如何与现有的法律制度相衔接?从试点政策制定的合法性来看,张祎娴等人从宅基地置换试点政策本身的合法性进行研究,认为"宅基地置换试点的政策制定者、执行者均为具有法定公权力的国家机构,试点政策按照合法的规定程序制定,这确定了宅基地置换试点的合法性"。[2] 从土地利用的角度来看,笔者也撰文认为宅基地置换具有相应的法律和政策依据。[3] 但也有学者认为,如果从宅基地置换政策的实践来看,由于农村宅基地置换涉及农村社会转型与农村城市化,特别是通过宅基地置换将

---

[1] 张祎娴:"上海郊区宅基地置换试点模式及案例研究",载《城市规划》2010年第5期。
[2] 张祎娴、王仲谷:"郊区城市化进程中的公共政策研究——以上海郊区宅基地置换试点为例",载《苏州科技学院学报(科技版)》2008年第3期。
[3] 孙建伟:"农村宅基地置换中的法律逻辑与实践逻辑——以安徽省为例",载《社会主义研究》2010年第4期。

涉地农民变为市民，而国务院《深化改革严格土地管理的决定》明确禁止各地擅自通过"村改居"的方式将农民集体土地转化为国有土地。① 也有的学者认为农民宅基地变为国有建设用地这在法律上存在法律障碍。② 也有的学者认为，用"承包地换镇保"存在剥夺农民社会保障权利的嫌疑，因而是违宪的。③ 因此宅基地置换政策如何与现有的法律和中央政策保持衔接，特别是在衔接中如何保障涉地农民的权益，则是需要结合实践深化研究之处。

（2）宅基地置换中侵犯农民权益问题。如何在置换中最大化地保护农民权益，有学者认为应当在宅基地置换中充分尊重农民意愿，让农民在宅基地置换中真正得到实惠，关键是，应该让农民享受到土地增值收益和积累财富为重点。④ 朱林兴教授认为宅基地置换不能以强权高压相胁迫，而必须坚持农民自愿原则，推行宅基地置换的地方必须具备保障失地农民的新的生存与发展条件才可以推行。⑤ 施建刚等人认为宅基地置换由于是在地方政府主导下推行的，因此，只有农民被动地接受置换而不是主动的参与置换，特别是在推行宅基地置换过程中各地基本上都将这一实践作为一项非常重要的政治任务，地方政府难以避免追求政绩的心理，盲目地推进宅基地置换，很难在实践中能够保障农民"自愿"推行，进而也就很难保障农民的权益不受侵犯。⑥

（3）政策制定与执行的科学性与合理性问题。在推行宅基地置换中，由于各试点地区基本上都面临着前期资金的筹集压力。而在这种情况下，中央政府对土地出让金从严控制等政策环境发生了变化，进一步加大了资金平衡的难度，从而带来了一系列问题，今后宅基地置换的政策应该将资金平衡与

---

① 吴方卫等："上海郊区农民宅基地置换问题研究"，见袁以星主编：《上海"三农"决策咨询研究——2004 年度上海市科技兴农软课题研究成果汇编》，上海财经大学出版社 2005 年版，第 86－87 页。
② 蒲方合："中国新农村建设中的宅基地权利置换客体研究"，载《前沿》2010 年第 1 期。
③ 段占朝："上海宅基地置换试点中的问题及法律对策"，见凌耀初主编：《统筹城乡发展实施策略》，学林出版社 2006 年版。
④ 沈永昌："沪郊宅基地置换试点情况调研"，载《上海农村经济》2005 年第 7 期。
⑤ 朱林兴："农村宅基地置换若干问题研究"，载《上海市经济干部管理学院学报》2006 年第 2 期。
⑥ 施建刚、黄晓锋、王万力："对发达地区农村宅基地置换的模式思考"，载《农村经济》2007 年第 4 期。

推行宅基地置换紧密地结合起来。① 在这种情况下，各试点政策和试点地区又急于农村土地制度改革一步到位，在宅基地置换中还推进"农地承包经营权换镇保"，而"镇保"基金又一笔庞大的财政支出，更加剧了各试点镇的资金平衡压力。因此，有学者建议决策者，为了保证宅基地置换科学性与合理性，宅基地置换应当与"土地换镇保"分开来进行推进。② 也有的学者认为置换政策在农民土地利益分配上仅仅实行一次性补偿，而与农村土地长期收益明显存在不合理之处，因此，应该建立涉地农民土地利益的长期分配机制。③ 这些研究总体上有助于我们对于农村宅基地置换的认识和了解，但是从现有的研究水平来看，大多数研究还停留在政策解读层面或介绍层面，如何结合具体的实践细化这些研究，特别是从法学上如何审视这一实践，学界应该在调研的基础上需要进一步提升这方面的研究水平。

（二）宅基地置换中土地与房屋权利研究

置换前原有的农村住房所有权和宅基地使用权与置换后的土地权属和房屋产权等发生较大的变化，如何在分别属于两个权利系统中的土地与房屋之间，克服其置换的权利转变的障碍，并在农村院落居住方式向城镇小区居住方式转变中，实现进城的住房权保障问题，关于这方面的研究还很薄弱。

1. 宅基地置换中土地权属置换

目前，学界很少有人对宅基地置换前宅基地集体所有权和农民使用权转变为国有建设用地使用权所存在的法律障碍问题进行研究，仅有几个学者对此进行了探讨。蒲方合认为对于宅基地置换中宅基地客体与国有建设用地客体，现行《土地管理法》和《中华人民共和国房地产管理法》（以下简称《房地产管理法》）等的规定存在重大差异，用法律上没有时间限制的宅基地使用权与法律上有70年限制的国有土地使用权进行置换，特别是这些通过宅基地置换节余的建设用地指标在不征收为国有土地的情况下，土地使用权人

---

① 张祎娴、王仲谷："郊区城市化进程中的公共政策研究——以上海郊区宅基置换试点为例"，载《苏州科技学院学报（科技版）》2008年第3期。

② 吴方卫等："上海郊区农民宅基地置换问题研究"，见表以星主编：《上海"三农"决策咨询研究——2004年度上海市科技兴农软课题研究成果汇编》，上海财经大学出版社2005年版，第93页。

③ 段占朝："上海宅基地置换试点中的问题及法律对策"，见凌耀初主编：《统筹城乡发展实施策略》，学林出版社2006年版。

使用期限以及土地收益分配问题必将成为法律上的难题。① 吴远来认为地方政府主导的宅基地置换，进入城镇小区的农民居住的地基，如果是国有土地使用权，则明显违背了《土地管理法》规定的农民集体土地不得出让、转让或出租用于非农建设的规定。因此，他得出结论，宅基地置换"没有触及集体土地尤其是宅基地私有的问题，但是触及了集体土地所有权的转让形式问题，触及了集体使用权流转用于非农业建设问题，违反了《宪法》和《土地管理法》的有关规定，并弱化了农民的宅基地产权"。② 承担天津市"宅基地换房"立法课题的万国华教授也指出了这一点，但是他认为解决的办法有两个：一是参照国有建设用地使用权的期限，设定农村宅基地使用权的期限为70年，二是立法明确设定宅基地置换小区用地的特殊性，在不转化为国有建设用地的前提下赋予其永久性的使用权。③

2. 宅基地置换中的住房权研究

关于置换中的住房权问题并没有引起学界的重视，笔者经过资料检索发现，目前学界对于置换后或集中居住的农民住房保障问题，给予的关注很少。邓星晨等人认为宅基地置换的农民新居产权应该与城市房屋产权地位平等，在依法缴纳法定的土地出让金后可以上市流转。但是作者并没有对涉地农民在居住形态或居住方式变更后，如何保障其住房权进行研究，其研究思路依然是延续如何解决"小产权"房的产权转正问题④。周沛教授的研究主要是针对沿海发达地区，在农村第三次建房高潮时，"如何避免和减少农民在居住集中化过程中的损失，为他们提供住房保障和福利"，其认为政府和集体经济应当为农民建房提供相应的福利待遇，地方政府应该将农民建房规划与地方城市化建设紧密结合在一起，为搬迁农民提供住房保障等。⑤ 干经天等人更多的是从政策制定的角度，特别是在落实"三个集中"过程中如何推进上海郊区农民集中居住住房建设问题，对于如何在集中居住中保护农民的住房权则没有给予关注。⑥

---

① 蒲方合："中国新农村建设中的宅基地权利置换客体研究"，载《前沿》2010年第1期。
② 吴远来：《农村宅基地产权制度研究》，湖南人民出版社2010年版，第144页。
③ 万国华："宅基地换房中的若干法律问题"，载《中国房地产》2009年第3期。
④ 邓星晨、蔡伟明："宅基地置换中农民新居的产权问题"，载《中国商界》2009年第12期。
⑤ 周沛："农民居住集中化过程中农民住房保障与福利研究"，载《社会科学研究》2007年第4期。
⑥ 干经天、吴剑鑫："'十一五'上海郊区农民住房建设政策措施研究"，载《上海农业学报》2006年第2期。

此外，学界对征地后失地农民的住房问题进行了探讨，如罗震宇主要是从失地农民与城市居民的居住隔阂为视角，分析失地农民进入城市居住后所面临的群体隔阂与文化差异[①]；李燕琼等人对于城市化过程中，失地农民因各地对失地农民在住房补偿政策上存在侵犯失地农民的住房消费权益，致使其因住房致贫的问题不断突出进行了研究；[②] 吴玉兰在对江苏调研的基础上认为，对于失地农民的住房政策制定和改进应当以保障他们的住房权为主要着眼点。[③] 笔者认为，在传统农村社会居住形态向城镇居住形态转化的背景下，如何按照农村家庭结构和社会结构对住房的需求来保障涉地农民的住房权，则是宅基地置换中应当给予充分重视的问题。

（三）宅基地置换中失地农民生存权保障研究

在宅基地置换中各试点地区为失地农民落实镇保。此项措施就农民失地原因而言，在实践中一般有以下两种主要类型。

1. 征地人员落实镇保

一种情形是涉及置换安置小区建设需要征用农村土地，对这部分农民基本上都按照小城镇社会保障政策来落实"镇保"的。但是根据施建刚等人在松江的调研结果显示，落实镇保的农民并没有因此而解决了长远生计可持续问题。[④] 而徐杰在对奉贤区庄行镇置换试点调研的基础上，认为虽然为失地农民落实了镇保，在一定程度上解除了失地农民的后顾之忧，但是还存在难以长期保障失地农民生计、参保人员退休金相对偏低等问题。[⑤]

2. 镇保流转土地

另一种方式是"镇保流转土地"，即根据宅基地置换试点政策，"对置换区域内农业人员，经与集体经济组织协商一致，在将土地承包经营权退还给

[①] 罗震宇等：“城市居住空间分异与群体隔阂——对失地农民城市居住问题与对策的思考”，载《城市发展研究》2009 年第 1 期。

[②] 李燕琼等：“我国不同地区失地农民的住房安置状况及政策实施效果评析”，载《农业经济问题》2007 年第 10 期。

[③] 吴玉兰：“关于失地农民的住房问题”，载《中国城市经济》2005 年第 2 期。

[④] 高超、施建刚：“上海农村宅基地置换模式探析——以松江区佘山镇为例”，载《中国房地产》2010 年第 7 期。

[⑤] 徐杰：《宅基地置换进程中沪郊农民消费生活考察分析——以奉贤区庄行镇为个案》，西南财经大学消费经济学专业 2008 年学位申请论文，第 35 - 36 页。

集体经济组织后,具备条件的集体经济组织可按照有关政策,为其落实小城镇社会保险"。这在实践中称为"镇保流转土地"。而对于地方政府和村委会能否主动落实镇保来获得农民的承包经营权?政策规定的是通过镇保流转涉地农民的土地承包经营权,而现实中是否往往是为配合宅基地置换而征收或征用这些土地?这些镇保流转土地承包经营权与为征收或征用土地的农民落实镇保在土地权利上有什么区别?如何在镇保流转土地制度设计中维护农民的生存权保障?凡此种种,目前学界还没有人从法学层面上进行研究。

四、研究思路与选题意义

（一）研究思路

本书的选题及其研究对象决定了本书的研究思路。本书在界定研究对象后,主要从以下几个方面来展开研究。第一章主要是从"宅基地置换中住房权和生存权保障"这一实践的制度史和学术史进行研究,这一章主要解决以下两个问题:一是为本书的研究提供研究现状等背景性知识,从中以便寻找当前这方面研究的问题和需要深入研究的方向,同时也为本书的选题可行性和合理性进行论证。二是为本书的研究提供学术上和理论上的经验和知识基础。任何一种研究都是建立在前人已有的研究基础之上的,而任何研究的创新都是依据已有的研究作为参照标准的。这项工作的梳理,为本书的研究创新的可能性提供了理论基础和知识基础。第二章主要在全国农村宅基地流转现状的调研基础上,来把握农村宅基地改革的方向和发展趋势。第三章以上海市农村宅基地置换的实践为中心,结合本人的实地调研,对其进行分析、梳理和比较研究。第四章主要是将上海市宅基地置换与安徽、重庆以及天津等地的实践进行比较分析,以便发现和总结上海市宅基地置换存在的突出问题和上海市宅基地置换这一实践"特殊性"。第五章具体分析宅基地置换中的住房权保障。第六章分析了宅基地置换中的生存权保障,并对宅基地置换中存在的问题,实践中如何解决这些问题,在解决这些问题过程中所形成的制度性的行为模式和"客观化"的规范进行梳理和研究。

（二）本选题的意义

1. 有助于在农村土地制度改革中,维护农民的土地权益和利益

打破城乡二元化分离的格局,促进农村社会城市化的进程,使农村社会

共享改革与城市化发展过程中的利益，是当前农村社会最大的呼声，也是我们党和政府亟须加强和改进的工作重点。根据刚刚颁布的"十二五"规划纲要的要求，在"十二五"期间农村土地的改革，要"完善城乡平等的要素交换关系，促进土地增值收益"。而其中一个最主要的问题就是如何在农地改革中，维护农民的土地权益和利益。特别是在宅基地置换中，通过制度化的实践，为农村社会进入城镇生活提供一个基础而又根本性的住房权保障、生存权保障，是我们统筹城乡二元化、加快农村社会城市化一个非常关键性的领域。

2. 有助于规范农村宅基地置换实践，为农村土地制度的改革提供一个样本

宅基地置换中，加强农村社会住房权和生存权保障的立法，不仅有助于规范当前农村宅基地置换中不规范、不合法等实践运作，更为重要的意义是，通过上海市的实践，以及在实践中积累的经验，为其他省份的农地改革提供了一个具有借鉴意义的样本，甚至为将来城市化中，农村土地改革的全国性立法提供经验和知识支撑。与此同时，这种经验和实践形态有其特定的社会环境，并在实践过程中呈现自己独特性，同时也构成别的省市或全国立法在学习和借鉴时的一个限制性条件。

3. 有助于在宅基地置换实践中，深化郊区社会建设

宅基地置换作为农村土地制度改革的一个重要内容，其不仅事关土地制度的改革，而且是当前上海市农村社会城市化的一种客观需要。因此，在这个意义上，农村宅基地置换与郊区农村社会的深刻转型具有内在关联性。而农村社会转型中存在的最大问题则是，长期的公共服务与基础设施严重供给不足。如何通过宅基地置换来推动农村社会公共服务与基础设施建设水平的提升，并通过具体的制度实践让郊区农民享受充分的社会公共服务等益处。这需要在尊重农民的土地与房屋财产权的基础上，推进和深化郊区社会建设。

4. 有助于完善和提升土地法学和社会保障法学既有的研究水平

将涉地相关利益主体之间的利益博弈及其实践逻辑作出系统而科学的分析，是当下土地法和社会保障法学引入法社会学方法最急迫的任务。这是因为农村宅基地制度在当前的社会背景下，不仅仅是一个法律问题，更为重要的其还是一个社会问题。故我们应将现行农村宅基地制度的塑造根植于法律

与社会关系的整体性思维框架下来进行把握。因此,这方面的研究,不仅有助于从现实的社会逻辑中来发现未来农村宅基地制度的雏形,还有助于增强和提升我国现行土地法的社会实效性。而实践中,地方政府和民众基于一种利益的驱动,很多地方的实践都开始对成文法层面的制度进行了突破,现在问题的关键已经不是是否突破既有的成文法的问题,而是如何在市场经济利益驱动狂潮中规范地方政府与民争利的行为,如何解决被置换的失地农民生存和住房的保障等问题,并在研究这些问题的同时,提炼和描述制度形成的机理。这对于农村土地的改革以及社会保障制度在农村社会的建立具有非常重要的意义,特别是对于以农村土地为主要研究对象的土地法学和研究农村社会保障制度的社会保障法学也同样具有重大的学术意义。

（三）本书的可能创新之处

本书的可能创新之处主要体现以下几个方面。

1. 研究范式的突破和方法论的深化

以现行农村宅基地制度为例,学界对现行的农村宅基地制度研究基本上还是停留在规范分析的层面,致使 20 世纪 60 年代所形成的制度,[①]经过近半个世纪依然没有根本性的变革。特别是改革开放以后,经济发展和城市化所带来的社会巨大转型,对这一制度设计在实践层面提出了挑战。当经济学、社会学、土地管理学等学科已经对此进行产权、文化、管理模式等层面的研究时,农村土地法学和社会保障法学却依然抱着原有的规范分析方法不放,致使不能从立法上和法学理论上,提出具有创新性的理论。在社会面临着巨大的转型时,以规范分析为主流的部门法学——农村土地法学和社会保障法学很难对此予以回应。[②]本书着眼于避免"注释法学所提供的理论阐释只会与日常程序运作逻辑日益脱离或断绝,从而导致理论反对实践和实践反对理

[①] 即当时立法者基于农村供给城市以获取重工业的资金积累的剪刀差为背景,以城乡二元化体制的设计思维和理念,将农民牢牢地控制在农村社会,以获取农产品有效和持久的供给,并凭农民的集体组织身份享有相应的责任田和宅基地,以保障最低水平的安居乐业的现状。关于这方面的研究详见喻文莉,陈利根:"农村宅基地使用权制度嬗变的历史考察",载《中国土地科学》2009 年第 8 期。

[②] 具体而言其存在的问题主要表现:①规范分析方法在学界占主导地位,不能满足社会转型对土地法学的理论创新的需求。②侧重调研式的描述和叙述,缺少基础理论的整合和支撑。③土地法学研究远远滞后于经济学研究、农业科学研究。④理想成分与实践探索背离。⑤比较法的视野处于起步阶段,主要处于规则比较层面。⑥研究方法比较单一,无法适应实践中所面临的法律问题。

论的局面发生",[1] 用法社会学方法,并具体使用实证调研、类型塑造与比较等方法,结合农村土地法和社会保障法进行研究,特别是对农村宅基地置换的法律制度而言,这方面的研究还很薄弱。而用法社会学的方法来研究农村宅基地制度,就是通过实地调研,不断在实践和思考的过程中通过"去粗取精,去伪存真,由此及彼,由表及里"的认识,不断进行类型化的描述和解释,通过分析、筛选、提炼等步骤,来提炼或形成自己对于当前农村宅基地问题中概念和认识,并在此基础上,对既有的相关农村宅基地法律以及政策进行反思和批判,以便描述和分析既有的宅基地制度的改革方向和具体程序。同时这样一种经验事实验证方法有其背后的方法论和人文精神作为支撑,不仅仅是通过简单地调研、数据分析、统计等方法的运用,而是为了探求当前农村宅基地存在的困境的缘由及其解决思路,而进行具有科学和学术诉求的研究。这种研究方法不仅有助于土地法理论研究水平的提高,还有助于提升应用性法学研究水平。

2. 视野创新:农村土地法与社会保障法相结合

如何寻求农地制度的改革,以便将其与当前市场化和工业化为背景的社会发展模式保持协调和平衡。一个最为根本的前提,就是要找到一种途径或方式,以便替代原有农地背后财产性与保障性功能,最终消除农民进行宅基地置换和农地流转后的心理顾虑,只有这样才能真正将社会转型时期的农地改革所带来的社会隐患降低到最低限度。否则,虽然通过一时急功近利的方式变相地获取农民的土地,也是"犹割股以啖腹,腹饱而身毙"。同时,农地问题的复杂性本身不可能仅仅用土地制度的改革来解决问题,与此同时,学界在探讨农村社会保障制度的建立的同时,一个最为核心的问题,即农村社会保障所需要庞大的资金无法筹措,致使农村社会保障制度的探讨仅仅停留在学理上,如何在农地改革中为农村社会保障制度的建立提供物质条件和社会条件,以及如何在建立农村社会保障制度的过程中,促进农地制度的改革,最终形成二者相得益彰、互相促进的格局,也是保障未来经济、社会较快发展的根本保障。

---

[1] 陈虎:"法社会学实证研究之初步反思——以学术规范化与本土化为背景",载《法制与社会发展》2007年第2期。

3. 视角创新：以宅基地置换后进城"农民"住房权保障为焦点

在宅基地置换中，由于传统农村生产方式、社会结构和家庭结构与城市相比，存在很大的差异，而这种差异性在宅基地置换后，成为进城后"农民"住房空间、住房习惯以及住房产权等问题的根源。目前学界对于这方面研究非常欠缺，笔者通过调研和访谈发现，在宅基地置换中涉地农民，还存在住房财产权难以得到有效的保障、"自愿"置换在当前的农村社会结构以及治理逻辑下还不能得到有效的维护、农民对于进入小区后居住成本的上升所带来的损失，这些已经威胁到进入小区居住的可持续性、家庭人口结构和置换中分配住房数量和空间的不可持续性等问题，致使进城农民的住房权保障很难得到有效的维护。笔者认为应该在政策层面和法律层面上明确规定，在宅基地置换中应保障涉地农民的住房权。同时，为了有效地保障涉地农民的住房权，应该将宅基地置换中节余的土地或土地指标出让金一部分返给涉地农民，并明确规定这部分资金应作为涉地农民及其子女的住房权保障金，并明确专款专用。

4. 内容创新：以宅基地置换后进城农民"生存权"保障为中心

在宅基地置换中，各区县政府积极主动地推行"土地换镇保"，笔者认为该项政策及其实践在某种意义上维护了农民的生存权。但是由于通过"土地换镇保"在法律层面还存在很多局限性，特别是将传统的征地补偿"镇保"模式，推广到通过"镇保流转土地"。但是由于这种"镇保流转土地"方式与传统的征地方式相比，有了很大的改进，因此，在实践中被郊区农民所普遍接受与赞同。特别是"镇保"资金与镇保待遇不断得到提升，决定了这种模式具有一定合理性。但是各区、县镇保资金压力与2009年中央新出台的《中华人民共和国社会保障法》（以下简称《社会保险法》）所推行"个人缴费、集体补助、政府补贴"相结合的新农保制度，不断地冲击着"镇保流转土地"实践的推行。根据实践。笔者认为为了更好地维护涉地农民土地权益和生存权保障，应该在逐步改造"土地换镇保"的基础上，明确"土地承包经营权"换"镇保"后，涉地农民还应该基于土地所有权，享有土地经营管理权、征地参与权与因征地而享有的土地收益权；同时，涉地农民还应享有土地发展权；地方政府要在"土地换镇保"过程中承担起应该承担的涉地农民生存权保障的责任。

小结

本部分提出了本书研究的问题，即在宅基地置换中如何保障涉地农民的住房权和生存权。为了更好地在本书中展开研究，笔者对研究范畴和基本概念进行了界定，如宅基地置换概念的界定，决定了本书的研究不仅是研究宅基地等农村集体建设用地，在宅基地置换中农民的承包地使用权也发生了相应的变更，这就需要从住房权和生存权保障来进行分析。通过梳理国内对于这一问题的研究现状，发现国内对这一问题的研究还很欠缺，主要是从政治学和经济学等学科进行研究，而如何从法学的角度来研究，特别是从权利保障的角度来进行研究，法学界还没有对此给予应有的关注。本书的问题，决定的本书的研究思路和研究方法，即主要从社会实证和法社会学以及历史学等层面来反思现行的土地法体系与住房权和生存权保障之间内在联系。而方法论上的实证化，将农村土地法和建立其基础上的住房权和生存权制度结合在一起研究，以宅基地置换后进城农民的"住房权"为中心以及生存权保障为重点，构成了本书的可能创新点。

第一章
农村宅基地制度的历史分析
——以"耕者有其田和居者有其屋"学术史为视角

本章通过对农村宅基地制度确立的学术史梳理的形式,回顾了新中国成立以后"耕者有其田、居者有其屋"的土地制度实践,认为尽管我们国家基本法律和政策没有明确农村宅基地制度和承包地是农村社会的住房权和生存权保障,但是从政治实践上来看,这种权利的存在是不言而喻的。对新中国成立以来农村土地制度研究的学术史的梳理,印证了本书的选题的内容合理性和研究方法适当性。

第一节 改革开放前农村宅基地制度的研究

对于农村宅基地制度改革的研究,成为现代学界研究的热点问题之一。本书在写作的过程中主要围绕农村土地"耕者有其田和居者有其屋"的功能,将这一问题结合现有的研究成果来进行述评。指出现有研究成果的贡献和不足,同时在述评中,挖掘或总结农村宅基地制度改革对改革开放前后中国政治、经济社会以及文化等领域的影响,并试图提炼和总结农地制度改革成败得失对于中国当下以及未来改革路径的影响。

党和政府的土地革命时期的土地路线和政策[1],构成了新中国成立以后进行农村土地制度变迁路径依赖和基本架构[2]。这是在土地革命终极目标[3]和

---

[1] 学界的研究一般着眼于我党的1928~1949年的政策和实践。
[2] 钱忠好:"中国国农村土地制度历史变迁的经济学分析",载《江苏社会科学》2000年第3期。
[3] 土地终极革命目标是实现土地公有制,彻底消灭封建统治的小农经济基础,否定封建政权赖以存在的土地私有制,为建立社会主义提供相应的经济基础。

政策实践之间矛盾或冲突的情况下,① 而不得不采取一种政治实用主义的进路,通过限制或剥夺地主的土地所有权,无偿分给农民,来满足农民土地私有制的需求,借以实现新民主主义革命的胜利,为社会主义革命和建设顺利推进提供坚实的政治基础和组织保障。这种目标与政策实践背离和冲突,不仅决定了我党当时推行农民土地私有制的合理性、暂行性和策略性②,同时,也是解释新中国成立以后借助人民公社化运动来推行农村土地集体化的一个重要的视角和背景性知识。通过这一革命实践,不仅实现了广大农民"耕者有其田、居者有其屋"的千年夙愿,而且取得了新民主主义革命的胜利,实现了民族独立。但是这种基于政治实用主义的土地革命实践,以及在实践中所形成的实践传统也构成了新中国成立以后农村土地制度改革和实践的一部分。

一、农民土地所有制③（1946～1952年）

基于当时国内外政治、军事斗争形势的需要④以及贫苦农民的需求⑤,中

---

① 即为了实现新民主主义革命的胜利,不能不满足农民土地私有制的要求,实现"耕者有其田、居者有其屋"的理想,因此,政策的制定以及目标都是根据国内国际形势的变化,不断调整自己。但是在整个土地革命时期,土地政策的核心命题是如何满足农民土地私有制的需求,在此基础上调动农民革命和生产积极性,来实现新民主主义革命的胜利。

② 赵学增:"土地国有与土地私有制度的历史搏斗——兼论中国土地制度改革的若干思路",见蔡继明、邝梅主编:《论中国土地制度改革——中国土地制度改革国际研讨会论文集》,中国财政经济出版社2009年版,第187-199页。温锐:《近代中共的平分土地政策与农民权益保障的再认识》,中国财政经济出版社2009年版,第507页。

③ 学界目前对于这项制度的称法不一致。有的学者称为农民土地私有所有制,也有学者称为农民土地所有制,也有的学者认为农民土地所有制其实质是一种国家所有制,详见汪军民:"对我国三次土地制度变革的再认识——以土地利用制度为线索",载《华中师范大学学报》2007年春季刊。笔者认为,这三种观点中界定比较准确的是农民土地所有制,但这项制度实质意义上是国家保障农民生存权和住房权为主要内容的土地制度安排。

④ 据张厚安、徐勇等人研究,当时要彻底击败国民党,夺取全国胜利尚需要解放区广大农民的支持,就必须要改变当时解放区在抗日战争时期形成的"减租减息"但"不动土地"的政策,同时当时解放区有相当大一部分的土地掌握在地主富农手中,解放军部队根本无法筹集到庞大战略军需与资源等,需要改变抗战时期的土地政策,实行"耕者有其田"的平分耕地政策。张厚安、徐勇、邓大才、王荣:"大陆农地制度变革60年的基本经验与教训",见徐勇、赵永茂:《土地流转与乡村治理——两岸的研究》,社会科学文献出版社2010年版,第10页以下分析。

⑤ 当时农民要求解决土地问题的原因有以下几点:一是抗战时期（1942年）实行减租减息的土地租约将要到期,农民担心不能继续承租这部分土地,生活难以为继;二是在减租清算运动过程中,地主抵还给农民的财产多未签订转权契约,农民要求政府给予保障,以防止将来"变天";三是有的地主曾自愿将减租减息的土地,以低价卖给农民,但村干部处于减租政策考虑,劝说双方保持租佃关系,而农民要求政府满足其承买要求;四是越来越多的农民加入解放军,他们希望在参加前解决家庭的土地问题。详见杜润生:《杜润生自述:中国农村体制变革重大决策纪实》,人民出版社2005年版,第17页。

国共产党顺应历史潮流和社会需求,于1946年5月开始将抗战时期的"减租减息"的土地政策改变为通过"政治运动的方式"来推行"耕者有其田"的平分土地政策。在这个意义上而言,"土地改革的意义在于扩大政治支持基础"①。经过1946年中共中央发布的《关于土地问题的指示》(五四指示)、1947年颁布的《中国土地法大纲》以及1950年所颁布的《中华人民共和国土地改革法》等形式,不断将"耕者有其田"农民土地所有制给予确认、巩固和深化。

到1952年9月这次土地改革运动基本完成。这次土地改革运动,不仅为中国共产党在军事上战胜国民党提供了政治基础和经济基础,而且还在实践中极大地调动了农村社会积极性,促进或释放了农村社会的生产力,为新中国的工业化开辟了道路。对于这一时期农村土地制度的研究可以说是汗牛充栋,举不胜举。但是大都基于实践的目标(耕者有其田)、当时的历史情形以及社会背景进行研究,而对于这一实践过程中制度生成模式以及实践本身留下的制度遗产的研究,还不是很深入,特别是这一时期的制度实践对于后来的农地改革所造成的影响的研究,还是不系统的,亟须加以深化。

对于这次农地改革的模式,有些学者总结为国家主导下强制型农地制度变迁模式。林毅夫认为新中国成立,中国领导人采取了国家主导型的制度安排和发展战略,并认为这种模式在新中国成立初期取得了巨大的成功。② 而许章润对这种历史合理性给予了肯定:"如果说一百多年前中国启动转型之初,国人普遍状态是有家族而无国族,有文化而无政治意识,以天下代国家,'一盘散沙',因此,'列宁式'政党及其专政理路,自有其历史语境性。"③

从以政治运动获得农村土地产权的途径或手段而言,"中国内地土改形成的农民私有权,是社会政治运动直接重新分配土地产权的结果。因此,在土改形成的农民个体私有制中已经包含了后来集体化公有的一切可能的形式"。因为"通过政治运动制造了所有权的国家,同样可以通过政治运动改变所有权"。④ 通过政治运动的方式来获取农村土地所有权本身具有相当大的

---

① [美] 吉尔伯特·罗兹曼主编:《中国的现代化》,江苏人民出版社1995年版,第370页。
② 林毅夫等:《中国的奇迹:发展战略与经济改革》,上海三联书店1994年版,第21-22页。
③ 许章润:"地权的国家德性",载《比较法研究》2010年第2期。
④ 周其仁:《产权与制度变迁——中国改革的经验研究》,北京大学出版社2004年版,第11页。

负面影响。对此张厚安、徐勇等人给予了相应的总结和评述:"一是'平分土地'……它也打开了中国向现代化国家转型期间侵犯个人财产的先河,从此在中国开创了一个以行政、以政策、以强力获取个人财产的先例,这一先例对中国政府及群众的影响深远而持久。[①] 二是平分土地使中国大陆农村走向现代化、规模化经营的可能性彻底消失,平分土地从道德层面、价值层面具有极高的意义,但是从现代农业的发展来说,却是一种毁灭性的打击,彻底消灭了农村中的中产阶级及可能带来的资本主义大生产的可能性。三是平分土地过程中对人权、生命、尊严的侵犯和不尊重也达到了一个新的高度,为以后的社会运动树立了不好的'榜样'。"[②]

将这一时期的"耕者有其田"的土地政策置于一种历史背景下分析,可能更突显这一实践背后的文化意义。关于这个方面的论述主要着眼于"在国家控制了民生之后,国家合法性就以人民的生存为最后界限"[③],而传统中国在既有的生产力不足的情况下,特别是人多地少的情况下,只有将农地过密化或地权分散化,这是一种历史的必然。而这种过密化的农地经营模式不能用纯西方产权理论来解释,而小农社会生存需要和生存道义是其第一要义。在人地高度紧张的情况下而产生土地平均分配的压力和需求,以致凝练出的"耕者有其田"这样具有政治动员力的口号,是中国几千年来小农经济得以顽强生存的社会性前提[④]。对此,曹东勃博士在总结几千年的小农经济均分土地的实践,并将中国社会与西方社会比较的基础上得出这样一个结论,即在传统中国,不像西方社会那样,商业繁荣、对外贸易、城市发展、工业革命等经济增长点,促使失地农民到非农就业领域获取生存的资料,因此,社会矛盾的重心很快从争夺土地的斗争转入劳资斗争;而在传统中国,由于新

[①] 新中国成立初颁布的作为土地改革法补充的《城市郊区土地改革条例》,其主要内容即主要是用于决定建设大工业区及大城市郊区,并规定城市郊区所有没收和征收得来的农业土地一律收归国有。

[②] 张厚安、徐勇、邓大才、王荣:"大陆农地制度变革60年的基本经验与教训",见徐勇、赵永茂:《土地流转与乡村治理——两岸的研究》,社会科学文献出版社2010年版,第24-25页。

[③] 周其仁:《产权与制度变迁——中国改革的经验研究》,北京大学出版社2004年版,第17页。

[④] "耕者有其田"的提出来源于传统中国农村社会土地高度不平等的占用状态,"在旧中国,占农村人口不到10%的地主富农占有约80%的土地。而占人口90%以上的贫雇农和中农却只占约20%的土地"。国务院新闻办公室:"中国人权发展50年",载《人民日报》2005年5月26日。

的产业和城市经济一直在重农主义的压制下不能得到充分开拓和发展,除了农业外没有其他任何足够发达的产业能够接续过剩的农业人口,或使他们得到社会救济,他们就只能孤注一掷地坚守土地,为了捍卫对土地的权利而不惜牺牲生命,而一部中国历史的主旋律就只能以对土地产权的争夺贯穿始终。[1] 钱忠好教授通过对传统封建社会和半封建半殖民地社会农地制度的考察,也得出与此相类似的观点。[2] 这种人地高度紧张的历史和传统,促使传统社会将土地看作由生存意义保障上升到心理文化层面上的认知和行为模式,进而将农地分配与国家政治合法性内在紧密的关联在一起的传统,成为农地制度变迁的一个根本性的前提。对此刘金海博士认为,对于这一时期的农地改革不能仅仅用经济学的观点进行解释,"而是出于一种提供最基本的生存方式的制度安排,其目的是为了让农民分得土地,满足农民最基本的生存和生活的需要。这一点对国家来说却有着休戚相关的重大意义,它对人民民主专政的国家政权提供了意识形态上的合法性基础"。[3]

二、农村土地集体化时期(1953～1978年)

从1953年起,经过农业合作化运动,在中央一系列政策和文件的指引下[4],基层社会组织由初级社到高级社再到人民公社,而农地所有权则由农民私有所有到私人所有受到限制,再到土地集体所有。农村土地与基层社会组织的变革带来整个农村社会的根本性的变迁,人民公社最终瓦解了传统小农赖以生存的"千百年所形成的村落传统",而且"农业集体化彻底废弃了土地私有制,并按理想模式建立了新的人际关系和社会结构"。[5] 当时以毛泽东为首的党和国家,不仅在政治上和上层建筑领域推翻封建统治,而且还试图根除封建统治的小农经济背后的物质基础和其赖以存在的农村社会的基层组织。

---

[1] 曹东勃:"小农经济与中国农村改革",见蔡继明、邝梅主编:《论中国土地制度改革——中国土地制度改革国际研讨会论文集》,中国财政经济出版社2009年版,第276页以下内容。
[2] 钱忠好:"中国农村土地制度历史变迁的经济学分析",载《江苏社会科学》2000年第3期。
[3] 刘金海:《集体产权变迁中的国家、集体与农民——应用于城市化进程中的团结村》,华中师范大学2003年博士学位论文。
[4] 如1953年《关于农业生产互助合作的决议》《关于发展农业生产合作社的决议》;1955年《关于农业合作化问题》《关于农业合作化问题的决议》;1961年《农业六十条》;1962年《关于改变人民公社基本核算单位问题的指示》《农村人民公社工作条例(修正案)》等。
[5] 张乐天:《人民公社制度研究》,上海人民出版社2005年版,序言。

（一）实行集体所有制的努力

对于当时为什么农村土地要实行集体所有制，这个问题对于理解农村土地制度改革非常重要，[①]因此，很多学者都给予了自己的看法。但是总体而言笔者认为，这些研究基本上没有将问题及其背后的逻辑搞清楚。对于这一问题的分析，学界的分析都仅停留在一种意识形态或戴着一种有色的眼镜来看待，因为这种集体化改革不仅是一种政治生成的产物，而且还对中国当下农地制度的构建存在这样或那样消极的影响。张曙光教授认为，当时农村土地实行集体化是党和国家政府对公有制的一种迷信。[②]周晓红教授则对此给予轻描淡写式的论证，认为其背后的原因不重要，重要的是"过早采取否定私有制的消极做法其消极后果是不言而喻的"。[③]

有的学者还试图从新制度经济学的"意识形态"在制度构建中的作用，来解释为什么要集体化。我国农地产权制度变迁的历史证明了新制度经济学中的"意识形态"理论的正确性和重要性。不论是新中国成立之初从封建的地主土地所有制转变为农地个体所有制，还是随后从农地个体所有制转变为集体所有制，其变迁走向是受占主导地位的政治利益集团的偏好影响的。也就是说，当政治利益集团的意识形态偏好或所有制偏好发生了变化，只要存在潜在的获利机会，并且制度变迁的成本小于其收益，就会发生制度的变迁。[④]

在这个方面，黄宗智教授给予了相对较好的解释，他从马克思主义关于"小农经济"在商品化和资本主义发展过程中，所带来的农业资本化的趋势出发（马克思、列宁），即"小农农场伴随着商品化而让位于以雇佣劳动为基础的大规模资本主义农场毕竟是英国圈地运动和18世纪农业革命的实际经历"。[⑤]如何避免这种小农经济现代化的模式，又能促进小农现代化，斯大林

[①] 笔者认为，现在农地改革的路径选择在理论界出现了混乱的主要原因，是没有对集体化时代的农地改革的背景及其功能正确的认识。如果能对农村土地集体所有制进行客观而科学的认识，问题的争论可能会有所缓和。

[②] 笔者在2010年6月中旬在上海社会科学院的张曙光教授一次报告会问到这个问题时，他给笔者的这个解释。

[③] 周晓虹：《传统与变迁——江浙农民的社会心理及其近代以来的嬗变》，生活·读书·新知三联书店1998年版，第164页。

[④] 瞿商："中国农地产权制度60年：历程回顾与变迁评判"，载《经济与管理研究》2009年第10期。

[⑤] 黄宗智：《长江三角洲小农家庭与乡村发展》，中华书局出版社1992年版，第2页。

开出的药方是只有通过社会主义集体化。黄宗智教授分析道，因为"生产资料的集体所有制能够解决资本主义分化的问题，而集体化农业能够把农民的小生产转化为高效率的大规模农业经营"，毛泽东"接受得了相同的模式和选择"，但"没有考虑糊口性的农业会在商品化或集体化之下持续的可能"。①

从当时社会实践层面上看，土地改革后虽然土地得到了平均分配，但是贫富差距（生产资料如耕牛、农具等和生产技术的差异等）和土地新一轮的交易和集中又开始重复几千年的既有逻辑②。分散化的小农经济自身的弱点，如经营规模小、生产工具严重不足、资金十分匮乏，力量单薄而无法抵抗自然灾害和具有兴修水利工程的能力等，这些问题促使很多农民自发地在生产实践中进行互助合作。

落后的小农经济在实践上衍生出一个最为重要的问题，分散和落后的小农经济不仅难以满足城市和工业对粮食、农产原料日益增长的需求，而且还与当时国家所确立的重工业优先发展基本战略相背离，其中无法通过市场机制来获取相应的资本的基本国情，致使国家不得不通过相应的制度安排，人为地压低重工业发展的成本，并通过合作化和集体化③来让农业为工业化发展积累其所需的资本。④

而这种农村土地集体化的改革，总体上与共产党人的革命目标（社会主义）以及当时对农业的社会主义改造等内在联系起来。苏联的示范效应，以及共产党人在长期的战争中熟练运用组织制度调动资源的经验，为实行高度集中的计划配置和行政管理提供了一个制度性知识来源。⑤ 而在土地改革过

---

① 黄宗智：《长江三角洲小农家庭与乡村发展》，中华书局出版社1992年版，第2页。
② 对此，毛泽东也是高度敏感的，"在农民群众方面，几千年来都是个体经济，一家一户就是一个生产单位，这种分散的个体生产，就是封建统治的经济基础。而使农民自己陷入永远的穷苦。克服这种状况的唯一办法，就是逐渐地集体化；而达到集体化的唯一道路就是合作社"。详见《毛泽东选集》（第3卷），人民出版社1991年版，第931页。
③ 发展中国家起飞或者发展有三个主要途径：一是通过掠夺国外资源发展，二是依靠国外资本，三是依靠国内资本特别是农村资源、资本的发展。前两个途径无法选择，共产党及其领导的政权只能选择第三个途径：通过压缩农业、农民的剩余来发展现代国家，建立现代工业和城市经济。详见张厚安、徐勇、邓大才、王荣："大陆农地制度变革60年的基本经验与教训"，见徐勇、赵永茂：《土地流转与乡村治理——两岸的研究》，社会科学文献出版社2010年版，第54—55页。
④ 林毅夫、蔡昉、李周：《中国的奇迹：发展战略与经济改革》，上海三联书店、上海人民出版社2004年版。
⑤ 吴玲：《新中国农地产权制度变迁与创新研究》，中国农业出版社2007年版，第60页以下内容。

程中通过政治运动和镇压反革命运动,彻底摧毁了原先称霸于乡村社会的封建地主阶级及其乡绅阶层,通过从上到下巩固构建的各级政权组织,共产党人获得了对乡村社会的经济控制权、政治支配权和行政干预权,这为急于推进合作化运动的毛泽东能够通过经济、政治和行政三大杠杆顺利将农民群众的个体生产积极引导到互助合作的道路上来。这样,人民公社化运动所推行的农地集体化改革很快便从理论转化为改造社会的一种实践。

对于当时追问为什么要实行农村土地集体所有制,就不可避免地要审问,集体制具有什么样的实质和功能?罗必良教授考察了与人民公社化运动相配套的统购统销①、户籍制度②之间的关系,并得出这样一个结论:"作为国家获取农业剩余的三套相互匹配的制度体系,使得集体所有制经济完全处于国家的控制之下,国家成了所有制经济要素(土地、劳动和资本)的第一决策者、支配者和受益者,集体在合法的范围内,仅仅是国家意志的贯彻者和执行者。"③ 对于集体化经济的实质,周其仁教授认为集体化经济(collectivizational economy)绝不是农村社区内农户之间基于私人产权的合作关系,就其实质来说,它是国家控制农村经济权利的一种形式。他还从集体化经济与全民所有制经济进行比较的基础上,深化了对这一经济基本特征的认识:集体所有制与全民所有制的真正区别,在于国家支配和控制前者但不对其控制后果负直接的财务责任。但国家控制全民经济时,却以财政担保其就业、工资和其他福利④。这些分析为对集体所有的本质特征的认识提供了较为全新的视角,但是基本上都是处于当下的时代背景来认识集体所有制的本质问题,在这一方面,笔者比较赞同以下的分析。

---

① 1953年,当以低价格在市场上获得农产品变得越来越困难时,国家开始实施"统购统销"政策,政府垄断了农产品的全部收购,并通过城市票证制度控制了食品和其他农产品的销售。这大大降低了城市生活的成本。

② 一方面,低价垄断农产品市场,可能会导致农民从农业领域的退出;另一方面,这个制度压低了城市的生活成本,可能会诱导农民向城市的转移。为了确保农民从事农业生产,并低价出卖农产品,政府必须实施相应的政策以限制地区之间和部门之间的劳动力流动。因此,推行户籍制度和集体化制度便成为控制农村人口流动重要法宝。

③ 罗必良:"农地产权模糊化:历史、现实与变革",http://www.cngdsz.net/Paper/Economics/2009-06-30/8661.html,访问日期:2010年5月9日。

④ 周其仁:《产权与制度变迁——中国改革的经验研究》,北京大学出版社2004年版,第6-7页。

Scott 将农民的生活首要逻辑"安全第一"原则与采取集体保障之间内在联系进行了说明,他认为,体现在农民生活秩序的各种技术、社会的和道德的社会安排中,定期地根据需要重新分配共有土地或是村庄的公地,为的是避免风险,确保农户最低限度地收入……当农民面对恶劣的状态时,他们无法通过自己的力量来增进生活保障,于是他们发展出一种整体性的社会关系,来对付严酷的生存现实。在这些整体性的社会关系中,人们最熟悉的是宗族或家族,在移民现象发生之后,演变为现代的村庄体系。

张静则从土地和人力两种资源的相对价值的对比中,分析土地集体化规则所具有的社会保障功能。她认为在土地和人力这两种资源的相对价值对比中,如果后者能够增益的机会较低,那么社会规则形成,对土地资源的保护自然就会优先于对人力资源(个人权利)的保护。如果人的生存极大地依赖土地而不是他人的(人力资源)服务以及权利交换产生的价值,个人能力和知识的差异不能明显地增大收益,这种条件下的生存措施自然倾向于保护土地资源,而不是保护个人权利。这反映了人对资源的强烈依赖,而不是资源利用对人之作用的依赖。[1] 于是她得出结论是,在集体土地所有制下,土地通过分配维持大致均等的使用和税务,意味着土地对于农户个人或家庭的社会保障意义,而不是财产权意义。

本书认为农村土地集体化改革有其历史的合理性,在当时的生产力水平的条件下,如何彻底摧毁封建统治赖以存在经济基础和组织基础,特别是如何防止资本主义生产方式所带来的"圈地运动"和两极分化,是共产党人作为新生政权合法性的基础。农村土地集体所有制在一定程度上完成了这个任务,即其通过农地集体所有制改革,不仅将封建统治的政治制度加以推翻,更为重要的是其终结了封建统治赖以存在的经济基础和组织基础,特别是其避免了农村社会大规模地"圈地运动"和两极分化。但存在推进方式上的激进和冒进,以及不顾当时社会生产力和中国农村社会的状况,片面强调"整齐划一"和"一大二公"等理想化的制度设计模式,是其致命的缺陷。

但是,如果我们将人民公社化和集体土地所有制以及推行公社化和集体化的激进方式区分开来,就会发现集体所有制本身的历史合理性。改革开放

---

[1] 张静:《现代公共规则与乡村社会》,上海三联书店 2006 年版,第 223 页。

以后其所释放的生产力以及在推行城市化中，农村社会不仅为工业化和城市化提供了支撑，更为重要的是缓解了城市急促增长带来的人口压力以及就业压力，而我国没有出现拉美国家中出现的城市"贫民窟"现象，而后毛泽东时代的邓小平同志并没有否定农村土地集体所有制，而是将其作为一种制度遗产使其合法化，就是强有力的佐证。

(二) 农村土地集体化改革视野下"生存权保障"和"住房权保障"

随着农村土地的集体化改革，如何在农地改革中保障农村社会"生存权保障"和"住房权保障"，无疑具有根本性的意义。否则，不要说要农业为重工业发展提供资本积累，就是连最基本的社会稳定也无从谈起。

1. 农地"生存权保障"的论述

有的学者根据这一时期的土地产权的变化，得出农村社会的模式也相应发生了变化，即由延续几千年的"土地 + 家庭"保障模式转化到"集体 + 土地"农村社会保障模式，并认为"集体 + 土地"保障模式是人民公社体制下农村社会保障制度的一次创新，在一定程度上，这种新型的农村社会保障制度保证了国家运用集体力量为广大农民提供全社会范围的、低水平的社会保障，是家庭保障走向社会保障的过渡形式。[1]

还有人认为，无论合作社或人民公社，其核心都是农民以出让土地为代价获得全方位、低水平的社会保障。具体内容为农民将土地所有权交给集体，通过集体（主要）和国家给予相应的较低层次的社会保障，如社会救助制度（救灾、五保户供养和困难户救济是其最基本的形式）、农村合作医疗制度等。[2]

还有的学者认为，集体经济下平均主义分配方式对于人口的生存条件是有利的，即它降低了个人和单个家庭谋生的风险。社会不会为购买生产资料而去借贷，更不会因出售土地而失去谋生的基础。他们认为这种由生产队提供的社会保障，其效能之高和运作之简便是历史上任何时期难以比拟的。对此，有的学者给予不同的看法，认为在当时生产力水平低下、普遍贫穷的环

---

[1] "中国农村土地制度研究"，http://www.lrn.cn/economic/landeco/200612/t20061207_10231.htm，访问日期：2010 年 3 月 15 日。

[2] 钱文亮：《中国农村社会保障法律制度》，对外经贸大学 2007 年博士学位论文，第 12 - 13 页。

境下，无劳动力者确实得到了一定的照顾。问题的关键在于高级社的分配很难兑现。那么，制度层面的设计在很大程度上便会流于形式，社员的劳保并不能落到实处。合作化时期存在的一个普遍问题是超支问题，社章以及分配方案中都表示要照顾困难户，但是对于困难户的照顾问题并没有得到妥善的解决。[1]

2. "住房权保障"问题的研究

王跃生教授在对河北南部农村调研的基础上，认为在土改后的十多年里，农民的住房压力并不显著。其原因在于贫下中农在土改中分得了地主、富农等家庭最好、最宽敞的房屋，并且土改前他们家庭规模普遍较小，不少人土改后才结婚，短期内没有住房短缺之虞。但到了集体化后期，由于普遍的高婚姻率、生育率和低死亡率，促使家庭人口规模不断壮大。致使在集体经济后期，社会剩余资金的投向主要是房屋，并且在20世纪60年代末和70年代初期，出现了农村建房的高潮。再加上宅基地是一种集体公共资源，因此，对其任意扩张就成为一种实践性的制度模式得以衍生。[2]

如何能够使农业持续不断地为工业发展提供支撑？在当时特定的时空背景下能够给出的最好的答案只能是：永远把农民固定在土地上从事农业生产活动。统购统销制度的推行和建立、户籍制度的改革、宅基地的无偿分配等综合性措施则是这一战略的具体措施，致使农村宅基地的身份性和社会保障性得以强化，成为农村社会住房权保障的重要的内容。

（三）政府推行农地改革的模式的研究

虽然这一时期的农地改革建立集体土地所有制彻底颠覆了以前的农民土地所有制，但是土地改革和集体化改革的模式都是通过自上而下的运动式的手段加以推行的。但是就这种改革绩效来看，无疑前者是成功的，而农村土地集体化改革则是失败的，对失败的原因进行分析，即稀缺资源因为信息的缺失得不到有效的配置和行为主体的激励机制上的失败，使得经济发展缺乏长久的动力等。还有的学者从制度生成的角度对这一时期的农

---

[1] 黄荣华：《革命与乡村——农村地权研究：1949～1983 以湖北新洲县为个案》，上海社会科学院出版社2006年版，第80-81页。

[2] 王跃生："集体经济时代农村生存条件分析——立足于河北南部农村的考察"，载《中国农村观察》2002年第5期。

地集体化改革进行了总结，认为这一改革力量主要由行政管理来承担，民间力量在行政管理的强制力下得到了极大削弱甚至消失，[1]致使农民主体性逐渐丧失[2]。

从集体土地所有制改革的模式与法律或政策的关系看，这一时期的农地改革主要是实践背离或违背法律，而政策处于不断的变动之中，其中有学者认为，在官方意识形态里，私有制，特别是土地私有制，就是社会主义革命的对象，但当局并未在法律上更改关于基本土地制度的法律法规，所以，依据1954年宪法，中国仍然实行并保护土地私有制，尽管这20多年的政策往往是违反宪法条文的[3]。

关于这一时期的制度利弊进行分析，在批判中，也有人也对此存在的历史性和必要性给予研究。如有的学者认为，集体化时期的自留地制度、"三级所有，队为基础"的集体土地所有制、包干生产制度以及地方政府发展乡村工业的实践等为改革开放以后的农村土地改革提供了有益的制度遗产，尽管在现代社会其存在这样或那样的问题。

第二节　改革开放后农村宅基地制度研究评述

20世纪70年代末至今，农村土地的改革，呈现出一幅多姿多彩的画面。理论界和实务界对此进行了研究和分析。

一、农地研究评述

（一）农地改革模式及路径选择

这一时期农地改革的发轫是在农民"生存危机"和其"道义经济学"的实践逻辑指导下，而进行的一场自下而上"典型的诱致性制度变迁""农民进行的试验，其出发点首先是设法渡过生活危机，规避风险，维系身家性

---

[1] 杨一介：《中国农地权基本问题——中国集体农地权利体系的形成与扩展》，中国海关出版社2003年版，第88页。

[2] 蒋文华：《多视角下的中国农地制度——理论探讨和实证分析》，浙江大学2004年博士学位论文。

[3] 王维洛："中国的私有土地是如何国有化的？"，载《当代中国研究》2007年第4期。

命"。由于中央决策者当时并不认同农民的这些试验，甚至在相关文件中还明确反对各种形式的包产到户。后来，随着进行自发试验的农民数量的增多，以及试验地区所取得的明显绩效，中央政府逐步改变了对待包产到户的态度，从明确反对转变为不反对，进而是部分支持，最终转变为全面支持，并在此基础上确立了农村家庭承包经营制度的基本框架。这种下层社会基于生存危机所进行的实践，从不允许到网开一面，到允许局部地区试验到全面推开，再到把其作为农村经济的一项基本制度加以肯定，充分体现了中央政府决策的科学性。由此，家庭承包制作为基本制度的确立和在全国范围内的扩散表明，诱致性和强制性的制度变迁方式常常交织在一起，共同推动着中国农地制度的不断创新。

但也有学者对此给予了不同的解释。周其仁认为在这场自下而上的改革中，不能忽视农地改革一个非常重要的经验"分省决策"，也就是各个行政省可以用省的政治资源，通过省的政治程序分别决定是否承认包产到户。分省决策的合法依据是中共十一届三中全会决议中强调的地方积极性和实践检验真理标准的新思想原则，另外，省领导人的资历以及地方与中央领导集团的关系对省级决策的强度有重大影响。从这个意义上而言，1980年的决策模式最重要的贡献与其说是其内容，还不如说是其程序。不同的地方利益和主张，可以在中央决策过程中讨价还价，并最后合成一个新的中央政策。围绕产权创新的中央政府与农民两极之间做交易的模式，发展为"农民—社区—地方—中央"多极之间的谈判、沟通和"交易"……从长期角度来看，这里包括了重建国家与社会关系的要素。[①]

从农地制度变革的路径或扩散方式来看，中国农地制度变迁的路径是以局部突破、渐进式的方式进行的，这是与整个社会"摸着石头过河"来推进各项改革的基本方式相互适应的。改革开放以来的市场经济改革和社会转型本身是渐进式进行的，改革的基本目标和模式刚开始就具有一定的尝试性和试错性，并在实践的检验下不断的修正和改进。中国的改革，在刚开始是在没有一整套完整而系统的法律体系和法律制度下进行的，许多改革本身是在

[①] 周其仁：《产权与制度变迁——中国改革的经验研究》，北京大学出版社2004年版，第31—32页。

没有直接的法律依据的情况下进行的，甚至是在"违法"的情形下而进行的。① 这样做最明显的益处则在于减少制度变迁过程中所带来的社会冲突，同时带来了意想不到的政治绩效、经济绩效和制度绩效。

同时，在改革的程序上，这也为以后农地制度提供了一种程序性变迁的路径，一方面是，通过类似旧瓶装新酒的方式，在不直接否定旧制度的基础上来改造旧制度，以便推陈出新。② 另一方面是，通过调研、试点、总结、宣传示范以重塑当事人认知模式的基础上，进而推广一种新的制度变迁的路径，以成为当下各地探索农地改革的经典范式。

（二）产权、集体土地所有权

集体土地所有权的制度设计最大化地保障了农村土地平均分配，从而保障了农村社会生存与就业，尽管这种土地保障是以低层次和夹杂着巨大隐性劳动力数量的闲置为代价的。但这种制度的设计，不仅为改革开放后城市的发展提供了粮食和原料，而且缓解了城市化过程中人口压力，最为重要的是，为国家的建设提供一个相对稳定和宽松的环境。从这个意义上讲，农村社会为城市发展做出了巨大牺牲。而这一切主要归功于农村社会对农村土地集体所有制的认同和拥护。正是基于此，有学者认为土地集体所有制是人民公社化时期的制度遗产③。

但与此同时，这种制度在改革开放后逐渐暴露出来的问题也日益增多，以至于所有观点在批评现行农地制度的缺陷和问题时，必然会自觉或不自觉地将这种缺陷归结于农地集体所有的安排。如有的研究指出农地集体所

---

① 如家庭联产承包责任制就是在没有修改宪法中人民公社的条款的条件下开始的。沈国明：《渐进的法治》，黑龙江人民出版社2008年版，第113页。

② 一方面是对旧制度的改造，将旧制度变为新制度；另一方面引入或培育、成长起新制度的成分，并使新制度成分所占比例逐步增大。就此而言，如果说家庭承包制作为基本制度的确立，必须是在人民公社旧制度的废墟上建立，并表现为对旧制度的替代；那么，各种类型的农地使用制度变迁要么表现为创新的结果，如"两田制"、股份合作制；要么表现为在原有制度旁边和周围，成长和发展一块新制度的成分，如"四荒"使用权拍卖等，就是在不触动耕地现有制度安排，而在非耕地资源上进行的制度创新。其实，这种在不触动旧制度根本利益格局前提下，发育新制度成分，最终，逐步改变经济中两种制度相对结构的方式，很可能成为今后中国经济制度变迁和创新方式的主导。引自张红宇："中国农地制度变迁的制度绩效：从实证到理论"，载《中国农村观察》2002年第2期。

③ 黄季焜：《制度变迁和可持续发展——30年中国农业与农村》，格致出版社、上海人民出版社2008年版，第239页。

有主体模糊，集体所有集体滥用的公地悲剧，集体所有变为村委会个别领导者所有，集体所有演变为乡镇基层政府所有，集体所有致使农民土地权益被基层政府侵害日益严重，又如有的学者认为存在任意征地，征地补偿款项落实不到位，甚至根本就不落实，任意进行"村改居"来剥夺农民土地使用权，集体所有实质是国家所有等问题，特别是这些研究都是通过实地调研从农村社会获得的第一手资料，在论证上因而更具有说服力和可行性，为现行农地改革提供了相对充分的信息，以及相对合理的建议。

因此，针对农地集体所有制带来的问题，不同学者给予的建议是不同的。而这种建议常常是与农地产权改革路径联系在一起的，即我们到底建立一种什么样的农地产权制度，以便既能激发农村社会的活力，又能保证农村社会稳定和发展，成为当前农地改革所面临的又一瓶颈。

从产权的视角来研究和评价农地制度，成为市场经济改革以后一个高潮，关于这方面的研究可以说是现代学界和实务界关注的热点和焦点问题。从事这方面研究的学者大都具有良好的经济学背景和国外留学背景，其以西方经济学理论，尤其是诺斯、思拉恩·埃格特森等经济学家的理论来讨论和分析，即如何通过产权制度的设计来激励农地所有者和使用者的潜能，为社会经济发展提供强大的动力和活力支撑。这些研究迎合了整个社会在转型中人们通过土地来最大化地获取经济、效率以及财富渴求的时代需求，其对整个农地改革的影响日益增强。特别是他们使用实证调查和经济学模型的方法来分析农地产权制度存在的问题及改革的路径选择，无疑为整个农地研究树立了一个典范。到目前为止，在农地研究中没有任何一个学科可以与这个学科取得的研究成就相提并论。

但是这个学科的研究也并不是没有局限性的，即产权制度经济学的分析，在当下中国的分析与研究，遇到一个致命的难题，就是在农地产权模糊或存在高度不确定的状态下，为什么中国经济还是不断地持续发展，并呈现出一副挑战西方产权理论的姿态。基于这样一个背景，有学者看到了西方经济学中的产权理论在当下中国农地改革中的限度，并在分析中国政府为农村土地集体所有制预设的法律和政治背景时，使用"所有权"一词来代替"产权"一词，认为中国的农村改革之所以会取得成功，"关键在于中央政府经过慎重的考虑之后，决定将本该成纲成条、没有任何歧义的农村产权制度隐藏在模棱两可的迷雾之中——我称为'有意地制度模糊'"。[1]

刘俊教授认为农村土地具有社会保障功能和财产性增值的功能，这二者在市场经济之前是以社会保障功能为主要功能，二者不存在严重的冲突，即财产性功能是依附于农地的社会保障功能之下的。但是随着市场经济的发展，城市化过程中耕地资源的紧张等，农地的财产性功能日益凸显，并和农地的社会保障功能发生严重的冲突关系，而要解决这一问题，他认为应该走农地国有化道路，然后由国家提供农村社会的相应的公共产品和社会保障[2]。笔者认为刘俊教授的分析有其深刻之处，但是其提出的问题解决方案过于复杂，没有尊重当下的历史传统。历史表明中国的农地改革都是在既有的制度过程中，通过渐进的方式来推进的，如果要社会保障就将土地国有化未免有些程序烦琐，而且和当下农民对于土地权利的渴望的这种社会需求不相适应。

与该观点相对立，一些学者认为，农地产权改革的路径应该赋予农民完全意义上的所有权，即农地产权实行私人所有制，如杨小凯、周其仁、钟伟、蔡继明、张曙光等，这些学者看到了农地产权私人所有具有最强大的动力机制和激励机制，他们主张应在给予农村社会建立相应的社会保障的基础上，来推进农地市场化改革。但是这种观点没有看到农地市场化改革的政治成本和社会成本，没有看到改革开放以后农地改革诱致性制度变迁和强制性变迁相结合的传统以及渐进式改革路径选择的特征，尤其是这种观点与我们国家性质和政权的合法性存在理论和实践上的重大悖论和冲突，因此，不会为执政者所采用。但他们所提出的如何发挥农地所有人和使用权人最大化的激励机制这一问题无疑是未来改革着重考虑的重点。

在尊重历史传统的基础上，在坚持农村集体经济组织的前提下，不断地完善农村集体经济组织。在此基础上来发挥集体经济组织对农地改革的余热，未尝不是一种尝试。这样的改革既照顾了现实，又能开创农地未来改革的路

---

[1] 何·皮特：《谁是中国土地的拥有者？——制度变迁、产权和社会冲突》，林韵然译，社会科学文献出版社2008年版，第5页。

[2] 刘俊、胡大武："中国农村土地承包经营法律制度研究——以土地承包经营权为中心"，见蔡继明、邝梅主编：《论中国土地制度改革——中国土地制度改革国际研讨会论文集》，中国财政经济出版社2009年版，第87页。

径，同时也最大化地减少了农地改革的政治成本和经济成本。笔者认为，这种观点不仅比较符合中国的国情和农地改革的路径依赖，在现实层面上也取得了较好的社会实效。但是这种观点也有一些局限，就是在产权集体化再造中，如何彻底地将农地的社会保障功能和财富增值功能相对分离开来，对于上述问题这些学者没有给予系统和详细的论述。

（三）土地财政

地方政府在农地改革中发挥着巨大而又具有很大危险性的功能。而这种充满悖论的功能和作用的发挥，是以地方政府财政体制的改革及征地为动力机制的城市建设和城市经营为背景的。黄季焜教授从中国现行的财政体制和以 GDP 及财政收入为主要指标的政绩考核体制、区域间吸收投资的竞争等方面来考察农地制度改革路径及其背后机理。从财政体制看，1994 年分税制改革以来，"中央在上收了大量财权同时，地方政府财政支出责任不仅没有相应减少，反而有所增加。在财政收入权上收而支出权不断下放的财政体制下，地方政府的财政收支平衡很容易被打破，进而导致'逼官征地'"。[1]

财政体制集权强化与中国政府政绩考核体制的强化同步进行，且存在内在联系。在现行的政府政绩考评机制主要由上级政府决定的背景下，地方政府工作任务、工作进程以及工作功绩并不是由基层民众来决定，而主要是由上级政府来考核。因此，上级政府必须掌握相应的工具来进行激励（或者实施惩罚）。为了更好地控制地方政府，中央政府一个重要的决策机制就是通过控制地方政府的财政权来进行。具体而言，中央政府主要通过集中地方政府的财政权，并通过转移支付来激励或惩罚地方政府。在这种财政体制下，地方政府只有在正式税收自主权之外，来寻找各种非正式税收为主的预算外财政。"地方政府之所以要抽取这些非正式收入，实际上是在财政体制集中、转移支付不足，而自身面临各种财政压力的情况下的必然行为。"[2]

地方政府如何利用现行土地征用和出让方体制的漏洞在"土地财政"上大做文章？主要是根据不同性质的用地，如工业用地和商、住用地，在地方政府利益最大化的思想指导下实行不同的出让方式。

---

[1] 黄季焜：《制度变迁和可持续发展——30 年中国农业与农村》，格致出版社、上海人民出版社 2008 年版，第 228 页。

[2] 同上书，第 226 页。

在商业住宅用地上地方政府通过垄断供地，以便获得土地使用权的利益最大化。各地政府纷纷成立土地储备中心，进一步集中商业、住宅用地的出让权，通过限制供应商业住宅用地数量，并以招、拍、挂的市场化模式出让，以使土地出让金最大化，结果是推高地价和房价，通过"饥饿供地"以拉动地价，从而谋求利益。而地方政府在土地出让后还可以获得可观的营业税和各种土地规费收入。这是因为城市扩张和土地占用带来的税收，主要是建筑业和房地产业的营业税、所得税及耕地占用税等，此外各个部门可以借此征收土地规费，这些全部由地方享有。

在工业用地的出让上，低价甚至有些地方是零价出让土地使用权，与其他地区展开竞争以便获得更多的招商引资数量，最终目的是获得更多的税金和做大本地的GDP数量。虽然中央也一再强调和要求地方政府用市场化的方式出让土地，但在实际的操作中绝大部分用地是以协议方式低价出让的。相对于商业和住宅业投资而言，制造业部门的投资具有更大区域间的可替代性。

地方政府在工业用地和商业用地的行为差异也与现行的财税体制在制造业和商业、房地产业的征税税种的设置存在密切联系。具体而言，我国现行税制中的第一税种是对制造业征收的增值税，地方政府在进行工业用地出让的算计时，正是因为考虑到一旦吸引到制造业投资，就可以在未来相当一段时间内带来比较稳定的增值税税源。虽然增值税的75%要上缴中央，但至少还有25%留归地方财政。现阶段即使压低工业土地出让的价格，只要吸收到投资后带来的未来增值税流贴现值能够超过地方政府的土地征收（和准备）成本，那么地方政府就可以通过未来增值税的抽取而获利。正是在这个意义上，有些学者认为，在解释中国经济的高速增长及其长期积累的各种问题时，应将其与中国地方官员的激励和政府治理的独特制度联系起来。其认为地方政府在改革开放以来，在没有显著增加社会税收负担的情况下，地方政府主要利用土地有偿使用和转让制度，在相对短的一段时间里完成了绝大多数城市的改造和重建任务，建立了高度发达的城市基础设施和跨区域的交通运输网络，为中国经济的持久增长打下了坚实的基础。①

---

① 周黎安：《转型中的地方政府：官员激励与治理》，格致出版社、上海人民出版社2008年版，第3页。

但这种策略选择在某种程度上，引发了严重的社会问题，如失地农民的增加、社会转型期的基层社会群体性事件、土地税收作为预算外收入所引发的政府腐败问题的增多等，正在日益挑战现行农地制度合法性问题。周其仁教授对此给予分析认为，现存土地法律在禁止农民承包地转为非农用途的同时，却宣布国有土地——包括从农民集体那里征来的土地——"实行有偿使用制度"。政府凭对农地转用的行政垄断权获取城市建设用地，然后将部分土地批租给城市二级土地市场、部分留在政府手中划拨。这种行政配置和市场配置的特别混合，不能不激励各行政主体竞相成为经营城市土地的牟利组织。于是在这种土地制度运作逻辑下，"一方面，《土地管理法》规定政府征用农地'按照被征用土地原用途——当然就是农地的农业用途——给予补偿（第47条）。另一方面，法律又允许政府按'土地的城市建设用途的市值'把征得的土地批租出去。这等于保证了政府经营土地法定红利最大。因为在一个城市化严重不足、正在急速发展的社会里，一幅土地从农业用途转为城市建设用途，市值的增加何止十倍、数十倍？土地市值越大，政府"无偿划拨"土地权力租金越高'。这实在是一门由法律保障政府独家垄断经营土地暴利的新生意"。①

（四）土地换保障

"土地换保障"（又称土地换社保）是在针对以往征用农地过程中传统的安置模式存在一系列问题的背景下，所采取的一种替换模式②。在实践中最早始于浙江嘉兴市③，在理论上将这一实践给予研究和表达的是江苏省社会科学院陈颐教授。他认为将社会保障引入土地社会政策中，通过转让土地使用权将耕作者纳入社会保障体系，有利于改善农民福利状况、开发资源的潜能和促进经济结构的调整④。与此同时，这种征地安置模式在实践中，比传统的征地更为农民所拥护。因此，该模式很快便推广到浙江、江苏、上海等地。正是在这个意义上而言，我们可以说"土地换保障"是农村社会与基层政府相互博弈的一种结果，它是农地所具有的保障功能在社会转型过程中一种社会表达。

---

① 周其仁：《产权与制度变迁——中国改革的经验研究》，北京大学出版社2004年版，第90页。
② 李淑梅：《失地农民社会保障研究制度》，中国经济出版社2007年版。
③ 于淼、伍建平："浙江嘉兴'以土地换保障'的经验及其反思"，载《中国农业大学学报》2006年第2期。
④ 陈颐："论'以土地换保障'"，载《学海》2000年第3期。

在研究农地改革中，尽管在产权改革方向以及路径选择等方面上，存在这样或那样的分歧，但是对于在农地改革中要不要建立农村社会保障，学界基本上是持赞成态度的。在研究中，对于为什么要建立农村社会保障，很多经济学者给出了自己的不同理解。土地保障的弱化[1]，以家庭为单位的土地保障已经与提高土地利用效率及经济结构调整存在严重冲突，[2] "以土地换保障、以保障促就业、以就业促发展"可以激活农村社会经济的良性循环，[3]农村土地制度深化改革的前提条件是农民社会保障问题的解决，社保体制的改革与重构不仅是我国农村土地制度深化改革的需要，而且也是工业化和城市化健康发展，现代农业发展以及广大农民从自然人、经济人向社会人转变的需要[4]。

法学界对此也给予分析，刘俊教授认为中国土地承包经营权承载着两大价值目标，即保障性目标和财产商品性目标。为确保保障目标的实现，中国立法对土地承包经营权的转让附加了诸多限制，而经济发展日益要求土地承包经营权的财产商品性目标应该优于保障性目标。就土地承包经营权未来的发展趋势而言，乃以土地商品化为核心。然而在现有法律制度框架下，要有效地实现商品化目标，需要把土地保障性权利和土地商品化权利分离开来，并在不同环节制定保护和转移规则。陈小君教授分析了中国农村的社会保障事业仍较为落后的原因，政府高估了农村中经济制度（土地制度）、社会结构、宗族关系对规范性的社会制度所起到的替代或补充作用，在政府社会保障责任缺位条件下，农村仍然保持了社会稳定，客观上又激励了政府在农村社会保障事业中主导责任的延续性缺位，但是对于如何建立农村社会保障问题，其并没有将之与农村土地的收益联系在一起进行探讨[5]。

---

[1] 王克强："上海市农民从土地保障向社会保险过渡条件的理论与实证研究——降低土地对农民基本生活保障效用的条件分析"，载《农业经济问题》2005年第2期。

[2] 姜长云："农村土地与农民的社会保障"，载《经济社会体制比较》2002年第1期。

[3] 张时飞、唐钧："以土地换保障：解决失地农民问题的可行之策"，载《红旗文稿》2004年第8期。

[4] 黄祖辉、王朋："基于我国农村土地制度创新视角的社会保障问题探析"，载《浙江社会科学》2009年第2期。

[5] 陈小君等：《后农业税时代农地法制运行实证研究》，中国政法大学出版社2009年版，第132页以后内容。

学界对这一问题主要的分歧在于在农地改革中能否用"土地换保障"的方式来建立和完善农村社会保障制度。赞成的一方认为，基于农村社会人口基数庞大的考虑，特别是政府所提供的农村社会公共服务的财政能力等方面，[①] 其通过土地资本化或土地永佃化收益等方式来获取农村社会保障的基金。将集体土地所有权收归国家所有，将农村集体改变为农村专业合作组织并不再享有农村土地所有权人的主体资格，通过不同环节确保农民对土地的保障权利和土地上的物权均得以各就其位，各自按照不同规则运行，以实现土地保障和土地交换价值。着眼于失地农民生计长远可持续发展，唐钧、张时飞认为，现行的以发放生活费和货币补偿为主要内容的征地安置政策是不可持续的，必须尽快给予调整。可行之策是依据"以土地换保障，以保障促就业，以就业促发展"的思路重新进行制度设计。[②] 郑雄飞博士以城市化为背景，主张吸取国企改革经验，将"保障"从"土地"中剥离出来，让二者各司其职，通过土地资源的流转整合来发展现代农业，通过社会保障体系的建立来保护农民的合法权益。他从社会关系对社会法律规范的需求入手，通过分析改革开放以来"人—地"关系变化所带来的新型"地—权"关系，推导出"土地换保障"的客观必然性，并从他物权的角度论证其合法性。尤其是他考察了欧美国家农地改革模式，并认为欧美国家的农地改革实际上也是一个"土地换保障"过程[③]。

反对的一方认为"土地换保障"剥夺了农民平等和公平享有社会公共服务产品的权利，即"农民带着集体资产仍然可以成为完全意义上的'市民'，要求农民以放弃对集体土地权利的分享为代价获得市民身份和社会保障是不公平的，这样无疑等于剥夺了农民可持续发展的条件"。[④] 有些学者起初支持"土地换保障"决策，但是随着对农村问题调研的深入和 2009 年金融危机致

[①] 王留豹：《构建农村社会保障路径研究》，华中科技大学 2006 年博士学位论文，第 79 页以下论述。

[②] 唐俊、张时飞："着力解决失地农民生计的可持续性"，载《中国社会保障》2005 年第 8 期。

[③] 郑雄飞："从他物权看土地换保障——一个法社会学的分析"，载《社会学研究》2009 年第 3 期。

[④] 韩俊、张云、张要杰："农民不需要'以土地换市民身份'——北京市朝阳区农村集体经济产权制度改革调查"，载《中国发展观察》2008 年第 6 期。

使农民工返乡种地等方面的影响,又开始质疑"土地换保障"①;也有的学者从现实农村情况着眼,认为"当前农村土地流转中的'土地换社保',否认了政府理应承担的基本公共服务职责,与此同时,否认了农民应当享受的基本生存权和公平发展权,其实质是为政府推卸应承担的基本公共服务责任找一个理由"。②秦晖教授否定整体上推行"土地换保障",但认为其作为一种地方试点,则可以尝试;③还有的学者从实践操作层面上,认为"'土地换社保'不好操作,很有可能变成另一种以'城市化'命名、对农民进行进一步剥夺的方式,同时社保以土地为条件,本身就是对农民的另一种差别待遇"。

笔者认为,双方的分歧主要是对"土地换社保"本身产生的社会背景以及适用条件上存在不一致的认识。支持者一方主要是基于农地征用过程中所出现的失地农民日益增加,特别是基层社会民众强烈要求政府给予相应的社会保障而提出来的一种弥补或替代措施。从这个意义上而言,其是对以前政府征地制度一种反思后的制度创新,而且这种制度创新具有相应的民众支持。这样一种思路不仅被我们的政策所采用,④而且还为2007年物权法所肯定⑤。从"土地换保障"的适用条件而言,笔者认为反对者都忽视了这一点,即这一模式在什么条件下适用?在什么条件下可以推广?都没有结合具体的"地方性知识"或"地方性条件"给予充分的研究,就直接加以否定是不正确的,也是不客观的。尤其是在当前的农村社会保障主要是由地方财政负担的情况下更是如此。关于这一点,笔者注意到反对者大都从全国整体上而言要对这一模式进行批判和否定,如王京东、陈锡文、韩俊等人,但是他们对这一模式是否具有地方性需求,以及在什么条件下和在什么样的地方可以推行这方面的改革和尝试并没有给予充分地论证和详细地说明。

---

① 王东京:"质疑'土地换社保'",载《中国经济时报》2009年12月14日。
② 迟福林:"统筹城乡发展背景下的农村土地制度改革",见蔡继明、邝梅主编:《论中国土地制度改革——中国土地制度改革国际研讨会论文集》,中国财政经济出版社2009年版,第213页。
③ 秦晖:"土地与保障以及'土地换保障'",载"经济观察网",访问日期:2009年6月11日。
④ 详见国务院办公厅转发劳动保障部《关于做好被征地农民就业培训和社会保障工作指导意见的通知》(国办发〔2006〕29号)。
⑤ 《物权法》第42条第2款规定:征收集体所有的土地,应当依法足额支付土地补偿费、安置补助费、地上附着物和青苗的补偿费等费用,安排被征地农民的社会保障费用,保障被征地农民的生活,维护被征地农民的合法权益。

分歧特别大的地方还在于这种模式是否可以从征地范围扩展到集体建设用地改革和土地流转领域，关于这方面的研究还须结合具体的实践来加以深化。特别是整个农地制度改革已经由单一化路径向多元化发展的今天，忽视地区差异性和相关条件的分析，依然从全国农地整体思维来看待具有地区差异性的制度改革，可能这种立论本身就没有多少说服力和可信性。因此，笔者还是比较赞同邓小平同志那种先实践，不争论，等待事物发展到成熟阶段再给予定性的做法。

二、农村宅基地研究

（一）宅基地的有效利用与耕地保护

当前最为突出的问题是宅基地的集约用地与耕地保护之间的关系，特别是在城市化和工业化背景下，这一关系得到了强化。对此，土地资源管理学[1]、资源经济学[2]以及土地规划学[3]均给予充分的研究，这些研究对于如何促进村庄规划和宅基地有效利用，以及保护耕地起到了有益的作用。上述研究中一个最为重要的理论贡献成果在于农村居民点的建设要在村庄镇域规划的前提下，实现农村社会人力、物力和财力等积聚效应，不仅可以节省大量的农村建设用地，还能激活农村社会经济发展活力。特别是这些研究大部分都结合小城镇建设或城市化建设来审视农村建设用地的集约化利用，无疑体现了当前农村社会城市化的时代需求。

（二）宅基地产权制度的实践与社会转型

宅基地的集约利用与耕地保护其背后机理都与当前宅基地产权制度问题有着内在的联系。这是现行宅基地产权制度存在问题的集中反映，农村宅基地使用权能不能突破村域或集体经济组织进行流转，这一问题不能解决，随之带来诸多问题，其中主要表现在两个方面：一是农村社会对这一制度的积极规避所形成的"隐性交易市场"和"小产权房"问题；二是农村社会对这

---

[1] 胡贤辉：《农村居民点用地变化驱动机制——基于湖北三县市的农户调查研究》，华中农业大学2007年博士学位论文。

[2] 彭鹏：《湖南农村聚居模式的演变趋势及调控研究》，华东师范大学2008年博士学位论文。另见黄奕妙、樊永康：《资源经济学》（上），北京农业大学出版社1996年版。

[3] 赵之枫：《城市化加速时期村庄集聚及规划建设研究》，清华大学2001年博士学位论文。

一制度的消极规避所形成的"空心村"与农村建房扩张侵占农地的问题。针对农村宅基地产权问题落后及其存在的问题,学界给予各种不同的解决思路。有的人主张流转以重新整合农村宅基地资源,[①] 而反对者也提出了自己的意见和理由[②]。大部分学者基于实证调研,在坚持宅基地集体所有的基础上,主张促进宅基地使用权流转,并对这种流转必要性和可行性进行详细分析。[③]还有的学者研究了宅基地流转具体形式及其法律上的障碍。[④] 这些研究都或多或少触及宅基地改革的问题。笔者认为,宅基地使用权是否流转的问题,须放在城乡社会转型过程的背景下进行研究,在坚持国家基本法律制度和大政方针的前提下,结合各地的经济社会状况,尤其是具体的实践来给予评价。就此,笔者同意这样一种分析,在市场化、工业化和城市化为背景的当下,传统的以住房保障为首要功能的宅基地,正在被宅基地使用权多重功能所挑战,特别是宅基地资产增值功能和集聚效应所带来的资本化经营模式,[⑤] 而这种挑战,在各个省市因为经济发展状况和土地资源的紧缺状况,呈现出不同的强度,需要结合具体的实践进行研究和评价。

---

① 主张者往往基于以下理论,认为允许流转有以下益处:①能够增加农民的融资手段,增强农民进城购房能力,为他们安居乐业的创造基本条件;②盘活宅基地存量,节约耕地资源,有利于中心村、镇的建设和农村经济的发展;③有助于实现国有土地使用权的平等,促进农村就地城市化,农民通过自发地改变自己合法拥有土地的用途,已经实现了自身城市化;④通过农村土地的流转,提高土地使用效率,实现财富转移,使农民获得财产性收入,有助于扩大内需;⑤宅基地使用权流转会平抑城市房价;⑥有利于规范当下的宅基地交易隐形市场,维护立法的权威性,解决立法与现实的矛盾。

② 反对者认为宅基地流转会导致以下后果:①宅基地一旦开始流转,房屋开发商和闲散资金会一拥而入,形成"圈地运动";②这个政策会催生出新的"地主阶级",或者说带来"地主阶级"的复辟;③一旦宅基地土地可以流转,必然全部流向掌握农村基层政权的村支书和主任及其利益联盟手中;④农民居住保障无法落实,最终成为流民;⑤社会上的资金会大规模进入,购买农村宅基地甚至责任田,致使农民生存保障权受到威胁,不利于农村社会稳定;⑥我国农村社会保障体系尚未建立,宅基地使用权是农民基本生产生活保障。从全国范围看,放松宅基地使用权转让的条件尚不成熟。

③ 范高峰:"农村宅基地使用权自由流转必要性探析",载《人民论坛》2010年第3月(中);吴访非:"宅基地使用权流转问题初探",载《沈阳建筑大学学报(社会科学版)》2010年第1期;高圣平:"宅基地性质再认识",载《中国土地》2010年第1期。

④ 张子任、李淑慧:"农村宅基地使用权流转法律问题探析",载《中国司法》2010年第1期。

⑤ 王钰:"农村宅基地使用权多元功能的冲突与协调——以社会保障功能与资产增值功能为视角",载《社科纵横》2009年第10期。程世勇、李旭佳:"农村宅基地使用权交易的制度分析",见蔡继明、邝梅主编:《论中国土地制度改革——中国土地制度改革国际研讨会论文集》,中国财政经济出版社2009年版,第319页。

第三节 改革开放前后农村宅基地制度研究比较分析

改革开放前农村土地制度对改革开放后的土地制度的成功转型,发挥着基础性的功能和作用。看不到这一点,我们就看不到现行农村土地制度演变中的路径依赖和其背后的深层次问题。① 改革开放前的土地制度避免了复归封建小农土地私有制的旋涡,不仅为改革开放后的经济社会发展提供了社会基础和经济基础,也为改革开放的农村土地制度改革顺利推进提供了良好的政治条件和组织保障。

一、农村宅基地制度演进的内在关联

(一)基于实用主义和社会主义取向的体制性品格②

农村土地承载着农村社会生存、就业、住房保障的基本功能,其制度的形成和变迁不仅事关农村社会最基本的生存权和住房权,而且它也是国家政权合法性的根基。无论是在革命年代,还是在建设时期,党和国家的政策和制度,都以满足农村社会对于土地占有、使用以及收益的权利为前提,来推动中国革命和建设政治目标的实现和中国基层社会的成功改造。而在人多地少的中国,如何保障农村社会"耕者有其田,居者有其屋"的生存逻辑,传统小农经济体制下的土地私有所有制实践所带来的土地集中和兼并的历史传统,已经向人们反复证明这一制度并不能解决这一问题,必须要对小农经济土地所有制进行改造。而改造的途径在当时的情况下有两种途径:一是农村土地资本化,二是农村土地集体化。西方资本主义社会小农经济的改造历史表明,"小农农场伴随着商品化而让位于以雇佣劳动为基础的大规模资本主

---

① 诺斯说,改革路径的选择是历史在起作用,经济的发展也是如此,无论是政治制度本身,还是信仰制度都与历史密切相关,它们的产生和演变受过去影响,同时也限制了当前和过去改革路径的方式的选择;如果我们不知道自己是如何过来的,就不知道今后前进的方向。"诺贝尔奖得主诺斯答京城听众问",载《经济学消息报》1995年4月8日。

② 路斐认为,我国农村土地所有权制度中,存在一些无法利用规范研究或价值判断等传统方法进行解释,而只能在"体制性"品格寻求答案的问题,即在意识形态、政治制度、社会传统及其互动而成的历史传统与国情现状塑造下的制度特性。详见路斐:"我国农村土地所有权制度的'体制性'品格",载《法律科学》2009年第5期。

义农场毕竟是英国圈地运动和18世纪农业革命的实际经历"。① 这一弊端决定当时的中国执政者只能选择后者，这一模式，至少在理论上来说，"生产资料的集体所有制能够解决资本主义分化的问题，而集体化农业能够把农民的小生产转化为高效率的大规模农业经营"。②

因此，在土地革命时期，为了满足军事斗争和政治革命的需要，通过政治运动的方式来推行农民土地所有制的实践，在当时具有强烈的政治实用主义特点。新中国成立以后为保障农村社会长久享有"耕者有其田，居者有其屋"的农村社会生存逻辑，以及便于农业为工业及其他产业发展提供更多的资金积累，都客观上需要对刚刚确立的农民土地所有制进行社会主义改造，而土地集体所有制则是其改造的目标和方向。农村土地集体所有制在实践中解决了小农经济所带来的土地集中和兼并问题，并确实对预防其带来的两极分化发挥了巨大的效用。但是，其不足之处在于忽视了集体成员的劳动积极性的发挥，如何在保证集体公有制的前提下，充分发挥劳动者的积极性，需要对这一制度进行重新反思和改革。

改革开放以后的农村土地实践注意到了这一点，并在实践中由集体成员自己创造出一种在保证集体公有制前提下的集体土地所有权的实现形式，并激活了整个农村乃至整个中国的经济。经过艰难的历程最终为新一代中央领导人所认可和认同，并获得其合法性的地位。但是，这种集体公有制体制下使用权的实现形式多样化格局的制度设计，在社会转型中又遇到其特有的困境，即如何防止地方政府和具有浓厚商业化背景的市场主体，利用集体土地所有制设计的弊端和产权主体的模糊性来侵害农村社会的土地权益。特别是在城市化和工业化为背景的市场经济社会，城市每一步发展都需要向农村土地扩展的当下，集体所有制的农村土地的价值日益凸显，并成为地方政府发展地方经济的主要筹码。加上中国现行的财政体制的缺陷，虽然中央政府注意到这一弊端，并三番五次地规制地方政府的用地权力，但是趋利避害的本能会使地方政府通过各种隐在或显在的方式，来回避中央政府的规制，并最终使这种规制变得徒有其表。

---

① 黄宗智：《长江三角洲小农家庭与乡村发展》，中华书局出版1992年版，第2页。
② 同上。

因此，基于新中国成立以后的农地制度变迁的轨迹，我们可以发现农村土地制度变迁，是国家基于长久地保障"耕者有其田，居者有其屋"农村社会生存逻辑，结合每个历史时期不同的时代要求，经历了农民土地所有制推翻封建地主土地所有制，进而运用集体土地所有制来改造农民土地所有制，再到对集体所有制进行修正的运行轨迹。在此过程中，政治实用主义是农村土地制度演进过程中的基本策略，而社会主义方向则是制度演进基本原则，其解决的问题主要是保障农村社会"耕者有其田和居者有其屋"的权利，而这一问题的重要性，决定了其与整个国家的政治体制和国家体制具有内在的关联性。在这个意义上而言，我们在研究这一问题时，不能用法律科学意义上的纯粹规范或价值判断等传统的法学研究方法，而必须在农地传统、政治制度、意识形态以及现实的中国农地的基本国情的情况下，结合社会发展的时代需求，来塑造和赋予农地制度基本内容。

（二）制度变迁模式具有内在联系性

有学者将新中国成立以来的农地变迁模式总结为"强制性激进式—强制性渐进式—诱致性激进式—诱致性渐进式"。[1] 这种总结性的结论，看到了我国农村土地制度变迁的表象，而没有看到历史中所形成的"行政权优越"和国家权威主义在具有"体制性"制度品格的农村土地制度形成过程中的影响和作用。新中国成立以来的农地改革中，政府都发挥着非常关键性的作用。农村土地制度的演变，根植于新中国成立以来的政治制度基本逻辑，特别是国家权威主义政治模式和现代化路径，即通过政府权威来推动社会各项改革，在改革中因为政府权威本身是一把双刃剑，即新中国成立以来农村土地制度改革，不能离开政府权威的推动，同时因为政府的权威本身也是需要通过民主的方式加以控制，民主制度建设的滞后又可能使权威本身划向腐败，从而使中国的改革成为某一部分人的改革。[2] 因此，土地改革后"最大困难在于必须首先使政府能够控制被统治者，然后还要迫使政府控制自身"。[3]

---

[1] 刘广栋、程久苗：《1949年以来中国农村土地制度变迁的理论和实践》，载《中国农村观察》2007年第2期。

[2] 萧功秦：《中国的大转型——从发展政治学看中国变革》，新星出版社2008年版，第187-194页。

[3] [美]汉密尔顿、杰伊、麦迪逊：《联邦党人文集》，程逢如等译，商务印书馆2004年版，第264页。

在这样的背景下,来谈农村土地制度演变和改革会使我们自觉或不自觉地谈论到政府与农村土地本身之间的关系上来,同时也会关注中国农村社会力量在农村土地制度演变过程中所发挥的政治和经济功能。改革开放前,党和政府对小农经济所进行暴风骤雨式的改造,以及改革开放后政府在推行农村土地改革过程中制度构建中的角色重要性,特别是现在农村土地流转政策的推行,虽然口中喊着要尊重农户的意见,实则运用行政强制命令方式来进行推进流转工作。这是一个处于行政权优越性国家惯有的逻辑。

(三) 实践先于立法并将政策置于重要的位置

新中国成立以来的农村土地制度的改革,基本上都是根据政治、经济和社会发展过程中遇到的问题而及时调整既有的制度设计,在新中国成立初的实践中,基本上延续革命时期所延续的政治运动和政治斗争的革命传统,而革命本身和依法治国存在内在的冲突和背离,这种运动式的农地改革也延续了我们党和政府在革命时期以政策代替法律的革命传统。[1] 农地集体化改革运动的开展是在没有修改1954年宪法的基础上而进行的,其推行主要是通过党和国家领导人的主要意志以及政策来进行的。改革开放以后,农村社会在小农经济下的生存逻辑的压力下推进的农地制度的改革,刚开始因为改革的方向和路径具有试错性和"摸着石头过河"的特征,也是采取了实践成熟以后再进行立法的思路,但是改革开放以来农村土地制度变迁中,实践以及指导实践的政策一直居于非常重要的地位。现在各地所推行的农村土地规模化经营以及农村宅基地制度流转的试点,就是原国土资源部和国务院、党中央结合现实农村社会发展的需要,通过制定和颁布相关的政策来推行的。

(四) 一些制度化的遗产成为改革开放农村土地改革的基础

集体土地所有制以及集体土地所有制下所进行的包干到户经营模式,集体化时期的自留地制度,集体土地所有制下的成员权和身份权,农村土地制度变迁过程中坚持农村社会生存保障权和住房权保障为底线的制度设计,农村户籍制度确立以及地方政府发展乡村工业的实践等,都为改革开放以后农村土地制度的成功改革提供了有益的制度遗产或基础,尽管在实践中还存在

---

[1] 孙建伟:"摧毁抑或延续——读《历史与变革——新中国法制建设的历程》",载《前沿》2010年第3期。

这样或那样的问题，亟须在实践中进一步改革和破除其本身的局限或缺陷。但是其对于促进以工业化和现代化主要内容的经济建设和社会建设，尤其是这些制度对于缓解当代城市化中的人口压力和资源紧张还是起到了一定的作用。在这个意义上而言，改革后出现的问题，如土地征收权的滥用、基层政府和村委会侵害农民土地权益等，在证明改革开放前农地制度设计的局限性的同时，也证明了改革开放前的农村土地制度改革的合理性和正确性，尽管这种制度的正确性和合理性并不是不带有任何瑕疵和缺陷的。

二、农村宅基地制度差异

（一）制度的建构型与内生型

改革开放前农村制度是构建性为主的制度设计，是以用政治权力的逻辑来改造传统的土地制度为鲜明特色的。人民公社化运动并不能简单地用"公有制"的迷信而简单地加以解释；而是试图寻求避免西方资本主义小农经济现代化带来的"圈地运动"和"土地兼并和集中"的弊端，从根本上改变传统土地制度的一种制度尝试。从这个意义上，应该肯定这次制度改革的性质和方向。而改革开放后，农村土地制度的改革走的是一种自然演进为主，辅之以建构型制度设计的道路，政府在改革开放的背景下，让农民自己放手来寻求土地所有权的实现形式，取得了良好的经济效果、政治和社会效果。但是，政府在改革中通过制度将这一实践给予合法化，特别是在农地变革的关键点上所表现的积极试点和推进，又使内生型的制度变迁模式具有了建构型的特征和色彩。

（二）改革方式冒进和渐进

改革开放以前农村土地制度推进路径，尤其是人民公社化时期，党和政府在制度推行的过程中，采取了激进冒进的方式，这种制度推行模式没有顾及当时农村社会的实际情况，存在着一种主观意志代替客观实际情况的弊端，成为我们研究这一段时期农村土地制度改革的主要诟病之所在。改革开放以后，由于中央政府在整个改革开放初期就是在没有"完全理想图景"的背景下，通过"试验田"的方式进行试错性的探索，通过以点带线，以线带面，以面成形的模式来进行。三十年前的改革开放、市场经济体制的建立等社会改革如此，农村土地制度的变迁亦是如此。农村土地制度改革，是实践的内在需求与现存的土地法律制度的冲突和矛盾的结果。中央政府在尊重农民意愿的同时，并没有在整体上通过立法来进行大规模的进行改革，而是通过灵活多变的政策对现行的农村土地进行尝试性和渐进式的确认与探索，以便寻求正确的改革之路。而另一方面采用渐进化的路径，来推行农村土地制度的改革本身也有助于减少制度变迁的成本，并容易为民众所认同和接受。

（三）地方政府激励机制弱与强

在计划经济时代，中央政府在"统收统支"体制下，每一层级地方政府"实质上将所有来自国有企业的税收和利润上缴给中央政府，然后下级政府指望中央的预算分配以支撑地方政府的开支"。[①] 特别是在当时政治意识形态化的农村土地制度改革中，地方政府对于农村土地制度改革的决策权和自由裁量权空间很小或几乎为零。[②] 因此，对于农村土地制度改革地方政府无论在财政上还是在决策权方面，都缺少相应的激励机制，地方政府拥有第一手信息，不能有效地将区域内村民对于农地的偏好习惯这类的信息整合到整个农村土地制度改革的过程中来，致使农村土地改革脱离了正确的运行轨道。而改革开放以后中央和地方的权力配置模式在以经济建设为中心思维模式下，得到了重新配置。在经济上，通过1980年"分灶吃饭"，各级地方政府首先要负起自己财政收入和开支的责任，特别是1994年通过分税制改革，中央在上收了大量的财政权的同时，也通过明示或暗示的方式授予地方政府更大的权力。在政治上，通过地方领导人的酬劳和提拔与地方政府的经济业绩联系起来，在强化地方政府财政税收责任的同时，也赋予了地方很大的自由裁量权。正如周黎安教授所说"中国许多重要改革都是地方政府发起、推动或直接参与，比如农村改革、股份合作制、乡镇企业的出现和崛起、外贸体制改革、用工制度、土地转让、经济特区、行政体制改革等，其中许多改革和做法（如农村联产承包责任制、给私有企业戴红帽子、国企改革等）在开始的时候都是违背当时中央的政策，遇到中央层面上的阻力，但因为地方政府大

---

① [美] 白苏珊：《乡村中国的权力与财富：制度变迁的制度经济学》，郎友兴、方小平译，浙江人民出版社2009年版，第55页。

② 1956年浙江省温州永嘉县委书记李云河就因支持全县二百多个农业社实行包产到户试验而被革职查办；许多实行包产到户的地区都遭到了国家主要领导人的批判。周其仁：《产权与制度变迁——中国改革的经验研究》，北京大学出版社2004年版。

胆坚持和巧妙周旋才最终被中央所认可，有的做法作为成功的改革经验，在全国范围内推广"。[①] 尽管地方政府农村土地改革过程中存在诸多问题，如偷税、漏税、人为造成国有资产流失和腐败以及强制征地所带来部分地方干群关系紧张等，但是如果离开地方政府的激励机制的经济逻辑和政治逻辑，也无法从根本上解释改革开放后农村土地制度成功改革的政治逻辑。

（四）农地改革的意识形态化与法治化

改革开放以前农村土地制度的变革，由于是中央领导人通过自上而下的强制性方式推进的，利用社会主义政治意识形态成为当时制度变迁合法性的一个基本的维度。而且在推行的过程中，严禁对这一问题进行学术讨论和研究。[②] 在割"资本主义尾巴"和"反社会主义"等主流意识形态的背景下，这一时期的农村土地制度的改革不能在理性化和法治化话语体系中来解读。改革开放后，随着整个国家思想解放和实事求是的思想路线的推行和深入，特别是国家治理方式由政策到法律的转型，在农村土地改革中，无论是学术界还是实务界都对此给予了讨论和关注，并在讨论中出现了百家争鸣、百花齐放的局面，这对于客观和理性地认识和评价农村土地改革，以及及时地修正或改正改革过程中存在的问题起到了非常重要的作用。特别是随着农村土地改革的深入，将实践中比较成熟的制度和实践通过法律给予确认、确立。目前，在农村土地承包和城市建设用地使用权方面都有了比较成熟的立法，而在农村建设用地和农村宅基地改革方面，尽管还是主要靠党和国家政策来规范和调控，在实践中还需要进一步提升法治化水平。但总的来说，改革开放以后农村土地制度改革的理性化的探讨和法治化水平的提升，成为这一时期一个非常重要的特征。

新中国成立以来的农村土地制度有着深刻的教训，也有展示未来农村土地改革的路径，其中一个最为核心的问题在于，在城市化和市场经济背景下，

---

① 周黎安：《转型中的地方政府：官员激励与治理》，格致出版社、上海人民出版社2008年版，第13页。

② 据刘广栋等人的考证，这一时期学术界关于农村土地制度的研究非常少，而且从内容上看，主要是以纯学术考证为目的讨论中国历史上土地制度的演变或对土地制度进行断代研究（如朱绍侯，1960；邓拓，1963），以及关于国外历史上或者现当代典型土地制度模式的研究（如潘先仍，1963；张鹭，1980）。详见刘广栋、程久苗："1949年以来中国农村土地制度变迁的理论和实践"，载《中国农村观察》2007年第2期。

如何在坚持农村集体土地所有制的前提下,将传统农村土地所具的"耕者有其田和居者有其屋"社会保障功能与资产增值功能分离的情况下,实现农村土地资源的优化配置,并在这一过程中实现农村土地资产化和价值化,并将这一收益主要归于农民及其土地所有者所有,让农民在此过程中分享城市化和市场化所带来的收益和成果。笔者认为,新中国成立以来正反两方面的经验和教训对这一改革的路径及其方式有着深刻的启示意义。从新中国成立以来的农村土地制度的改革也许能够看到未来农村土地乃至整个农村社会转型的轨迹和发展方向。

本章小结

本章认为新中国成立以来农村土地制度主要的功能是,保障农村社会"耕者有其田、居者有其屋",尽管在法律层面上没有对这一功能给予清晰的表达,但在政策层面和政治层面上其功能定位比较明显。在梳理国内学者的研究成果基础上,笔者将改革开放前后农村土地制度对于农村社会的住房权和生存权的保障功能,进行了对比分析,为了更为清晰地认识这一问题,在梳理过程中,笔者试图将农村土地制度所具有的体制性特征、改革开放前后农村土地制度演变的模式等因素与农村土地的社会保障功能之间的内在联系进行挖掘。而这种内在的联系也不断遭到当下社会转型的挑战,并带来宅基地置换中进城农民的住房权和生存权保障等问题。

第二章
宅基地利用调整对立法的要求

笔者经过实地调查，[①] 认为各地对于宅基地制度的实践亟须理论界、法学界从法社会学的层面进行研究。根据2007年笔者在全国11个省所进行的宅基地流转抽样调研，结合现行法律制度，笔者认为以农村宅基地为主的农村建设用地在为城市建设用地让渡空间时，要注意保障农民的住房权和生存权。

一、在农村社会保障缺失情况下，政治考量优先于经济和法律权衡

现行农村宅基地制度的设计思路依然停留在计划经济条件下，甚至可以说自从现行农村宅基地制度诞生以后，没有在整体上发生过实质意义上的变动或改革。在城乡二元化体制设计理念的指导下，将农民牢牢地固定在农村社会以获取农产品有效的供给，农民凭自身的集体组织身份享有相应的责任田和宅基地，以保障最低水平的安居乐业的现状。[②]

（一）农村社会保障的缺失，致使政治考量优先于经济权衡

现行农村宅基地制度设计思路基本上是政治取向的，没有充分顾及宅基地的产权属性和市场功能。产权属性和市场功能价值被淹没于农村社会特有

[①] 本章是根据2007年寒假期间笔者参与原国土资源部国土资源法律中心的农村宅基地调研材料写作而成。2007年12月，本人受原国土资源部国土资源法律中心的委托，在淮北煤炭师范学院组织21名同学利用寒假期间，对农村宅基地进行抽样式调查。本次调查涉及的省份有8个，其中有安徽（11人）、河南（3人）、河北（2人）、湖南（1人）、黑龙江（1人）、湖北（1人）、山东（1人）、陕西（1人）。调查的规则是以每一位同学必要到两个村庄进行调查，每一个村庄填写一份调查表为原则，共得到42份调查问卷。从调查的区域和地理位置来看，本次调查，既有远离城市的农村地区，又有与城市相连的郊区或距离城市比较近的村庄。在调查的过程中每位同学还专门写了调查体会和调研报告。这里要感谢我的学生赵伟、寿春雷、许金兰、周方成、于菲、汤浩等同学为本书的写作提供了第一手资料，当然文责由本人自负。与此同时，也结合了笔者在上海、浙江、安徽部分市、县的有关农村宅基地流转的调研体会。

[②] 喻文莉、陈利根："农村宅基地使用权制度嬗变的历史考察"，载《中国土地科学》2009年第8期。

的政治社会之中。这种制度模式的设计有助于确保农村社会稳定和农产品有效供给,但对农村社会的繁荣和农民物质生活文化的丰富,以及多样化需求考虑不足甚至根本就无暇顾及。在发展市场经济的今天,"物尽其用"是衡量现行物权制度或产权制度的最为有效的标准,而作为资源性的财富——土地,如果其制度创新不能与最具有活力和创造力的劳动因素结合起来,特别是不能与农民创造经济、物质利益的潜能结合起来,农村宅基地的科学利用问题仅是一句空话。关于这一点,我们在调研中也深有体会,很多拥有"一户多宅"的农民就是存在宅基地和耕地在产权上是不一样的认识,认为"宅基地是自己的,耕地是集体的"。这是他们想方设法多占宅基地的一个重要的思想基础。而有的农民虽然认识到宅基地是集体的,但是基于一种"不占白不占"的想法,特别是现行宅基地审批制度和管理方面非常宽泛(主要是一些中西部远离城市的农村地区),更是强化了很多农民"占了就白占"的心理。随着农村商业不断发展,基于经商的考虑,"沿路建房"的现象不断增多。这些活动都是农民基于一种生活或生产上的利益,而进行的"理性"选择。

(二)农村社会保障制度的缺失,致使政治考量优先于法律权衡

"物尽其用"法律原则是处于我国特有的政治体制和农业传统文化基础之上的,在中国特有的国情和社会结构中,"物尽其用"原则必须要受制于"人多地少"的国情,以及在此基础上所形成的制度实践和历史文化传统。因为在我国,宅基地问题不仅是经济问题,还是最大的社会保障问题,如果处理不当或处理的方式和措施不适合我国的九亿多农民的行为模式、心理文化和利益价值观,不仅导致经济发展受挫,更为严重的问题是其可能转化为政治危机和社会转型的危机。这也许是中央政府在改革农村宅基地制度(包括农村承包地制度)慎而又慎的关键原因之所在。尽管经济学从效率的原则来高呼农村土地和农村宅基地要符合物尽其用的原则,但是政府的决策和法律制度却迟迟滞后就是这一困境最好的注解。

关键的问题是要审问,到底为什么会出现这样的现象和困境?特别是我国的社会发展程度,还不足以实行全民保障,社会综合保障还不能惠及所有的农村大众。政府的政策在很大意义上,不是从对产权制度物尽其用的视角来看待,而是更多地从政治层面上来进行考量。结合当前城市化用地的大背

景，一个尴尬的局面就出现了。即一方面，城市化和工业化的发展迫切需要大量的土地，需要从经济和效率的立场来看待农村宅基地合理利用和管理，特别是为了保护18亿亩耕地的底线，我们必须要科学的和高效地使用城市的土地和农村的建设用地；另一方面，宅基地制度的问题和困境因为现实和历史的原因，恰恰不能简单地用经济原则和物权法律原则来处理。特别是农村土地问题、社会问题以及政治问题具有紧密的内在关联性，我们需要以更多的理性、耐性以及智慧来寻求适合农村社会现状和农民的心理文化模式的解决方式，因为现存的农村土地政策即土地使用权（也包括宅基地）高度分散化，依然是应对当前农村社会治理危机的一种历史的选择。正如何·皮特正确指出的："当保险、储蓄和农村信用制度等风险分担机制不具备可行性或成本过高时，土地使用权的高度分散不失为回避风险的较好策略。"[①] 因此，在这样的两难困境中，政府处于一种尴尬的局面，一方面要发展经济，要实现中国前所未有的城市化和工业化的任务，需要大量的城市空间和土地面积；另一方面农村的土地制度因为除了经济以外因素的考量（社会保障）而不能轻易而有效地改革，致使我们的政府在对待这个问题上，以及在政策的决策上出现了困境和难题。

二、宅基地制度改革方向

（一）"先城郊后边远"方向

农村社会本身在政治、经济、文化等方面比较落后，这种状况导致农村社会的现状，即在整个国家改革和发展中对农村宅基地的"无奈"的忽视。这种状况在很大程度上，造成地方政府在实践中，根据趋利避害的自然本能和政治实用主义的原则，来实施对农村宅基地的利用和管理。[②] 中央政府三令五申要求严格规制农村宅基地的使用，虽然在实践中取得了一定的效果，但是地方政府总体上是基于农村宅基地本身的优势与地理位置好坏，而给予不同程度的关注，在宅基地管理上与本地的经济社会发展需要内在地统一起

---

① ［荷］何·皮特：《谁是中国土地的拥有者？——制度变迁、产权和社会冲突》，林韵然译，社会科学文献出版社2008年版，第29页。

② 根据张静的研究，地方政府从其自身利益最大化来推动制度变迁，其不是根据法律规则辨认正当规则，其是根据利益竞争对规则作出取舍。张静："土地使用规则的不确定：一个解释的框架"，载《中国社会科学》2003年第1期，第113页。

来，即采取"先城郊后边远"的思路。地方政府在实施宅基地的管理时也主要是从以下两个方面进行着眼，一方面是在现有的财力和物力受限的情况下，要考虑到优位发展问题，即城郊的宅基地规范和改造问题，地方政府更多地从自身的利益和政绩出发来进行逐步推进，而对远离城郊的农村地区宅基地的管理持着放任或懈怠的心理（这里也存在管理成本过大等方面的因素）。另一方面城市以及近郊地区因为土地资源紧张和级差地租的高昂，对其进行管理和规范中，所存在的经济利益和政治利益无疑能够满足地方政府在市场化过程中对于经济利益和政绩的需求。基于成本和效益的考虑，地方政府对近郊的宅基地在规制上和规划上，投入的管理成本和社会成本就远远高于远郊的农村地区[1]。再加上现行宅基地制度设计，并不符合日益市场化情况下农民的经济利益需求，特别是城市郊区的市场和用地需求远远大于远离城市的农村，在市场利益驱动下，农民违法用地也比较多，频频见报的小产权大多集中于此。因此，客观上也需要更多的管理投入[2]。

（二）工业发达地区高于工业落后地区

宅基地制度的改革与本地区的经济发展状况存在着非常重要的联系，特别是在经济发达地区，如上海、浙江、广东等发达地区及其他地区的城郊结合部，宅基地流转和置换更为普遍和活跃。这些地区在农村宅基地外部利润的刺激下，自发地将宅基地集中起来，以出租、建房或建厂房出租等形式进行流

---

[1] 我们在安徽省合肥市的调研很好地说明了这一点，仅从宅基地审批中，就可以看出其中的现状，城郊的宅基地审批制度无论是土地管理部门的人员配备，还是审批程序的完善以及审批条件的严格，都远远大于远离城市的农村。远离城市的"宅基地的审批条件，审批程序在问卷中几乎都是无人知道，国土部门对申请宅基地用户的条件和申请的土地实行审查的很少。一般只是做些表面工作，由用户自己丈量自己申请的土地，对宅基地面积较大的用户有时派人来审查。对建好后的房屋是否符合申请的所批准的面积一般都无人审查。"引自参与本次调研的许金兰同学在安徽省合肥市进行调研后的报告。这里对其表示感谢。

[2] 而我们在山东邹城市的调研也很好地说明了这一点，在同一个县城或地区的农村之间（远离市区的农村和近郊农村）都存在规制和管理上的巨大差异。山东邹城市卧牛村（远离市区）和唐村（靠近市区）在土地使用的规范性和科学性上，唐村的宅基地管理成本和使用成本要远远高于卧牛村。"虽然唐村的宅基地使用的规范化程度要比卧牛村高，但造成这种差别的还有一个不可忽略的重要因素，那就是唐村的土地资源要比卧牛村更为缺乏。俗话说，物以稀为贵。土地资源也不例外。唐村土地缺乏，管理也就十分严格，严格按照法律规定，必须满足申请宅基地所需的条件，才有资格得到土地。而在卧牛村，由于距城市较远，附近大都是荒山野地，可开垦的土地就远远比唐村的要多，人们珍惜资源的意识相对淡薄，土地资源严重浪费，不合理利用土地的情况也就随之产生"。引自参与本次调研的汤浩同学在山东邹城市进行调研后的报告。这里对其表示感谢。

转。因而形成了比较典型的广东模式、浙江嘉兴和义乌模式、苏州模式和天津模式等，而在工业化和城市化的迅猛发展的背景下，地方土地需求迅猛增长，而中央政府基于粮食安全、耕地保护等因素的考虑，每年给予地方政府的建设用地指标总是捉襟见肘。在这种情况下，地方政府只好将精力集中在农村建设用地的合理使用上寻求解决问题的途径，从而在实践中默许了宅基地置换。

而在工业欠发达地区，宅基地改革更多体现为政府为获取更多建设用地指标的渠道，在实践中采取行政主导的方式进行推行的比较常见，在实践中，这些地区为了招商引资的需要，将农村的宅基地置换与村庄整理与改造结合起来，最终的目的是将宅基地整理后复垦为耕地，以便获得更多的城市或工业用地和住房建设用地占用耕地的指标。在这些地区，因为经济比较落后，没有形成宅基地流转比较充分的市场和动力机制，多为政府强制推进置换，而在置换过程中给予的补偿低且不到位等现象，致使存在这样或那样的问题亟须规范。

（三）征地背景下的宅基地置换

现行征地制度设计由于存在致命的缺陷，多为社会诟病，特别是"公共利益"的滥用和对于失地农民补偿太低且极不合理，最终在经济发展过程中造成大量的"四无农民"。[①] 对此，中共中央和国务院三令五申，要求严格界定公益性和经营性建设用地，逐步缩小征地范围，完善征地补偿机制。依法征收农村集体土地，按照同地同价原则及时足额给农村集体组织和农民合理补偿，解决好被征地农民就业、住房、社会保障。

在实践中，相比较征地而言，宅基地置换使村民能够获得比征地更多的财产权和收益权，更易为农村社会所接受；对于用地者而言，宅基地使用权要比国有土地使用权价格低得多，如果宅基地使用权和国有土地权利能够为地方政府认可和保护，用地者也乐意选择宅基地。对于地方政府而言，其在中央政府和地方政府基本目标背离的情况下，特别是在中央政府严格限制征用耕地的背景下，推行宅基地置换，有助于最大化地实现"土地财政"和"做大GDP"的实践目标。一是各地都规定宅基地禁止用于商、住等住宅建

[①] 据官方统计现在失地农民数量是4000多万人，据社会统计有6000多万人，据民进中央调查预测，2020年失地农民数量将超过1亿，详见《中国青年报》2009年3月14日。

设用地，使宅基地置换不会冲击地方政府对于住宅建设用地的垄断权；二是宅基地置换主要是用于工业用地，对于工业用地而言，地方政府关注的是工业用地上的工业品的财政税收，工业发展带动地方经济如就业、贸易额等。无论是征用农村土地，还是用农村宅基地进行招商引资，工业品的财政税收，以及本地工业激发本地社会经济活力都具有同样的功能。特别是中央对于地方政府征地权的严格限制，如控制年度用地指标等措施、工业用地招拍挂制度的推行等，这些措施的实施，更加推动地方政府利用宅基地置换，来获得征地制度改革带来的建设用地指标减少的窘况。①

三、立法上的高度统一与实践的探索相结合

（一）立法上高度统一且呈现一种零散和不系统的状态

现行的农村宅基地制度从宪法、法律到行政法规等有一整套法律规范进行设定和规制。在宪法层面上，主要从宅基地的所有权和使用权方面进行规制，《宪法》第10条规定：农村和城市郊区的土地，除由法律规定属于国家所有的以外，属于集体所有；宅基地和自留地、自留山，也属于集体所有。国家为了公共利益的需要，可以依照法律规定对土地实行征收或者征用并给予补偿。任何组织或者个人不得侵占、买卖或者以其他形式非法转让土地。土地的使用权可以依照法律的规定转让。一切使用土地的组织和个人必须合理地利用土地。② 在法律层面上，《土地管理法》第8条、③ 第60条、④ 第62条、⑤ 第63条；《中华人民共和国担保法》（以下简称《担保法》）第37条

---

① 关于这一点的分析，请参阅本书第一章"地方政府财政与征地"的分析。
② 2004年3月14日第十届全国人民代表大会第二次会议通过的《中华人民共和国宪法修正案》。
③ 农村和城市郊区的土地，除由法律规定属于国家所有的以外，属于农民集体所有；宅基地和自留地、自留山，属于农民集体所有。
④ 农村集体经济组织使用乡（镇）土地利用总体规划确定的建设用地兴办企业或者与其他单位、个人以土地使用权入股、联营等形式共同举办企业的，应当持有关批准文件，向县级以上地方人民政府土地行政主管部门提出申请，按照省、自治区、直辖市规定的批准权限，由县级以上人民政府批准。
⑤ 农村村民一户只能拥有一处宅基地，其宅基地的面积不得超过省、自治区、直辖市规定的标准。农村村民建住宅，应当符合乡（镇）土地利用总体规划，并尽量使用原有的宅基地和村内空闲地。农村村民住宅用地，经乡（镇）人民政府审核，由县级人民政府批准；其中，涉及占用农用地的，依照本法第44条的规定办理审批手续。农村村民出卖、出租住房后，再申请宅基地的，不予批准。

规定了宅基地的使用权不得抵押。《物权法》第 152 条、① 第 153 条、② 第 154 条、③ 第 155 条、④ 第 183 条⑤等法律规范对宅基地权属、数量和使用的限制、登记、灭失以及限制性置换等环节进行了规定。从行政法规层面上有《为贯彻执行国务院〈关于深化改革严格土地管理的决定〉》（国发〔2004〕28 号）等；从部门规章层面上来说，主要有《国土资源部印发〈关于加强农村宅基地管理的意见〉的通知》（国土资发〔2004〕234 号）等，这些行政法规和部门规章大都从法律的具体化和可操作性层面进行着眼。

总体而言，现行农村宅基地立法还是秉承整体上高度统一的格局，而忽略各地不同的经济、社会发展的特殊性。对于宅基地置换的规定在基于整体或全局性着眼的"一刀切"规定，没有充分考虑到中国社会经济发展不平衡性所产生的特殊性。特别是这些规定总体上大多还处于行政管理层面上，而对于明晰产权以及具体置换缺乏系统的规定。相关立法高度分散且缺乏体系，且在立法设定上还处在条框式立法状态，实践中出现的纠纷和问题主要是靠政策和红头文件来调整。

（二）立法统一背景下允许的试点探索

在这样的背景下，思考农村宅基地制度置换，改革肯定是牵一发而动全身的，是一项复杂的社会建设工程，任何一个配套环节没有建设好，都可能达不到预期的效果和成效，甚至这些社会工程建设所花费的投资都可能让现行政府的财政陷入困境，仅一项农村医疗保险改革都使中央政府感到力不从心，在改革中时而畏而却步。在既有的农地改革路径依赖下，现实的实践和政府的政策与现行法律制度存在明显的背离和冲突反复出现在整个农村土地改革中，并呈现出各地丰富多彩但各方具有不同的意图或心理来看待和揣度

---

① 宅基地使用权人依法对集体所有的土地享有占有和使用的权利，有权依法利用该土地建造住宅及其附属设施。
② 宅基地使用权的取得、行使和转让，适用《土地管理法》等法律和国家有关规定。宅基地因自然灾害等原因灭失的，宅基地使用权消灭。对失去宅基地的村民，应当重新分配宅基地。
③ 宅基地因自然灾害等原因灭失的，宅基地使用权消灭。对失去宅基地的村民，应当重新分配宅基地。
④ 已经登记的宅基地使用权转让或者消灭的，应当及时办理变更登记或者注销登记。
⑤ 乡镇、村企业的建设用地使用权不得单独抵押。以乡镇、村企业的厂房等建筑物抵押的，其占用范围内的建设用地使用权一并抵押。

中央政府的决策。其实，殊不知我们的中央政府也不知道或不能正确地理解和把握中国土地制度的完整图样。因为现实中各地政治、经济和社会发展的不平衡以及事关社会转型过程中利益分配机制，以及所带来的社会稳定问题等都使中央政府在这一问题上慎而又慎，不得不在保持既有的土地基本法律制度的前提下，放手让一些有条件的地方去进行探索和实践，并形成以上海为代表的宅基地置换、天津的宅基地换住房、重庆的地票、安徽的宅基地整理等实践形态。从制度建设的角度，总结各地检验和教训，并尝试进行地方立法，以便为全国立法提供参考和依据，是当下法学界最急迫的任务。

四、以"社会保障"为主的综合配套改革思路明显加强

（一）社会保障制度的缺失已成为宅基地置换体制性障碍

农村庞大的人口以及与之相连的社会保障、医疗保障、基础设施建设、建设规划等巨大投入，致使国家和地方的财政畏而却步，特别是这些资源的投入不可能带来立竿见影的效果，在短时间内不能带来快速的经济增长率，更是加剧了这种畏惧感。而传统农村社会土地保障功能依然发挥着重要的功能，缓解或阻滞农村社会的保障建立。但是随着市场经济的发展，农村土地保障功能日益和价值增值功能相冲突，特别是这种价值和功能上的冲突变相地剥夺了农村社会分享城市化和市场化本应由他们享受的收益和权利，致使宅基地成为"沉睡的资本"，大量的闲置和浪费。笔者经过调研以及和农民朋友的访谈，了解到现在农民尤其是城郊地区的农民，他们也希望自己的宅基地由"沉睡的资本"变为"流动的资本"。问题的关键在于宅基地置换后如何保障他们今后的住房和生存，特别是他们进入城市后，生活成本和就业风险都大大提高，这些风险如何化解？上述问题已经成为制约当下农村土地改革的瓶颈。

（二）社会保障整体性或全局性的"不可行"与有条件地区的改革

在2007年3月8日立法草案报告上，全国人大常委会副委员长王兆国在作关于物权法草案的相关说明时，提及"考虑到我国农村社会保障体系尚未全面建立，土地承包经营权和宅基地使用权是农民安身立命之本，从全国范围来看，放开宅基地使用权的转让和抵押的条件并不成熟"。[①] 从这个说明上，我们可以看出，当前在全国范围内放开宅基地置换和抵押还不成熟，不

---

① "规范农村宅基地流转广东先试先行"，载《21世纪经济报道》，http://www.21cbh.com/html/2007-3-12/html_visvekbmmsyy_3.html，访问日期：2009年1月18日。

成熟的原因主要还是基于我国的农村的社会保障、城乡二元化的壁垒等方面整体上滞后或缺失。禁止整体上放开农村宅基地的置换，是由于从全国整体上放开宅基地的社会历史条件还不完全具备，而全国范围放开宅基地置换需要的不仅是制度的设计，更主要的是宅基地在全国范围内置换制度所依据的社会条件还不具备。现行法律制度并没有绝对禁止农村宅基地制度对外置换，《物权法》第153条规定：宅基地使用权的取得、行使和转让，使用土地管理法等法律和国家有关规定。其中这个例外的规定中，法律和国家有关规定，主要是化解全国范围内没有条件为农村社会提供社会保障等公共服务与有条件地区可以提供农村社会保障的一种无奈而又可行的选择。即这条立法也可以为中央政府和相关职能部门在各地有条件的地区推行农村宅基地置换的试点提供依据。考虑到我国社会经济、政治以及文化发展不平衡的现状，局部地区提前具备可置换的社会条件与全国整体上具备可置换的社会条件相差这样的一个长远的历史阶段[1]，特别是社会转型时期利益多元化格局逐渐形成的今天，迫使我们去思考如何去化解制度的整体性或全局性"一刀切"与局部特殊性的内在困境和博弈。

（三）中央和部分省市在实践中推行农村社会保障的建设，试图突破这种体制上的障碍

1. 中央的政策

就现实的政策导向和发展趋势来看，政府等相关部门已经认识到这些问题，并为推动宅基地乃至中国农村土地改革向纵深方向发展做了准备，同时在实践层面上积极地进行探索。2006年国务院办公厅发文要求，将被征地农民的就业问题纳入政府经济和社会发展规划及年度计划，尽快建立适合被征地农民特点与需求的社会保障制度，采取有效措施落实就业培训和社会保障资金，促进被征地农民实现就业和融入城镇社会，确保被征地农民生活水准不因征地而降低，长远生计有保障。[2] 特别是2009年9月1日，国务院要求

---

[1] 李元在中国的农村时有一个生动的比喻，可以说明这一个问题，中国的农村相当于从蝌蚪变为青蛙的过程。有的地方村是蝌蚪，连尾巴还没有长出来，有的地区的农村已是跳上岸的青蛙了，比城里的经济发展水平还高。详见李元："土地理论和当前的热点问题"，载《中国土地》2010年第5期，第13页。

[2] 详见《国务院办公厅转发劳动保障部关于做好被征地农民就业培训和社会保障工作指导意见的通知》（国办发〔2006〕29号）。

各地探索建立个人缴费、集体补助、政府补贴相结合的新农保制度,实行社会统筹与个人账户相结合,与家庭养老、土地保障、社会救助等其他社会保障政策措施相配套,保障农村居民老年基本生1活。[①] 这些政策性文件的精神都或多或少地与当前的社会问题具有内在的或直接的联系,更为重要的是这些规定以及实践,必为将来的中国农村土地改革(包括宅基地制度的改革)提供历史基础和社会条件。

2. 地方政府的探索

更为重要的是,各地在经过中央政府的允许下,所进行的农村宅基地置换的探索,为农村宅基地制度的改革提供了丰富的经验和教训,就其内容来看,相比较现行的成文法的规定,综合配套改革思路也明显加强。结合笔者在上海金山区和嘉定区的调研与天津、重庆以及广东的宅基地置换的实践,总结如下:首先,农村宅基地制度设计的价值取向由政治考量单一化转变到政治考量和产权考量并重的格局上来。这些地区的实践,在传统的那种政治意识形态在调整农村宅基地转型中日显势单力薄的情况下,改变政策调整的方向,配以经济利益和更高水平的住房保障等作为前提条件推行农村宅基地的置换(也包括中心村建设和宅基地置换)。即单纯地宣传和意识形态式地示范已经起不到原来的效果,这不仅显示了农村社会在市场经济条件背景下,理性人的假设,在某种意义上说是可以成立的,还显示出了物质利益本身作为一种诱导性的因素已经成为我们这个时代改革和转型的动力机制。当然单纯地强调物质利益,而没有政治的考量也是不可能的,政府要推进由传统农业生产方式向以工业化为主的社会大生产方式转型的速度,必须在政治的意识形态上来进行宣传、引导以及推动;同时,更为重要的是要为改革保持一个稳定的社会环境,维护和巩固农民"居者有其屋、耕者有其田"的政治、经济地位。

其次,在改革农村宅基地的同时,加强了农村社会综合配套改革的步伐。在农村宅基地集中和置换中,给予被置换农民住房、社保(镇保)、就业培训等方面提供较为宽松的政策环境和政策支持。有条件的地方还试点进行户籍制度的改革,与农村宅基地制度改革相配套,逐渐取消城乡二元体制的壁

---

① 详见《国务院关于开展新型农村社会养老保险试点的指导意见》(国发〔2009〕32号)。

垒，赋予涉地农民市民或镇民身份。如上海实行的宅基地置换、重庆的"地票"模式、天津试行的"宅基地换住房"等实践，都注意到涉地农民的住房保障、社会保障和就业培训等问题。特别是有的试点还注意到了农民由原来的院落式的居住方式到农民公寓式的居住方式，所带来的心理、习惯以及生活方式现代化的转变，强调通过宣传、社区教育等活动引导农民在生活方式等方面也逐步向小城镇方向转移，如上海、天津、重庆等地。这都为深入地推行农村宅基地制度的改革打下了坚实的社会基础。

最后，在推行农村宅基地改革中，将其与当前的城市化建设这一历史发展趋势相衔接，使其在基础设施建设、居住环境以及公共服务上，都与当前我们的城市化进程和发展方向统一起来，特别是与小城镇建设发展相衔接，对于加快我国城市化建设和小城镇建设都起到了重要的推动作用。通过宅基地居住模式的转型，不仅在居住小区的设计和规划上更为科学和合理，而且在居住环境、卫生、交通以及信息传递等方面都有大大改善，同时也使当地的教育、文化、医疗设施等公共服务和基础设施得到了很大提升。

这些地方试点和探索，与传统单纯强调征收农民的宅基地和耕地等单一的补偿措施相较，更为合理和公平，更易为当地大多数群众认同和接受。农村宅基地制度的改革与城市化进程、城乡二元体制的壁垒的突破、社会保障、医疗、卫生、居住环境、就业等方面进行配套改革的思维明显加强。

本章小结

本章从全国各地的宅基地制度改革的宏观背景，来审视农村宅基地置换探索过程中所呈现的特征和可能路径，认为在农村社会保障缺失情况下，政治考量优先于经济和法律权衡；农村宅基地置换进展方向比较明显：即"先城郊后边远"方向，工业发达地区高于工业落后地区，利用宅基地置换来突破征地制度的弊端。而当前宅基地置换从全国范围内来看立法上的高度统一，与各地实践上的探索突破相结合的特点比较明显。但总的来说，改革的方向还主要是试图参照城市"社会保障"制度的模式来取代传统农村社会的以宅基地和承包地为保障的模式，因此，在农村土地改革中，以社会保障为主的综合配套改革思路明显加强。

第三章
上海市宅基地置换制度生成及实践形态

　　上海市宅基地置换制度的生成，其根植于我国现行的农村土地法律制度演进和农村土地制度改革的探索之中，但同时又呈现出自身的特殊性。全国意义上的制度设定在提供上海市宅基地置换总体制度框架的同时，也产生了一系列的问题和困境。因此，笔者结合调研，以上海市宅基地置换制度生成的问题为中心，来描述和分析这一实践中存在的困境以及解决问题的可能路径，并将上海的实践与其他省市的实践进行比较分析，以便加深对这一问题的分析和思考。

　　宅基地置换制度形成总体背景是，为适应城市化和工业化的用地需求，在耕地面积基于粮食安全等考虑所设定的总量刚性规定的前提下，针对现有农村土地资源（主要是农村集体建设用地）闲置、利用和集约程度低下的现状，所进行的一次以"控制建设用地增量，努力盘活土地存量"为目的的改革和实践探索。在制度层面上，宅基地置换是在农村集体土地所有制的基础上，结合城市发展的用地需求，针对如何保护既存的和有限的土地资源，对传统农村土地制度在土地利用上存在的弊端，而进行的一次制度创新。从这个意义上而言，宅基地置换的制度生成与演进，既孕育于传统的农村土地制度，又是在解决和化解城市化的工业用地需求与农村土地资源保护二者关系存在的冲突和悖论中，对既定的农村土地制度进行一次改革。无论是实践层面上的对土地资源迫切需求，还是在制度层面上对既有农村土地制度的突破和扬弃，都是上海市在城市化和工业化中遇到的实践上和制度上的瓶颈，并在与其他省市相比中，日益显示出化解这种矛盾和困境的紧迫性和特殊性。

第三章 上海市宅基地置换制度生成及实践形态

第一节 上海市宅基地利用现状分析

据上海市房屋土地管理局统计，截至2004年①，上海市国土总面积为8239平方公里②，是四个直辖市中国土面积最小的一个地区，北京是上海的2.5倍，天津是上海的1.8倍，重庆是上海的12倍；其人均占有土地量非常低，约0.55亩，不足全国平均水平的1/20，相当于世界平均水平的1/10；人均耕地约0.26亩，只有全国平均水平的1/5。③ 从动态上分析，将上海市1996年的土地利用情况与2004年土地利用情况做一个对比分析（见表3-1），④ 则可以看出：1996年到2004年上海市城市发展与耕地减少存在直接的联系，同时在实现土地占补平衡的后备资源中，除了未利用地面积最大，占据首要地位外，就是农村宅基地用地。但是由于未利用地中，主要的部分是河湖面积以及苇地滩涂，不仅复垦整理的费用成本高，而且土地质量不高。

---

① 据上海市地政局1950年1月的统计，当时的上海，全市面积为636.18平方公里，市区人口418.94万，占83.30%；郊区83.98万人，占16.70%。1958年以后，中央把原本属于江苏省的嘉定、宝山、上海、川沙、青浦、南汇、松江、奉贤、金山、崇明10个县，划归上海市管辖。这一年，上海市的区域范围也由原本636平方公里扩展到了6186平方公里，增加幅度近十倍，这一举措，为改革开放后上海市的发展提供了土地资源和发展空间。汪建强："建国后上海城市空间扩展轨迹及未来发展中的问题"，见上海市现代研究中心编：《上海、城市的发展与转型》，上海书店出版社2009年版，第489—491页。

② 也有学者在研究的过程中给予了不同的数据分析，骆琮在2000年认为，上海市国土面积总面积为6340.5平方公里，骆琮："上海市城市发展敏感区划分研究与对策"，载《城市规划》2000年第5期。倪宇立2002年的分析是上海市土地总面积为6393平方公里，详见倪宇立："上海市土地利用现状分析"，载《上海城市管理职业技术学院学报》2002年第6期。造成这些数据不同的主要原因是统计方法及统计的范围不同，再加上长江下游大量的泥沙沉积，每年大约有20平方公里的滩涂形成，这个数据更是具有很大的可变性。笔者这里还是采用上海市土地管理局的数据分析。

③ 孙仲彝："上海建设社会主义新郊区新农村土地利用问题的思考"，载《上海农村经济》2006年第7期。

④ 为什么选择1996年和2004年土地利用情况作为分析，最主要的是，1996年以来党和国家基于国家粮食的考虑，采取了"世界上最严格的"土地管理制度，主旨是实施耕地保护和建设用地增长的控制，到2004年《国务院关于深化改革严格土地管理的决定》出台，这一管理体制逐渐走向成熟。

表 3-1 1996 年、2004 年上海市土地利用现状及其变化

年份指标 土地类型	1996 年 （平方公里）	2004 年 （平方公里）	2004 年土地 利用结构（%）	2004 年与 1996 年 比较的增减值
1. 农用地	4061.6	3852.6	46.76	-208.98
农用地中的耕地	3150.77	2785.62	33.81	-365.15
2. 建设用地	1705.54	2336.7	28.36	631.16
建设用地城镇建设用地	437.85	630.37	7.65	192.52
建设用地工业仓储用地	619.2	918.73	11.15	299.53
建设用地中的宅基地	517.96	566.85	6.88	48.99
建设用地交通运输用地	73.17	182.1	2.21	108.93
3. 未利用地	2471.87	2049.7	24.88	-422.18
未利用地中的河湖面积	1693.57	1565.59	19	-127.98
未利用地中的苇地滩涂	768.62	452.5	5.49	-316.12
合计	8239.01	8239	100	0

资料来源：根据上海市规划和国土资源管理局的数据统计整理。[1]

宅基地由于制度设计偏重于农村社会的住房保障，相对忽视或阻止其本身的资源配置产权化和市场化，致使目前存在以下几个根本性的问题，至今没有办法从制度层面上进行突破和改革，而仅停留在试点、探索和整理阶段。主要问题有以下几点。

一是，宅基地的利用缺乏合理规划，土地资源利用极不合理。特别是改革开放以后，随着农村社会经济和生活水平不断提高，农村社会出现了一次

---

[1] 详见：http://www.shgtj.gov.cn/zcfg/，访问日期：2010 年 5 月 6 日。

建房高峰，这些建房布局散乱、居住地与非居住地非常混乱，笔者在金山、南汇、嘉定、松江以及奉贤等地的调研显示，追路建房、围厂建房、围河建房等情况比较普遍，而且这些公路、河流以及厂矿等地大多处于村庄外围，而村内却存在大量的空闲宅基地和闲置土地，便形成一个又一个"空心村"。针对这种利用宅基地的现状，上海市郊区基层干部，特别是城乡结合部早在20世纪90年代就开始尝试进行宅基地整理和统一规划，如七宝镇、洪庙镇及孙桥镇等地。① 但大多停留在自发地进行阶段，没有市域范围内的政策上的宏观引导和调控，总体上效果不是很明显（见表3-2）。

表3-2　上海宅基地还耕动态变化　　　　　　　　单位：公顷

项目	1995年	1999年	2000年	2001年	2002年
宅基地还耕		200	500	100	900
农民建房	200	100	100	100	200
宅基地净减量		100	400	0	700

资料来源：《2003年上海郊区统计年鉴》。②

二是，在城镇化加速的背景下，如何处理农民迁居城镇居住后固守在农村中的宅基地和住房问题。从1992年到2002年，③ 上海市郊区城镇化已从27%提高到52%，其间，大约有100万郊区农民从乡村进入城镇居住④。按照正常的情况，农村宅基地应该逐年减少，但是在农村老宅的腾退、农民承包土地的处置上，缺乏利益交换机制，因此，形成了老宅不退又占新地（城

---

① 关于这方面的分析，详见顾达明、秦智红："城市郊区集中化农民中心村建设的探索——从上海七宝镇看沪郊农民住宅的发展"，载《上海经济研究》2004年第11期。徐全勇、沈飞："三村合并——浦东新区环东中心村的形成模式"，载《小城镇建设》2001年第2期。

② 详见：http://www.shtong.gov.cn/node2/node19828/node70632/index.html，访问日期：2010年4月10日。

③ 1992年上半年，上海市适度放宽了原属郊区的上海县（1992年撤销闵行区和上海县，合并设立闵行区）、川沙县（1993年撤销川沙县，成立浦东新区）、嘉定县三个区县非农业人口迁入市区的政策，推动了农村市民化的"梯度升级"，并先后颁布了蓝印户口、居住证等政策以适应上海城市化的需求。特别是2001年上海市公安局制定了"关于本市部分农业人口转为非农业人口的实施意见"，其中规定：从2001年1月1日以后出生的农民子女，统一登记为城镇居民户口；1993年1月1日至2000年12月31日出生的农民子女，逐年解决"农转非"。

④ 赖涪林："上海郊区农民宅基地置换问题研究"，见袁以星主编：《上海"三农"决策咨询研究——2004年度上海市科技兴农软课题研究成果汇编》，上海财经大学出版社2005年版，第84页。

镇土地）的局面。与此同时，上海市在20世纪90年代以来所进行的旧城改造过程中，其主要利用土地级差地租的方式将中心城的工业用地转移到市郊，在中心城推行"退二进三"。再加上每年城市发展亟须用地指标，而中央政府基于粮食安全所进行最严格的耕地保护制度，[1] 这些因素都促使上海市在用地指标上出现困境，而中央政府又实行严格耕地保护制度的前提下，探索如何盘活农村集体建设用地，使之成为其解决城市发展用地矛盾一个重要解决办法。尽管在2003年之前，结合上海用地指标不足的背景，各区县在"三个集中"[2]"小城镇建设"以及"中心村建设"中也不断地探索宅基地整理和置换途径，并在实践中也取得了一定的成效，但在总体上缺乏宏观政策的明确指导和规划，其实施效果还处于一种探索阶段。从表3-1我们可以看到，2004年宅基地的面积还是比1996年宅基地的面积多出48.99平方公里。

第二节　上海市宅基地置换制度形成的背景分析

在城镇化中，上海市针对城乡二元体制下所产生的人口分散、产业布局不合理、农村土地资源利用率低下等弊端和问题，早在20世纪80年代就提出了"统筹城乡一体化"来破除"三农"问题，之后又将这一实践结合上海郊区城市化和城市郊区化客观需求，提出了"农业向规模经营集中、工业向园区集中、农民居住向城镇集中"（简称"三个集中"）发展战略，并率先在全国提出要实现"城乡一体化、农村城镇化、农业现代化、农民市民化"的郊区发展目标。而在推进城乡一体化过程中，将这一发展战略结合小城镇建

---

[1] 特别是2004年，《国务院关于深化改革严格土地管理的决定》（国发〔2004〕28号）明确了中央和地方政府的用地责任，即调控新增建设用地总量的权力和责任在中央，盘活存量建设用地的权力和利益在地方，保护和合理利用土地的责任在地方各级人民政府，省、自治区、直辖市人民政府应负主要责任。

[2] "三个集中"有的学者研究认为，其是1985年，当时的上海市土地局和农委等部门针对郊区农村经济发展状况，提出推动城市化"三集中"模式：耕地向种田能手集中、工业向园区集中、居住向城镇集中，并首先在当时的松江县进行了实践。在取得了成功经验后，1993年上海市委市政府将"三集中"正式确立为指导郊区农村城镇化的基本方针，在其他区县推广。详见上海市人民政府发展研究中心：《上海市重大决策咨询研究重点课题成果汇编：2003年（一）》，第417页。

设的试点、中心村建设、新农村建设、农村土地制度改革、农村社会保障制度的改革和完善等实践，来实现郊区城市化和城市郊区化跨越式发展，最终在全国率先完成城乡一体化。而在这一进程中，如何解决城市发展用地需求增长与农村集体建设用地减少相挂钩问题，如何提高集体建设用地的利用率，可以说是统筹上海市城乡发展一个最为核心的问题。这是因为，在市域土地面积既定的情况下，每年利用征用耕地来解决城市发展用地问题在实践中不仅日益受到规制和限制，[①] 而且在征地中因为现行法律补偿制度不科学和不合理等原因，容易激发社会矛盾。更为重要的是，征地后并没有解决失地农民的生存、就业和发展问题，从而带来了一系列社会隐患和历史遗留问题。在这种背景下，地方政府为了获得城市发展所需的土地，就必须改革和突破既有的土地制度，并将土地制度改革与农村社会的转型结合起来。而在这个改革的过程中，如何将土地集约化利用与社会建设结合在一起便成为改革的核心内容。从土地利用制度而言，主要是从两个方面着眼，其一，科学和集约地利用现有的国有土地[②]；其二，科学化和集约化的利用农村集体建设用地。而要集约化地使用农村建设用地，一个最为根本的问题则是如何在改造传统的农地利用制度和产权制度中，给农村社会提供一个进入城市生活的经济和社会条件。

这是因为，农村集体建设用地集约化和科学化利用目标的实现，与城市土地和房屋的改革具有根本的不同之处在于，农村集体建设用地的改革不能像城市土地置换和房屋拆迁补偿那样简单，因为在城市社会里的居民，社会公共设施和社会公共服务由国家和地方政府提供的大环境在农村社会整体上的缺失，致使农村集体建设用地朝集约化改革方向，离不开既有的整体上社会制度的改革。因为在农村集体建设用地改革中，有可能直接或间接地触及城乡二元体制

[①] 利用征地来获得城市发展用地指标不仅受到"占补平衡"原则的限制，而且还要受到每年中央政府下拨给上海市用地指标的限制，特别是近年来，中央又对征地用途给予严格的限制。

[②] 主要是合理地改造城区内部的产业用地结构，根据市场经济的一般原则，利用城市土地极差地租的原理，将城区内（一般为市中心）的工业用地通过土地置换等方式，逐步地让位于服务业用地。这一点上海市可以说是走在全国的前列，从20世纪90年代以来，特别是2000年以后，通过土地置换的方式来加快中心城区的改造，对于城市国有土地集约化和科学化的使用取得了明显效果。详见杨国诚等："十五期间上海如何形成新一轮的土地极差效益研究"，见上海市人民政府发展研究中心编：《上海市重大决策咨询研究重点课题成果汇编：1999年度（一）》，第105页以下内容。

破除、农村集体土地所有制实现形式的变革、产权制度内容更新与突破、农民身份的变化、农村社会生产方式与居住方式的变革以及农村社会保障制度的革新等方方面面，其中牵扯的问题错综复杂、盘根错节、牵一发而动全身。其中，如何构建和形成一种平衡各社会群体各方面利益的机制，成为当前改革的重心与焦点。特别是农村建设用地的改革，基于农村社会稳定和粮食安全等诸多根本性问题的考虑，中央政府通过基本土地法律制度来加以严格控制和规范的背景下，上海市也和其他省市一样，在改革中，通过中央的授权（主要是先行先试权）和利用中共中央的文件、国务院的政策以及各部委的通知或规章，通过新农村建设、小城镇建设、中心村建设、统筹城乡一体化等途径来开展农村建设用地的整理和置换。具体而言体现为以下几个方面。

一、宅基地置换制度生成的动力机制：郊区城市化和城市郊区化

郊区城市化和城市郊区化二者是城市化重要的动力来源[1]。尽管二者都是推动城市郊区实现城市化进程的有效力量，但是根据二者城市化来源动力的渠道不同，笔者将前者称为内生型的城市化，具体到上海市而言，其源于二十世纪六七十年代城市国营企业与乡村社队企业的联营协作（宁越敏，1996），但是大规模的郊区城市化是随80年代城市土地有偿使用制度的实施、城市住房制度的改革才出现的，[2] 其最主要的表现则是乡村和镇通过发展自己的工业和工业园区来不断为本地区的城市化发展提供条件。而后者则将其称为外源型或"嵌入式"（王振，2005）更为妥当，即上海市作为国内特大城市其本身对郊区的城市化所带来的辐射力和推动力，可以说是上海市加速城市化最为主要和根本的推动力[3]。

---

[1] 关于这一点笔者认为其和现代城市化理论所界定的概念有所区别。笔者在调研的过程中感受到，城市化不仅在当下中国特别是上海地区应该有两种重要的路径，一种路径是来自农村社会自身的城市化动力，即郊区城市化，特别是乡镇企业发展比较好的地区，通过发展本地工业和服务业，也逐渐衍生出具有本地区特色的小城镇如红庙镇、七宝镇等；另一种路径是城市郊区化，一方面其是随着中心城的发展自然而地扩大城市空间，另一方面还有上海市在20世纪90年代以来所进行的中心城改造，通过郊区土地和城区土地置换的方式所实施的"退二进三"战略，将重工业所需用地尽量安排在郊区或远离中心城的工业园区。这种城市化模式笔者将其界定为城市郊区化。

[2] 张水清、杜德斌："从'均衡发展'到'重点建设'——新形势下上海郊区城市化模式的探讨"，载《上海城市规划》2001年第2期。

[3] 张占耕："上海郊区城镇化重点突破的战略研究"，载《上海社会科学院学术季刊》2000年第1期。

但无论是郊区城市化还是城市郊区化，由于缺少规划，特别是2004年之前，各区、县、乡（镇）乃至村竞相上项目和招商引资等松散的建设和缺少整体规划的基础设施投入，其所带来的土地资源极大的浪费，这是宅基地置换的最深刻的背景。同时郊区城市化和城市郊区化都需要解决其发展的用地问题，这又为宅基地置换提供了强大的动力机制①。郊区城市化和城市郊区化的发展，也为郊区农村社会提供了更多地就业和发展空间，即为宅基地置换提供了比较好的经济基础和社会环境。

二、置换制度生成的直接原因：村域居住形态制约中小城镇发展

中小城镇是郊区城市化和城市郊区化的载体。根据2003年统计资料显示，上海郊区总面积为5902.86平方公里，人口575.59万人，人口密度仅975人/平方公里，并且分散在2884个行政村、近50000个自然村，每个行政村占地2平方公里，平均人口1600人；自然村占地0.13平方公里，平均人口90人②。这种村域居住分布状况直接导致镇域分布状况的分散化，这表现在四个方面。

（一）村域居住分散化直接导致工业用地的粗放式经营

社、村以及乡镇工业是村镇财政的重要来源，是村民、镇民生活福利的支撑体，特别是在放权压力型财政体制下，在地方财政和税收的诱致下，各地社、村和乡镇都纷纷利用本地的土地资源进行招商引资。笔者在与村委会负责人交流中，他们几乎都谈到这样一个问题，即农业在经济发展中的薄弱地位，仅靠土地种庄稼连村民的肚子也填不饱。所以他们所领导下村或镇的

---

① 城市化发展受到耕地保护的严重约束，若耕地减少的减产效应超过了土地生产力提高的增产效应，必将导致谷物总产量的下降。由于担心失去耕地而不搞"城市化"是不可取的，但不顾及土地资源稀缺状况的"城市化"也不符合中国国情。一方面要保护耕地，另一方面要发展城市化，唯一出路是寻求鱼和熊掌兼得方案，这就是土地的集约利用。具体而言，在城市就是要集约化地利用城市空间，这主要是通过土地置换来推进中心城区改造；在农村就是要集约化地利用以宅基地为主要内容的集体建设用地。

② 张水清、杜德斌："从'均衡发展'到'重点建设'——新形势下上海郊区城市化模式的探讨"，载《上海城市规划》2003年第2期。

发展思路就是要招商引资以便进行非农开发①。在以经济发展为前提的背景下,投资方在与当地的政府的博弈中往往居于上风,当地政府和村委会无法拒绝有利于当前地方经济的投资,这往往伴以极其优惠的土地政策,导致工业用地规模的失控甚至布局和发展方向背离规划方向②。

(二) 村域居住形态分散化直接导致镇域管理体制的分散化

村社居住形态的分散化是镇域体制分散化的最重要原因,在这种高度分散的村社居住状态的背景下,1999 年上海郊区共有 212 个乡镇,整体呈现规模小,数量多,分布密度大的局面。上海郊区每个城镇镇域平均面积仅为 27.8 平方公里,平均不到 6 公里间距就有一个城镇。212 个乡镇平均人口规模 2.8 万人,其中镇区常住人口 1 万以上的小城镇只有 23 个,而人口规模在 0.5 万人以下的有 151 个,占小城镇总数的 71.2%。同时,小城镇规模越小,人均用地面积越大。村域分布状况导致镇域分布状况的分散化,而镇域面积的分散化又巩固和支撑村域面积继续分散和扩张。在改革开放初期对于乡镇企业的发展乃至整个农村经济的发展,起到了非常重要的作用。在某种意义上而言,这种村域和镇域分布状况是与当时经济社会发展相适应。但是,这种镇域分布状况到了 20 世纪 90 年代,面对上海中心城工业外迁直接导致了一个非常重要的问题,致使工业园区遍地开花,形成"一镇一乡一园区",

---

① 据王卫国教授实证调研,"我们去广东南海进行调研的时候,算了一笔账,实际上这是一个非常保守的计算,假如说一个村有一千亩地,如果这一千亩地全部用于农业经营,他们那个地方一亩地农业经营的收入大约是一千元钱,一千亩地一年的农业经营收入是一百万元。如果我们现在拿出百分之三十的土地作为建设用地投入市场流转,他们当地的一亩地的收入是一万元至一万二千元人民币,我们按照一万元来计算,那么,三百亩地带来的收益就是三百万元,剩下的七百亩地仍然是农业用地带来的收入是七十万元,这个村的收入就从过去的一百万元一下变成了三百七十万元,是原来收入的三点七倍。实际上在广东南海一带,有的村建设用地已经超过了百分之五十,如果按照百分之五十成为建设用地来投入流转的话,那就是五百五十万元的收益。有了这五百五十万元的收益,就可以解决农民的住房、教育、医疗等一系列问题。所以说,既然中央要施惠给农民,为什么不可以给农民这么一个机会呢?"详见王卫国 2006 年 6 月 19 日在中国人民大学法学院的演讲报告:"论集体建设用地市场化的法律分析",载"中国民商法律网",http: old. civillaw. com. cn/article/default. asp? id = 27816,访问日期: 2018 年 7 月 14 日。

② 笔者在调研中了解到,即使在当下一些偏远的区县如金山区、崇明县还有工业园在招商引资占用园地才达致 30% 左右,还有近 70% 土地面积招不来商户。虽然当地的政府实施各种优惠政策,但是其效果并不明显。特别是其中的土地出售价格甚至低于征收土地的成本价格。

进一步加剧了土地资源的粗放式利用的现状①。工业园区数量多、密度大，造成单个工业园区用地规模小，无法实现理想的规模效应，带来污染治理难、基础设施重复建设等问题。

（三）村社居住分散化成为破除郊区和农村工业用地分散化主要障碍

随着中心城的扩散，亟须打破这种郊区和农村工业用地规模失控的局面，在由乡镇区域调整向村社区域调整中，其面对的阻力逐渐加大，而其中最为根本的原因就是村社居住分散化已经严重阻碍和滞后于郊区的城市化进程。

针对这种状况，上海市政府在20世纪90年代就提出"农业向规模经营集中、工业向园区集中、农民居住向城镇集中"的发展战略，特别是2001年以后，在联乡建镇、迁村并点的同时，与工业园重新整合结合起来，重新调整了镇域面积的分配和行政管理体制，将建制镇从1998年的212个调整到2003年的108个，取得了良好的实践效果，有力地推进了上海城市化的进程。② 在巩固上一个阶段的成果的基础上，2003年，上海市政府从统筹城乡发展的宏观层面上，将中心城区的发展规划和郊区乡镇规划结合起来，上海市国民经济和社会发展第十一个五年规划纲提出"1966"城镇体系规划。即1个中心城，9个新城，60个新市镇，600个中心村。但是在推进"三个集中"和"1966"规划体系中，遇到最为棘手的问题则是如何破除农村村社居住形态上的分散化所带来问题，特别是村社居住分散化所导致的郊区工业园用地失控和粗放式经营的困境。因为集中在乡镇和村社范围内的企业与所在社区内存在着诸多利益关系③。农民居住的过度分散化促使郊区工业具有很

---

① 1999年上海共有乡镇工业园区174个，另有未经批准、擅自开发的工业区55个，共计多达229个，加上还有92处私营经济开发区，远远超过了"一镇一乡一园区"的格局。在不计算国家级、市级工业园区的情况下，上海郊区每18.36平方公里就有一个工业园区或私营经济开发区，平均距离不到4.5公里。174个乡镇工业园区中，每个园区规划面积平均1.67平方公里，规划总用地202.92平方公里。详见黄应霖："论上海郊区小城镇建设用地的控制"，载《城市管理》2004年第2期。

② 黄应霖："论上海郊区小城镇建设用地的控制"，载《城市管理》2004年第2期。

③ 根据张占耕教授的调研，乡镇和村社范围内的企业，对于乡镇范围内的广大农民来说，这些企业是所在社区内农民办的，搬迁之后，农民的利益可能会失去。对地方领导来说，由于乡镇企业具有社区性，地方有较强的支配权，自然不愿放弃这种支配权。对企业领导来说，他们往往在本地熟、关系多、好办事，迁移会有诸多不便，又会丧失社区内的行政保护。对企业的职工来说，在本地就近上班，非常方便，若企业搬迁会增加交通成本，减少休息时间。此外，企业的搬迁还必须支付一定的迁移费用，增加运营成本。鉴于诸如此类的种种利益的牵制，一个乡镇范围内的生产、经营资源很难向另一个乡镇范围内迁移。详见张占耕等："'十五'时期上海郊区城镇重点突破研究"，见上海市人民政府发展研究中心：《上海市重大决策咨询研究重点课题成果汇编：1999年度（一）》。

强的社区属性，而这种社区属性有其存在的合理性，但是当其与中心城发展出现矛盾和悖论时，这种居住分散化导致产业分散化的格局就需要在统筹城乡一体化过程中给予重新整合或破除。

（四）居住形态的分散化，阻碍了郊区市政配套设建设和公共事业的发展

农村分散的居住形态，使得农村环境、交通、医疗、教育、体育以及文化等市政基础设施和公共事业的发展极为落后。上海某镇社会管理科科长给笔者讲述了2004年村村通水泥路、农村环境卫生整治、河道整理、农村垃圾清理、农村合作医疗、外来民工子女教育问题和孤残寡等无人照料的老人的管理等各方面工作难度。当时他亲自主抓小粪坑整治、河道整理（配有专人负责河段安全等）、农村垃圾保洁员发放垃圾袋（每个人专门负责80户人家的卫生，每月工资700元）、集体公共厕所建设、中心村卫生室的建设等，其中遇到最大的难题就是居住分散化给工作带来了极大的不便，同时这种分散化的状态加大了工作的成本。

居住形态的分散化同时也导致农村道路占地多。据截至2003年的数据，奉贤交通用地3123.15公顷，其中有1984.44公顷为农村道路用地，占交通用地的64%，农村道路占地多，与农民居住分散密不可分，可见将农民集中到城镇居住，不仅可以节约宅基地，还可以节约大量农村道路用地[①]。

三、置换制度生成的社会背景：社会转型推动居住形态的变迁

这种村镇居住形态的高度分散化所导致的产业分散化和土地资源利粗放式经营，不仅极大地浪费了上海市在城市化过程中紧缺的建设用地指标，而且还不利于上海市利用产业集聚的方式来推进郊区城市化发展战略。在统筹城乡一体化为背景的城市化过程中，特别是上海市在国际竞争中力争打造成为国际"经济、贸易、金融和航运"四个中心，迫切需要对郊区进行开发建设，在这个过程中，顺应城市化的需求，改变传统农村社会居住高度分散化的状态便成为非常重要的任务。而用宅基地置换来推进农村社会居住形态由高度分散化状态向小城镇集中则是实践中探索出来的一条可行之策。但是，

---

① 上海市奉贤区规划管理局、同济大学经济与管理学院编制：《上海市奉贤区区域发展战略与策略研究——基于"三个集中"的理论和实践探索》，资料来源上海图书馆，2004年10月印刷。

用宅基地置换来推进农村社会居住形态向城市化迈进是和上海市整个农村社会的发展状况紧密地联系在一起的。特别是在这个过程中，宅基地置换与承包地的置换情况、农村社会非农就业情况等是紧密联系在一起的，需要从社会转型的整体视角来进行审视。

农民居住方式由乡村到城镇的转变是和农民的生活形态、生产方式乃至生产关系根本性的改变联系在一起的。首先，农民居住方式的变化是农村社会自发的需求。就上海市郊农民而言，他们的住房需求是和上海市经济发展密切相连的。"五十年代住草房，六十年代盖瓦房，七十年代加走廊，八十年代造楼房，九十年代买商品房"。笔者在调研中了解到，很多农民为了在城镇中工作和让子女享受到城里好的教育，都有在城镇或集镇中购买住房的需求。其次，从深层上来说，农民走向城镇居住是和其生产方式和就业方式发生变迁具有直接的内在联系。从发生学上而言，郊区分散的农村居住形态在某种程度上是受传统农耕社会条件下土地细碎化和家庭化耕作因素的影响而决定的，而这种居住形态的分散化反过来又固化了农村土地承包经营的分散模式，限制了劳动力向城镇化方向的转移[1]。

而在以城市化为大背景的社会转型中，早在20世纪80年代初期，随着乡镇企业的异军突起和工业化的发展，上海市郊农民便开始转移到第二、第三产业中来。据1999年上海农村调研队的统计，上海平均每个乡镇的从事非农就业人口平均占到69.2%的比例[2]，在全国处于领先地位。市郊农民的农业用地，即农民的承包土地使用权"转包"现象，特别普遍。人们对于土地的依赖处于一种非常矛盾的状态，一方面从事农业比较辛苦和劳碌，而且所获得的收益又非常少，另一方面农民又不愿将承包地交给村集体经济组织，因为他们担心未来城市就业出现危机时，而又没有城里人相应的社会保障，因此，最好的选择就是将承包地等农业用地转包给"外地人"来进行经营。承包土地低依赖性、就业的非农化和城市社会保障在农村社会的整体上的缺失，不仅阻滞了郊区农民在城镇工作的和居住长期稳定，更为重要的还在于

---

[1] 荀滢华：《上海市郊农民宅基地置换与城市化再推进》，华东师范大学2005年人口学专业硕士论文，第15页。

[2] 程英："上海农村小城镇发展状况分析"，载《上海统计》1999年第1期。

它使郊区农民无法彻底摆脱农村土地到城市生活、工作和居住。其是造成城市化远远低于工业化、人口城市化远远低于身份城市化的根源,这样一种骑虎难下的尴尬局面,迫切需要统筹城乡背景下进行土地、户籍、社保、就业等整体上制度的改革。

四、置换制度生成的本土资源:土地置换、房屋置换的成功实践

在某种意义上而言,农村宅基地置换是上海市土地置换和房屋置换成功实践的延伸和扩展。

(一)土地置换为上海节约了土地资源,也为城市发展积累了大量的资本

正如本书前述,土地置换一般是企业为了发展,卖掉位于市区价格相对较高的企业地皮,获取土地极差收益,用以建设新厂址或偿还银行贷款的需要而进行的土地使用权交换,[①] 但是将土地置换与经营城市和优化城市产业结构布局联系起来,并获得成功经验,在国内首推这一实践者无疑是上海市。上海市在20世纪90年代,便根据第三产业发展强劲的势头,对中心城区的第二产业进行优化,提出了"大力发展第三产业,积极调整第二产业,稳定发展第一产业"的"三二一"调整战略,使产业结构的比例逐渐趋向合理。"三二一"发展方针的核心,是优化第二产业。因为,只有优化了第二产业,才能置换出大量的"黄金宝地",用于招商引资,发展第三产业;也只有优化第二产业,才能确保经济发展不再向耕地扩张,使第一产业稳定发展。优化第二产业的途径是,1/3 重工业转移到郊区(县);1/3 城市轻工业保留;1/3 有污染的企业"关、停、并、转"。这就是说,中心城区内 2/3 的工业用地可以置换出来,用于城市基础设施建设和第三产业。[②] 这一举措的实质是根据产业调整的需要来进行土地置换,并利用土地置换中的级差地租等经济

[①] 刚开始在我国发生这种土地置换主要是由于产业结构布局调整引起的。其动力主要是在级差地租的调节下,城市中经济效益低下的工业项目逐步退出黄金地段,改由第三产业进驻。工业项目在城郊或远离城区的工业集聚区选址落户,以获取地租差额。其结果是,第二产业和第三产业各自找到了应有的位置,土地利用实现了经济效益的最大化。关于这个分析详见徐建锋、蒋俊:"对土地置换两种不同形式的分析",载《中国土地》2006年第8期。

[②] 倪宇立:"上海市土地利用现状分析",载《上海城市管理职业技术学院学报》2002年第6期。

杠杆来推进中心城的改造和产业的优化。这一实践不仅优化了中心城的土地资源配置和提升了城市本身的竞争力和环境,[①]而且使土地极差效应得到充分体现,全市通过土地批租等方式获得了大量的发展资金[②]。这种将城市经营、产业结构调整以及城市环境和竞争力等提升功能与土地置换内在统一起来的实践,不仅给上海市的发展节约了宝贵的城市空间和土地资源,同时也为城市发展积累了大量的资本。有学者对此评论道:"在没有显著增加社会税收负担的情况下,地方政府主要利用有偿使用和转让制度,在相对短的一段时间里完成了绝大多数城市的改造和重建任务,建立了高度发达的城市基础设施和跨区域的交通运输网络,为中国经济的持久增长打下了坚实的基础"[③]。上海市利用土地置换来推进城市经营的战略,迅速地提升了城市发展的基础,各地纷纷学习和效仿,特别是1993年主张和践行"土地置换"和"土地经营"的上海市副市长孟建柱同志,2001年4月,从上海正式调任江西省委书记,将这一策略和实践在江西继续推行,并取得了良好的社会效果和经济效果。

(二) 房屋置换的成功地改善市民住房条件,刺激房地产业和城市的发展

与现行集体宅基地制度具有很强的类比性的是,计划经济体制下大多数的住房是通过单位福利性分配机制来进行的。个人只有租赁使用权,而没有法律意义上的财产处分权。而当时要想交易"房子"只能通过非法"调换"来进行。直到1994年国务院开始推行公房出售政策,使市民将原先的福利性

[①] 上海市中心在黄埔、静安、卢湾三区交界地带通过变更原有的土地用途,建成23万平方米的公共绿地,提升了周边地区的土地价值,增加了城市的无形资产,收到了良好的生态经济效益。与此同时,土地置换也有助于旧城改造,提升城市发展的竞争力,如为彻底改变定海社区脏、乱、差的城市穷貌,街道党委办事处对社区规划进行了重新调整。他们充分发挥辖区内企业土地资源多的优势,将企业的土地置换与旧区改造结合起来,在经过充分科学论证以后,制定实施了"地块捆绑"(同街坊捆绑、临街坊捆绑、异街坊捆绑)、"资金捆绑"等"捆绑式"开发方案,集中精力配合区政府进行企业置换土地的收购与开发,走出了一条"政府推动、市场运作、捆绑开发"的改造"穷街"新路子。详见杨益军:"土地置换与经营城市",载《上海土地》2003年第1期。

[②] 工业通过土地置换、盘活存量房地产等方式获得了三百多亿元的发展解困资金。详见杨益军:"土地置换与经营城市",载《上海土地》2003年第1期。

[③] 周黎安:《转型中的地方政府:官员激励与治理》,格致出版社、上海人民出版社2008年版,第3页。

分配给自己居住的住房通过优先购买，而成为个体私有，并有5年后售后公房才可以上市，进行交易限制。

早在20世纪90年代初期，为了配合当时中央政府要将上海市建成国际经济、金融、贸易中心，带动长江三角洲和整个长江流域地区经济的新飞跃的历史契机，加快外滩地区服务业的发展，上海市政府通过了外滩房屋置换方式来重建外滩金融街的决策，将使用性质不符合外滩地区规划要求和产业布局的公有房屋，其中包括公有非居住房屋和公有居住房屋，重新调整其使用功能，即将目前使用单位进行另行安置，腾退后的房屋受让或承租的对象为金融机构、证券机构、贸易机构、跨国公司、综合商社以及与此直接相关的中介服务机构或其他服务机构。[①] 这种置换的方式是将国有资产中的房地产推向市场，盘活国有资产存量，使之进一步增值。与此同时，上海市政府还于1994年8月颁布了《上海市外滩地区公有房屋置换暂行规定》，并对房屋置换的主体、客体以及内容进行了相关界定。这一举措在上海城市发展中具有非常重大的意义，即发掘了土地极差效益，实现了无形资产价值；盘活了国有资产，降低了企业负债，也支持了外滩中央商务区和市重大工程的开发建设。

1996年，上海市政府针对当时的社会需求和房地产业发展困境，一方面，广大市民有着强烈的改善居住环境和提升住房质量的要求；另一方面，1995年和1996年上海市房地产市场由于盲目投资建设带来了大量的空置商品房难以消化的问题，[②] 在调研和摸清市场供需情况的基础上，上海市政府开始在长宁等区县实施了以职工已购公房上市差价换房为主的房屋置换交易业务的试点。1997年12月，上海市政府批准成立了由上海房地（集团）公司控股，17家股东单位组成的房地产业首家发起式股份制公司——上海房屋置换股份有限公司。这个公司的成立为推行上海市政府的"以房屋置换为纽带，促进房地产业二、三市场联动发展"的新思路，发挥了重要作用。其具体做法是通过房屋置换的"小换大、差换好、远换近"小小贴补换新家的方

---

① 邹金宝："上海外滩房屋置换及其意义"，载《上海综合经济》1996年第11期。
② 据当时数据统计，1991~1995年外销商品住宅预、出售总和为156.5万平方米，不及批准上市预（出）售总量348万平方米的一半，而批准上市预（出）售量又不及可建面积总量733.8平方米的一半。详见周世江："解决住房问题对策"，载《上海综合经济》1997年第4期。

式,通过"1+1+1+1"的消费方式,即"原有住房变现+个人积蓄+单位补贴+银行贷款"。这一实践不仅有效地满足了上海市企事业单位职工提升住房环境和住房质量的需求,而且也刺激了当时的房地产业的健康与良性发展。1998年上海市政府在试点的基础上及时总结经验,并相继颁布了《上海市不可售公有住房差价交换试行办法》(已失效)、《上海市公有住房差价交换试行办法》《上海市物价局关于在差价换房中房屋置换公司不得重复收费的通知》《上海市物价局关于规范房屋置换等中介服务收费的通知》等文件。

(三)土地和房屋置换为解决城市居民和农村农民集体拆迁提供了思路

对于城市居民而言,因国家、市重大工程和配套设施、重大产业调整以及旧区改造配套动迁商品住宅等,需要动迁居住房屋和非居住房屋的,除少数居民要求货币补偿外,绝大多数居民则要求按"与货币补偿金额同等价值的产权房屋调换"。这一要求得到了上海市政府的肯定和支持。2001年上海市政府颁布的《上海市城市房屋拆迁管理实施细则》第32条规定:"拆迁补偿安置可以实行货币补偿,也可以实行与货币补偿金额同等的价值房屋调换;拆迁居住房屋,还可以实行以房屋建筑面积为基础,在应安置面积内不结算差价的异地产权房调换。"但是当时政府一时拿不出动迁居民需要的、大量中低价位(一户房屋建筑面积50~60平方米,单价每平方米在3500~4000元)的商品房住宅。而由开发商建造的商品住房,所谓小户型面积至少在100平方米以上,单价最低的地段每平方米也在5000元以上。如此对照至今仍住在旧区里的居民,大多数都是收入偏低的工薪阶层,拿一点动迁补偿安置费,再加上自己有限的一点积蓄,还是买不起商品住房的。政府规章虽规定"也可以实行与货币补偿金额同等价值的产权房屋调换",但政府在居民动迁时拿不出这类商品住宅进行调换,这样政府与动迁居民在补偿安置住房上的矛盾就凸显出来了。[①] 政府不得不按照被拆迁城市居民的要求设计被拆迁用房。

---

① 刘汉裔:"关注动迁居民弱势群体,加快中低价位住宅建设——对上海中低价商品住宅建设的建议",载《上海土地》2003年第3期。

而对于农村农民来说，1999年以前，上海市集体经营承包的土地被征用后，拆迁农民的房屋安置方式，大部分采用公房安置，原农民的房屋只按60%补偿。1994年上海住房制度改革，鼓励居民购买已租住公房。由于农民因征地转为城镇户口后，工龄短，无法享受房改的优惠政策，因此强烈要求政府补发他们征地时房屋拆迁中被扣除的40%补偿款。上海市政府于1999年12月下发了《关于同意解决本市征地地区私房拆迁安置公房居民六折补偿问题的批复》（沪府发〔1999〕81号），满足了当时这些被拆迁农民的要求。[1] 但是随着城市发展，房价不断地攀升，2002年4月10日，上海市政府颁布的《上海市征用集体所有土地拆迁房屋补偿安置若干规定》（沪府发〔2002〕13号），规定"同区域新建多层商品房每平方米建筑面积的土地使用权基价"和"价格补贴"，跟不上持续上涨的市场房价，被拆迁农民按现行的补偿标准购买安置用的住房是困难的，致使征地拆迁工作进度缓慢，矛盾较多，并逐渐激化。如何解决好被拆迁农户的住房问题，逐渐成为城市发展中的难题。而这些在城市发展过程中遇到的难题都需要在发展中通过具体实践和相关配套制度予以解决。而解决的思路和对策离不开既有路径依赖，即土地置换、房屋置换以及城市拆迁和农村拆迁过程中的遇到的难题以及成功地解决。

五、置换制度生成的政策依据：城乡建设用地增减挂钩制度

如何实现城乡建设用地增减挂钩，盘活农村集体建设用地，是上海市城市化特别是小城镇建设过程中遇到的难题。早在20世纪90年代中期上海便根据小城镇发展的需要，率先提出"三个集中"的发展战略，其中农民向城镇集中的内容之一便是通过宅基地置换来推进耕地占补平衡。具体而言，即通过中心村和中心镇建设，将农民向城镇集中。在实践中，引入土地置换的办法，将城镇发展用地与老宅基地复垦挂钩。凡老宅基地复垦还耕的，可在集镇附近置换一定比例，供集镇建设使用。经置换的土地，应免交土地占用税、复垦基金等税费。[2] 这种实践对于盘活农村集体土地存量促进小城镇发展起到了非常重要的作用。

---

[1] 徐海弘："征用集体所有土地在补偿方面的问题及其对策"，载《上海土地》2003年第3期。
[2] 沙海林、杜治中等："对加快浦东新区农民向集镇和中心村集聚的调查和思考"，载《上海农村经济》1997年第5期。

(一) 复垦整理后新增的耕地指标与小城镇建设用地指标进行置换

1997年，为了遏制地方政府盲目扩大占用耕地的情况，中共中央、国务院联合下达了征用土地"冻结令"。自通知下达之日起，冻结非农建设项目占用耕地一年，确实需要占用耕地的，报国务院审批。① 这个通知明确指出"宅基地与开发区是我国土地资源浪费最严重的两类用地"，但是基于城市和工业发展用地需求量大的地区用地指标供需缺口很大的现状，这个文件并没有断掉地方政府通过集约的方式利用现有建设用地的后路。根据这个通知，各级人民政府要在建设过程中，实现耕地总量动态平衡。"城市建设用地应充分挖掘现有潜力，尽可能利用非耕地和提高土地利用率。并要求有条件的地方，要通过村镇改造将适宜耕种的土地调整出来复垦、还耕。农村居民的住宅建设要符合村镇建设规划。有条件的地方，提倡相对集中建设公寓式楼房。农村居民建住宅要严格按照所在的省、自治区、直辖市规定的标准，依法取得宅基地。"根据这个文件精神，上海市在总结前期"城镇发展用地与老宅基地复垦挂钩"实践的基础上，进一步推进了宅基地复垦，并出台了《上海农村土地整理的暂行办法》和《关于还耕复垦的新增耕地置换小城镇建设用地的暂行办法》（沪府办〔1997〕34号）等文件，并在《关于还耕复垦的新增耕地置换小城镇建设用地的暂行办法》第8条明确规定，通过复垦的宅基地的"新增耕地经复核认定后，可暂按新增耕地面积60%的比例置换小城镇建设用地指标，列入年度建设用地计划管理"。1999年国土资源部又通过文件的形式进一步细化了土地置换的相关规定，即颁布了《关于土地开发整理工作有关问题的通知》（国土资发〔1999〕358号），其中明确规定，"凡有条件的地方，要促进农村居民点向中心村和集镇集中、乡镇企业向工业小区集中。新址……确需占用其他耕地的……可以与腾出来的旧址整理后增加的耕地进行置换"，"实行这种方式置换的，其建设用地可以不占用年度建设占用耕地计划指标"。这标志着新一轮的耕地补偿指标有偿易地置换开始实施，这对于宅基地复垦与整理起到很大的推动作用。

---

① 中共中央发布了《关于进一步加强土地管理切实保护耕地的通知》（中发1997年11号文件）。1998年又发布了《中共中央办公厅、国务院办公厅联合发出〈关于继续冻结给非农建设项目占用耕地的通知〉》。

2000年，根据中央十五届三中全会的精神和《中共中央、国务院关于促进小城镇健康发展的若干意见》（中发〔2000〕11号）的要求，上海市政府根据"中心城体现繁荣繁华，郊区体现实力和水平"发展战略，制定了《上海村镇住宅建设工作实施意见》[①]和《关于上海市促进城镇发展试点意见的通知》（沪府发〔2001〕1号）。该通知根据《中共中央、国务院关于促进小城镇健康发展的若干意见》要求，即"要通过挖潜，改造旧镇区，积极开展迁村并点，土地整理，开发利用荒地和废弃地，解决小城镇的建设用地"，确定重点发展"一城九镇"，即松江新城，以及朱家角、安亭、高桥、浦江等九个中心镇。鼓励农民进城镇购房建房。在农民原宅基地退还农村集体经济组织并实施复垦的前提下，对农民进入城镇建房购房给予适当的经济补偿，并减免上缴政府的土地出让金，降低农民进城镇建房购房成本，严格控制零星分散的农民建房用地审批。

（二）置换公寓鼓励农民退出原有的宅基地

《关于上海市农村集体土地使用权置换试点意见的通知》（沪府办〔2001〕54号）明确规定，对于退出原有老宅基地进城镇的农民，可以根据原来的宅基地的不同的情况，置换土地复垦费、土地出让金和耕地占用税以及进镇建造的房屋，明确规定了鼓励农民宅基地实行复垦后进行有偿置换。2003年中央政府针对当年全国耕地锐减3800万亩，连续下达文件规范占用耕地的行为。[②] 其中一个非常重要的政策就是细化了前一个阶段关于农村建设用地整理的规定："鼓励单位和个人依法运用土地整理新增耕地指标折抵

[①] 该实施意见提出了中心村建设标准和一城6村的第一批试点区，"1城6村"是指南汇惠南新城、金山枫泾镇农民中心村、南汇桃源农民新村、闵行七宝镇农民中心村、宝山杨行镇杨北村农民中心村、浦东高东镇农民中心存及塘镇大众农民中心村。

[②] 2003年2月20国土资源部召开全国电视电话会议；2003年6月11日出台了《协议出让国有土地使用权规定》；2003年7月18日（国办发明电〔2003〕30号）；2003年7月31日国务院召开《全国进一步治理整顿土地市场秩序电视电话会议》；2003年8月21日出台了《国土资源部关于严禁非农业建设违法占用基本农田的通知》；2003年10月19日出台了《国土资源部土地开发整理若干意见》；2003年11月出台了《国务院关于加大工作力度进一步治理整顿土地市场秩序的紧急通知》；2003年12月31日出台了《国家发展和改革委员会、国土资源部、建设部、商务部文件发改外资》等。其中特别值得一提的是2003年，中共中央、国务院下发了《关于做好农业和农村工作的意见》（中发〔2003〕3号），明确提出："通过集体建设用地流转、土地置换、分期缴纳土地出让金等形式，合理解决企业进镇的用地问题，降低企业搬迁的成本。"

政策，开展农地整理；运用建设用地指标置换政策，整理农村废弃建设用地"。上海市根据这些文件的精神，出台了《关于鼓励本市村民宅基地让出给农村集体经济组织的实施细则（试行）》（府办〔2003〕16号），这个通知具体和细化了《关于上海市农村集体土地使用权置换试点意见的通知》，特别是对于宅基地复垦和整理后的指标的规定，极大地刺激了区县和基层政府进行宅基地置换的动力，如其规定"指定单住将让出的宅基地自行复垦为耕地的，区（县）土地管理部门按照新增耕地面积的100%折抵建设占用耕地指标。指定单位从事非农建设经批准占用耕地的，可以使用该指标，也可以向其他建设单位有偿转让"。但是对于农村宅基地的使用权和房屋的所有权的补偿还是停留在土地复垦费、土地出让金和耕地占用税以及进镇建造的房屋等方面上，没有将宅基地置换与小城镇社会保障、农户住房补偿等方面联系在一起，再加上农民对于通过宅基地置换来改善他们的住房和社会保障，特别是能够通过置换来获得土地的级差地租抱有很大的期望。因此，这些政策并没有得到很好的落实，农民愿意进行置换积极性不高。笔者在奉贤区调研的时了解到，当时很多农民即使将限制的宅基地上的房子低价出租给外地人居住或者私下交易，也不愿意按照政府的鼓励政策，退出原来的老宅基地。

（三）国家土地管理制度的改革促使上海市宅基地置换制度的形成

针对地方政府在城市化过程中滥用耕地的行为，2004年中央政府对现行的土地管理制度进行了重大改革，加大对地方政府监管和控制的力度。2004年4月21日，《国务院关于做好省级以下国土资源管理体制改革有关问题的通知》的下发，强化省级人民政府及其国土资源主管部门的审批权和执法监察责任。特别是同年10月21日《国务院关于深化改革严格土地管理的决定》（国发〔2004〕28号）进一步将中央政府和省级政府土地管理责任进一步明确区分："调控新增建设用地总量的权力和责任在中央，盘活存量建设用地的权力和利益在地方，保护和合理利用土地的责任在地方各级人民政府，省、自治区、直辖市人民政府应负主要责任。"这条规定无疑加大了省级人民政府对地方政府的监控力度，但同时又将"盘活存量建设用地的权力和利益"交给了地方。与此同时，这个文件第一次明确地规定了"鼓励农村建设用地整理，城镇建设用地增加要与农村建设用地减少相挂钩"①。这个规定为各地推进农村集体建设用地带来非常强大的动力。为了获得更多的建设用地指标，各地在紧锣密鼓地推进农村集体建设用地和宅基地置换。上海市2004年7月根据中央关于土地管理制度的改革的相关文件精神，出台了《关于本市郊区宅基地置换试点若干政策意见》《关于加强土地管理，促进本市郊区宅基地置换试点的操作意见》。从宅基地置换实践依据来看，2009年以前，"城镇建设用地增加要与农村建设用地减少相挂钩"基本上纳入宅基地置换实践中来，而宅基地置换又是在统筹城乡、"三个集中""中心村建设"以及"新农村建设"的大背景中进行的。2009年《国土资源部与上海市人民政府合作备忘录》签订后，为了更好地将宅基地置换与相关中央和国土资源部文件相衔接，而将宅基地置换纳入"城镇建设用地增加要与农村建设用地减少相挂钩"的体系中来。上海市规划和土地管理局发布的《国土资源部与上海市人民政府合作备忘录履行情况自评报告》中规定，"市农委就今后我市不再以宅基地置换试点名义开展增减挂钩工作，将原宅基地置换工作统一纳入到增减挂钩试点之中进行了明确"。特别是今年年初上海市政府办公厅转发市农委、市规划国土资源局《关于本市实行城乡建设用地增减挂钩政策推进农民宅基地置换试点工作的若干意见》的通知（沪府办发〔2010〕1号），就是用城乡建设用地增减挂钩来统领宅基地置换，而不是相反。

第三节　上海市宅基地置换制度实践及其问题

一、上海市宅基地置换制度实践——一个简短的描述

根据上海市"三个集中"的发展战略，2003年上海市便在市计委、市农委、市房地资源局等主管部门调研的基础上，结合上海市20世纪90年代以

---

① 所谓"增减挂钩试点"是指，通过对旧村低效利用的建设用地进行整治，一部分复垦为耕地，一部分改建为新村；农村新增耕地形成的挂钩指标用于城市建设，城市从土地出让收益中转移部分资金到农村，从而在占补平衡总量不发生改变的情况下，增加可供经济发展使用的建设用地。这个挂钩与根据土地管理法所确定的农用地和建设用地"占补平衡"原则中建设用地占用耕地要及时给予指标平衡相挂钩一起，在实践中被称为"双挂钩"。根据国土资源部文件进行整理，详见www.stockstar.com，访问日期：2010年8月10日。

来在"经营城市"中所运用的土地置换和房屋置换的成功经验，明确了通过推行宅基地有偿置换的试点工作，对农村居民点进行整体规划和归并的思路，并率先在奉贤区试点。[①] 特别是2004年中央一号文件的出台，其中明确要求"小城镇建设要同壮大县域经济、发展乡镇企业、推进农业产业化经营、移民搬迁结合起来""加强村庄建设和环境整治""加快土地征用制度改革，明确界定土地征用范围""探索集体非农建设用地进入市场办法"。根据这一精神，上海市出台了《关于本市贯彻落实中央1号文件精神的实施意见》。据此，上海进一步扩大宅基地置换试点，并将宅基地置换的试点与农村社会财产性增收以及提高土地利用率结合起来。

2004年7月23日，上海市政府在奉贤区召开郊区宅基地置换试点工作现场会，进行布置和动员，市农委等有关部门研究制定了《关于本市郊区宅基地置换试点若干政策意见》和《关于加强土地管理，促进本市郊区宅基地置换试点的操作意见》。在这次会议上确定了14个宅基地置换试点基地，即崇明县陈家镇、港西镇，奉贤区青村镇、庄行镇，嘉定区外冈镇、华亭镇，金山区廊下镇、枫泾镇，南汇区航头镇，浦东新区曹路镇、张江镇，青浦区香花桥街道、盈浦街道，松江区佘山镇[②]。14个试点镇共涉村域面积约108000亩，宅基地13051.6亩，农户14939户，人口46203人。[③] 自此，13个镇试点工作全面有序推进，至2008年底，试点全部通过验收。[④] 经过2009年清理和扫尾工作，特别是在总结前一阶段宅基地置换实践的基础上，根据2009年《中共上海市委关于贯彻落实〈中共中央关于推进农村改革发展若干重大问题的决定〉的实施意见》所提出的，"总结宅基地置换试点经验，完成好现有试点工作。在有条件地区，试行城镇建设用地增加与农村集体建设用地减少相

---

① 详见《关于鼓励本市村民宅基地让出给农村集体经济组织的实施细则（试行）》（府办〔2003〕16号）。

② 据介绍开始是确定的15个试点镇，刚开始由于有一个镇没有通过审批等原因，张江镇试点位于上海市外环线以内，属于城市建设区，征地项目需经国务院审批。目前该项目已上报国务院，批准前，安置基地无法启动建设。因此，目前开展宅基地置换工作的试点为13个。详见张祎娴："上海郊区宅基地置换试点模式及案例研究"，载《城市规划》2010年第5期。

③ 沈永昌："上海郊区宅基地置换试点运作模式研究"，载《上海农村经济》2005年第7期。

④ 上海市郊区经济促进会宅基地置换试点调研组："要认真把本市宅基地置换试点政策落到实处"，载《上海土地》2009年第3期。

挂钩的办法，有序推进新一轮宅基地置换"，2010年下半年上海又开始进行下一轮的农村宅基地置换实践。[①]

二、宅基地置换制度的规则设定

根据《上海市郊区宅基地置换试点若干政策意见》和操作办法等相关规定，对于宅基地置换的主要政策内容，可以概括如下。

（一）在宅基地置换前实行宅基地产权登记和确权规则

由于宅基地置换过程中必然要进行"拆旧建新"，即拆除原来的老房子，建设新的农民中心村或农民公寓。在拆旧建新中，必然会存在产权纠纷，因此，如何将这种产权纠纷降低到最低点是置换政策中非常关键的一环。特别是针对农村社会产权登记工作十分滞后的现状，如何在置换前完成相关宅基地及其上面住房使用情况的核实和产权登记，是开展宅基地置换的基础性工作。这是因为，在宅基地置换过程中，土地因其性质不同、经营的需要，在不同阶段、不同主体之间有多种权属（包括所有权、使用权、经营权等权属）转换的形式和途径，因此，必须高度重视土地权属登记和确权工作。在第一轮宅基地置换过程中所依据的规则基本上是《上海市农村个人住房建设管理办法》（1997年修正）[②]、《上海市征用集体所有土地拆迁房屋补偿安置若干规定》即宅基地使用权及其面积大小的认定标准，主要是根据被拆除房屋的用途和建筑面积，以房地产权证、农村宅基地使用证或者建房批准文件（主要是乡镇政府批准建设文件[③]）的记载为准。根据笔者的调研，在实践中几乎都是依据建筑占地面积来进行，而不是根据《上海市农村个人住房建设管理办法》（1997年修正）第24条所规定的"宅基地总面积包括建筑占地面积和屋前屋后占地面积"，来进行补偿。根据《上海市农村个人住房建设管理办法》（1997年修正）的规定，建筑占地面积最低的为80平方米，而最高

[①] 2010年7月22日下午，嘉定举行外冈镇宅基地置换农民集中居住区工程奠基仪式，这标志着新一轮农民宅基地置换工作的正式启动。

[②] 这个管理办法于1992年制定，1997年修订，2007年被《上海市农村村民住房建设管理办法》所取代并废止。

[③] 《上海市农村个人住房建设管理办法》（1997年12月14日上海市人民政府第53号文件）第3条第2款规定：乡（镇）人民政府负责本行政区域内农村个人建房的管理工作。

的为125平方米；宅基地总面积最少的则为120平方米，最多的为150平方米①。特别是在计算宅基地总面积和建筑占地面积，是根据农村社会"不同的地区、户型和人口"②计算宅基地总面积。在实践中更是增加了确认被置换宅基地使用权面积的复杂性和工作难度。

（二）基地统一征收为城市建设用地并实行出让③，并颁发房地产权证

按照置换政策，"宅基地置换以农民自愿为前提，宅基地置换试点基地建设用地一并实行征用和出让，凡用于集中建设置换农民宅基地住房的，除上缴中央部分，市区两级土地出让收益金免收"。中心村或农民公寓的住房可以办理正式的产权证，并可以在置换后两年进行上市交易。而这一规定在实践中没有得到有效落实，如青村镇和庄行两镇在宅基地置换试点过程中，共缴纳土地出让金1.8亿元，按照试点政策，这1.8亿元应该全部返还。但是至今还没有落实这项政策。

2006年底，国务院明文规定不得以任何方式和任何名义来减免土地出让金。④致使市区（县）两级政府土地出让收益减免的政策优惠无法落实。而这部分出让金的返还恰恰是宅基地置换试点中资金平衡和房产证办理⑤的关键。

---

① 详见《上海市农村个人住房建设管理办法》（1997年12月14日上海市人民政府第53号文件）第27条、第29条之规定。

② 详见《上海市农村个人住房建设管理办法》（1997年12月14日上海市人民政府第53号文件）第24条、第27条、第29条之规定。

③ 这一规定与2005年国土资源部《关于规范城镇建设用地增加与农村建设用地减少相挂钩试点工作的意见》中第14条、第15条的规定是一致的。即项目区内建新地块用于商品房开发的，应是国有土地。项目区内需要征收集体土地的，应依法办理土地征收手续，并依法给予补偿。项目区内建新地块中增加的经营性用地，一律按照规定实行招标拍卖挂牌供地。

④ 详见国务院办公厅发布的《关于规范国有土地使用权出让收支管理的通知》要求，"从2007年1月1日起，土地出让收支全额纳入地方基金预算管理。收入全部缴入地方国库，支出一律通过地方基金预算从土地出让收入中予以安排，实行彻底的'收支两条线'，任何地区、部门和单位都不得以各种名义减免土地出让收入""任何地区、部门和单位都不得以'招商引资''旧城改造''国有企业改制'等各种名义减免土地出让收入，实行'零地价'，甚至'负地价'，或者以土地换项目、先征后返、补贴等形式变相减免土地出让收入"。

⑤ 根据建设部的规定，开发公司自房屋竣工之日起，三个月内应办理初始登记，产权管理部门从受理初始登记之日起，20个工作日内核准登记并颁发房产证。但是在办理初始登记的时候必须要缴清土地出让金。在宅基地置换过程中，中心村或农民公寓建设成本之所以比较低，最主要的是市、区两级政府土地出让金的减免。而现在土地出让金不能减免，而土地出让金的费用最终还需要置换农民来拿，否则办不了能够上市交易的房地产证，其实质还是小产权房。这也是当前宅基地置换过程中遇到的非常突出的矛盾。

依据2008年上海市房屋土地资源管理局《关于本市郊区宅基地置换试点中办理房地产登记的通知》（沪房地资权〔2008〕648号）的规定，"宅基地置换集中建房可以申请办理土地使用权初始登记和房屋初始登记"，但是，"房地产登记机构在办理上述房地产初始登记时，应当在房地产登记簿及房地产权证的附记栏中注记'宅基地置换试点集中建房基地商品住宅，不得转让（除签订宅基地置换协议外）、抵押、租赁'的字样"。因此，当初宅基地置换时承诺的房屋产权可以上市交易政策没有落实。2010年年初上海市《关于本市实行城乡建设用地增减挂钩政策推进农民宅基地置换试点工作的若干意见》就直接改为：农民集中居住区用地一并实行征收和出让，并按照规定缴纳土地出让收入，其收入全部缴入相关区县级国库，在按规定提取相关费用后，由区县政府安排支出，用于农民集中居住区基础设施建设。但是这样的规定无疑加大了宅基地置换过程的难度和阻力。

（三）以农民自愿为前提，给予置换农民以政策上的优惠

根据宅基地置换政策，在推行宅基地置换中，一定要在宣传和示范等基础上，让置换农户了解和掌握相关法律和政策的基本内容和基本精神，以便广大农民朋友自愿地参与置换。这不仅是尊重农村宅基地所有权属于村集体所有，使用权归农户的基本法律制度和原则，也是推行宅基地置换的群众基础。在当前理论界有很多人主张要是坚持这个基本法律制度和原则，为什么不让村集体和农民自己来推行宅基地置换？特别是一些省市如广东省、重庆等地都出台了一些政策允许农民集体非农建设用地置换。笔者在调研中发现，在置换中各试点也遇到这样的问题。有很多农民对于为什么政府要通过置换这个方法来实现农村宅基地置换，而不允许他们私下置换有所质疑，特别是有些农民意识中总有一种不成文的观念，即"责任田是集体的或国家的，而宅基地是自家的"。

对于这个问题，笔者认为之所以不允许农民私下进行宅基地置换的原因有以下几点：一是现行农村宅基地制度确立以来，我们国家宅基地制度基本目标就是通过宅基地集体所有制来保障村民集体每户"居者有其屋"，即通过宅基地集体所有权制度设计的目的是保障集体成员的住房权。特别是我国

人多地少的国情以及农村人口的流动性，① 这些情况决定了农村宅基地集体所有权的设计更多的是从集体成员的住房权保障这个意义上考虑的，而主要不是从农民宅基地财产权或资源配置效率的角度来考虑。因此，这也是很多理论界的学者总是批评现行集体所有制存在问题的根本原因。因为处于社会转型时期的人们，主要是从土地财产增值这个角度来审视传统的农村宅基地集体所有制，当然会存在产权主体不清、混乱等问题。在制度变迁中，如果没有替代制度来解决保障农民向市民转化过程中的住房保障问题，特别是宅基地置换是以利益最大化的商业理念来进行操作的，这种制度可以实现宅基地使用资源配置效率，但能否解决农村社会向城市社会转化过程中住房权保障问题则备受质疑。

二是从当前的整个土地市场的大背景下看，如果允许宅基地置换，在现行农村宅基地登记、确权等制度不完善的情况下，一方面肯定会出现农村社会盲目地占用耕地来当作宅基地，"打着集体建设用地置换的名义，擅自变更农地使用方向，搞第二、第三产业的现象，从而加大了农地保护，尤其是耕地保护的难度"②。现在各地普遍的小产权房现象的就是最好的例子，这不仅会加大现有农村宅基地的管理成本，而且存在管理失控的风险。另一方面无疑会冲击现有的政府垄断土地供应的一级和房地产市场，造成整个市场波动或低迷。正如笔者在前文所述，房地产用地都是政府垄断土地一级市场，并通过招、拍、挂等招标方式进行出让的。如果宅基地集体所有权交易不通过政府，而可以在集体与用地者之间进行交易，无疑会冲击整个房地产市场。

三是当前的农村宅基地利用现状及其资源配置率低下的状况，强烈地需求置换。但是基于整个土地所有权的制度设计，因为置换会冲击土地一级市场和房地产业市场等因素又不能完全放开，在这种背景下，只有采取一些措施来消减这种冲击。这样等于是以牺牲农民利益为代价而推进城市化进程。地方已经先期进行了一些改革和试点，而这些试点，几乎都是在地方政府的主导下，通过农民自愿的方式，实现农民与地方政府之间的置换，如天津市、

---

① 即使是改革开放以前农村社会实行最严格的户籍管理制度，农村人口向城市人口流动，如通过考学、参军等方式，都是存在的。

② 朱林兴：“有序推进农村集体建设用地流转”，载《上海土地》2009 年第 2 期。

重庆市以宅基地置换城镇住房。从这个意义上而言，宅基地置换的性质既不属于民法的范畴，也不属于行政管理意义的范畴，而是地方政府为了有效地实现土地资源有效管理和农村土地资源优化配置，通过间接的行政调控和利益引导而进行的一种经济管理行为。而在这个过程中，地方政府则责无旁贷地具有保障和维护农民的生存保障权和住房权保障的责任。从这个意义上而言，这种行为的性质兼具有社会法和行政法的性质。

上海市政府在宅基地置换中，主要是通过什么方式来实现利益引导？主要是通过给予优惠的政策。即制定切实维护农民利益的置换标准：具体而言，在宅基地置换中实行"双作价和零基价"，"所谓双作价就是指对宅基地、地上建筑及装潢进行综合评估后确定货币补偿金额，可置换与货币补偿金额同等价值的新房，多退少补；零基价指平衡补偿标准和控制建设成本，使置换试点农户能够不花钱或少花钱1∶1置换到与旧宅等面积的新房"。[①] 各试点根据各地的经济发展水平制定了自己相应的标准。

(四) 节余土地开发，收支盈余主要用于平衡宅基地置换投入

首先，根据宅基地置换试点政策，宅基地节余的土地指标由区政府安排使用，在符合规划前提下，可优先投放在所在乡镇。这条政策为宅基地置换所在地镇政府提供了强大的推动力。这是因为具体工作的开展必须要由各乡镇政府来做，但是乡镇政府也很精明，没有一定的利益诱导机制（政绩、物质利益等），他们开展工作的积极也不是很高，积极性很高的乡镇政府很少。同时在宅基地置换过程中，凡事都要经过当地乡镇政府进行具体操作，因此需要各乡镇主要领导和乡镇土地管理所的所长协调沟通来开展工作，而当地乡镇政府会根据当地情况来处理问题（有的乡镇积极性不高，还有的乡镇进行操作的不规范等）。如果将宅基地置换所获得的成果与其本地发展经济的需求结合起来，这无疑是推动的农村宅基地制度改革的动力。

其次，置换节余的宅基地或土地指标，可以在市域范围内进行调配和平衡。同时对于节余建设用地开发，免收耕地开垦费和新增建设用地有偿使用费。这条政策规定和在实践中宅基地置换小区的选址存在一些问题。因为通过置换结余的宅基地一般都是农业区，有些试点地方无论是第二产业还是第

---

① 张祎娴："上海郊区宅基地置换试点模式及案例研究"，载《城市规划》2010年第5期。

三产业发展都相对滞后，土地就地开发的土地出让金太低，而且根本没有办法平衡置换的投入费用。实践中根据补足土地出让金的形式实行异地置换，2002年房屋土地资源管理局《关于规范有偿易地置换耕地补偿指标工作的通知》（沪房地资综〔2002〕539号）的文件规定："各区县由于建设占用耕地的，其耕地补偿指标在本行政辖区内无法平衡的，由各区县房地局按有关程序向市房地资源局提出申请，由市房地资源局根据土地利用总体规划和土地利用年度计划，在全市内统一平衡，同时，申请单位应按有关规定缴纳耕地开垦费。"如庄行镇将结余的建设用地指标（483.7亩）转移到邻近的土地市场最活跃的南桥镇（2008年300万元/亩左右），扣除南桥镇动迁成本费，动迁成本大约按照150万元/亩计算，可以实现待平衡的资金量为7.15亿元。异地置换的设想，基本可满足资金平衡。①

（五）宅基地集约利用，农用地规模经营

在以往的中心村建设中，农民在建成公寓后，没有按照政策规定拆除旧有宅基地上的住房。据方伯平的实地调研和工作体会，在以往的中心村建设中，"镇政府批准那些有房村民在中心村建房的前提是，在审批文件上签署并承诺搬入中心村后，自行拆除原有的宅基地。然而实际情况是，大量的村民已经搬入新宅，但仍未拆除旧宅，而这些应拆除的旧宅如遇到征地动迁，还需要给予一定的'补偿'。因此，不少有一定经济基础的村民，看到此种方式能够多得一幢房屋，也纷纷效仿"②。为了杜绝此类事件的发生，上海市政府规定，置换后的原宅基地及其住房，必须根据规划的要求予以拆除并组织复垦，以满足土地储备和实现农用地规模经营的需求。

其中背后机理是，原来的宅基地通过整理置换，结果一般是大于农民公寓建设占用基地的面积。如A1村、A2村、A3村、A4村、A5村原来占有宅基地2500亩，宅基地置换后建设成农民公寓只要占用原来的宅基地用地指标的1000亩土地，这个1000亩本来就是原来的农村集体建设用地，只不过在置换后被征用为国有土地使用。因为刚开始就不是占用的农业用地，因此不属于农用地转用指标。而剩余的1500亩宅基地则通过整理复垦后，变成耕

---

① 张祎娴："上海郊区宅基地置换试点模式及案例研究"，载《城市规划》2010年第5期。
② 方伯平："浅议农村宅基地集约利用"，载《上海土地》2009年第4期。

地，以便获得城市建设用地的指标。拿到通过置换节约的1500亩土地指标后，政府按照目前我国现行《土地管理法》第31条第2款规定的国家占补平衡制度，非农业建设经批准占用耕地的，按照"占多少，垦多少"的原则，由占用耕地的单位负责开垦与所占用耕地的数量和质量相当的耕地。同时该法第33条又规定这个占补平衡必须在省级政府的范围内进行平衡，即"省、自治区、直辖市人民政府应当严格执行土地利用总体规划和土地利用年度计划，采取措施，确保本行政区域内耕地总量不减少"。根据这个规定地方政府获得这个1500亩的耕地指标，在镇域、区（县）乃至市域，便可以在符合规划的地方，通过征地的方式获得城市建设用地的指标。

（六）"土地处置、户籍转性、社会保险落实"三者整体联动

根据上海市郊区宅基地置换试点意见的精神，这次宅基地置换试点参照了自2003年《上海市小城镇社会保险暂行办法》《上海市被征用农民集体所有土地农业人员就业和社会保障管理办法》等文件所确立的"土地处置、户籍转性、社会保险落实"三者整体联动思路，将农村土地改革、社会制度改革与城乡统筹结合在一起。2003年《上海市小城镇社会保险暂行办法》对1994年征地安置办法所确立的"谁用地，谁负责安置"的原则进行了改革，确立了"落实保障，市场就业"原则。同年《上海市被征用农民集体所有土地农业人员就业和社会保障管理办法》规定："凡土地被征用或者需将农业户籍转非农户籍的，都应当首先落实离开土地的农业人员的社会保障，再办理土地处置、户籍转性的手续。"根据置换试点政策，"试点区域内农业人员经与集体经济组织协商一致，在自愿将承包的土地退还给集体经济组织后，男性60周岁、女性55周岁以下的，可享受本地被征地人员参加镇保的有关政策；男性60周岁、女性55周岁以上的，可参照本市征地养老政策，享受相应的社会保障"。[1] 这项政策的推行意味着上海市由原来的被动解决失地农民长远生计，到主动地通过镇保来推行土地承包经营权的置换和流转。调研显示，在各试点除了有金山廊下镇、奉贤青村镇等试点地没有落实"镇保"外，其余的试点基本上都落实了。

---

[1] 详见2004年《〈上海市小城镇社会保险暂行办法〉若干问题处理意见的通知（二）》（沪镇保办发〔2004〕1号）。

三、上海市宅基地置换制度实践形态

总体而言，上海宅基地置换的实践还是在政府有力的推动下进行的，特别是在政策执行中带有指令性非常强的特点。各镇都根据上海市市委和市政府的要求成立了以镇长或街道办主任为组长的推进农民宅基地试点工作领导小组，分别由各镇或街道办农口、土地口、社保口等相关职能负责人为小组成员。并将这一任务与政绩、奖金等报酬密切联系在一起，制定了细致而翔实推行宅基地置换的试点工作意见和工作分工。从这个意义上而言，宅基地置换刚开始就不主要是一个法律问题或者是法学问题，而是一个政策研究和政策执行的问题。但是，由于政策和法律是我国政府调控社会两个最主要的手段，特别是二者具有内在紧密联系，政策是法律的先导，而法律又是政策成熟后的升华。在政策研究和政策执行过程中需要与现有相关法律制度之间的衔接与整合需求的问题，不断地增多和被提起，也就促使在政策研究和政策执行过程中亟须这方面的法律研究。

（一）政府主导与市场运作相结合

按照文件要求，农民宅基地置换的运作机制是区级统筹、镇为主体、国有和集体企业运作具体项目。在全区统筹领导下，各镇具体负责编制规划、制订工作方案、实施宅基地置换，国有和集体企业具体负责农民集中居住区的建设等相关事宜。区各相关职能部门协同配合，各司其职。在调研中，很多基层政府或街道办事处的领导和相关负责人以及农民基本上都有这样一种认识，宅基地置换没有政府（主要是镇政府）是根本没有办法推行的。政府可以搞规划，政府可以搞宣传，政府可以筹集置换过程中的所需要的资金，政府可以解决置换过程中存在的问题……而这些都是村委会或村集体经济组织办不到的。

虽然从理论上而言，特别是从农村集体所有制的基本内容来看，村集体作为宅基地置换的主要决策者，而地方政府作为宅基地置换的监管者比较符合现行土地法律制度。[①] 但是，从实践的条件来看，主要由政府主导宅基地置换将要经过一段很长的时期。这是因为，目前宅基地置换后的通过整理和

---

① 朱林兴：" 农村宅基地置换的若干问题"，载《上海经济干部管理学校》2006年第4期。

复垦后主要还是农业性生产，而农业生产用地效益比较低下，且大量的外部收益在现行的法律制度约束下并不归村集体经济组织所有，再加上法律对农村土地在担保、抵押等融资体制的禁止，农村信用制度的极端不完善，从而导致"现行的制度环境导致村集体缺乏进行宅基地置换的动力"①。而与此相反，地方政府不仅拥有相应的金融财政权，最为主要的通过土地管理权，特别是土地一级市场供应的垄断权和宅基地置换后结余指标的调度权，就可以宅基地置换后整理的土地通过指标调度的方式，实现土地资源的优化配置和出让利益的最大化。这些条件是农村集体经济组织根本不具备的。因此，从这个意义上而言，地方政府不仅具有主导宅基地置换的条件和资格，更为重要的是能够借助其在土地一级市场的垄断权和调度权，使宅基地外部利益得到最大的显化，从而也就形成了推动宅基地置换的动力机制。

在调研中，很多基层干部和土地管理所部门，都将这样一种模式概括为是政府的一种行政管理行为。只有政府（一般是区县政府）出面，才能将这些工作开展起来。特别是宅基地通过集约后，还要开展村庄的环境和基础设施建设等工作。这些工作涉及国土资源局、农业部门、财政局、扶贫办、水利局（复垦后基本农田水利设施建设）、交通局等单位。因此，在实践中，只有区（县）级以上的政府出面，从整体上来决策和实施这项工作，才能使工作有效开展。

但是在政府主导中，并不是各级政府想法都是一致的。置换试点确定之前各试点区（县）、镇便将本地的实际需求和想法渗透到置换试点项目中，以便使本地政府获得更为可观的收获。这种收获除了政绩之外，还可能是通过搭便车想法，如在宅基地置换中，通过套用优惠政策实现近期规划的土地储备，或降低已有项目的成本，也有的区（县）、镇希望借置换政策解决本地区的一些遗留问题②。由于刚开始各镇自己有不同想法和需求，对于市委和市政府政策其执行的方向就存在或多或少的偏离或背离。

在试点地区的政府主导下，各地严格按照土地利用总体规划进行规划、

---

① 施建刚、黄晓峰、王万力："对发达地区农村宅基地置换模式的思考"，载《农村经济》2007年第4期。

② 张祎娴："上海郊区宅基地置换试点模式及案例研究"，载《城市规划》2010年第5期。

选址和建设。这大大减少了置换的阻力，加速了宅基地置换进程。但是地方政府由于前期资金投入特别大，虽然按照政策规定由镇政府成立集体或国有全资公司来具体执行农民公寓的规划、选址、建设和置换，但是从镇域财政的资金筹措来看，显得比较单薄。再加上宅基地置换试点大部分在传统的农业区，如崇明县陈家镇，奉贤区青村镇、庄行镇，金山区廊下镇，南汇区航头镇，这些镇与近期规划为城市建设用地的镇或街道办事处所在地相比，资金筹措问题更显得突出。由于这些试点地理位置相对较差，投资项目比较少，自己的资金缺口较大，而不得不与房地产开发商进行合作，如庄行镇政府成立了庄行经济投资公司。然后地方政府再寻找资质良好的开发公司作为合作方，由合作方垫付所有的工程建设资金，同时负责施工承包单位工程款。合作方享有200元/平方米的资金回报率。因此，这些试点由于环境、地理等方面原因，主要是在政府主导下来进行置换的。在置换中，市场的资源配置作用发挥有限。

近期规划为城市建设用地的镇或街道办事处试点，如嘉定区的外冈镇、青浦区香花桥街道、松江区佘山镇，无论在资金筹措还是在置换出来的结余用地的出让等方面则显得更为市场化。尽管在置换中行政主导色彩相对比较淡薄，市场资源优化配置方面具有明显优势。特别是这些置换试点可以近期规划结合宅基地置换结余的土地指标，就地开发或进行土地储备，政府主要起到动员、组织、协调的作用，市场化运作色彩较为浓厚。

（二）规划区内和规划区外的置换

按照宅基地置换的区域不同可以将其划分为城市建设近期规划区范围内的宅基地置换和城市近期规划区外的宅基地置换。

在城市规划区内，上海宅基地置换的操作方法就是将急需用地的项目土地面积数量（实践中称为拟置换地），如B地需要1500亩建设用地指标，在调研的基础上确定，将A1村、A2村、A3村、A4村、A5村（2500亩）（实践中称为被置换地）等农户迁入小区C地，即C地重新给农民建公寓（一般都是在经过镇政府严格规划且地理位置与原有的村落选址相比较好的地方），则需要1000亩宅基地。这样就可以节省1500亩土地的指标。原来村庄的承包地交回集体经济组织，由当地政府统一为被征用土地农民办理镇保。

城镇规划区外的置换，具体的做法是将急需用地的项目土地面积数量或需要占补平衡的耕地面积，通过村庄整理、居民点集中等方式实现农村宅基地的集约和合理使用。置换（主要是宅基地）的操作方法就是将急需用地的项目土地面积数量（实践中称为拟置换地），如 B 地需要 1500 亩建设用地指标，B 地通过区（县）国土资源局和各乡镇（实践中主要是通过乡镇的土地管理所）配合到所辖的乡村进行"空心村"或小的居民点进行调研，然后将调研情况写成调研报告。调研发现 A1 村、A2 村、A3 村、A4 村、A5 村（2500 亩）五个村占用宅基地 2500 亩，如果在 C 地重新给农民建公寓（一般都是在镇政府经过严格规划且地理位置与原有的村落选址相比较好的地方），则需要 1000 亩宅基地。政府通过分析、论证，制定相应的可实施方案，在征询当地的农户同意后，经过严格的选址、规划，对原有的宅基地上的住房进行评估、补偿、建设新的住房、拆迁旧房等。最后将农户迁入小区 C 地（实践中称被置换地），这样就可以节省 1500 亩土地的指标。这样通过居民点集中或中心村建设，节省下来的宅基地面积达到需要占补平衡的 1500 亩土地数量，然后再将这些集体建设用地复垦为耕地，重新分配给当地的被置换农户。这样在实践中一般可以节省 40%~60% 的宅基地面积。

这种模式在实践中运用的比较多，起初比较受农民欢迎，随着宅基地置换的推进，笔者到金山和奉贤调研时发现，在远离城市规划区的传统农业区，当地农民相对比城市郊区的农民更为乐意接受和支持宅基地置换，但是随着宅基地置换的推移，问题不断地呈现。当前存在的主要问题是，结余宅基地指标要转移到外镇或外区，特别是在财政"分灶吃饭"体制下，地方政府利益日趋独立，并不可遏止地追求区域利益最大化。置换工作所设想的 A 地节余土地指标在 B 地开发，所获收益返还至 A 地用于置换投入的资金平衡方案，在市级或区级看来，是对土地资源的优化配置，但对较低一级的地方政府而言，A 地的实际利益受损。这是某些试点置换工作推进不力的主要原因。

（三）试点区域与非试点区域宅基地置换相结合

笔者在调研中发现，上海市除了当初所确定的 14 个试点在进行宅基地置换外，实践中几乎每个区县都在积极地利用宅基地置换政策进行置换。笔者到嘉定、金山、奉贤、松江等地调研时发现，各地政府在进行本地开发时，要解决本地用地建设指标时，大部分都推行宅基地置换政策。这些非试点地方的宅基地置换实践大部分都是通过中心村建设、新农村建设和2007年上海市推行的自然村改造等名义来推进宅基地置换,并呈现一种和试点地区遥相呼应并相互竞争的状态,而这些非试点镇大部分都是通过当地镇政府或区政府来进行推进的。既有在城市规划区内也有在城市规划区外进行宅基地置换;既有政府推进的也有项目带动的宅基地置换,甚至还有村委会进行的,如南桥镇杨王村,村民不出资获得置换房,村委会通过出售小产权房,用出售小产权房的盈利来支付村民置换房的建设成本。

1. 在城市规划区外,镇政府"中心村建设"的宅基地置换

松江区某镇处于城市规划区外,2004年某镇开始推行上海市中心村建设,主要是当时在其镇内修建高速公路和高铁等项目和工程而进行的。拆迁补偿每户平均在1400元/平方米左右。笔者在调研中了解到,由于产权问题,这个中心村的土地产权存在瑕疵。据村民讲,这个中心村的土地当时主要是给某一个大型企业在这里建项目使用,使用期是50年。但后来因为资金问题没有建成企业,而由镇政府用来作为中心村在这里建小区。这块土地面积大约900亩。当地村民说,一般情况下当地的村民不会在这里买房。买房的大多数是年纪大的老人,因为动迁等原因,而不得不在中心村里居住。由于居住非常不方便,如离菜市场远,闭门隔户的生活方式增加了晚年寂寞。而年纪稍微小一点的村民和年轻人,拿到动迁款,一般情况下,都到松江市区里去买房,而这些中心村的房屋就拿到市场上去卖。由于产权等原因其只能低价出售。现在一般是每平方米3300元左右,前两年是每平方米2800元左右。购房者大多数是外地的农民工。笔者访谈的对象中一个是村里的办事员小王,一个是村里组织部的李部长,他们都没有在中心村买房,而是在松江市区买的房子。我的学生陈静家也是当地的村民,她们家现在也希望能在市区里买房子。特别是她外公外婆现在都八十多岁了,也不希望住在中心村里。主要原因是中心村里的生活不习惯,都是外地人。

2. 在城市规划区内,由项目公司推进的宅基地置换

为了配合"临港兴镇"的发展战略,以便为工业开发获得更多的用地指标,奉贤区某镇以建设新农村为契机,将A村、B村和C村的宅基地进行置换。这项工作刚开始的时候,镇政府就非常重视。成立以镇党委书记、镇长为一把手的领导小组,包括副镇长、各科科长为主要成员的工作小组。

集中的规模有1000户左右人家。原来的农村宅基地以及宅基地上面的房子按照国家标准（主要是建筑面积），给予补偿，由当地镇政府给予动迁房补偿。在实践中遇到过一家农户有一千多平方米房屋的情况，也给予动迁房补偿；如果农民不想要住房或者要的住房低于应给予的动迁房面积，一般给予每平方米1600元左右的补偿。如果农民需要的动迁房面积超过其原有宅基地上面的房子面积怎么办？按照人均30平方米的平价房的补助政策，一户农民除在被拆迁的有效房屋面积外，还可以再购买30平方米住房面积，在这个范围内还有三个标准，就是超过被拆迁的房屋有效房屋面积1~10平方米的，每平方米多收600元，如果超过10~20平方米，每平方米多收1200元，超过20~30平方米的，每平方米多收1800元。如果超过30平方米，则要按照当地的商品房购得，大约每平方米4000元以上。一般情况下，还有过渡费，就是新的农民公寓还没有建好，原来的宅基地上的房子拆迁了，为了让当地农民有住处，还要给予一定的过渡费，以便让这些农户安置。该方式最主要的优势在于这些农民公寓的土地是国有土地，房屋还有正式的产权证，这一点深受当地农民的欢迎。

同时，原来自留地、荒地、口粮地等地由原来的集体组织收回，村民每人给予办理"镇保"，办理镇保的标准就是按照"户籍"上记载的名称。达到年龄的农民（男，60周岁；女，55周岁）开始享有每人一个月676元的镇保，没有达到这个年龄的农民（有劳动能力），每个成年人在置换后两年内每个月给予290元的就业补助。

关于这个镇农村承包地是如何进行经营的问题。一般而言80%的工地为企业用地，就拿A村、B村和C村的中心村建设来讲，这次集中，主要是为了给予当地引进"三一重工"项目提供用地指标。[①] 目前还有20%的土地还在等待招商引资，当前只能承包给农户。实践中，浙江一些农户在这里种西瓜，承包的做法是一次签订一年的合同，年租金是1300元/亩。为什么每次签订一年的合同？当地人说是因为这些土地主要是为招商引资的，出租给这些浙江的农户，主要是因为现在还没有好的投资项目或者有的商家资金不到

---

① "三一重工"项目是目前奉贤区招商引资最大的一个项目，投资二百多亿元，如果这个项目建设好，仅这个公司的人员就超过3万人。

位或因为资金流动受到阻碍等原因,一旦有了比较好的投资项目或资金到位,马上就要收回这些土地。

3. 城市规划区内"村改居"中的宅基地置换

在松江区某街道办事处辖区,其城市化过程中,农民基本上在户口上都转变为居民,即使是没有进入到中心镇居住的农户,其原来所在的村委会,也都改为居委会了,基本上完成了"村改居"。农民所承包的耕地(以下简称承包地)也都交给居委会进行管理,由当地政府给农民买镇保(主要是老年人),农民一个月有六百二十元的小城镇社会保障金。据当地人介绍,小城镇养老保险金也是随着经济社会的发展而不断进行调整的,由原来的三百多元到四百多元,再到五百多元一直到现在的六百二十元,都是不断进行提高的,其参考的标准主要是当地经济发展水平,最主要的就是当地镇政府和居委会有相应的资金。

这个街道办事处,前些年为了解决招商引资用地的需求,没有用地指标,也进行招商引资,这样操作的后果基本上都是被罚款;而现在,因为要追究领导的行政责任,所以基层政府基本上不敢在没有用地指标的情况下进行招商引资。政府只有拿到这些用地指标后,才能开始进行宅基地置换,将农民从原有的宅基地转移到镇中心村里去(农民公寓),以将节省下来的土地面积用于项目建设用地。在宅基地置换中,主要对于原宅基地上的建筑物面积、附属设施(主要是居民井、树木等)和宅基地面积进行货币补偿,补偿的标准按照动迁标准进行,在这个街道办事处,每平方米平均能补偿到2000元左右。然后按照原有的农村宅基地上的建筑面积,再分配中心村的公寓中的面积相等的住房。价格按照上海的规定一般根据楼层不同有不同,如一层大约1785元/平方米,二层1900元/平方米,三层和四层2000元/平方米,顶层的楼房价格与一层的价格按差不多的标准进行分配。如果农户分到的新建的农村公寓面积大于原有宅基地上的建筑面积,在10%的范围内,每平方米在相应的价格上加500元,如果农户想要的建筑面积大于原有宅基地上的建筑面积10%的,在10%以上的范围内,每平方米再加收1500元。现在他们的中心村已经建完了两期,大约有七百多间住房,等第三期结束以后,有一千一百多间住房。

关于产权问题,因为新建农民公寓(中心村)的土地是有国家指标的,因此，户主是可以拥有产权的，街道办事处在实际的操作中，加了两年的限制，即房屋的产权两年之内不得上市交易，两年之后其就可以进入市场。但是，在实践中，并不是每一个街道办事处都有国家土地指标，据说松江只有九个试点的地方才有。在实践中，有的镇或街道办事处，在没有国家土地用地指标的情况下，推行宅基地置换，涉地农民住房在产权上没有法律和制度层面上的保障。这也是实践中最为棘手的问题。

本章小结

本章从上海市农村宅基地置换制度形成的背景，特别是现行农村宅基地利用方式和宅基地产权制度等带来的问题，已经严重阻碍上海市城市化进程等因素来剖析宅基地置换在上海市推行的必然性。而上海市在20世纪90年代以来利用土地置换和房屋置换来经营城市的策略，又决定了利用宅基地置换来推进郊区城市化进程的必然性。本书从制度实践的角度，对城市规划区内和规划区外部宅基地置换试点地区和非试点地区推进宅基地置换进行论述，并指出在推行宅基地置换中存在的农村土地和房屋与城市土地和房屋在置换中所存在的法律问题，如农村土地与城市土地置换的法律限制以及所带来的小产权房和涉地农民住房权等问题。

第四章
上海市置换制度与其他省市的制度比较分析
——兼与天津市、重庆市、安徽省比较

本章主要讨论的是上海市的宅基地置换所存在的住房权和生存权保障问题，与天津"宅基地换房"、重庆的"地票"以及安徽的"宅基地整理"进行对比研究，笔者认为各地的宅基地置换都存在住房权和生存权问题，但是上海在制度上和实践上更为成熟和健全。

宅基地置换制度并不是上海市特有的，而是在中国城市化过程中，在严格的耕地保护政策与城市建设用地需求激增存在内在的紧张背景下，中央政府与地方政府相互博弈的结果。而这一博弈结果的法定化则是2004年《国务院关于深化改革严格土地管理的决定》（国发〔2004〕28号）中的规定："调控新增建设用地总量的权力和责任在中央，盘活存量建设用地的权力和利益在地方，保护和合理利用土地的责任在地方各级人民政府，省、自治区、直辖市人民政府应负主要责任。"地方各级人民政府为了用足用好这一政策，都在这一文件精神的指导下，制定和完善相关配套政策和方案，开展了轰轰烈烈的盘活存量建设用地的运动。而这些实践中最具有影响力和潜力的莫过于农村宅基地的整理和置换。[1] 这些制度在实践中都不同程度地存在着侵犯农民住房权和生存权的现象。

---

[1] 据统计，目前我国建设用地总量已经超过4.7亿亩，其中城镇用地（城市加建制镇）0.5亿亩，独立工矿用地0.5亿亩，而村庄用地（不含独立于村庄之外的乡镇企业用地）则高达2.5亿亩，且呈逐年增加的态势。详见陶然、汪晖："中国尚未完成之转型中的土地制度改革：挑战与出路"，载《国际经济评论》2010年第2期。

第一节 天津市"华明模式"——宅基地换房

在统筹城乡中,天津市也遇到城市建设土地指标紧张和资金筹集的困难。为了破除这一难题,根据2004年《国务院关于深化改革严格土地管理的决定》等相关文件的精神,在学习浙江、上海等省市的宅基地置换经验的基础上,天津市在市区内进行了实证调研。此项政策的出台特别是根据实践的需要,即在东丽区"空客A320"项目落户过程中,为了解决这个大项目落户用地,需要五个村整体撤村的要求的难题,天津市率先在东丽区华明示范镇,进行了"宅基地换房"的试点。

一、概况

天津市东丽区华明镇(现已改名为华明街道办事处)东连滨海新区,西连天津市中心城,总面积150.6平方公里,涉及12个村庄共12071亩宅基地,新建小城镇需用地总面积为8427亩(农民安置住宅用地和出让用于工商业用地),其中置换后农民安置住宅用地3476亩和出让土地4951亩土地,据华明示范镇统计,建设华明示范镇只需要8427亩土地指标就能实现住宅建设和平衡建设资金。其中可以节约建设用地指标4000亩土地,复垦土地面积为6400亩土地。[1]

从政策和法律意义上而言,天津市东丽区华明镇的"宅基地换房"的试点具有先行先试权。首先,这一试点是获得原国土资源部的许可的,即2005年国土资源部根据中共中央和国务院的严格保护耕地和集约利用农村建设用地的精神,颁布了《关于规范城镇建设用地增加与农村建设用地减少相挂钩试点工作的意见》,首次确定了《关于天津等五省(市)城镇建设用地增加与农村建设用地减少相挂钩第一批试点的批复》。而2006年5月26日,国务院下发了《国务院关于推进天津滨海新区开发开放有关问题的意见》(国发20号文)明确赋予了天津市滨海新区在土地、金融、财政等方面的"先行先试权"。其中涉及土地综合整治的内容为:"支持天津滨海新区进行土地管理

---

[1] 叶剑平、张有会:《一样的土地,不一样的生活》,中国人民大学出版社2010年版,第155页。

改革。在有利于土地节约利用和提高土地利用效率的前提下,优化土地利用结构,创新土地管理方式,加大土地管理改革力度。开展农村集体建设用地流转及土地收益分配、增强政府对土地供应调控能力等方面的改革试验。"

按照这个文件的精神,天津市政府及相关职能部门制定了配套的文件和措施,如《天津滨海新区综合配套改革试验总体方案》《关于在全市开展以宅基地换房的办法进行示范小城镇建设试点工作意见》《天津市以宅基地换房建设示范小城镇管理办法》等。在这些文件中,一个基本的精神就是以宅基地换房来推动天津城市化建设。根据相关政策文件,"宅基地换房"就是在统筹城乡一体化过程中,为了解决城市建设用地指标和资金来源问题,在现行政策和法律的框架内,即承包责任制不变,可耕种土地不减,尊重农民自愿的原则的基础上,农民以放弃宅基地使用权与原有房屋的所有权为代价,获取新建房屋的所有权及相关国有土地使用权,实现农民生活资料的产权归属和增值。而节约和集约利用的另一部分土地指标用于小城镇的商务区和经济功能区,用这部分土地的出让收入来平衡小城镇建设资金和增加就业岗位,一部分宅基地指标用来复垦复耕,以便实现土地占补平衡。而这一实践是与小城镇建设用地指标的解决、资金的平衡、产业的集聚和置换后农民居住、就业和生计来源可持续等问题紧密联系在一起。

二、具体做法

天津市东丽区华明镇"宅基地换房"试点,刚开始就是由天津市政府组织和推动的。试点经国土资源部的认可并给予6402亩周转用地指标,具体由东丽区政府负责牵头,并由区建委负责组建一个专门进行具体操作的国有建筑公司——天津滨丽公司,具体负责征地、融资和建设,而区政府和镇政府(以政府和村委会)主要负责动员、政策制定与宣传、土地和房屋登记以及农村实际人口的清查和摸底等工作。具体而言项目实施可分为以下几个步骤。

(1)区级政府规划、统筹和上报。政府在镇政府及各村委会的配合下,进行调研、摸底,特别是宅基地使用情况和农村人口情况,在此基础上结合本地区的产业发展状况制定小城镇总体规划和土地复垦规划和年度实施计划,报市政府审批。

(2)项目获批后成立国有性质项目公司,专门进行征地、融资和建设。区政府向市土地管理部门申请小城镇建设用地周转指标,置换后节余土地指标平衡周转指标，镇政府利用各种资源和社会关系进行动员宣传承包地不变、农民自愿、可耕地不减、置换后房屋有产权5年后可以上市交易、四金——薪金、股金、租金、保险金，政策和政府帮扶就业政策，主要有农民主动参与、领导干部包户、亲属包户。

（3）拟迁入小城镇村民向村委会申请宅基地置换住房，村委会制定村民宅基地置换住房办法，提交村民大会或村民代表大会通过。村委会与村民签订以宅基地换房的协议。村民委员会与天津滨丽公司签订本村村民以宅基地换房的总体协议。

（4）农民公寓建成后迁入，宅基地换房，落实相关小城镇社会保障政策和就业政策，首先落实社会养老保障，即男60周岁、女55周岁，将承包地交给村集体经济组织的，可以享受平均每月470元的社会保障金，80岁以上的老人可享受平均每月570元的社会保障金。而16~55周岁的适龄人员将承包地交给村集体经济组织的，参加城镇职工养老保险。就业主要依靠本地区物流、安保、保洁等工作，政府出面给予解决。在面向全市输送就业人员的同时，加大对农民进行就业培训，设立新区就业培训组织，免费开设一些就业门路好的课程如电焊、驾驶等培训课程。

（5）土地由村委会负责复垦，市土地管理部门负责验收，节约土地指标复垦来平衡周转指标和出让土地获得土地出让金来平衡先期资金投入（见图4-1）。

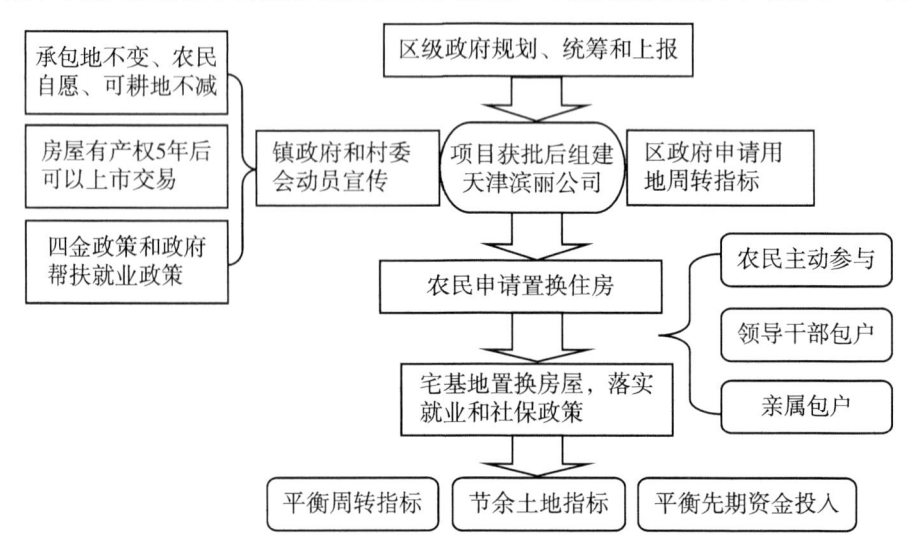

图4-1　天津市东丽区华明镇宅基地换房流程

总体上而言，天津市东丽区华明镇宅基地换房的实践是成功的，其有效地突破了城乡统筹过程中的难点和瓶颈，如小城镇建设过程中的建设用地和资金的瓶颈，更主要是增加了农村社会财产性收入和农村社会公共基础设施建设，促进了农村社会的城市化进程，探索了一条取代传统仅用征地方式来解决城市建设用地指标的新路子。

三、存在的问题

但是在实践中，由于地方政府推行宅基地换房主要关注的是城市建设用地指标的节余、小城镇各项基础设施建设等，以便为地方经济发展创造更多的潜力和空间。对于农民的住房权保障和长远生计可持续等社会保障问题，则相对关注不够。而在置换中，涉地农民的宅基地大多处于城市郊区土地极差位置较高的地带，因此对于土地升值的前景期望较高，特别是华明镇原来的承包地全部被城市建设征用，现在又通过宅基地换房的方式，农民对于自己进入城镇生活的长远生计心存担忧。

（一）住房权保障考虑欠妥

这主要表现在以下几点：一是补偿标准不合理。按照天津市宅基地置换政策确定的置换标准，宅基地换房主要有两个标准，即一个是宅基地主房建筑占地面积和附房建筑占地面积，一个是 30 平方米/人的标准置换商品房。前者以主房的建筑占地面积一比一置换，附房的建筑占地面积则是两平方米换一平方米，屋前屋后院落占地则不予计算。而在实践操作中，往往都是以主房的建筑占地面积来进行置换，附房建筑占地面积则给予相应的货币补贴。而坚持以人均建筑面积换房，按照 30 平方米/人的标准置换商品房，主要是基于置换后农村住房保障的考虑。但是在执行的时候，往往是以第一个标准为基础，以第二个标准为补充。如一户五口之家，原来的院落占地 165 平方米，主房建筑占地面积为 80 平方米，而附房建筑面积为 50 平方米，在实践中这户人家实际可置换 80 平方米加 25 平方米（调研中了解到有的镇和村还将附房以建筑成本价补偿给农民，如华明镇），应置换面积则是 150 平方米。而余下的 45 平方米，则需要交纳 400~600 元/平方米的差价。实践中这个置换标准与农民产生了很大的矛盾，农民认为应该按照宅基地实际面积，即主房建筑占地面积和附房建筑占地面积和院落面积——165 平方米给予置换商品房。如果考虑到整个村庄的宅基地面积，地方政府和农民的分歧更为突出，如华明镇 A 村，宅基地总面积 2142 亩，户均 749 平方米，但是实际置换中户均宅基地面积仅是户均 749 平方米的 1/10，即 75 平方米。而该村周边的土地出让价格则为每亩 350 万元左右。因此当地农民认为，地方政府宅基地换房实质就是强制征收他们的宅基地。在向当地法院提起诉讼被拒后，至今还在不断地向中央上访。但是地方政府则认为，原来的农民的房屋和土地的市场价格仅是 5～6 万元，而通过宅基地置换则每平方获得 4000～5000 元，农民财产性增值比较大。

二是在宅基地置换过程中农民潜在的住房问题没有被充分考虑，将来会出现被置换农民或居民的住房隐患问题。这主要表现三个方面：①根据天津市置换政策及其相关实践，没有充分考虑到宅基地换房后，以及农村社会宅基地供应的源头被切断以后，对于一些后续成年需要住房亟待申请和以后需要住房人，即"应得到但尚未得到宅基地使用权的民众群体拥有的虚化的'宅基地'"[1]，在将来如何解决他们的住房问题，特别是在宅基地置换后他们的长远生计可持续还存在隐患的情况下，天文数字的住房费用势必会成为未来住房问题的隐患。②考虑到当下宅基地置换条件，户均置换面积才 80～90 平方米，在调研中有的农民根本出不起人口标准超出实际主房和附房建筑占地面积的差价。五口之家的农民居住在 75 平方米的房子内，三代同堂居住甚至三代以上同堂居住的现象屡见不鲜，考虑到现代人生活质量提升和寿命延长，到了孙子结婚时便可能出现住房危机。如何在宅基地置换房屋中尽量克服这些隐形的问题，还需要长远的规划和系统的论证。③在房屋建设中如何保障置换房的建设适合、质量和安全问题，特别是形式上看似农民无偿获得商品房，实则是通过其原有房屋所有权和宅基地使用权置换的。涉地农民如何参与设计与自己生活相适应的住房，以及如何保障置换房的质量和安全问题，一旦出现了安全隐患和故障，怎样来排除和弥补自己的损失，这些问题在实践中也逐渐显露。

---

[1] 蔡玉胜、王安庆："城乡一体化进程中土地利用存在的问题与对策——以'宅基地换房'模式为例"，载《经济纵横》2010 年第 1 期。

(二) 生存权保障可持续堪忧

在宅基地换房的实践中，由于天津市华明镇前期大部分承包地已经被征收为城市建设用地，而有些试点镇在宅基地换房中也将口粮田（承包地）集中流转，因此在前期向农户承诺的"承包地不变"并没有完全实现。再加上进入城镇居住以后，农民的生活成本，如水费、电费、交通费、物业管理费等大幅增加。而农民在进入城镇居住后承包地被征用的，天津市政府为他们办理了城乡居民社会保障。天津市《天津市城乡居民基本养老保障规定》（津政发〔2009〕22号）第6条第1款规定：年满18周岁不满60周岁，从事农、林、牧、渔等劳动或不在任何经济组织和非经济组织从业的农村居民，可以参加城乡居民社会保障。从这条规定来看，也就意味着农村人口可以参加城镇职工养老保险。但是保险的费用天津市政府每人每月出资40元，区县政府出资一般在20%，其余的基本上都是失地农民自己缴纳，农民失地后生活开支以及生活负担明显加重。因此整体上而言，这些城镇职工养老保险水平低，在社会养老保障缴费方面存在严重不足。具体到华明镇而言，除了一部分农民因还有部分承包地，不能参加城镇职工养老保险外，近90%的农民都参加了城镇职工养老保险。另外据了解，华明镇推出"四金"制度，即"薪金、股金、租金、保险金"[①]，但是这些政策在执行中能否维持农民生活生存权还是存在疑问的。

试点最主要的问题是，宅基地置换后所获得土地增值收益如何来进行分配，特别是先前征用耕地给予涉地农民补偿严重影响其长远生计可持续发展问题并没有得到彻底解决，于是农民对于宅基地置换后的土地增值收益给予了强烈的关注，虽然东丽区政府给出的理由是，用土地增值收益平衡建设资金的缺口，但是土地增值收益长期性和持续性与对农民的补偿的一次性显然

---

① 薪金，主要是多渠道解决入住村民的就业问题，其中包括四个居住区物业保安、市政、保洁、绿化等就业岗位，增加农民就业收入；股金，主要是采取个人流转经营、集体承包经营、全镇统一流转经营等方式，推进土地经营承包权流转，解决搬迁村民的土地耕种问题，发展规模经营；租金，主要是广开增收渠道，包括借滨海新区发展之势，坚持让利群众，协调开发商通过解决本地村民就业，建设营行房等解决群众的"租金"收入；保险金，主要是结合土地整合，大力推进参保比例，由政府出资实行养老保险补贴，既解决了群众的后顾之忧，又通过侧面补贴，增加了农民"养老金"收入。同步推行农村新型合作医疗，除政府补贴外，鼓励村集体负责缴纳新型合作医疗中个人缴费部分，解决农民看病难和因病返贫的问题。

不能被涉地农民接受。问题在于这些节余的土地增值以及所带动的产业发展所带来的税金,通过什么样的渠道来用于农民的社会保障金及其社会保障的增长幅度。否则就可能遭到如下的质疑,即"在换房过程中,村民以旧换新解决了村民宅基地房改造的任务,但是节余的土地国有化,村集体及农民均对节余土地丧失了占有、使用、收益、处分的权利,村集体及村民在建设中没有参与权和收益权,不能达到政府施行宅基地换房政策以推进城乡经济社会一体化的目标。"[1]

(三) 农民的就业和发展问题存在瓶颈

就业是宅基地换房过程中涉地农民非常关注的焦点问题之一,虽然在城市化进程中,很多农民依靠土地生活的程度逐渐降低,但是市场经济的高风险性使他们不敢轻易出让土地使用权。其背后的逻辑就是在城市化中,如何找到一份具有稳定收入的工作岗位。虽然在宅基地换房中,华明镇注意到小城镇建设中引进工商业项目等产业建设,但是在落实失地农民就业方面还是存在很大的困难。主要是农民因为就业观念和自身素质条件的限制,就业范围和就业途径非常有限。在调研中有很多农民认为,原来在置换前他们靠房租收入,不需要进工厂干一些粗活,而现在,政府将宅基地收回后,他们没有办法只有进工厂从事一些体力劳动,大多数农民还很不适应中途就被辞退了,重新变成失地又失业的农民。因此在宅基地换房中,对于失地农民的就业问题要高度重视。不仅要在就业培训上去帮助他们,还要在就业观念、城市生活和生产方式上给予他们帮助和教育。

另一方面在置换后,不仅要加大成年农民的就业技能培训和就业观念的转变,更要注重未成年人的教育,只有对下一代未成年人在知识上、文化上以及观念上进行现代化的教育,才能使他们彻底由农村人转变为城市人。城市化的进程不是一代人能够解决的问题,至少需要两代人甚至三代人的努力。但是目前在宅基地换房中关于未成年人的利益(住房问题和社会保障方面)以及教育问题都没有给予足够的重视,将来有可能成为社会隐患问题。

---

[1] 何缨:"宅基地换房模式的法律思考",载《山东社会科学》2010年第1期。

第二节 重庆市"双交换"和"地票"模式

在统筹城乡中，重庆市积极利用现有的农村土地法律和政策空间，2005年作为国土资源部推行的城乡建设用地增减挂钩试点和2007年被国务院批准为全国统筹城乡综合配套改革试验区，特别是国务院《关于推进重庆市统筹城乡改革和发展的若干意见》（国发〔2009〕3号）文件，明确肯定和授权重庆市利用"开展城乡建设用地增减挂钩试点"和"成立农村土地交易所，开展土地实物交易和指标交易的试验"等政策，为重庆市农村建设用地制度的改革和探索提供了依据。

以此为契机，重庆市将农村非农建设用地改革、城镇建设、农村户籍制度、社会保障制度紧密联系起来，用农村建设用地改革来推动重庆市地方经济的发展和整个农村社会的转型。

一、九龙坡的"双交换"模式

从2007年被批准为全国统筹城乡综合配套改革试验区时，重庆市便确立工业区较为发达和农村社会经济条件较为优越的九龙坡区[①]作为试点。其基本思路是利用宅基地换房和承包地换社保，促进农民变市民。为此九龙坡区政府根据城乡建设用地挂钩试点的精神，确立了西彭镇、白市驿镇和华严镇作为试点，针对统筹城乡过程中的焦点和难点在于土地和户籍问题，制定了《城乡统筹发展户籍制度改革试行办法》《农村土地承包经营权流转管理试行办法》等12个配套制度。

农民要想进城，仅仅在户籍上成为城里人只是一种形式，最为关键的是城市户籍背后可以让农民享受城里人的小区化的住房、稳定的就业和收入以及相应的社会保障。因此，九龙坡区在这种思路的指导下，率先在重庆市推

---

① 九龙坡区近4年位于重庆市经济总量之首，是重庆市城乡居民收入差距最小的区，整个重庆市城乡居民收入比为3.55:1（略高于全国平均水平3.31:1），但是九龙坡区的城乡居民收入比仅为2.33:1。与此同时，该区农村地理位置主要集中在重庆主城区的郊区，属于大都市圈内，土地的级差地租普遍比较高，且农村土地闲置浪费严重。

出了"以宅基地换房"和"以承包地换社保"的政策。其主要做法是有以下几种。

(一) 宅基地换房

首先严格限定宅基地置换的范围，即只有具有稳定非农收入来源并自愿退出宅基地使用权和土地承包经营权的本地农村户籍人口才有资格进行置换。

置换的具体办法，根据九龙区政府的规划，计划用全区20%左右的宅基地集中兴建农民公寓，腾出的80%左右的宅基地指标置换为城市建设用地指标，用这80%的宅基地置换指标的土地出让金的收益来补贴农民购房。然后每个试点镇和村都按照这个思路进行操作。以九龙坡区清河、高田坎和高峰寺三个村为例，这三个村共有宅基地740亩，农户1200多户。按照九龙坡区政府的要求，将原来的20%宅基地指标拿来建设农民公寓，80%左右的宅基地指标转为城市建设用地指标，转用的土地指标出让金用来补贴涉地农户的购买公寓住房款。按照这三个村置换后户均100平方米（主要房型为80平方米）计算，建设成本费为900元/平方米，出售给农民的是580元/平方米，而原来拆迁农民旧房是按照拆迁补偿每平方米270元标准，而且农民的旧房面积基本上都是置换后的新房面积的二倍以上，因此农民基本上不出钱就能置换到一套新房[1]。此外，为了减轻迁入新居后的农户经济负担，九龙坡区政府在政策上向涉地农户倾斜，即对农民公寓的物业管理费按每户20元/月给予五年的财政补贴。另外针对在城市有住房的农户不想要农民公寓的，按照25平方米/人，每平方米200元的标准进行补贴。对于在置换中居住困难的农户还提供人均使用面积为10平方米左右的廉租房。

(二) 用城市社会保障换承包地

为了彻底推进城乡一体化建设，九龙坡区根据本地区的经济和社会发展条件，在宅基地换房的同时，推进承包地换社保。针对农民进城后就业和收入都十分不稳定的现状，九龙坡区用城市社会保障来换取承包地的政策是分步推进的。在实践中采用两种土地流转模式，一是承包地出租模式，为了解决进城后的居住和农业生产分离问题，特别是为了让农民安心在城镇工厂里上班，在农民自愿的基础上，将其承包地流转给村集体经济组织，由村集体

---

[1] 祝志勇："统筹城乡发展中农村土地流转的多边利益平衡问题思考"，载《探索》2008年第1期。

经济组织每年按照当地稻谷年收成的货币量1000元/亩，给予承包地使用权人租金。其中收益的80%归农民，20%用于缴纳农民的社会保险费。二是承包地换社保。既有稳定非农收入，又自愿退出宅基地和土地承包地使用权的，可以申报九龙城镇居民户口，并在子女入学、就业帮扶、医疗保险、养老保险以及城镇最低生活保障等方面享有与城镇居民同等待遇①。

二、"地票"模式

九龙坡的"双交换"模式的推行要求具备城市产业项目、地方政府有足够的经济和财政条件，以及农民的积极配合，因此符合条件的试点区域只有城乡接合部或主城郊区。因此推行这种模式的前提条件决定了其不可能在整个市域范围内整体推行。在这种情况下，重庆市在中央政府和有关部委的支持下，又探索出一条以农村宅基地使用权为主要内容的"地票"交易。并陆续出台了一系列政策文件，如《重庆农村土地交易所管理暂行办法》（渝府发〔2008〕127号）、《重庆市人民政府关于统筹城乡户籍制度改革的意见》（渝府发〔2010〕78号）、《重庆市户籍制度改革农村土地退出与利用办法（试行）》（渝办发〔2010〕203号）等。这些政策相互衔接、相互支撑共同推动重庆市农村建设用地制度改革向纵深方向发展。其主要内容可以概括为承包地和宅基地指标上市交易、户籍转性和落实社会保障三方面齐头并进，形成相互推动、相互支持的政策链。

该模式主要包括如下内容。

（一）"地票"交易推动全市更大范围内的土地流转和置换

2008年12月重庆市政府出台了《重庆农村土地交易所管理暂行办法》（渝府发〔2008〕127号）（以下简称《办法》），这个《办法》将农村土地分为实物交易和指标交易，前者主要是农村集体土地使用权（如乡镇企业用地、宅基地、村办企业及公益事业建设用地等）和承包经营权交易，后者主要是城乡建设用地挂钩指标交易。交易后的承包地使用权严格限制使用用途和规划用途，非经批准不得擅自改变土地用途，且交易条件是必须有集体土地使用证或其他权属证明和拥有其他稳定居所和稳定生活来源的书面材料。

---

① 向前："统筹城乡发展中的农村土地流转模式探析——以重庆市为例"，载《农业经济》2009年第5期。

城乡建设用地挂钩指标，按照《办法》第 18 条规定，特指农村宅基地及其附属设施用地、乡镇企业用地、农村公共设施和公益事业等农村集体建设用地复垦为耕地后，可用于建设的用地指标。

与此同时，该《办法》还对指标产生的程序和条件进行规定。在指标产生的程序上，必须在市国土资源局确定的规模和布局内进行，宅基地所有权人（村集体经济组织）或使用权人（农户）都可以向区（县）国土部门提出复垦申请，经批准方可复垦，复垦完毕后，经区（县）国土行政主管部门验收合格后，由市国土资源局确认并核发城乡建设用地挂钩指标凭证。在指标交易条件上也有严格限制，农户申请宅基地复垦的，必须提供集体土地使用证以及其他稳定住所、稳定生活来源的证明材料，并得到所在农村集体经济组织的同意复垦的书面材料。而如果是农村集体经济组织申请宅基地复垦的，必须出具宅基地所有权证和本集体经济组织 2/3 以上成员或 2/3 以上成员代表同意的复垦书面材料。在城市规划区的宅基地和使用权不明确的则禁止交易。

就交易程序而言，《办法》规定了这些指标交易必须在重庆市专门成立的农村土地交易所内进行，并且根据区位和经济发展状况制定了全市统一的城乡建设用地挂钩指标基准交易价格。低于基准价的农村集体经济组织有优先购买权。地票购买者的主要意途有二：一是用来增加等量的城镇建设用地；二是指标落地时，冲抵新增建设用地有偿使用费和耕地开垦费。而地票所得收益，如果是耕地和林地的承包经营权全部收益归农民家庭所有；如果是农村宅基地的指标交易收益，原则上大部分归农民家庭所有，小部分归农村集体经济组织所有，具体分配比例由农民家庭和农村集体经济组织协商确定。

（二）利用户籍改革推进全市"地票"交易

2010 年 7 月重庆市政府为了加快农村土地制度改革的步伐，又对全市农村户籍制度进行了改革，即符合条件的农村居民向城市户口转变。鼓励和引导户籍转性的农民通过土地指标交易来进入城市生活、居住以及就业。

首先，改革户籍制度。根据 2010 年 7 月颁布的《重庆市人民政府关于统筹城乡户籍制度改革的意见》，重庆市政府按照自愿和逐步推进的原则，对主城区和远郊 31 个区县的户籍制度进行了改革，农村居民只要符合下列条件之一的就可以转为主城区居民："1. 本市籍农村居民在主城区务工经商 5 年以上，本人及其共同居住生活的配偶、子女、父母可申请在合法稳定住所迁移入户。2. 本市籍农村居民购买商品住房，本人及其共同居住生活的配偶、子女、父母可迁移入户。3. 本市籍农村居民投资兴办实业，3 年累计纳税 10 万元或 1 年纳税 5 万元以上的，本人及其共同居住生活的配偶、子女、父母可在合法稳定住所迁移入户。"而远郊 31 个区县城的标准更是大大放宽，即只要符合下列情形之一的就可以申请城镇户籍："1. 本市籍农村居民在远郊 31 个区县城务工经商 3 年以上，本人及其共同居住生活的配偶、子女、父母可申请在合法稳定住所迁移入户。2. 本市籍农村居民购买商品住房，本人及其共同居住生活的配偶、子女、父母可迁移入户。3. 本市籍农村居民投资兴办实业，3 年累计纳税 5 万元或 1 年纳税 2 万元以上的，本人及其共同居住生活的配偶、子女、父母可在合法稳定住所迁移入户。"[1]

其次，户籍转性同时鼓励对原有宅基地指标进行上市交易和退出承包地使用权。对此，重庆市政府根据退出宅基地和承包地的状况，将其分为完全退出和部分退出，并对涉地农民采取不同的补偿和奖励。对于整体转性为城镇户口的农户，给予 3 年的宽限期，即 3 年内继续保留承包地、宅基地及农房的收益权或使用权。同时鼓励转户居民退出农村土地承包经营权、宅基地使用权及农房。"对自愿退出宅基地使用权及农房的，参照同时期区县（自治县）征地政策对农村住房及其构附着物给予一次性补偿，并参照地票价款政策一次性给予宅基地使用权补偿及购房补助，今后征地时不再享有补偿权利。对自愿退出承包地的，按本轮土地承包期内剩余年限和同类土地的平均流转收益给予补偿，具体补偿标准和办法由区县（自治县）人民政府制定。"[2]

对于家庭部分成员转为城镇居民的，保留其在以后整户退出时获得宅基地及建筑物相应补偿的权利，不再享有取得宅基地的权利。

（三）在土地制度改革中让涉地农民享受城镇社会保障

首先，政府在土地改革中建立和完善住房保障制度。针对城市非规划区

---

[1] 详见"重庆市人民政府关于统筹城乡户籍制度改革的意见"，载《重庆市人民政府公报》2010 年第 15 期。

[2] 同上。

的农民,"符合条件的农户纳入公共租赁房、廉租房等保障范围,并鼓励有条件的转户农民购置普通商品房"。对主城区及区县城镇规划区内的农村居民(大部分都在主城区接合部和区县的城乡接合部),符合条件的农民可转户进入统一规划建设居住小区,即类似以宅基地换房的方式来推进宅基地置换。

其次,推行和完善养老保险制度。对于符合条件的农村居民,在户籍转性后,"自愿退出宅基地的,年满16周岁以上的人员可参照被征地农转非人员养老保险办法参加基本养老保险。参保资金由区县国土部门核准的退出宅基地的补偿费代缴。退出宅基地的补偿费不足缴费的,差额部分由个人自筹资金缴纳。若代缴后有剩余的,剩余部分退还给转户居民。"[①] 与此同时,还加强和健全医疗保险制度以及社会救助金额老年人福利服务保障机制。

最后,建立和完善就业制度和进城后农民子女教育制度。针对转户成年居民,重庆市政府将纳入城镇就业服务和政策扶持范围。针对有一技之长的,通过就业指导和就业信息的提供等措施,帮助其就业。"针对就业困难的,作为就业援助对象,开展'一对一'帮扶,并开发和探寻公益性岗位予以托底安置。"[②] 针对转户后的未成年居民,出台和完善各类学生就读政策,保障转户居民子女接受公平教育。按照就近入学的原则,享受与现有城镇学生同等待遇。与此同时,政府还加紧筹划和建设新的一批幼儿园、中小学和中职学校,并在教师选任上出台一些政策和措施。

三、存在的问题

重庆市九龙坡区"双交换"模式,在实践中与上海市和天津市宅基地置换存在的问题基本上差不多。在这里笔者主要就"地票"模式存在的问题进行分析。

"地票"交易在某种程度上突破了传统的宅基地置换模式,通过将宅基地等农村土地指标化,来推进农村土地制度的改革。而且推行的范围可以从

[①] "重庆市人民政府关于统筹城乡户籍制度改革的意见",载《重庆市人民政府公报》2010年第15期。

[②] 同上。

城郊接合部推行到整个全市，不轻易受置换地经济社会以及产业等发展条件的限制。在这个意义上可以说是具有明显优势的。但是这种模式在推行中会产生以下问题和困境。

（一）"地票"交易模式突破了现有的法律和政策，存在土地法律制度上的障碍

地票交易本身是重庆市在全市范围内探索"城乡建设用地增减挂钩"的创造。此项试点意味着在国家每年给予重庆市100平方公里建设用地指标之外，重庆市还可以通过"地票交易"以及宅基地置换等"城乡建设用地增减挂钩"的试点来获取更多的城市建设用地指标①。特别是《重庆农村土地交易所管理暂行办法》第27条明确规定，指标购买用途用来增加等量城镇建设用地。这样在实践中就产生了与现有土地法律制度和试点政策相冲突的问题：一是，在什么范围内通过地票交易来实现城乡建设用地的增减，根据重庆市的文件及实践需要，可以在全市域范围内进行增减挂钩。如2009年重庆市政府在《关于重庆市统筹城乡综合配套改革试验区工作汇报》中规定，"今后（重庆市）主城区经营性用地将不再下达用地指标，而是通过地票获得"。②而根据现行试点政策，这种地票交易的模式必将突破《城乡建设用地增减挂钩试点管理办法》（国土资发〔2008〕138号）第5条规定的以项目区管理为主和城乡接合部的选址。"挂钩试点工作实行行政区域和项目区双层管理，以项目区为主体组织实施。项目区应在试点市、县行政辖区内设置，优先考虑城乡结合部地区；项目区内建新和拆旧地块要相对接近，便于实施和管理，并避让基本农田。"二是，这种地票交易模式也突破了现行法律和试点政策关于土地占补平衡的基本规定。按照《土地管理法》第4条规定，"国家实行土地用途管制制度……严格限制农用地转为建设用地，控制建设用地总量，对耕地实行特殊保护"。特别是《城乡建设用地增减挂钩试点管理办法》第6条严格禁止将拆旧地块整理复垦耕地面积的标准作为年度新增建设用地计划指标。即挂钩试点通过下达城乡建设用地增减挂钩周转指标进行。挂钩周转

---

① 据有的学者统计大约为国家每年给予重庆市指标的10%。详见邱继勤、邱道持、石永明："城乡建设用地挂钩指标的市场配置"，载《城市问题》2010年第7期。

② 据悉，近年来重庆市主城区年均新增经营性用地规模约12平方公里。详见邱继勤、邱道持、石永明："城乡建设用地挂钩指标的市场配置"，载《城市问题》2010年第7期。

指标专项用于控制项目区内建新地块的规模，同时作为拆旧地块整理复垦耕地面积的标准，不得作为年度新增建设用地计划指标使用。而如果地票交易在整个重庆市市域范围内开展，必将拆旧地块整理复垦耕地面积的标准作为年度新增建设用地计划指标。

（二）"地票"交易模式没有真正落实涉地农民的住房权保障、生存权保障

就整个"地票"交易模式而言，主要是由以下三个方面组成。

一是以耕地等承包经营权为实物交易，这种实物交易主要是为了解决土地规模化经营的问题，实践中交易的对价一般是按本轮土地承包期内剩余年限和同类土地的平均流转收益计算。由于城乡接合部的农民对于土地的级差地租升值的期待，一般不轻易进行实物交易。

二是远离中心城和区、县，即在城市规划区以外以宅基地为主要内容的农村建设用地，在地票交易中所占的份额比较大。主要是这些地区经济比较落后，土地本身的级差地租升值前景很不乐观。多数情况下是很多农村集体经济组织进行宅基地整理复垦，以获得"地票"交易的指标，即使有农户进行宅基地复垦，因为《重庆农村土地交易所管理暂行办法》第21条"凡农民家庭申请农村宅基地及其附属设施用地复垦……所在农村集体经济组织同意复垦的书面材料"，致使农民的宅基地复垦和指标的获取受制于当地的村委会。而通过宅基地复垦整理所获得的指标通过交易所进行打包统一在交易所上进行交易。

三是在规划区外进行宅基地复垦获得指标后，在规划区内或城乡接合部进行征地。即获取的农村建设用地指标是在国家下达给重庆市用地（通常采用征地的方式）之外进行征地的指标，而这些指标通常当年不能用来进行征地，但是由于重庆市明确规定可以用来补偿等量的城市建设用地指标，因此实践中大多是采用征地的方式。特别是《重庆农村土地交易所管理暂行办法》又规定，在土地利用总体规划所确定的城镇建设用地范围以内，禁止通过宅基地复垦来获取土地指标。

一方面，在城市规划区外（远离城市的地区），在城市有稳定的住房和生活来源的农民，原来的住房在农村闲置可以通过宅基地复垦来获得宅基地指标进行交易。但是这些在城市具有稳定住房和生活来源的农民基本上都是

在城市中租房和靠打工来获取生活来源，居住条件和生活来源虽然暂时看起来稳定，但是从长远的角度来看，还不能说是长远生计能够可持续，因为市场经济的风险性等因素决定了他们的收入来源和居住条件不可能一帆风顺。在住房方面，绝大部分农民在城里没有自己的房屋，基本上都是靠租赁来获得"稳定的住所"。虽然《重庆市人民政府关于统筹城乡户籍制度改革的意见》规定，将这些"农村居民纳入公共租赁房、廉租房等保障范围……鼓励有条件的转户居民购置普通商品房"，但是能够真正在城里买房子的农村居民毕竟很少。这些农村居民在城市里没有具有自己产权的住房，如何实现自己宅基地使用权财产性收入的增加？更不用说可以实现"居者有其屋"了。另一方面，政策又分为整户农村居民转户和家庭成员部分转户。整户农村居民转户的其社会养老保障金则由宅基地的补偿款进行缴纳，多退少补。而部分家庭成员转户的，则由用人单位来缴纳，没有用人单位的，则灵活处理。在就业保障上，宅基地地票交易并没有与宅基地复垦地区的产业发展联系起来，农民只有在城市里寻找就业机会，因此就业途径转型幅度较大，而且比较单一。

在城市规划区内的农民居民，一般情况下是不允许进行宅基地复垦和获取土地交易指标的。一般情况下主要是通过土地征收和提供集中居住小区或农民工公寓等类似保障性住房，以及政府给予办理城市社会保障等途径来进行解决。但是在实践中，集中居住小区和农民工公寓的用地一般采用划拨的方式进行供地，在置换的时候比照廉租房、棚户房（危旧房）改造、公共租赁房等保障性住房进行出售。这些实践造成农民住房公共化、养老保障的社会化和国家化以及就业的市场化，但是最为核心的问题之一就是农民进入城市居住后如果没有相应的房产所有权和长远生计可持续的保障，他们是否能够真的在市场经济的风浪中融入城市还存在疑问，而这个实践的社会效果还有待于实践进一步检验。

（三）"地票"交易剥夺了农民的发展权，加剧原来城乡二元化格局

在"地票"交易中，宅基地指标的交易，其实质是宅基地指标或宅基地使用权向城市转移。这符合当前城市化和工业化的发展趋势。但是在操作中还是存在一些问题，即农村宅基地指标或宅基地使用权向城市转移的背后可能是农村的资金、人口半城市化或虚城市化以及相关资源等生产要素向城市发生转移。这些更加剧了原来经济、社会条件比较恶化的现状。

具体而言,在地票指标交易中,农民之所以选择复垦来获得土地指标,其背后的逻辑主要是通过地票指标交易所获得收入往往大于复垦成本和投入。在实践中常见于远离城市的经济落后地区。因为城郊接合部较高的级差地租收益远大于"地票"交易所获得收入,因此复垦的动力机制根本不强。但是在远离城郊的经济落后地区所获得城市建设用地指标要在城郊区进行落地,这主要是通过政府土地征收来进行实现的。也就是在这个过程中,远离城郊农村节省下的土地指标被置换到城郊接合部,而城郊接合部农村的土地则不是经过市场途径获得的,而是通过国家的强制征收来获得。在整个过程中,远离城郊的农村集体经济因为将宅基地等村集体建设用地通过土地指标的方式出售,而以后再想发展本地区的非农产业则缺少了赖以依托的土地资源,而城乡接合部农村社会因为政府有了更多的建设用地指标,则更加加快征地的规模和速度,而征地则不是通过市场价格来反映土地价值的。这样无论是远离城郊的落后地区还是城郊接合部的土地权益都有可能受到合法或违法的侵犯。

如果从土地指标的收益分配去向来分析,我们可能会发现更多的问题。土地指标转移的背后实质是土地收益分配向何处的问题。根据王守军等人对地票指标交易的背后收益分配去向进行研究得出的结论是:"复垦收益由开发者和政府流向复垦农民(城镇居民),在经寻租活动流向村干部;土地收益由开发商向政府。"[1] 这主要是因为根据《重庆农村土地交易所管理暂行办法》第21条"凡农民家庭申请农村宅基地及其附属设施用地复垦……所在农村集体经济组织同意复垦的书面材料"。这样的规定显然是秉承现行关于农村宅基地是农村集体经济组织的立法精神,但是这样的规定日益演变为村干部利用这种权利进行寻租,实践中,"这种'书面材料'……实际上是个别村干部的同意"[2]。作为个别村干部同意的回报,土地指标交易的复垦收益的一部分自然也就流向了村干部。而当指标落地之后,即通过征收、招、拍、挂之后,政府获得了土地出让金以及相关的税收等财政收入。

更为糟糕的是,在整个土地指标交易中,由于进城入户的户籍审查制度

---

[1] 王守军、杨明洪:"农村宅基地使用权地票交易分析",载《财经科学》2009年第4期。
[2] 同上。

不严格，以及土地指标交易中无论是城郊还是远离城郊的偏远地区，都是暂时获得一时的交易收入，这对于以后整个村集体经济组织和个人的发展却断了土地资源的后路，人口越来越多地向城市里流动。但是由于缺少城市里具有增值性、财产性的房产和赖以支撑长远生计可持续的集体经济，再加上劳动者本身的知识和相关技能素质受到后天的教育以及文化水平的制约，就业不稳定，看似城市化，最终只能带来越来越多的城市病。

第三节　安徽省城市规划区内外指标置换

安徽省在城市化和工业化过程中，也遇到工业用地或商业用地指标的紧张问题。"中央每年批给安徽的新增计划建设用地，肯定不能满足安徽建设用地需求，但国家18亿亩、安徽8700万亩耕地又是红线，不能触及。在当前国土资源管理深刻变化的复杂环境中，只有创新，才能寻求工作思路和措施的新突破。"一方面是建设用地"供不应求"，另一方面是农村建设用地没有得到合理、充分的利用。安徽省国土资源厅调研显示，"沿淮八市农村有260万亩闲置和低效使用的建设用地，可以通过整理复垦加以利用。仅滁州市，如果按人均150平方米进行村庄归并，全市就可节地70余万亩"。[①] 在这种城市建设用地指标的供需矛盾的情况下催生了"土地新政"。即将解决这种矛盾的问题转向农村集体建设用地的存量上来。因此，"土地新政"主要的内容就是农村建设用地置换和整理。所谓建设用地置换，按照安徽省国土部门权威人士解释，"就是将农村零星分散的建设用地调整合并为适宜利用的建设用地，或者与规划为建设用地的农用地进行调整的行为"[②]。

具体的做法，就是根据城市建设或工业项目建设用地的需求，将指标下达给各个基层部门（土地管理局和镇政府等），宅基地置换就是将农村的宅基地等农村非农业建设用地，通过集约化的利用来实现基本农田和城市建

[①] 汪拓、吴晓光："'建设用地置换'的安徽试验——专访安徽省国土资源厅厅长张庆军"，载《中国经济周刊》2009年第19期。

[②] 同上。

用地之间的占补平衡。在实践中，根据地理位置的不同采取不同的方式。城市近郊区和重大项目经过的地区通过对宅基地整理和征地的方式来为基础设施建设提供用地，并通过出售保留地为整理筹集资金；远郊则采用合并村庄等形式达到集约利用土地的目的。

一、在城市规划区内实行征地，并落实城镇社会保障

一般情况下将急需用地的项目土地面积数量（实践中称为"拟置换地"），如需要2000亩，通过土地征收的方式给予被征地农民土地补偿费和安置补偿费。根据2005年《安徽省人民政府关于做好被征地农民就业和社会保障工作的指导意见》，一般情况下，落实被征地农民就业和社会保障，"对象原则上为城市（含建制镇）规划区内，经国务院或省人民政府依法批准征地后，失去全部或大部分农用地的农业人口"。对于城市（含建制镇）规划区外的被征地农民必须满足以下条件才可以落实城镇就业和社会保障政策："不具备基本生产生活条件或人均耕地面积不足0.3亩、在农村集体经济组织范围内自愿调剂后不再占有农用地且当地人民政府无法给予异地移民安置的农业人口。"而在实施中，"被征地农民就业和社会保障工作对象确定的具体标准和划定年限，由各市、县人民政府根据当地的实际情况确定"。

与此同时，安徽省政府还将土地征收、社会保障与户籍转性紧密地结合在一起进行落实，"被征地农民办理农转非户口，市、县（区）公安机关要本着就近、属地办理的原则，及时为其办理手续，办理机关不得收取任何费用"。"已经由农业户口转为非农业户口的人员在就业、社会保障、就学、居住等方面，与当地城镇居民享受同等权利，任何单位和个人不得歧视。"社会保障金主要由政府、集体与失地农民共同缴纳，根据政策，政府出资部分从土地出让收入等国有土地有偿使用收入中列支，村（组）集体出资部分从土地补偿费、集体经济组织经营收入、村（组）集体其他收益中列支。而个人出资主要也是从土地补偿费中进行支付。在就业方面，鼓励有条件的地方，可以从国家征收的建设用地中留出一定比例的土地作为安置用地，吸纳被征地农民就业。并对非常贫困的农民，根据规划区内外，分别纳入城镇最低生活保障和农村最低生活保障体系中。

二、在城市规划区外，通过宅基地置换获得城镇建设用地指标

城市郊区一般通过土地征收方式获得建设用地，但是由于城市化需要更

多的耕地以实现占补平衡，如征收 2000 亩耕地或农用地作为建设用地，而这些指标大多数情况下要到规划区外偏远的农村通过土地整理的方式来实现。如通过调研确定 A1 村、A2 村、A3 村、A4 村、A5 村（实践中被称为"被置换村"）为宅基地置换试点村，在安徽一般通过村庄整治和宅基地整理等措施，将这些村进行重新规划和重新建设，根据每个地方的土地使用情况，确定不同的宅基地面积，如滁州来安县一般为 160 平方米，合肥市长丰县一般为 120 平方米，而淮北地区则为每户 180 平方米。新房的建设必须在规划的范围内进行，否则视为违法，一般情况下都是二层到三层的楼房。假设这五个村通过宅基地整理每村建成新的村庄后，平均每村可以节约 400 亩的土地指标，这样就可以节省 2000 亩土地的指标。而通过村庄整理节约的宅基地被复垦为耕地给原有的村庄或农户进行耕种，政府主要关注的是这些宅基地置换后获得的耕地指标。

三、宅基地置换问题

在安徽的宅基地置换中，由于拟置换地（一般在城郊接合部或城市规划区内）与被置换地（一般在城市规划区外距离城郊接合部较远的农村）距离比较大，因此将两地分别进行，并根据两地的经济社会条件给予或采取了不同的政策和措施。在实践中主要有以下几个问题：

（一）在城市规划区内部，社会保障、就业和户籍政策的落实不到位

其中最主要的原因是在城市规划区内进行招商引资或非农项目建设，主要还是通过传统的征地方式获得建设用地。尽管在实践中主要是按照党中央和国务院提出的小城镇发展战略，特别是 2004 年中央政府要求给予城市规划区内的失地农民城市户籍、落实社会保障政策以及相关城市就业等政策，但是由于安徽省面对招商引资的困难，不得不给予招商项目土地出让金等相关优惠政策。特别是安徽省经济发展相对滞后，地方政府和村集体没有充足的地方财政和集体经济收入，虽然政府鼓励给失地农民办理社会保障、户籍转性以及就业等措施，但是在落实中保障水平很低。据笔者到滁州市调研，城市规划区内失地农民社会养老保障缴纳费用中，个人出资比例很高，且城市低保每个月才 100 元左右。由于政府在城郊主要是通过征地获得建设用地指标，征收的土地大部分为农用地，一般情况下不轻易征收农民的宅基地，因

为征收农民的宅基地虽然土地的补偿费要低于耕地的补偿费，但是补偿给被征地农民的房子的代价要远远高于农用地。即使将农户的宅基地进行征收，一般补偿的标准是按照主房的建筑用地面积给予补偿，不考虑附房的建筑面积。在实践中引起涉地农民极为不满，不断地进行上访。

（二）在城市规划区外部，宅基地整理工作不规范

在实践中比较混乱，呈现不规范的状况，特别是凡事都要经过当地乡镇政府进行具体操作，而当地乡镇政府又根据当地情况来处理问题（甚至有的乡镇积极性不高，还有的乡镇操作得不规范等），更使土地置换工作操作起来呈现一种不规范的状况。

在城市规划区外，主要是通过拆庄并村、归并居民点等方式进行宅基地整理。在宅基地整理中必然要涉及拆除原有的村庄或居民点。虽然在法律逻辑上，安徽省政府要求各地政府在宅基地整理中必须有2/3以上的农民或农民代表同意才能进行，农村宅基地置换要遵循"规划先行、政策引导、村民自愿、多元投入"的原则（《国务院关于深化改革严格土地管理的决定》），这样一个原则也被《安徽省建设用地置换暂行办法》吸收和遵循，但是在具体的实践过程中，置换工作本身是通过省人民政府这样一种具有高度行政命令性的方式下达的。各地政府都成立了以县长或县委书记为领导组长的土地置换小组，从省政府到县政府再到乡镇政府都有一整套考评机制，宅基地置换效果与速度是考评当地政府政绩和直接负责人工作能力的主要标准。而在这样的思维和行为方式的主导下，各个地方政府主要负责人主要不是从农户意愿和利益出发，而主要是从置换的效果和速度出发，以换取上级领导对本级政府的好感和满意。在整个置换工作中，省市政府关注的是置换出的城市建设用地指标，以便更好、更多地招商引资；县级和镇级政府主要关注置换过程中自己的工作能力，获得上级政府的好评和满意，以便获得未来更大的政治发展空间；而被置换对象——直接的利益相关者——农户，则更多地关注自己在置换过程中原有的宅基地和建筑物的拆迁补偿，即在置换中有没有损失，以及能够获得什么样的好处或利益。在这样的实践逻辑中，农村宅基地置换的土地数量、效果和复垦情况占据成为各地、各级政府主导性价值评判标准，而对于新农村建设和农民居住水平的提高以及农户的拆迁补偿和产权分配的关注则处于次要地位。各地政府在推行农村宅基地置换过程中虽然

口中喊着要尊重农户的意见，实则运用行政强制命令的方式来推进置换工作。这是处于一个行政权优越性国家惯有的逻辑。改革开放以后，虽然政治权力总揽一切的全能主义政治逐渐消失，但是就政治和行政权力配置领域之内的情况看，权力集中的基本格局并没有根本性的改变。以至于依靠科层化体系的惯常运作不能迅速达到目标时，传统集权方式下所惯常的动员型政治运动方式（或曰运动化治理）其实是很容易浮出水面的。也就是当农村宅基地置换工作在通过农户自愿性的实施机制无法奏效时，传统集权方式下所惯常的动员型政治运动方式和强制模式，就自觉或不自觉地被运用到置换障碍的克服过程之中。从中我们也可以看出西方产权制度在解释中国经济高速发展时的局限性，因为中国经济的发展主要不是通过产权制度对产权的保护来实现经济主体对财富最大化地获取，而主要是通过上级政府的"行政逐级发包制"和下级政府"政治锦标赛模式"来推动的，尽管经济发展和其背后经济制度和政治制度有着内在的联系。但是在中国经济运作中，地方政府的激励制度和获利心理对于中国经济发展的贡献要超过产权制度对于经济发展的影响。

（三）宅基地整理过程中补偿标准不一且较低

在宅基地整理中，用于土地置换的工作专项资金太少，笔者调研了解到，同是合肥市，长丰县是一亩耕地的补偿是3万元，而肥东、肥西的是5万元，相差很大。就是镇与镇之间，拆迁补偿的标准也存在很大差异，补给农民的拆迁费高低不一，有的镇一平方米800元的拆迁补偿，有的镇一平方米仅有300多元。基层干部认为这主要是看农户本身的房屋造价和地理位置，而农民则存在很大困惑和不满。特别是这些拆迁补偿费补偿到农民手中太少，有相当一部分农民建新房还要自己出一部分费用。其中主要有这样几个原因：一是补偿费本来就很少。二是对于宅基地整理，很多基层干部群众认为这项工作本来就是上面压给下面的，所以就出现了很多问题。工作要做好，你要让下面的人能得到好处，其实农民不拆迁也能过得很好，拆迁了他们反而觉得不习惯了。三是具体工作的开展必须要由各乡镇政府来做，但是乡镇政府也很精明，没有一定的利益诱导机制（政绩、物质利益等）他们开展工作的积极也不是很高，即使有积极性很高的乡镇政府也很少。同时，在宅基地置换中，凡事都要经过当地乡镇政府进行具体操作，因此需要和各乡镇主要领导和乡镇土地管理所的所长协调沟通来开展工作，而当地乡镇政府又根据当地情况来处理问题（甚至有的乡镇积极性不高，还有的乡镇操作不规范等），另一方面还要通过乡镇领导和村委会以及农民做思想和宣传工作。乡镇政府虽然能和县市政府总体上保持一致，但是各乡镇在执行过程中也有自己的想法和利益需求，村委会也有自己的利益需求，上下之间的分歧和矛盾非常影响具体工作的开展和进行。特别是农村宅基地置换过程中，利益分配机制的倒置，上级政府工作布置下来（做的事情很少，但是获得利益和空间却很大），下面如乡镇、村委会以及农民要做很多工作，压力大、任务重和付出多，但是获得的好处却很少，特别是农民还要自己来拿（填）钱来建房，因此基层干部群众认为这样是本末倒置的。

第四节　天津市、重庆市、安徽省的宅基地置换与上海市比较分析

就天津、重庆以及安徽与上海市宅基地置换比较而言，其相同点都是在统筹城乡一体化过程中，为了实现郊区城市化进程中，为了解决小城镇建设的建设用地指标和资金中，在既有的政策规定的范围内，结合本地区经济社会发展条件所进行的一种以农村建设用地改革为抓手来推动农村社会转型的探索或试点。正是在这个意义上，笔者认为这些实践"本质上都是地方政府通过推动农民宅基地拆迁、复垦和农民集中居住来获得建设用地指标的行动"[①]。由于建设用地指标对于工业化和城市化的重要性以及耕地保护的紧迫性，都迫使地方政府在实践中，通过自上而下的强制性行政手段和经济手段，来促使农民的"意愿"服从和服务于地方政府的发展经济和城市化的用地意愿。在此过程中农民权益由于自身以及制度设计等方面的原因潜在或显在地受到损害。尤其是城市郊区或城市规划区内部农民的土地极差地租收益存在利益分配严重失衡的状况。

---

① 陶然、汪晖："中国尚未完成之转型中的土地制度改革：挑战与出路"，载《国际经济评论》2010年第2期。

一、不同点

（一）置换的内涵上四地存在不同

在置换的内涵上，上海市宅基地置换的内涵最为明确和丰富，其不仅包括宅基地置换，而且还将农地规模化经营以及农民的落实"镇保"以及户籍转性进行整体联动。更为重要的是在宅基地置换过程中特别注重于农村城镇化过程中的产业聚焦、人口聚集以及经济结构调整。而与此相对，天津市虽然明确规定"宅基地换房"以及社会保障的落实等措施，但是对于承包地，政府是否收回或交给集体经济组织进行经营没有给予明确的规定，而在宅基地置换过程中，农民的承包地往往不可避免地被征收或被集体组织收回。重庆市九龙坡"双交换"模式与上海市宅基地置换的政策和做法比较相似，但是在适用范围上，重庆市主要在城郊接合部进行，且在整个市域内推行缺少一定的经济社会条件。2008年后又推行的"地票"交易模式打破了一贯学习沿海地区（如上海）的做法，尝试着以"地票"交易的形式来推行城乡用地指标挂钩。根据农村人口（主要是农户）的经济、工作等能否在城市稳定为标准推行地票交易，并附之以户籍转性、廉租房和保障房的供给以及促进就业与保障涉地农民子女的教育等优惠政策，推动了城乡土地集约利用和城市化建设，但是这一模式是否有成效还需要实践进一步检验和论证。安徽省的宅基地置换政策主要是通过村庄整理（被置换地）节约出来的土地指标，在城市或城郊为建设用地空间的扩展（拟置换地）提供占补平衡，在实践中，主要是以在城郊征用耕地或农村建设用地的方式来进行。因此，只有在拟置换地才有相应的住房保障政策、城市社会保障、就业政策等，而且在实践中，存在很多不规范的地方，且补偿标准很低，存在的问题也很多，这主要是受安徽省经济社会发展水平的制约。

（二）置换的集中程度不同

在集中程度上，上海市、天津市和重庆市都比较高，一般情况下都以七层左右的农民公寓为主，并且在提高涉地农户集中程度的同时，注重产业与人口的集中。与天津、重庆不同的是，上海市无论是城乡接合部还是远离城乡接合部的农民，集中程度都比较高，而天津、重庆主要是在城乡接合部进行。集中程度由于受当地经济社会条件的制约，相比较上海、天津和重庆，安徽被置换地还主要是传统的院落居住方式为主，由于征用城郊接合部的宅基地给予房屋等补偿太高，因此，实践中大部分还是征收农村的耕地。因此，在宅基地置换过程中给予农民公寓的不是太多，集中程度不高。

（三）置换的补偿标准不同

宅基地置换的补偿主要靠地方财政和项目资金来进行，特别是各地的建设用地指标的价格不一，因此宅基地置换的补偿标准也不相同。不仅是各省市不一，就是具体到同一个县或区的一个置换项目区也是不同的。

相比而言，因为受建设用地指标的紧张程度影响和土地资源级差地租比较占优势，上海市宅基地置换补偿标准最高，在补偿中，房屋拆迁补偿按照宅基地面积和房屋建筑面积双重标准进行置换或补偿，而天津市、重庆市和安徽省主要按照主房建筑所占用宅基地面积给予相同的住房面积补偿，主房以外及院子所占的宅基地则没有相应的补偿。在城市社会养老保障方面，上海市做得也是最好的，实践中主要是按照标准（如将承包地交给村集体或镇集体），参照小城镇社会保险办法（以下简称镇保）给予涉地农民"镇保"。符合标准的居民（女，55周岁；男，60周岁）可以领到740元左右的养老金，调研中了解到至2012年，可以调高到960元。天津、重庆以及安徽等地虽然给予涉地农民城镇养老保险，但是养老保险金则比较低，天津市和重庆市大约420元，安徽的则更低，在实践中很多基层政府财政吃紧，则按照农村低保来进行补偿涉地农民。在就业、教育等方面，上海、天津和重庆三地给予了高度重视，上海市实行市场化就业，由于上海郊区产业比较集中，就业问题相对比较容易解决，但是由于"镇保"政策的推行，当地农民进厂打工需要用人单位交"三险一金"，而用外来的农民则不需要缴纳。因此，很多当地的企业则排斥当地农民，这给涉地农民的就业带来很多负面影响，因此，亟须加强政策补救或调整措施，促进涉地农民就业。而天津、重庆和安徽在试点中通过与当地企业、事业单位指标化就业，并实行捆绑式和政府帮扶制等措施，政府出台了鼓励当地企业雇佣当地涉地农民的措施，如安徽省规定，一个企业如果雇佣当地农民工就业，则给予1000元/年的奖励。在教育方面，上海市对于宅基地置换的小区，都配有基础设施完好的幼儿园与小学，并在教师和教育政策上尽量给予支持和重视，还在郊区实施促进成人教育、职业教育和职业技能培训等发展政策。在这一点上，重庆市做得比较好，将涉地农民的子女教育也纳入了城市教育体系中,并实施与城市义务教育平等的政策和措施,这对于农民子女快速转变为新城市人打下了良好的知识基础。

二、相同点

(一) 四地都存在住房权的隐患

地方政府在宅基地置换制度的推行过程中,其关注的重心主要是建设用地指标,对于农民的住房权给予了一定程度上的关注。但是相关制度并没有真正建立起来,实践操作层面上并不是很规范,因此不可避免地存在着住房权保障问题。如四地都存在着土地补偿标准不合理、测量不公正以及违背农民自愿原则强制推行宅基地置换政策等问题,特别是在置换后农民所获得住房面积和其家庭人口存在着很大的不适调性。这些实践的推行在某种程度上剥夺了农民的住房权。2010年下半年国务院因此已经取消安徽省的宅基地置换试点。

(二) 涉地农民生存权可持续问题堪忧

在置换中各地推行用城市社会保障或小城镇社会保障来置换农村承包地经营权,这一实践的推行在很大程度上是与当地的经济社会发展水平结合在一起的。但是也有的地方不顾经济社会发展条件,强制性推进这一实践,结果致使宅基地置换在实践中变相地成为征地。虽然各地政府推进社会养老保险,给予失地农民资助,但是据笔者调研来看,结合宅基地换房,涉地农民进入小区居住后,不仅生活成本大大提高,而且还面临着失地失业的困境,特别是中年人,由于社会保障年龄还不到,就业门路窄,致使生存压力比较大,长远生计可持续性问题比较严重。

本章小结

本章对上海市宅基地置换与重庆市、天津市以及安徽省所推行的宅基地置换进行对比分析,认为各地所推行的宅基地置换虽然在推行方式和补偿标准等方面存在差异,但其实质则还是向农村要建设用地指标,实践中并没有很好地保护郊区农民长远而有保障的住房权和生存权。

第五章
上海市宅基地置换中的住房权保障

传统农村社会的住房保障主要是靠集体免费分配给农户宅基地来维持的，这种住房保障虽然存在这样或那样的问题，但是一个不容忽视的现实是，这种住房保障是适应农村社会人口增长和家庭结构模式的。而在宅基地置换中，必然要打破这种传统农村社会居住模式和住房保障。问题在于，逐渐城市化的农民，由于传统的农村社会家庭结构和生产方式等方面因素的制约，在进入城市生活后，其住房问题逐渐凸显。特别是以往征用农村宅基地过程中带来的农民住房问题还没有得到根本解决，以及城市中低收入家庭住房问题依然严峻的背景下，在宅基地置换中，涉地农民的住房问题必须要给予规制和相应的立法倾斜。否则不仅仅是侵犯农民权益的问题，而且还会进一步恶化城市中低收入者的住房窘况。尽管2007年的《物权法》第42条第3款规定："征收个人住宅的，还应当保障被征收人的居住条件。"问题是居住条件如何理解？目前我们国家涉及这方面的法律制度太过于原则和抽象，需要结合实践中的问题进一步具体化和规范化。

第一节 住房保障在宅基地置换中的问题分析

在宅基地置换中，政府和农民的关注点是存在很大差异的。政府主要着眼于如何集约化利用现有农村建设用地，如何获得不可再生的城镇建设用地指标，特别是这种建设用地指标与地方经济发展、财政税收、政府政绩等联系在一起的时候，这种关注和实践不仅得到强化，而且还成为一种具有行政命令特点的政治任务。而农民则更加关注其所有的房屋和使用的土地的补偿是否合理和公平，他们居住方式和生产方式发生转换后的居住习惯和生计来源的可持续等问题。从动态的角度来看，如何保障家庭或代际人口增长与住房空间增加相协调的问题，特别是作为城市化过程中的"农民"，他们进入城市生活的阻力和门槛等障碍不仅使他们不断地质疑能否真正地成为"市民"，更为重要的是他们还要关注和慎思自己以及他们的子孙进入城市后的居住、生存与发展问题。特别是身处大都市的上海，即使作为中低收入的"市民"也只能生活在"蜗居"般的住房中，甚至居住情况更为恶化，何况是城市化过程中的他们？

一、转型社会中的住房权保障问题

正如前文所说，在宅基地置换制度推行之前，中国农村社会的住房保障主要是靠集体免费分配宅基地来进行解决的。笔者详细地阅读了中华人民共和国成立以来农村宅基地的相关法律制度和政策，一个最为直接的感受就是，尽管宅基地法律和政策在财产权设定和管理制度上有着较为重大的修改，但是在这些制度修改和变迁的背后却始终如一地保持着一个基本的原则，那就是在城市通过福利性分房（20世纪90年代后靠商品房购买）、在农村通过控制、管理和分配宅基地使用权的方式，来解决城乡居民的住房保障。特别是农村社会，中华人民共和国成立以来的住房保障除了"五保户"和"危房改造"等很少一部分国家补贴以外，绝大多数农户都是在获得集体宅基地使用权后，通过农户自己的财富积累来建造自己的住房[1]，而不享受任何城镇户口的人享受的福利分房、住房公积金、廉租房、经济适用房等福利和待遇。对此有学者指出："农民的传统住房观念和习惯就是自己建造房屋自己住，他们长期被排斥在住房福利之外，似乎已经适应了这种制度安排，即使在非农化、工业化、城镇化与现代化程度很高的今天，绝大多数农民也没有要求政府或集体给自己提供住房福利以解决住房的奢望。"[2]

---

[1] 当然还有村集体经济组织。由于乡镇企业经济实力强劲，积累为本集体经济组织提供包括住房保障在内的社会保障，如南街村、华西村等。周沛："农村居住集中化过程中农民住房保障与福利研究"，载《社会科学研究》2007年第10期。

[2] 周沛："农村居住集中化过程中农民住房保障与福利研究"，载《社会科学研究》2007年第10期。

(一) 农村社会的住房权保障——历史的诠释

也许从历史的角度来考察农村社会的住房权保障，更能将这一问题看得透彻和清晰。传统中国（新中国成立前后）农村建房大部分都是以土墙房和草房为主，这种建房的成本比较低，且大部分的建筑材料取之土地，如房屋以土墙为主，房顶和房窗以木材为主，因此建筑材料价格比较低廉。这是农村社会形成住房靠自己的观念和习惯历史背景。改革开放以后，我国农村社会大体经历了三次建房高潮，第一次是在20世纪80年代初期，随着改革开放步伐的迈出和推进，整个农村社会的经济得到发展，人们依靠自己的力量掀起了一次建房高潮。这次建房高潮主要是用瓦房来取代传统的"草房"和"土房"。而上海市则在这个时期，由于乡镇经济发达，普遍盖起了楼房[1]。到了20世纪90年代中后期，当其他城市纷纷盖起楼房的时候，上海市则以高档的楼房或别墅取代了传统的楼房，并将农村居住条件和居住环境推进了一大步。但不管是传统的草房或土房，还是改革开放后所建造的瓦房、楼房、别墅式楼房，这些类型的住房建设绝大多数是靠农户自己的财产或资金积累，或者靠亲朋好友的借贷或援助进行的。在建房与土地的关系上，农村住房建设没有规划和科学选址，并呈现任意性和无序的扩张，建筑质量比较低，土地资源浪费严重。其带来的负面效应是，这种无序扩张对农村社会的基础设施建设和农村产业的发展带来了林林总总的问题。这也是推行宅基地置换的直接原因。但是，这种依托宅基地使用权让农民自己建房的模式，确实保障了农村社会的住房权利，特别是按照农村人口和家庭结构分配宅基地和建房的模式，为农民的安居乐业做出了基础性的贡献。这也是我们在解读现行住房和土地法律及相关政策中，看不到农民社会的住房保障相关规定的一个非常重要的原因。因为，农民通过自己的财富积累，就实现了住房权保障。在这个意义上，笔者认为农村社会在住房上为我们政府和社会做出了很大的牺牲和贡献。但是在这种住房保障逻辑的背后，我们除了感叹农民的贡献之外，必须还要看到，宅基地使用权无偿、无限期的分配给农民对于农村社会住房

---

[1] 据统计，1986年在奉贤区农村住宅建设中楼房普及率已经占到54%，详见上海市奉贤区规划管理局、同济大学经济与管理学院编：《上海市奉贤区区域发展战略与策略研究——基于"三个集中"的理论和实践探索》，资料来源上海图书馆2004年版。

权保障的实践意义。否则，我们就不能真正了解整个农村社会住房权保障的关键。

(二) 现行法律和政策基本精神——农村住房权保障由宅基地来提供

按照我国现行土地和房产的法律和政策，除了特殊群体如五保户[①]和农民工[②]的住房保障有零星规定外，关于农村住房保障权基本上处于空白状态。但是如果将我国土地法和住房进行体系化的阅读后，就会发现，我国的住房保障其实是实行城乡二元化分立格局，即在城镇，自从20世纪90年代推行的住房商品化以来，基本上都是靠私人在住房市场上进行购买。没有条件或没有能力通过市场来获得住房保障的市民，则主要是通过廉租房、经济适用房或政府发放住房补贴来解决住房困难问题。此外，现行法律对城市的住房从所有权、用益物权、担保物权、建筑质量、建房单位资质、建设规划以及产权登记和交易进行了系统和详尽的规定。而反观农村的住房，在成文法方面没有一部法律对其进行规定，其中很多内容和条款散见于《土地管理法》《物权法》以及政策文件当中，如《村庄和集镇规划建设管理条例》《大中型水利水电工程建设征地补偿和移民安置条例》《关于加强农村宅基地管理的意见》《国务院关于深化改革严格土地管理的决定》等。从这些法律制度的基本原则和基本精神中，我们可以发现城乡住房格局基本上是，农村社会在国家层面上而言，侧重于通过宅基地使用权的分配来获得住房保障，而城市则主要是通过国家分配公房（20世纪90年代以前）、商品房买卖、经济适用房和廉租房等措施来保障住房权。

就现有的这些法律规定而言，基本上都没有直接规定农民住房问题，而是间接地通过管理宅基地来严格管理农民的建房，如《土地管理法》第62条第2款规定，农村村民建住宅，应当符合乡（镇）土地利用总体规

[①] 见2006年国务院重新修订的《农村五保供养工作条例》，将五保的内容概括为："供给粮油、副食品和生活用燃料；供给服装、被褥等生活用品和零用钱；提供符合基本居住条件的住房；提供疾病治疗，对生活不能自理的给予照顾；办理丧葬事宜。"

[②] 2007年《关于改善农民工居住条件的指导意见》（建住房〔2007〕276号）（以下简称《意见》）其中主要内容是提高农民居住条件，涉及农民工如何在城市享受可持续的住房保障问题上，该《意见》仅仅规定，有条件的地方，可以比照经济适用住房建设的相关优惠政策，根据产业布局、农民工数量及分布状况，政府引导，市场运作，建设符合农民工特点的住房，以农民工可承受的合理租金向农民工出租。

划，并尽量使用原有宅基地和村内空闲地。该条第 4 款规定，农村村民出卖、出租住房后，再申请宅基地的，不予批准。《村庄和集镇规划建设管理条例》第 28 条虽然关于加强村庄和集镇房屋产权的管理和保护，但是从整个条例的规定上看，主要还是通过管理房屋来保证土地符合规划和集约利用。而最能体现现行法律和政策的基本精神的表述莫过于 2006 年国务院颁布的《大中型水利水电工程建设征地补偿和移民安置条例》（以下简称《安置条例》）相关规定，虽然是针对大中型水利水电工程建设征地移民安置问题出台这个条例，但是在《安置条例》第 35 条的规定中最为精确地表达了政府对于农村住房保障的基本精神和策略，即通过赋予农民宅基地使用权来保障农民的住房的权利。"农村移民住房，应当由移民自主建造。有关地方人民政府或者村民委员会应当统一规划宅基地，但不得强行规定建房标准。"也就是说政府只要给予农民符合规划的宅基地，农民的住房则由农民自己去建设。

而且这些法律和政策文件，对于农民建房的质量、实施单位、用益物权以及担保物权等缺乏系统和合理的规定。即使有相关的规定，由于过于原则和抽象，在实践中没有操作性。如中央政府和国土资源部等部门虽然三令五申地要求农房建设要符合规划、不占耕地等，但是在实践中乱建滥用农地的现象频频发生。这主要是由于，目前我国农村房屋建设主要是农民自己承担，部分地区有集体经济组织资助或帮助建设，国家对此没有给予相应的资助。这样很多基层政府和村委会认为"农民祖祖辈辈盖房子，都是自己盖自己住，不花国家钱，何必去管它"[1]。特别是目前我国城郊农村集体建设用地（主要是宅基地）不断增值的背景下，基于这样的逻辑，农民不仅盖房给自己住，而且很多地方在地方村委会和镇政府的背后支持下，还将住房上市流转，形成规模庞大的小产权房，令决策者束手无策。笔者在奉贤、松江等地调研中发现，城乡接合部等地方农民宅基地房市场和小产权房交易的现象比较突出。

---

[1] "第二次全国农村房屋建设工作会议纪要"，见国务院办公厅调查研究室编《农房建设研究资料》，中国建筑工业出版社 1984 年版，第 25 页。

宅基地上的农民房销售广告

二、城市低收入家庭住房问题对宅基地置换中住房问题的警示

上海市在城市住房制度改革以后，虽然通过住宅市场化、商品化等措施的实施，极大地提升了上海市居民的住房条件，但是在改革中还有相当一部分中等收入偏下和低收入群体的住房问题存在，陈杰的研究表明，占上海市20%的低收入居民（将中等收入偏下一部分加起来有40%居民）存在非常严重的住房困难[①]。

（一）城市低收入家庭的住房问题

上海市低收入人口的住房问题肇始于计划经济体制下的全面福利分房制度，在计划经济体制下，居民的住房实行无偿分配和低租金福利住房制度，房源由国家和企业根据每个时期住房建筑标准进行建设和分配。由于每个时期建筑标准不一，如20世纪50年代户均16~34平方米不等、60年代人均不到4平方米、户均16平方米，70年代户均31~32.7平方米、80~90年代逐渐提升到最大的户均76平方米。而在后来公房出售给私人等促进居民住房商品化，这些六七十年代建设的房子就被延续了下来，据统计，上海市9%的居民居住在这样的房子中，成为居住困难家庭。后来随着家庭经济收入的分化，一些收入较高的市民纷纷出售这些公房，而收入难以提高和下降的市民则长期居住，并事实上形成了相应的居住隔离。

---

① 陈杰：《城市居民住房解决方案——理论与国家经验》，上海财经大学出版社2009年版，第64页。

随着家庭人口增长所带来的住房需求增长，因为房价激增与收入的不协调致使这些居住困难群体无力购买住房，进而使他们的居住条件进一步恶化。据王鹏博士在上海的调研，居民王先生夫妻和其儿子居住在27.9平方米的住房里，后来王先生的儿子结婚生子后，这27.9平方米的住房就成了三代同堂居所。① 在上海市像这样的家庭还有很多。特别是1998年上海市根据国务院的决议，决定在全市取消公房实物分配制度，彻底切断了城市居民分房的历史。上海市市民依靠公房实物分配来解决住房问题也到此终结。而计划经济时代住房实物分配制的终结，促使住房日益商品化和市场化，并走向了另外一个极端，即"住房过度的市场化"②，而在此过程中城市住房的功能也发生了重大变化，居住功能逐渐被投资功能取代，住房日益资本化，房价屡屡被推高，这令城市中等收入家庭也难以承受。

之后低收入家庭住房条件的改善，主要是靠旧城改造来进行。但是2001年后所推行的旧城改造的标准逐渐使低收入家庭住房条件改善成为泡影。即旧城改造的安置标准由传统的"根据家庭人口，参照同一标准"的补偿原则变为"根据家庭现有住房面积"进行安置，即由"数人头"到"数砖头"的补偿标准转化。而补偿的内容也由"住房实物安置"到"货币补偿安置"。这一标准的变化是"旧城改造"逐渐市场化的表现，但其带来的直接后果则是低收入家庭住房补偿的货币化极不利于他们住房条件的改善，这是因为本来他们的住房面积就很少③，这些居民拿到货币补偿后，面对当时飞涨的房价和改造后新建的住房面积偏大④，根本买不起住房。

如果我们从近几年上海市民的住房可支付能力来看，问题可能更为严重。以2006年上海统计局公布的全市商品房均价7038元/平方米来计算，一套90平方米住房总价是63.34万元，而这个数字是当年上海市平均家庭年可支配

---

① 王鹏：《上海市低收入家庭居住问题研究》，同济大学2007年博士学位论文，第51页。
② 郑尚元："居住权保障与住房保障立法之展开——兼谈《住房保障法》起草过程中的诸多疑难问题"，载《法治研究》2010年第4期。
③ 据统计，中心城涉及旧城改造的户均住房30平方米。
④ 以2002年上海市竣工的16万套住宅为例：单套面积在70平方米以下的住宅仅占2.2%，70~100平方米的占16%，100~150平方米的占53.9%，150平方米以上的则占27.7%。详见《上海年鉴》2002年。

收入 6.2 万元的 10.2 倍。这个数据远远大于发达国家同比的 4~6 倍。而这个数字如果与 20% 低收入家庭相比，则是他们家庭年可支配收入的 23 倍[①]。可见上海市低收入家庭住房问题是非常严峻的。

(二) 警示

上海市低收入家庭的住房问题，为宅基地置换中将农民纳入城镇居住提出了警示。这是因为在宅基地置换后，根据上海市政策涉地农民身份也相应发生了变化，即由农民转化为市民。身份的转化意味着将来在城市居住产生的住房问题、失业、养老以及医疗等保障最终将由国家和政府来承担。尤其是作为城市化进程的农民，他们自身的素质和知识技能方面的缺失，不仅有可能延缓自身城市化的进程，更为严重的是，他们的住房、就业、养老等问题还可能在城市化进程中进一步恶化，成为未来社会发展的隐患。具体到住房问题，传统的农民住房保障可以说通过集体无偿分配宅基地使用权，农民可以通过家庭财富的积累来实现自我保障型的住房。住房质量的高低以及住房面积大小是与农民家庭的经济条件和家庭人口紧密联系在一起的。由于住房的宅基地是免费的，尽管建筑材料价格比较高，但是与商品房的市场价格相比，还是比较低廉的。而且农民还可以根据自己的经济条件来寻求价格低廉的替代材料来建房，如家庭经济落后农民可以用泥墙、草房、自制的砖瓦等材料来建房，而家庭经济比较宽松的农民则可以使用砖瓦、瓷砖、钢材等名贵材料来建房。而且这种自我保障型的住房与家庭人口协调性较好，即根据家庭人口的多少和子女成家住房需要来进行建房。人口较多的家庭可以通过多建房或加盖原有的住房来实现住房保障，年轻的子女成家立业后建立了新的家庭，一般都是通过父母向村委会申请宅基地来建新房，即这种体制为农村社会分家立户提供了后路。尽管这种住房条件、环境以及相应的基础设施和交通便利条件不能同城市住房同日而语，但是却避免了农村社会住房问题，特别是避免了几代人居住在仅仅十几平方米或几平方米的居住臃肿现象。

而宅基地置换，农民身份转化为市民，即意味着传统农村社会依照家庭人口和分家立户的需求来建房的格局被彻底打破，这些身份刚刚转变的市民

[①] 陈杰：《城市居民住房解决方案——理论与国家经验》，上海财经大学出版社 2009 年版，第 59-60 页。

住房，除了在宅基地置换中获得置换的房产外，今后的住房就意味着主要是通过购买商品房来解决，但是农村社会家庭结构和家庭经济收入在市场经济条件下分化，必将使低收入家庭的住房问题更加凸显。尤其是在宅基地置换中，如何在保障农民按照公平合理的原则来获得其等值的住房的同时，考虑到农民的家庭结构和未来的住房需求，以及充分考虑到未来可能出现的隐患，城市低收入家庭住房问题促使笔者思考。

三、传统征地中农民住房权保障问题——以上海市某镇为例

如果考虑到传统征地所带来的被征地农民的住房问题，也许问题就更为突出。上海市在20世纪90年代和21世纪初期征收农民宅基地时，对农民住房安置问题并没有彻底解决，遗留的问题还很多。

（一）征收宅基地后"分家立户"存在的住房问题

以浦东新区的某镇A村为例，问题可见一斑。根据20世纪90年代中央决定开放和开发浦东决策，浦东新区开始大规模地搞市政建设，其中必然会动用土地征收和征用权，而在规划和开发中，除了征收农用地之外，还涉及很多宅基地以及宅基地上的房屋拆迁[①]。1992年浦东区政府征收李先生家的土地和房屋，参照1991年《上海市城市房屋拆迁管理实施细则》第37条规定[②]：被拆迁私房所有人保留房屋产权的，拆迁人可参照被拆迁房屋建筑面积，用新建房屋或其他住房互换产权。私房所有人与拆迁人应当按照互换房屋的面积、质量的差异结算差额价款。互换的新房在人均建筑面积24平方米以内、不超过原建筑面积的，按新房成本价的三分之一出售；人均建筑面积24平方米以上、不超过原建筑面积的，24平方米以上部分按新房的市场价格出售。互换房屋的差额价款应当一次性付清。私房所有人须付清互换房屋差价款方能得到房屋所有权，并向区、县房地产登记机关申请领取房地产权证书。根据政策，政府给李先生和刚刚结婚的爱人补偿了一套50平方米的楼房，户籍转为城市户口，后来李先生工作落实得也不理想，而现在李先生夫

[①] 笔者在调研时了解到，当时许多地方一般不征用农村宅基地，因为农村宅基地的补偿值远远要高于耕地的补偿，但是由于开放浦东的时候城市规划区基本上都是在原来的农村进行建设的，因此在这一过程中也就必然涉及农村宅基地及其上面的房屋的补偿问题。

[②] 在补偿标准上，适用《上海市征用集体所有土地拆迁房屋补偿安置若干规定》；在实施程序上，按照《上海市城市房屋拆迁管理实施细则》的有关规定执行。

妻二人和即将长大结婚的儿子还居住在这幢房子里,而按照李先生现在家庭收入根本为儿子买不起婚房。

(二) 宅基地和耕地同时征收切断了住房用地来源造成的住房问题

而这个镇的 B 村也存在类似的住房难题。为了搞市政工程建设,政府将 B 村耕地和部分宅基地全部征收为国有土地。而这一措施的结果便是,断了农民建房的后续土地资源,致使这个村相当部分家庭按上海市农民建房规定应享受的建房面积无法落实,截至 2008 年,造成 B 村现有农民缓建 4000 多平方米,致使部分农民家庭的住房实际困难,而已形成影响 B 村正常工作和社会稳定的一个重点。尽管这个村经常向当地政府反映这个情况,但是由于缺少土地和资金,致使问题依然得不到解决。在调研中,有人提议要通过宅基地置换来解决住房困难群众的要求,但是当地村委会很难做好拥有宅基地部分群众的思想工作,尤其是在 B 村的周边土地价格日益升值的背景下,解决这一问题的难度更是加剧。

(三) 征地拆迁过程中一些特殊群体的住房问题没有得到充分照顾逐渐成为问题

在征地拆迁中,一些特殊群体的住房安置或补偿问题没有得到很好的落实。在实践中产生的问题很多,如还没有出生的孩子、因为上大学转户到城市里去的农村大学生、离婚的妇女、入赘的女婿、事业单位职工却没有单位分房或城市住房的配偶等类型的农民,在征地拆迁中各地各村的实践都不统一,有的村给予住房补偿和安置,有的村则不给,还有的村搞区别对待,如实践中对于离婚的妇女和入赘的女婿参照本村村民的 1/3 或 1/2 的面积进行补偿。对于事业单位职工却没有单位分房和城市住房的本村村民配偶的情况,实践中一般也是不分房的。对于这些特殊群体的住房问题,在征地拆迁中政策给予住房问题的考虑很少或几乎没有。但是在实践中一些村委会成员的亲戚或家庭成员则享有这样的待遇,这成为民众诟病的焦点。最为重要的是这些特殊群体的住房问题如果不能在征地拆迁过程中给予解决,那么将来必定产生这样或那样的问题。其实,实践中这样的问题已经开始出现。

(四) 街道改造中农民宅基地与房产权益得不到保障

考察某镇政府为了配合开发商搞好本镇街道改造,需要征收农民宅基地和房屋的案例，也许我们会发现农民住房财产权问题很严重。2006年，为了对本镇所在地的街道脏、乱、差等问题进行改造，以便提升本镇的经济发展和投资环境，某镇政府在招投标的基础上，选择了一家资金实力较好且具有资质证明的房地产开发公司（以下简称 C 开发公司）对本镇街道进行改造。镇政府与 C 开发公司的协议主要内容就是 C 开发公司负责镇街道建设与整理，开发结余的房产进行市场出售，盈利或亏损都由 C 开发公司承担。C 开发公司主要工作是在镇政府规划方案下，对街道的房屋进行拆迁和建设，建设一般以三层楼房为主，每个涉地农户补偿一间门面房和门面房以上的二层建筑，但是其街道上门面房占地依然是集体建设用地。这个措施的推行得到很多农户的支持。C 开发公司很快便结束了第一期工程。但是在第二期工程推进的时候，有一个从事教师职业的王先生因为感觉补偿太少，拒绝拆迁。其认为拆迁补偿最好要给他三间门面房和门面房以上的两层建筑。为此和 C 开发公司谈判了近半年，后来 C 开发公司和镇政府因为土地是集体产权做了妥协，满足了王先生要求。但是王先生又变了卦，即使按照补偿三间门面房和门面房以上的两层建筑他也不同意，还要求再给 20 万元的补偿。在这种情况下，C 开发公司和镇政府都不能接受，最后成立了以副镇长为负责人的拆迁办，专门负责做王先生的工作，在做工作无果的情况下，C 开发公司在镇政府的支持下，将街道门面房占用的土地征收为国有土地，到2008年报批程序通过审批，在拿到国有土地征收批文之后，便开始对王先生的宅基地及住房进行强制拆迁。

农民由传统的宅基地保障住房到进入城镇小区居住，这个过程从根本上是城市化和工业化的需要。"当今工业化，使得人口激增，并使发达国家的居民几乎全部变成城市居民，因此工业化是对住房需求大增的根本原因。"[①]这是现代社会发展的必然趋势。问题的关键是在农民进入城市小区居住中，由于城市低收入家庭住房问题一直没有得到解决，而传统的征地拆迁过程中依然还伴随许多农民转化为市民住房和住房权保障问题，这些都是我们今天在宅基地置换中对农民进入城镇生活后的居住和住房问题进行思考的背景，并在实践中给予预见性准备以便将未来的住房隐患问题降到最低。否则这些

---

① ［法］让-欧仁·阿韦尔：《居住与住房》，齐淑琴译，商务印书馆1996年版，第1页。

问题不仅会进一步加大城市低收入家庭解决住房的难度，而且会带来很多隐患性的社会问题。

第二节 上海市宅基地置换中农民住房权保障法律问题分析

如何在宅基地置换中，保障涉地农民的住房适宜性和可持续性问题，是当前理论界和实务界普遍忽略的问题。无论是和基层实践部门、地方政府及其官员、村委会负责人交谈中，还是通过目前理论界对这一实践探讨的学术论文检索和阅读而言，笔者发现其大都着眼于宅基地置换中资金筹措、政府责任、农民权益的保护、房屋拆迁与补偿、"镇保"的落实情况以及就业和农民子女教育问题对这一实践进行评述，对于宅基地置换中住房和住房保障问题没有给予充分的重视和探析。笔者结合实地调研和以往征地所带来的住房保障问题，对宅基地置换实践可能产生的住房和住房保障问题，从实践层面和理论层面涉及的法律制度的问题进行论述。

笔者在实地调研过程中，切身体会到，转型社会土地制度的改革在推动农村城市化中，在落实农民进城后住房保障权方面，宅基地置换确实发挥着重要功能，特别是通过宅基地置换能够有效地满足或促进住房财产性收入的增加的愿望。但是通过宅基地置换来解决进城后农民的住房问题本身也是一把双刃剑。其所产生的住房权保障难以落实也是不可小视的。根据笔者调研的范围，上海市宅基地置换三种类型（当然也有其他类型的存在），都不同程度地存在着农民的住房保障隐患。

一、侵犯涉地农民住房财产权

（一）置换"自愿"原则与住房权保障屡屡被侵犯的悖论

1. 置换"自愿"在法律和政策层面的规定

根据我国《宪法》第 10 条第 2 款的规定"农村和城市郊区的土地，除由法律规定属于国家所有的以外，属于集体所有；宅基地和自留地、自留山，也属于集体所有"。而《土地管理法》第 8 条又重申了这一规定。基于农村建设用地的集体所有，无论是基本的土地法律制度还是相关的政策文件，都明确规定，宅基地置换要在尊重农民集体土地所有制的前提下，通过农民自愿的原则来进行推进农村宅基地置换。国土资源部根据《国务院关于深化改革严格土地管理的决定》（国发〔2004〕28号）集约利用农村建设用地的精神，出台了《关于规范城镇建设用地增加与农村建设用地减少相挂钩试点工作的意见》（国土资发〔2005〕207号），其中明确规定推行城镇建设用地与农村建设用地增减挂钩的原则就是要"尊重群众意愿，维护集体和农户土地合法权益"。之后国土资源部在其颁布《关于进一步规范城乡建设用地增减相挂钩试点工作的通知》（国土资发〔2007〕169号）的文件中，不仅重申了这一原则，而且更为细化和强调。其中规定"推进城乡增减挂钩工作，要与当地经济社会和城镇化发展水平相适应，要充分考虑农村社会保障能力，充分尊重当地文化习惯和农民意愿"。在这个文件中将"尊重农民意愿，切实保障农民合法权益"作为一条原则来加以规定，即强调农民在置换过程中的知情权、参与权、监督权，特别强调"不得违背当地农民意愿，搞大拆大建，不符合农民意愿的，不得搞行政命令强行拆迁"。在总结和完善城乡建设用地增减挂钩实践和政策的基础上，国土资源部又出台了《城乡建设用地增减挂钩试点管理办法》（国土资发〔2008〕138号），其更加突出宅基地置换过程中要"尊重群众意愿，维护集体和农户土地合法权益"，而且还在建新拆旧上要求地方政府及其职能部门要"了解当地群众的生产生活条件和建新拆旧意愿"。在整个城乡建设用地增减挂钩中都要尊重农民意愿，首先，"在项目区选点布局应当举行听证、论证，充分吸收当地农民和公众意见，严禁违背农民意愿，大拆大建"。其次，在"项目区实施过程中，涉及农用地或建设用地调整、互换，要得到集体经济组织和农民确认"。再次，"涉及集体土地征收的，要实行告知、听证和确认，对集体和农民妥善给予补偿和安置"。最后，在城乡建设用地增减挂钩的过程中，"建新地块实行有偿供地所得收益，要用于项目区内农村和基础设施建设，并按照城市反哺农村、工业反哺农业的要求，优先用于支持农村集体发展生产和农民改善生活条件"。这些规定可以说是根据《宪法》和《土地管理法》的基本精神和基本原则而设定的。

上海市政府在推进宅基地中，一直比较强调"自愿"原则。在2001年上海市政府办公厅转发市计委、市农委、市房地资源局《关于上海市农村集体土地使用权流转的试点意见》（沪府办〔2001〕54号）中，就强调要坚持

"鼓励土地流转与尊重农民意愿相一致"。2003年《关于鼓励本市村民宅基地让出给农村集体经济组织的实施细则（试行）》第2条规定"在本实施细则所称的村民宅基地让出给农村集体经济组织，是指郊区村民按照自愿原则，将依法取得的宅基地让出给村集体经济组织或者村民委员会，不再申请宅基地的行为"。2004年《关于本市郊区宅基地置换试点若干政策意见》重申了这一原则，将其概括为"依法、自愿、有偿、规范"原则，而且还将宅基地置换与落实"镇保"、农民房屋财产性收入增加、农民公寓的基础设施改良与提升、置换地产业和投资项目的引进紧密地结合在一起。其实质是通过宅基地置换来推进郊区城市化的进程。2009年为了实现宅基地置换与中央政策协调与配套改革，上海市以城乡建设用地增减挂钩的名义来推行宅基地置换工作，并于2010年1月出台了《关于本市实行城乡建设用地增减挂钩政策推进农民宅基地置换试点工作的若干意见》（沪府办发〔2010〕1号），在这个文件中不仅重申了前一阶段宅基地置换"依法、自愿、有偿、规范"的原则，而且还将"自愿"原则通过量化标准加以具体化，即"实施农民宅基地置换试点区域要有85%以上的农户签字同意置换"。

2. 置换"自愿"原则的背离

上述这些规定在法律文件层面或是理论层面的确是遵循了《宪法》和《土地管理法》等法律的基本原则和规定的，但是如果从实践层面上来进行考察，各试点镇和非试点镇在置换时，是否真正做到涉地农民的自愿了呢？在笔者的走访和调研中发现，宅基地置换项目实施地的地方政府在置换前确实做了大量的工作，如在召开村民代表大会前进行置换宣传、逐户走访、发放置换征询意见书等来让村民了解和认识置换政策的内容以及置换的意义，对于置换过程中农民公寓的设计、基础设施配套建设以及住房房型设计等方面广泛地征求涉地农民意见，并鼓励涉地农民积极参与。特别是奉贤区还专门成立了奉贤区宅基地置换试点工作指挥部项目，专门对于宅基地置换工程中农民居住空间需求与房型设计等置换后住房问题进行调研和研究，在实践中起到了很好的社会效果；有的试点镇还根据农民的住房要求对住房设计方案反复讨论和修改，如嘉定区外冈镇；还有的地方在推行宅基地置换时，起初便将农民公寓建设与招商引资项目结合起来，在置换前就在征询农民意见的基础上，将农民公寓选址选在招商引资项目等基础设施比较优越的地方，使置换后农民的就业与第三产业的发展结合起来,得到很多当地群众的拥护和肯定,如奉贤区四团镇前哨村、新建村和平海村三村的宅基地置换。这些工作确实得到广大农民朋友的支持和拥护,减少了置换的阻力和障碍,加快了宅基地置换的进程。

事实上,宅基地置换的"自愿"原则"不能与其发生的社会割裂开来,而只能在其社会背景中加以考察"①。当我们将这些法律或政策层面的规则与当前农村集体经济组织所处的政治运作规则、农村建设用地产权规则和传统征地制度运作逻辑等因素结合在一起进行考量时,也许我们会发现其背后的逻辑与"自愿"原则本身的悖论与冲突。

(1) 农村政治运作规则限制置换"自愿"原则的实现。

一是,地方政府作为农村宅基地置换制度变迁模式的发起者,通过垄断本地的土地使用权出让,可以在宅基地置换中获得更多的财政收入。通过宅基地置换来推动农村建设用地制度的改革,特别是农村建设用地在巨大的外部利润刺激下,制度变迁发起者是地方政府而不是农民,因此这种制度变迁的模式主要还是强制性制度变迁模式②,即主要是通过地方政府自上而下的强制性行政命令方式来进行的。为什么在土地级差地租强大的外部利润的刺激下,拥有集体经济土地所有权的村集体经济组织或村委会没有推行宅基地置换的动力机制?对此有学者也深入地分析了地方政府和村集体经济组织双方在推行宅基地置换的总投入和总成本的核算问题之后认为,村集体经济组织由于缺少地方政府所拥有置换后建设用地出让的垄断权,特别是缺少土地出让垄断权背后更为优越的谈判地位和谈判权利,再加上村集体经济组织还缺少相应的土地征收权,导致宅基地置换中投入的成本很大,而获得土地出让金收益与地方政府相比较少,因此,农村集体经济组织缺乏推行宅基地置换的动力机制③。而地方政府由于掌握或控制着农村建设用地征收拆迁的权

---

① [奥] 欧根·埃利希:《法社会学原理》,舒国滢译,中国大百科全书出版社2009年版,第42页。

② 新制度经济学根据制度产生规则的来源不同将其制度变迁模式分为诱致性制度变迁和强制性制度变迁。诱致性制度变迁主要是个人或群体在利益获取的驱动下,而自发、组织和实行的对现行制度进行变更或替代;而强制性制度变迁由政府的命令或法律通过自上而下的方式推进原有制度的变迁。详见卢现祥:《新制度经济学》,武汉大学出版社2004年版。

③ 施建刚等:"对发达地区农村宅基地置换模式的思考",载《农村经济》2007年第4期。

力和作为土地变性后本地土地唯一的供应者和垄断者,其在宅基地置换中获得的收益远远超过宅基地置换的投入。

二是,从土地财政来看,由于初始目标就是地方政府为了获得更多的城镇建设用地指标而进行的,特别是当建设用地指标数量与各级政府的政治任务、地方财政收入以及经济发展指标等密切联系在一起时,宅基地置换本身就不仅仅是一种经济行为,而主要是一种政治责任主导下的"经济交易"。调研中发现,地方政府关注宅基地置换后能给招商引资用地带来多少指标,而指标的多少背后隐藏着城市建设土地使用费和土地使用税多少的逻辑。正如本书前述的分析,土地财政是地方财政的主要收入来源[1]。特别是我国实行财政包干制的分税制模式,即中央将很多财权下放到地方,与之相适应的是实行财政包干合同,使地方可以与中央分享财政收入。财政收入越高,地方存留的就越多[2]。包干制的财政税收分配制度、城市建设用地实际上的地方政府垄断制度以及农村土地的产权设计不能排除国家干涉,这些要素的结合,必然促使地方政府想尽一切合法的手段去扩大城市建设用地指标,再加上工业生产方式对于地方财政的贡献率要远远大于农业生产方式对地方财政的贡献率(以上海为例,上海的农业收入占整个上海市国民生产总值的比例不足1%),更是促使了这一实践推行的"合法性"。农村宅基地置换过程中,上级的要求和命令等政治话语的背后,处处能体现出亟须落实用地指标的迫切愿望,而这种愿望的背后则体现出一种发展地方城市经济以便增加地方财政收入的逻辑。特别是在各地方政府置换中,急需相应的置换费用时,急需相应的财政收入来获取更多的置换指标时,这种逻辑就体现得更为明显。而相应地农村宅基地置换的目标即提升农民住房财产性收入和住房问题的解决,在置换中则降居其次。

三是,从宅基地置换的主体上来看,双方主体只能是一方是农民和农村

---

[1] 有数据显示,2001~2003年,我国土地出让金合计9100多亿元,约占同期全国地方财政收入的35%。2004~2008年,全国土地出让金分别达到5894亿元、5505亿元、7677亿元、1.3万亿元和9600多亿元,占同期地方财政收入的比重最高达47%,最低占18.4%。2009年,全国土地出让金收入达到15910.2亿元,同比增加63.4%,是地方一般预算收入(32580.74亿元)的48.8%。详见李保春:"我国土地财政现象若干思考",载《财政研究》2010年第7期。

[2] 周黎安:《转型中的地方政府:官员激励与治理》,格致出版社、上海人民出版社2008年版,第17页。

集体经济组织或村委会，另一方则是地方政府和地方政府控制下的土地开发公司和房地产公司。为了防止农村建设用地冲击现有的城市土地出让市场，在各地所进行的宅基地置换的主要模式为地方政府主导、农民参与，其背后的政治逻辑主要基于两个方面进行考量，其一是政府主导不仅可以控制城市商业资本进入农村，防止更大规模地利用商业资本进行圈占农村建设用地，其二是即使是通过宅基地置换所获得的土地指标也必须通过政府来进行土地出让，以便地方政府在土地出让上形成绝对的垄断地位。尽管有学者呼吁，农村宅基地置换，政府要从组织发动宅基地置换中退出来，更好地从宅基地置换的宏观规划和管理、中心村的基础设施建设以及涉地农民在置换后的就业与社会保障等方面着手来实施政府的职责[1]。也有论者看到"农民失去宅基地和房屋的风险主要来自地方政府推动的'城市化和工业化'，来自农村'集体经济组织'和基层政府通过主导'拆迁'等方式收回农户宅基地使用权，而不是来自城市居民个体通过市场去购买农户的宅基地"[2]。但是从这几年笔者的调研实际情况来看，政府直接主导和控制整个宅基地置换的过程这种状况是有增无减。其背后的逻辑则主要是与土地指标与土地财政、郊区城市化以及产业转型等紧密联系在一起的。

四是，从整个宅基地置换的决策过程来看，行政性命令色彩比较浓厚。在具体置换中，置换工作本身是通过市人民政府这样一种具有高度行政命令的方式下达的。各区、镇政府都成立了以区长或区委书记为领导组长的土地置换小组，从市政府到区乡（镇）政府都有一整套考评机制，宅基地置换效果与速度是考评当地政府政绩和直接负责人工作能力的主要标准。而在这样的思维和行为方式的主导下，各级地方政府主要负责人主要不是从农户意愿和利益出发，而主要是从置换的效果和速度出发，以换取上级领导对本级政府的好感和满意。在整个置换工作中，市政府关注的是置换出的城市建设用地指标，以便更好、更多地招商引资；区、镇级政府主要关注置换中自己的工作能力能否获得上级政府的好评和满意，以便未来获

---

[1] 朱林兴："农村宅基地置换的若干问题研究"，载《上海市经济管理干部学院学报》2006年第2期。

[2] 张广荣：《我国农村集体土地民事立法研究论纲——从保护农民个体土地权利的视角》，中国法制出版社2007年版，第111页。

得更大的政治发展空间；而被置换对象——直接的利益相关者——农户，则更多地关注自己在置换过程中原有的宅基地和建筑物的拆迁补偿，即在置换中有没有损失，以及能够获得什么样的好处或利益。在这样的实践逻辑中，农村宅基地置换的土地数量、效果和复垦情况成为各地、各级政府主导性价值评判标准，而对于新农村建设和农民居住水平的提高以及农户的拆迁补偿和产权分配的关注则处于次要地位。而各地政府在推行农村宅基地置换过程中虽然口中喊着要尊重农户的意见，实则运用行政强制命令的方式来推进置换工作。

（2）农村宅基地产权规则削弱了置换的"自愿"原则。

农村宅基地产权制度在我国承担了较多的政治内涵和社会保障内涵。尽管各国的土地"所有权制度都有着丰富的经济内涵和政治内涵"[1]，但是在农村土地所有权问题上，将所有权制度纳入国家政治功能与社会保障功能中来，在我国可以说是体现得极为充分，并最终将原本主要属于私法调整的农村土地所有权制度，在实践层面转变为由公权力（公法——勉强地可以说是公法）来主导。特别是这种农村土地"集体"所有权主体的高度不确定性和模糊性，在一个有着高度行政化基层政治传统的社会中，必然突出地表现为国家公权力对私权利的干预和控制，最终导致"集体所有权的行使主体的独立性偏离了原本应有的法律品格，甚至丧失了其作为法律主体的独立性而沦为国家的附庸"。[2] 有学者直接坦言："集体土地所有权本质上是国家通过否定农民土地私有权而建立的资源摄取的权力管道。"[3] 特别是将农村土地产权制度集体所有制规则植入基层社会的政治运作逻辑中时，就可以看到更为复杂的利益纠葛与博弈。即在宅基地置换中，村委会与村民、乡镇政府与村民、乡镇政府与村委会的关系中存在非常复杂的利益博弈的关系。特别是社会转型时期，一方面国家权威功能正在随着社会转型而不断地削弱，另一方面传

---

[1] ［德］罗伯特·霍恩等：《德国民商法导论》，楚建译，中国大百科全书出版社1996年版，第189页。

[2] 陈小君等：《农村土地法律制度的现实考察与研究——中国十省调研报告书》，法律出版社2010年版，第205页。

[3] 李凤章："通过'空权利'来'反权利'：集体土地所有权的本质及其变革"，载《法制与社会发展》2010年第5期。

统社会人际关系在政治化削弱的过程中不断地"泛商业化"（吴毅，2007）。而与此同时，内化于村庄社会的家族文化也不断地交织于村庄的组织和结构之中，导致"家族化与拟家族化几乎成为再组织村庄研究的共同性话语"（蓝宇蕴，2005）。

再加上镇级财政管理混乱，导致基层社会三方（村民、村委会、乡镇政府）在农村土地利益分配的格局中，呈现出一种混乱和不规范的秩序。而当前的农村集体土地产权制度规则，不具有对抗政府的权利，这样更是加剧了基层社会权力者通过合法甚至非法的渠道来扩展自己在制度模糊地带的利益空间。在很大程度上，农村宅基地置换是多重背景下的政府行为。农民、农村村委会以及乡镇政府并不是农村宅基地置换的发起者。所以在这样的格局下，基层政府和社会的每一个主体都是在获利需求的心理主导下，来看待和审视这一外加与他们的"任务"。因此，蓝宇蕴对"村改居"的说明也可以用来解释上海农村宅基地置换过程中存在的问题，"在村庄的政治生活中，它以经济为主线，控制着村民的生活秩序。因此，经济利益早已经成为局中人衡量这一制度变迁的核心变量。在变不变、如何变的博弈中，村的基本立场是，'变只能越变越好'，但村视野中的'好'与基层政府视野的'好'并非完全一致，前者更为关注的是小共同体层面的经济利益的'改进'，起码的底线也是利益不至于受损。而基层政府视野中的'好'则是更注重宏观与综合性社会效益的递进，特别是城市化管理的实现。显然，两者在改制的理念与动力上有着不可避免的矛盾与差异"。[①]

（3）传统的征地制度运作逻辑制约农民"自愿"置换。

受农村土地所有权制度的缺陷和征地制度背后的"土地财政"刺激等因素的影响，特别是现行农村土地法律结构是一种"政治关系和法律关系未经分化的制度结构"，"法律规则的执行过程变成了规则的选择过程，它遵循的是'政治竞争'而非'法律衡量'的原则"。[②] 对于农村土地征收或征用规则更多的是为地方政府"经营城市"和获得高额的"土地财政"等政治功能

[①] 蓝宇蕴：《都市里的村庄——一个"新村社共同体"的实地研究》，生活·读书·新知三联书店2005年版，第87页。

[②] 张静："土地使用规则的不确定：一个解释框架"，载《中国社会科学》2003年第1期。

服务。特别是地方政府在法律层面上还控制着农地转变为城市建设用地的征地垄断权，最终农民土地转让权也被加以剥夺①。

根据诺斯的制度变迁的路径依赖理论，即社会中的"制度变迁或人的行为均有类似于物理学中的惯性，即一旦进入某一路径（无论是'好'还是'坏'）就可能对这种路径产生依赖，后一行为会对前一行为进行辩护，从而更加依赖路径"②。特别是当既有制度在变迁中，受到政治层面的影响，表现为在征地制度体制下的既得的权势集团会在制度变迁中维护或固守传统的征地制度中对其有益或有利的规则或做法。尽管有学者称"宅基地换房本质上是一种新型的土地征收关系"，"它与传统的征收征用法律特征的主要区别在于其非强制性、平等性、非补偿性或互惠性和征收权的有限性"。③但是笔者在调研过程中还是可以发现传统征地动迁的影子。

这主要表现为，置换地农民大多数还是将置换理解为动迁。尽管在法律制度层面上，理论界认为征收和置换有着很大的不同：一是，从行为的目的上看，征地和动迁必须是为了"公共利益"而进行的，尽管在传统的征地和动迁过程中，"公共利益"内涵的界定具有高度的不确定性，地方政府在进行征地和动迁中，其合法性主要是以"公共利益"为基本依据。但是在宅基地置换中，主要是以农村宅基地整理和集约利用为主要目的。特别是当前我国《宪法》《土地管理法》等法律还没有对宅基地整理进行系统而详细的规定④，实践中宅基地置换行为目的合法性问题就更多地被涉地农民所质疑。二是，在行为的程序上也存在很大差别。从现行土地法律和房屋拆迁制度等内容的规定，农村集体土地上房屋的拆迁，"实质上是土地征收的附庸"⑤，拆迁农村集体土地上的房屋，必须要将房屋下面的土地征收为国有建设用地，

---

① 周其仁："农地产权与征地制度——中国城市化面临的重大选择"，载《经济学（季刊）》2004年10月。

② 李怀胜："路径依赖与弱势情结———梁丽案的一个法社会学解读"，载《西部法学评论》2010年第2期。

③ 万国华："宅基换房本质是一种新型的土地征收关系"，载新华网天津频道，www.tjxinhua.com，访问日期：2010年5月10日。

④ 即使有规定也只有《土地管理法》第41条关于土地整理的规定，对于宅基地整理和置换方面的规定则主要体现在国务院和国土资源部的政策和文件中。

⑤ 崔建远主编：《房屋拆迁法律问题研究》，北京大学出版社2009年版，第18页。

否则便是违法。即现行法规定拆迁程序进行之前必须要完成征地程序。而在宅基地置换中，有很多农民的宅基地并不完全需要征收为国有建设用地，在实践中为了推行宅基地置换，虽然现行土地法律和置换政策规定要经过 2/3 以上多数人的同意，才可以用中心村住房置换农民集体建设用地，但是在置换中很多宅基地是不需要征收的，而主要是整理、集约利用，以便获得更多的建设用地指标，宅基地在很多情况下则不需要动用征收程序，而在实践中遇到部分钉子户不愿意对原有的宅基地上的房屋进行拆迁，而如果强制地进行拆迁，其在现行拆迁法律制度中则由于没有土地征收的前置程序而变得于法无据。最后，在行为的强制性上而言，征地具有明显的强制性，而宅基地置换则体现为"准"强制性。根据我国现行土地管理法，地方政府为了公共利益可以征收和征用集体土地，并给予合理补偿。这一规定则意味着政府在为了公共利益的目的下可以通过强制性的措施来征收集体土地。

但是对于集体所有的宅基地和农用地整理、置换，现行法律并没有赋予地方政府强制性的权力。因此，各地在推行宅基地置换中，都在其颁行的政策文件中明确规定宅基地置换原则是农民"自愿"原则。否则，不得推行宅基地置换。但是在实际操作中，由于农村集体土地所有制本身存在先天的悖论，即一方面集体土地所有制确实在保障"耕者有其田、居者有其屋"方面发挥着重要作用，但是最大的弊端则是土地产权极不明确和混乱，特别是土地的集体所有，在现实运作逻辑上则是，土地归村委会所有，而村委会的成员本身又和地方镇政府有着实质意义上的上下级关系[①]，致使集体土地所有制，在实践层面逐渐地演变为镇政府土地所有制。正是在这个意义而言，周其仁教授对于集体土地所有制的论述是非常深刻的：集体土地所有制"绝不是农村社区内农户之间基于私人产权的合作关系，就其实质来说，它是国家控制农村经济权利的一种形式"[②]。因此，在这种背景下，宅基地置换虽然是

---

① 尽管在法律层面上镇政府与村委会不是领导与被领导的关系，如《中华人民共和国村民委员会组织法》第 5 条规定：乡、民族乡、镇的人民政府对村民委员会的工作给予指导、支持和帮助，但是不得干预依法属于村民自治范围内的事项。村民委员会协助乡、民族乡、镇的人民政府开展工作。但是在实践层面绝大多数镇政府在人事权、财政权和管理权等方面都与村委会之间形成事实上的上下级关系。

② 周其仁：《产权与制度变迁——中国改革的经验研究》，北京大学出版社 2004 年版，第 6 页。

在"自愿"的原则下推行的,但是由于土地资源前置性地不掌握在农民手中,因此,在推行中,尽管有部分农民不情愿或存有异议,但是又不得不进行置换。

在宅基地置换中,涉地农民对宅基地置换实践的认识,与传统的集体土地征收和动迁没有什么本质区别,都是为了要"获取"农民的集体土地所有权或使用权。这主要是因为,一是,在宅基地置换过程中,要首先征收一部分中心镇或中心村所在地的集体土地,将其转性为国有建设用地,以用作农民公寓的建设的地基。二是,宅基地置换本身最主要的目的就是为了获得更多的农村建设用地指标,为在城市周边地区进行(有的试点镇直接就在置换地进行土地征收)土地征收获得合法依据。在这个意义上,笔者认为宅基地置换只不过为地方政府进行大规模的征地创造条件。三是,在宅基地置换过程中,工作方式、补偿思路和安置保障都是按照土地征收法律规定进行的。在宅基地置换的工作方式上,都是通过宣传、动员和说服教育下,逐步采用强制工作方法来进行推进的。而补偿思路和安置保障也是根据现行《物权法》第42条的规定来进行的,即"为了公共利益的需要,依照法律规定的权限和程序可以征收集体所有的土地和单位、个人的房屋及其他不动产。征收集体所有的土地,应当依法足额支付土地补偿费、安置补助费、地上附着物和青苗的补偿费等费用,安排被征地农民的社会保障费用,保障被征地农民的生活,维护被征地农民的合法权益。征收单位、个人的房屋及其他不动产,应当依法给予拆迁补偿,维护被征收人的合法权益;征收个人住宅的,还应当保障被征收人的居住条件"。尽管在落实过程中存在很多的问题,如"镇保"落实不到位、居住条件很难符合当地农民的需求等,但是整体的思路是按照《物权法》中对于征地补偿安置标准进行的。

3. 在置换中违背农民意愿,侵犯了农民住房权

从试点镇和非试点镇调研来看,绝大多数试点镇在宅基地置换过程中都能按照现行《土地管理法》和上海市政府的政策规定的内容,即在宅基地置换过程中要征求当地村民绝大多数的同意并签名。但是实践中也有部分试点镇在置换过程中并没有真正贯彻和领会现行法律和政策精神,在推行中存在侵害农民房屋财产权和住房权的现象。而在非试点镇,在城市规划区内和城市规划区外存在侵犯农民房屋财产权和住房权的程度呈现不同。

(1) 部分试点镇在推行置换中违背农民意愿，侵犯农民住房权。

部分试点镇在推行宅基地置换中违背农民意愿，强制推行宅基地置换现象主要体现为：一是，尽管政策要求要有85%以上村民同意，但是对于少数人不同意置换，政策并没有规定相应的对策，因此对于这部分农民，实践中还是沿用传统征地模式中的强制拆迁办法。政策对这些不同意置换的农民给予的关注非常少。在调研中村民不同意置换原因是多种多样的，有的农户是因为自己宅基地上的房子多并可以出租获取更多的租金，而置换后虽然可以进入城市化的小区生活，但是原有宅基地使用权的收益及宅基地上的住房收益远远要超过他们置换后的收益；有的农户则是因为自己的住房设计和质量比较好，具有地方文化特色，因此不情愿进行宅基地置换；还有一些农户是感觉按照现行置换中补偿标准给予的补偿太少，远远滞后于现有宅基地上的住房价格，特别是在城郊接合部地区的农村，由于城市向外扩张过程中，随着城市基础设施建设的提升，土地级差地租不断地高涨，房价或房租带来的收益日益增加，致使很多农户不愿意进行置换；还有的农户不愿意置换，因为家庭部分成员害怕因考学、参军等情况而得不到相应的住房补偿；还有的农户是因为农业户口和非农业户口"混居"的原因而得不到与现有住房等同的面积。对于这些少部分不同意宅基地置换的村民，由于现行宅基地置换政策基本没有规定相应的处理措施，而基层执行部门没有相关处理措施，就意味着对少数不同意置换的农民进行强制拆迁。

当然在强制拆迁前地方政府（主要是镇政府）及其宅基地置换公司和农户进行沟通和谈判，在此过程中向这些农户进行讲解和宣传宅基地置换的政策以及进行宅基地置换工作的意义，而谈判的过程本身也是一种利益博弈的过程，有些农户要求不高或地方政府能够接受的，如考虑其住宅的文化价值可能给予补偿款多一些，考虑老年人的居住习惯将置换房层分得低一些等要求，农户就有可能逐渐地由不同意置换转变为同意置换。但是各试点镇在置换过程中基本上都会遇到一些难以谈判的置换"困难户"。针对这些困难户，地方政府最后的选择则是强制拆迁。而强制拆迁本身也要在遵守法律前提下来进行。即按照现行法律依据则是将涉及宅基地土地征收为国有土地使用权，在下达征收公告，经取证完毕后，即开始对宅基地上的住房进行强制拆迁。而基层执法部门所谓的"依法"强制拆迁主要是怕承担相应的行政责任，而

"依法"强制拆迁在涉地农民看来,只不过是形式而已。正是在这个意义上,有学者认为在集体土地拆迁中地方政府之所以能够占据优势,"一个重要的途径就是对既有的法律进行选择性适用。即选择那些最有利于己方获取利益的规则,并通过法律行动将这些规则固化为获取利益的法律依据"。[1]

二是,部分试点镇在执行中,不能很好地领会和把握试点政策的精神和内容,不仅没有在实践中做到"自愿"原则,而且还存在房屋拆迁补偿上过低、遗留住房安置等问题。试点 A 镇在宅基地置换中并没有很好地贯彻市委市政府的宅基地置换政策,在置换中,不仅在宣传动员方面存在工作不到位等问题,而且还任意地解释或曲解政策的内容。在置换中与当地农民在沟通、宣传等方面工作不力的情况下,就强制拆迁农民住房。不仅使农民的住房财产权受到严重损害,而且还给当地农民居住安全等造成物质上和心理上的伤害。特别是在执行中不仅政策不透明,而且在政策执行上存在不公平之嫌。最为严重的是,农民宅基地上的房子拆迁了,但时隔二三年之久,涉地农民还在租赁的房子居住;特别是在房屋置换过程中存在很大的差价,并让涉地农民进行负担。如 A 镇在自己制定的宅基地置换文件中所设的拆旧建新标准,拆旧的住房按均价 500 元/平方米给予补偿,宅基地则按照 1300 元/平方米给予补偿,但是在安置房的价格上则按照 2100 元/平方米、2200 元/平方米和 2300 元/平方米等价格计算。致使涉地农户在置换中要贴上一大笔资金来进行宅基地置换。这种置换实践和上海市宅基地置换政策要求的"拆一还一"这个基本标准有很大出入。

(2) 非试点镇宅基地置换小产权房问题比较突出。

按照上海市"三个集中"的要求,各镇纷纷推行中心村建设。在中心村建设中各地区主要利用宅基地置换来推行。在此过程中强制拆迁与侵犯农民住房财产权和住房权的现象屡见不鲜。主要体现为:在城市规划区外置换中小产权房问题比较突出。按照是否在城市规划区内置换,可以将置换分为规划区内置换和规划区外置换[2]。在调研中发现,在城市规划区内进行置换,一般都能获得城市建设用地指标,这在实践中为推行宅基地置换提供了土地

---

[1] 魏建:"嵌入和争夺下的权利破碎:失地农民权益的保护",载《法学论坛》2010 年第 6 期。
[2] 详见第一章第二节关于"宅基地置换方式"的论述。

资源的优势。尽管在实践中规划区内的宅基地置换由于区位条件比较好，宅基地及宅基地上住房受益比较可观，相比规划区外涉地农民，规划区内的涉地农民置换意愿明显低于规划区外农民的意愿[1]。但是在推行宅基地置换中，城市规划区内的农户却拥有完整的房屋产权。但是与规划区外宅基地置换相比，规划区外的农户在宅基地置换中，大多地方没有获得宅基地置换的试点许可和批准；而同时又缺少本村或本集体经济组织土地转变为国有建设用地的权利和相应的国有建设用地指标，在实践中除非有大的项目工程在本地落户，基本上都缺少国有建设用地指标。一个区的拆迁办工作人员告诉笔者，这个区在中心村建设中能够获得国有建设用地指标的仅仅九个镇（街道办事处），但是该区推行中心村建设的镇要远远高于这个数目。实践中基本上都是将中心村公寓建立在集体建设用地之上，形成了显性或隐性的小产权房。而这种没有真正产权的房屋，在宅基地置换过程中大多并不被当地群众认可。据笔者在松江区某镇调研，这个镇在2004年进行中心村建设，拆迁补偿每户平均在1400元/平方米左右。然后由镇政府统一在一块近900亩的集体土地上建设小区。但由于产权问题，据当地村民说，一般情况下当地的村民不会在这里买房。买房的大多数是年纪大的老人，因为动迁等原因而没有办法在中心村里居住。由于居住非常不方便，如离菜市场远、闭门隔户的生活方式增加晚年寂寞等原因，年纪稍微小一点的和年轻人，拿到动迁款，一般情况下都到松江市区里去买房。而这些中心村的房屋就被拿到市场上去卖。由于产权等原因只能低价出售。现在一般是3300元/平方米左右，前两年2800元/平方米左右。购房者大多数都是外地的农民工。连当地村委会成员都没有在中心村买房，而是在松江市区买的房子。当地村民说虽然进行了宅基地置换，但是他们家现在也希望能在市区里买房子。主要原因是在中心村里生活不习惯，都是外地人。但是在城里能买得起高价商品房的人毕竟是少数，因此，大部分农户不得不在此买房，但是买房的农民因为产权的原因又缺少住房安全感，特别是农民担心国家或地方政府推行打压小产权房的法律和政策，即使不完全禁止，但是，根据相关规定还是要缴纳一大笔土地出让金。

---

[1] 刘娥萍、张国明："沪郊农村宅基地置换推广条件分析"，载《上海党史与党建》2009年第8期。

非试点某镇宅基地置换中建设的小产权房，一期工程

非试点某镇宅基地置换中建设的小产权房，二期工程

（二）置换程序、评估和补偿操作失范侵犯农民住房财产权

在上海市宅基地置换中，各地都不同程度地存在置换程序违法、评估方法不合理和补偿标准操作失范等问题，这主要是因为在当前我国农村房屋拆迁问题上，并没有国家层面上的关于农村房屋拆迁的法律来规制地方政府的

拆迁行为。致使很多地方在这个问题上,均以地方政府的命令方式来发布的"土办法"进行规范①,"依照政府命令调整征用农民土地拆迁农民房屋的所涉及的补偿安置法律关系"②。这种立法现状在实践中产生了极差的社会效果和法律效果。而集体土地上的房屋的拆迁补偿本身又是由政府征地或整理农村建设用地引起的,即集体土地上房屋拆迁立法是由决定拆迁的地方政府为其自己或下一级政府进行立法,本身就存在实体上和程序上的致命缺陷;而如果考虑到以下问题可能就变得更为严重,即以行政命令方式的地方政府政策的出台,在拆迁评估、补偿标准等问题上,往往是逐级授权给具体的职能部门或基层政府来决定或执行的,使这一问题就变得更加不规范和混乱。

在实践中,主要存在以下问题需要予以高度重视。

1. 拆迁程序和公告缺失或不规范,程序有违公正

有的镇在置换中,仅仅有口头上的征地和拆迁通知,而没有向涉地农民发布征地和拆迁公告;有的镇为了获得更多的土地指标,在拆迁过程中没有依法标明规划红线,任意扩大拆迁范围;有的镇置换拆迁程序完全按照自己的行政命令来,镇政府自己制定拆迁规则,致使整个置换和拆迁过程没有参考涉地农民的置换意愿,更没有真正让涉地农民参与到置换中来。整个置换流程是:镇政府开会决定拆迁—村委会干部上门口头通知并验收农户的宅基地使用权证—评估小组来进行评估—评估结果书面送达农户—复评估并通知签订拆迁协议的时间和地点—对补偿提出异议—签订拆迁协议—拆迁。在此过程中涉地农民置换意愿和置换参与权被剥夺,本来是书面公告、公示的结果和通知被口头告知所代替;这些特别不规范的程序,致使农户在宅基地使用权价格和房屋价格的评估上,感到有缩水或不公正的疑惑。有的地方镇政府干脆就采取突击通知、突击拆迁,当地群众产生反对情绪,致使置换过程中政府和群众产生直接的对立和冲突。这些都违背了推行宅基地置换政策的基本原则和根本目的。

有的镇在置换和拆迁公告还没有公布之前,就开始强制性让农户签订置

---

① 如《上海市征用集体所有土地拆迁房屋补偿安置若干规定》《北京市集体土地房屋拆迁管理办法》《杭州市征用集体所有土地房屋拆迁管理条例》等。

② 丁红:"对征用集体土地拆迁农民房屋补偿安置法律问题的分析",见康宝奇主编:《城市房屋拆迁及"城中村"改造的法律适用》,人民法院出版社2004年版,第369页。

换协议,并承诺协议签订两年后给予安置房,但是拆迁协议签订后事隔两年并没有兑现当时的承诺,而且还停发了给予农户的租房补贴。有的镇在推行置换中,农民房屋补偿和定价权完全掌握在镇政府的手中,农民缺少对自己房产的定价权;再加上在宅基地置换中缺少有效的监督和制约,致使农民在房屋和土地产权上缺少和镇政府谈判的地位,而房屋和土地的权益被侵犯了,又缺少相应的纠错和监管机制。特别是在置换中,有的镇在宅基地使用权证和房屋产权证不全的情况下,按照《上海市征用集体所有土地拆迁房屋补偿安置若干规定》第4条的规定,可以按照当时"建房批准文件"计户,但是有很多农户丢失了当时的建房批准文件,而村委会档案馆保管制度又不健全,使农户不能获得合法证明。在置换中,要么镇政府不承认其合法产权,要么就是给予的补偿很少;还有一部分村民现有的实际建筑面积要远远高于当时的建房批准文件上的面积,而只能按照建房批准文件上的面积进行补偿。对于这些问题,在宅基地监管比较好的区县,如南汇、浦东、嘉定以及奉贤等区,问题还不是很多,但是在宅基地监管不完善的地方问题则比较突出,如崇明、金山等地。

2. 宅基地和房屋评估方法不透明,操作不规范

在置换中,对农民宅基地和房屋的评估方法不透明,操作不规范。在实践中主要表现在如下方面。

(1) 评估公司与开发公司和地方政府的关系备受质疑。

在置换中,各区、县往往以《上海市征用集体所有土地拆迁房屋补偿安置若干规定》第6条第4款为依据,"被拆除房屋建安重置单价结合成新,由建设单位委托具有市房地资源局核准的房屋拆迁评估资格的房地产估价机构评估"。根据这条规定,农民在房屋拆迁中,对于自己的住房评估没有实质意义上的发言权。因为在实际拆迁中,建设单位往往是镇政府组织成立的土地开发公司,建设单位委托的评估机构只要是具有市房地资源局核准的房屋拆迁评估资格的房地产估价机构就符合条件了。实践中建设单位所委托的评估机构虽然有合格的资质证明,但是由于其本身是"建设单位"委托的,特别是各置换地大部分拆迁单位本身就是建设单位,因此,这些由建设单位所委托的评估机构,在身份来源上就备受涉地农民的质疑。这条规定本身的不合理,在实践中房屋评估公司身份的公正性和中立性,特别是其与开发公

司和镇政府的关系则备受质疑。调研中，有的农户反映，他们"这里的评估公司和拆迁公司其实是一家的"，"评估公司的人和拆迁办的人经常在一起吃喝"；评估公司评估得极不负责任，也不知道评估公司依据的是什么样的评估标准和方法，"想评多少就评多少，想怎样评就怎样评"。关于这条规定现行《城市拆迁管理条例》也存在类似的弊端，不过在国务院法制办最新公布的《国有土地上房屋征收与补偿条例（第二次公开征求意见稿）》的第17条已经修改为："房地产价格评估机构由被征收人选定。"而刚刚出台的《国有土地上房屋征收与补偿条例》第20条明确规定：房地产价格评估机构由被征收人协商选定；协商不成的，通过多数决定、随机选定等方式确定，具体办法由省、自治区、直辖市制定。房地产价格评估机构应当独立、客观、公正地开展房屋征收评估工作，任何单位和个人不得干预。这种规定对于完善评估正当程序起到非常重要的作用，建议《上海市征用集体所有土地拆迁房屋补偿安置若干规定》对此尽快做出回应。

(2) 房屋和宅基地的评估程序不规范。

有的镇房屋和宅基地评估程序很不规范，不仅没有公示评估方法和标准，而且连送达涉地农民的评估报告本身也不是原件，发给农民的评估报告大部分都是其复印件；也没有按照相关政策文件对评估房屋和宅基地产权单价进行公示。在实践中产生问题和矛盾比较集中的则是，评估程序不公正，存在着因人、因户而异的现象。如有的村民反映，村镇干部家里的房地评估价格要远远高于普通农户家的房地价格；与拆迁办有亲戚和关系的农户一般评估的价格非常高；队与队因为与拆迁办的关系不同，而导致评估的结果也不同；能和拆迁办或评估公司走上后门的农户评估就高得多；而且还有的地方对于普通农户的房地面积进行克扣，存在以欺诈、哄骗等手段来进行评估的现象，致使部分农户在置换中连安置房都买不起。有的镇还存在当事人没有参加评估，单方面将评估结果强制性地塞给涉地农户，致使当事人双方产生争执。因此，如何在置换中规范房地评估程序是今后宅基地置换立法的工作重点。关于这一点，安徽省来安县在宅基地置换中成立"三三制"评估认定小组，在实践中更为客观和公正，即在评估过程中，由城镇土地管理所、村委会和村民理事会（一般是当地说话、做事，大家比较信得过的长者担任）组成"三三制"评估认定小组，专门负责对评估公司的评估结果进行认定和审核，这一模式在实践中取得相对较好的社会效果；但是最终的立法改革还需要将评估公司的选任权交给涉地农民。

(3) 评估公司评估方法或标准不透明，存在暗箱操作现象。

从评估内容上来看，有的镇存在着评估方法和评估标准不透明和暗箱操作现象。根据《上海市征用集体所有土地拆迁房屋补偿安置若干规定》第6条的规定和《关于本市郊区宅基地置换试点若干政策意见》的文件精神，在上海市宅基地置换过程中，置换标准要按照"双作价和零基价"[①]的方法来进行。评估的范围包括宅基地使用权面积单价、地上建筑物及其附属设施以及装潢等，而根据《关于本市郊区宅基地置换试点若干政策意见》的规定，"对新、旧房屋建筑面积进行等量置换，使农民不出钱或少出钱"。这一规定的主要目的是要按照等量置换为原则，尽量在宅基地置换中减少农民负担，增加农民住房等财产性收入。但是有的镇在推行置换中，特别是在评估中，尽量地压价。在对宅基地使用权面积评估上采用的是"建筑占地面积"，而不是宅基地本身合法的面积，在宅基地附属建筑上，人为地压价或不给予补偿，故意寻找涉地农户的房地在法律上和政策上的不足和漏洞，以便减少或压低补偿。如笔者从被访农户了解到，有的农户因为"建房批准文件"丢失，就到村里的档案室去查，找到后拆迁办和村委会不承认，认为文件上面没有盖足相应的印章，因此，对宅基地上房屋和土地面积不予承认，本来160平方米的宅基地，只按照59平方米给予计算。部分试点农民在置换中不仅不能等量置换，在购置安置房上每平方米还要出300元。按照这种不规范的置换评估方法和评估标准，很多置换农户感到置换后住房条件由好变坏，生活质量在置换后下降，致使由刚开始支持置换的农户转变为阻碍置换，甚至到明确反对置换。

(4) 评估结果备受质疑。

由于评估公司与镇政府和拆迁办的微妙关系，评估程序不能做到客观公正、评估标准和评估方法不规范和不透明，致使很多置换农户对评估的结果感到不信任和难以接受。实践中农户与镇政府讨价还价的现象比较频繁。如有的农户与农户之间的建房标准和宅基地使用面积差不多的情况下，评估的

---

① 详见第三章第二节的分析。

结果大相径庭，最后评估低的农户就开始找评估公司和拆迁办，经过不断地寻找差价的原因和博弈，特别是有些强硬的农户，可以通过不签拆迁协议和拒绝拆迁等手段来表达对于评估结果的不满，而拆迁办等有关职能部门也深知宅基地置换本身不像传统征地方式可以动辄就搞强制拆迁，因此，在实践中都会妥协，给予不能接受评估结果的农户相应的弥补措施，最主要是提高其评估结果；而这种讨价还价的方式在实践中造成一种特别坏的结果：评估公司和拆迁办不是按照政策和法律评估标准和评估方法来进行评估，而是根据农户的具体情况，如是不是老实、是不是有背景等评估以外的因素来评估，而这种措施导致更多农户难以接受评估结果，即使实际上评估结果公正和客观，也让农户心理上感到不客观、不公正，并和镇政府进行理论和博弈，这无疑加大了置换工作的难度和阻力。

特别是在农户感到自己的房地权利被侵害后，在争辩无果的情况下，往往将纠纷诉至法院，基层法院基于政治层面的考虑（如推进本地区的城镇化或新农村建设等因素）而不予受理，即使受理也主要让当事人双方和解。实践中，大部分涉地农民只有通过上访、申诉或宣传等手段，将本地的宅基地置换中他们认为的违法行为"促成"一种政治事件或新闻，而让上级政府、社会或新闻传媒等给本地镇政府或区县政府以舆论或政治压力，从而在宅基地置换中获得相应的"对等"权益或地位。这种将宅基地置换"违法"行为新闻化和政治化，本身就是涉地农户与基层政府和当地村委会一个利益博弈的过程，但作为弱势群体的农民取胜的偶然性因素很小。

3. 补偿操作失范

在置换中，补偿操作失范主要表现在以下几个方面。

（1）补偿协议和协议签订程序不规范。

有的置换地的补偿协议内容比较简陋，按照现行购房合同规定，必须列明的事项没有列明。如必须在置换补偿协议中写明补偿金、安置房的地点、面积、楼层以及补偿金和安置房落实期限和违约处罚措施，但是有的置换地补偿协议里只有安置房的面积，其他的则人为地省略；还有的地方只在补偿协议上写明补偿的金额和住房面积，但是住房型号、住房楼层数以及产权性质都没有。在协议签订的过程中，存在对置换农户不信任的现象，并采取违法手段让农户变相签订拆迁和补偿协议。如有的置换地在房地评估结束后与谈价结束前就要农户签订交回原有的住房及其附属设施的协议，否则不给农户评估报告，致使部分置换农户拿到评估结果后，即使感到补偿不合理也要交出自己的住房及其附属设施；有的地方为了减少置换的阻力，进行突击式的评估、拆迁和置换，最后连补偿协议也不给置换农户签，致使有了矛盾和纠纷也没有相关的证据和材料作为解决纠纷的依据。

（2）补偿的标准低，置换农户购买安置房困难。

评估和补偿数额有着直接的联系。评估结果低则直接影响补偿的标准。在实践中，有的置换地并没有按照上海市宅基地置换政策规定的补偿标准进行，而是在置换中尽量压低补偿标准。如有的置换地在住房补偿上，根本不能达到"拆一补一"的水平，农户在置换中要负担很大一笔费用才能购置得起安置房；而有的置换地并没有考虑一些特殊群体的住房需求，如未出生的孩子的住房补偿上，有的地方给予住房补助，有的地方则没有考虑；户籍迁出而又在城市里没有正式工作的农民按照政策应该给予相应的住房补偿，有的置换地则对此没有考虑；有的置换地对嫁到本集体经济组织的妇女或入赘的女婿的住房补偿则没有考虑等，这就更加加重了本地部分农民购买安置房的负担。

（3）补偿的安置房产权不明确致使农户居住无保障。

在置换中，置换政策明确要求给予的安置房是有正式产权的住房，并给予了相应的置换房入市交易的时间限制，一般各置换地都给予了两年入市时间上的限制。但是由于现行土地法律制度对于宅基地置换安置房用地是属于国家建设用地还是集体所有土地的规定还处于相当模糊的状态。按照2004年上海市宅基地置换政策规定，试点基地建设用地一并实行征用和出让，用于集中建设置换农民置换安置房用地出让金，除上缴中央部分外，市区两级土地出让收益金免收。这也就意味着安置房用地可以获得国家建设用地使用权，其上的房屋也就可以获得有法律正式保障的产权。但是，由于2006年中央政府加大对地方土地出让金的管制[①]，因为土地出让金的问题，致使各置换地大部分都没有获得有正式产权的住房。笔者在调研中了解到，目前各试点镇只有嘉定区的外冈兑现了政策规定的正式的产权房，其他各试点镇并没有真

---

① 详见第三章第二节的论述。

正落实国家产权房。而非试点镇只有在城市规划区内并获得国有建设用地使用权指标的置换地落实了"大产权"房,而规划区外的置换地基本上都还是用"小产权"房来进行置换。置换房屋的产权存在法律上的缺陷,致使很多置换农民在此问题上感到不踏实,住房权保障存在隐患[①]。

(4) 补偿协议承诺与实际操作严重不符。

在置换中,有的置换地根本没有将置换补偿协议发给农户,有的置换地将补偿协议发给农户,并没有严格按照协议来进行履行。如有的镇在置换补偿协议中承诺两年后给置换农户安置房,并给每月 8 元/平方米(原住房面积)的住房补贴;但是在实践中并没有根据补偿协议按照原住房面积进行补贴,仅仅发给每人每月 15 元的租房补贴;而且补偿协议中两年给予安置房的承诺没有真正得到落实。特别是对于超过两年后没有给予安置房的农户也停止发放租房补贴。这些没有按照置换补偿协议来进行置换的行为,加大了置换群众对镇政府和置换本身的不信任。

二、置换后农民住房保障权问题

在宅基地置换中,由于法律和政策本身不周延以及政策落实和执行中的偏差,致使置换后部分农民住房问题存在隐患,主要表现在如下几个方面。

(一) 因制度漏洞导致涉地农民应获得住房不能获得

尽管宅基地置换政策在决策时,以农民住房财产性收入增加为基本原则,但是在制定政策中,还是存在一系列的漏洞,如未出生的孩子、嫁入的外地儿媳、入赘的外地女婿等特殊群体的住房问题,如何在置换中给予补偿;缺失建房批准文件的农户宅基地上的住房如何补偿等一系列问题并没有一个详尽置换方案,而是授权给地方镇政府甚至其相应的职能部门(如土地管理所或拆迁办、村委会等)来解决;这样就会形成极不统一的补偿格局,有的置换地给予补偿,有的地方不给予,有的置换地则给予打折的补偿,不一而足。特别是由于在置换过程中评估公司和拆迁等职能部门关系不清、评估程序不公正以及评估方法操作失范等,在置换中农民的住房财产权存在隐性或显性的被侵犯的现象。对于这些问题需要在今后的实践中给予合理的规范。

---

① 调研中有的农民说即使置换安置房不能像其他"小产权"那样不被国家完全承认,但是将来会不会让他们拿相当一部分土地出让金还存在很大的未知数。

（二）置换住房面积与农村家庭人口结构不协调

根据笔者在各置换地调研的情况来看，各置换地在实践中大都吸取了传统征地中没有很好地保障被征地人员进入城镇生活的住房问题的教训，在置换中努力解决置换农户的住房问题，如在置换中实行双重标准，按照"拆一补一"的标准来进行补偿和落实保证人均30平方米住房面积的政策，即按照"拆一补一"的标准低于人均30平方米住房面积的时候，按照平价房的价格给予置换农户相应的住房优惠政策。

但是从当前农村家庭的社会结构来看，三代同堂的现象并没有因为社会转型而发生大规模地向"核心家庭化"转变，据陈映芳教授2003年调研，"上海市成年子女以及已经成婚的成年子女夫妇与父母共同居住的现象非常普遍"，"其中5人户最多，占26%。家庭人口最多的为10人，最少的为2人"。① 而笔者近来在上海市奉贤区的调研发现5人及以上户，占据置换农户很大比例，大约为45%。

在调研中发现，有的群众一家六口（两个儿子、父母、爷爷奶奶）才分两套共180平方米住房面积，在实践中这样的情形还不算少数。考虑到宅基地置换后，进入城镇居住的农户不要多长时间便会产生住房问题。如某村一家六口之家，两个儿子、父母以及爷爷奶奶，其中大儿子已经快到结婚年龄，在置换中分两套房，假设大儿子结婚后住一套房，剩下五口人住一套，二儿子再过五年就要面临结婚，父母和爷爷奶奶的居住问题又成为一个社会问题，再加上随着现代生活条件和医疗卫生等条件的提升，人均寿命不断增长等因素，更加剧了这一问题的复杂性。从住房面积上来考虑，这户人家在五年之内，在正常的情况下要增加四口人，也就是说十口人居住180平方米的住房，这必然会产生相应的住房紧张问题。而对刚刚进入城镇居住的"新市民"，住进居民区的生活消费增加不说，面对天文数字般的商品房价格，也只能是望房兴叹。

（三）置换住房房型与农村家庭人口结构不协调

从宅基地置换住房房型来说，在置换中能够考虑被置换农户住房需求的

---

① 陈映芳等：《征地与郊区农村的城市化——上海市的调查》，文汇出版社2003年版，第147－148页。

置换地很少，只有奉贤区建设部门比较重视这一问题，在置换前就进行置换地农户的住房需求意愿调研，在公寓楼层数、住房面积以及住房内部的空间布置上广泛地征求被置换农户的意见和要求。针对置换农户的需求进行调研，并发现在居住楼层上85%置换农民考虑底层住宅（1~3楼），15%的农民愿意选择多层建筑（4~6楼），中高层或高层住宅几乎无人问津。在住房面积上，55%的农户选择70~85平方米小套型住宅；29%的农户选择了120平方米左右的中套型住宅；16%左右的农户选择了140平方米以上大套型住宅[①]。这种尊重农户住房面积意愿的做法不仅获得了当地农户的肯定和拥护，而且还为当地农户较早地根据子女和家庭未来的住房需要来调整自己的住房安排和计划，有效地缓解置换后可能带来的住房问题。有的置换地并没有开展这样细致的工作，而是盲目地开展置换安置房建设，根本没有顾及置换农民的住房需要，安置房平均面积基本上都在90平方米以上，不符合进入城市后"核心家庭化"发展的趋势。如有的农户针对自己有两个子女，要求在实践中分两套或三套小套型住房，结果村委会只给分一套超大型的住房，这为子女分家后住房分配的问题埋下了隐患。对此，笔者强烈建议相关立法应规定，置换前必须就置换农民的住房面积需求和住房房型等问题进行调研和合理安排或规划。

（四）多样化的补偿形式有可能引发部分农户住房问题的产生

而如果考虑在置换过程中补偿方式的多样化，即除了实物住房补偿外，各置换地也允许给予货币补偿，而在实践中确实有一部分群众因为已经在城市里买房，不愿意再要置换房，但是还有一部分群众不要置换房主要是因为置换房没有合法的产权或者本地方的房屋因为产业不集中而没有升值的潜力等原因，致使他们也多要求按照货币补偿，然后到有升值潜力的城镇去购买商品房，而商品房的价格一般都比较高，农户对购置商品房的面积和房型能否满足家庭未来的住房需求则并没有给予更多的考虑。笔者在奉贤区庄行镇调研时了解到，有近30%的农户感觉到本地区房屋产权存在"合法性"的疑惑，再加上本地房屋升值前景渺茫，因此选择货币补偿到附近的南桥镇购置

---

① 徐瑞祥：《宅基地置换工程中农民居住空间需求与房型设计研究》，同济大学2007年博士后流动站出站报告，未刊文。

房产，而本来可以户均获得 180 平方米的住房面积的农户获得的住房面积将近减少一半。但是就购买住房农户的家庭人口结构来看，这样的住房面积远远达不到人均 30 平方米的住房标准。从试点镇已签约的 9413 户中，有 20%左右的农户和农民要求货币化置换或者部分货币置换，从调研结果来看，有很多农户购买到的商品房面积远远达不到人均 30 平方米的标准。因此，根据这一情况建议立法对货币补偿的形式进行限制性的规定。

（五）置换方式有加剧置换后农民的住房问题趋势

在宅基地置换过程中，对于原先经过审批现为农户合法使用宅基地的农户给予相应的住房置换没有任何法律问题，但是对于一部分尚未审批但按照目前宅基地政策应该给予宅基地使用权的农户，如何在宅基地置换中保障他们的权益，则是实践中遇到的比较棘手的问题。有的镇如庄行镇在实践中通过制度创新的方式，将对原先经过审批现为农户合法使用的宅基地置换称为"存量置换"，而将尚未审批，按政策可以给予宅基地，但因集约使用农村建设用地而不可能给予宅基地建房的情形则称为"增量置换"[①]。但是这种模式并没有得到推广，主要在奉贤区进行，对于其他试点镇和非试点镇则没有这种政策。这对于其他置换需要分家立户进行增加住房面积的农户来说，不仅是不公平的，而且还会造成"分家立户"过程中的住房纠纷和住房矛盾。笔者在宝山调研的时候就遇到这种情况，一个六口之家的农户有两个儿子，大儿子已经定下亲事，按照宅基地置换这家农户因为住房较少，由于此前已经向村委会打过报告申请扩建原有住房，但是因为拆迁公告下达前并没有被批准，拆迁公告下达后按照规定则不可能再扩建住房因此只能按照现有补偿标准，获得两套住房，对于这户人家来说，两套住房和未来不久就要独立分成三到四户农户，住房则成为最大的问题。

（六）老年人的住房权利保障不到位

在置换中，老年人的住房问题值得重视和关注。尽管上海农村经济结构和社会结构已经发生的很大的变化，但是家庭结构并没有随着城市化和工业化的发展而发生大规模地向"核心家庭化"发展，"成年子女以及已经成婚

[①] 苟滢华：《上海市郊农民宅基地置换与城市化再推进》，华东师范大学 2005 年人口学专业硕士论文，未刊稿，第 19 页。

的成年子女夫妇与父母共同居住的现象非常普遍"[①]。尽管"镇保"的落实，使得一些老年人的生活日益独立化，在某种意义上促使了郊区"核心家庭化"的出现，但是这还是需要一个过程。特别是在置换中，有的儿女为了获得更多住房补偿金，侵占了父母的住房补偿金，致使老人没有独立的住房。如在某试点镇，六个儿子在申请建房宅基地面积时，都以父母住在自己家为理由，争取到相应的住房建筑面积，其结果是六个儿子共争取十二个父母的建筑面积。但是在置换补偿时，没有一个儿子给父母相应的补偿金，致使父母没有独立的住房，并引发相应的纠纷[②]。而如果考虑到传统农村家庭生活开支的分配格局，问题可能就会更为普遍和严重，即"家庭在决定如何安排时，绝大多数从子女的利益要求出发，着眼于满足其现实生活的建立和发展；以老人安享晚年为优先考虑的几乎很少"[③]。实际上很多的老人将住房补偿金给了子女。调研中发现，有的老人为了支持子女在市区里买房子，自己拿到住房补偿金并没有购买置换房屋的现象时有发生，而没有地方住，最后则还是在路边或田地里违章搭建棚屋。

（七）因户籍问题得不到住房补偿

根据置换政策，置换的资格条件是必须是有集体成员身份的农民。而判断是否有置换资格在实践中绝大多数地方是按照"户籍"为标准。在置换中就会出现一些"户在人不在"和"人在而户不在"的尴尬现象[④]。笔者在调研的时候也遇到非常多的类似问题，实际状况中"户在而人不在"的情况比较复杂，有的确实是出去打工、经商等而在城里租房居住，有的在城里打工、经商在城里买了房，因为农村宅基地升值想尽一切办法也要将户口留在家中，即使城里已经有了稳定的工作和住房，还有的因为参军等；而"人在户不在"现象也比较突出，现实中人们以"混居"来命名，"混居"原因也有很

[①] 陈映芳等：《征地与郊区农村的城市化——上海市的调查》，文汇出版社2003年版，第147页。

[②] 段占朝：《上海宅基地置换试点中的问题及法律对策》，见凌耀初主编：《统筹城乡发展实施策略》，学林出版社2006年版。

[③] 陈映芳等：《征地与郊区农村的城市化——上海市的调查》，文汇出版社2003年版，第151页。

[④] 段占朝：《上海宅基地置换试点中的问题及法律对策》，见凌耀初主编：《统筹城乡发展实施策略》，学林出版社2006年版。

多,如有的因为考学迁出,但毕业后在城里又没有稳定的工作和住房,只好回家;还有的因为大学毕业后,在城里有了稳定的工作但没有稳定的住房;还有的是因为嫁入城里后因离婚回家;还有的因为家里要搞置换而来充户头等。实践中,类似的情况都以户籍为判断标准,结果不仅造成置换补偿分配的不公平,而且还造成一部分人的住房权益被剥夺,形成新的住房问题。

三、住房习惯权得不到有效保障

在宅基地置换中,不仅仅是土地和房屋在物理形态上和产权归属上发生了变动,更为重要的是土地和房屋的所有者和使用者,在居住方式和生活方式也发生了巨大的变迁,即由传统的院落式的乡村社会转换到小城镇或大城市单元楼,由传统的一家一户的农耕方式逐渐彻底地转向以现代农业园为载体的规模经营。而在这个转型中,农民不仅在住房补偿问题上与镇政府展开博弈,而且他们还关注居住方式和生产方式发生转换后的居住习惯和生计来源的可持续等问题,特别是房屋和土地还承载着他们生活和生产的、具有风俗习惯和文化意义的记忆和知识,而这种记忆和知识不仅是他们成为他们的标志,还是他们传统生活和生存方式的主要组成部分。正是在这个意义上,置换不仅仅是土地与房屋,而且还是生活本身发生置换。

(一)居住方式与生产方式转型的不彻底性是产生居住习惯问题的根源

居住方式由生产方式决定的,并对特定历史条件下的生产方式变革起到推动或阻碍作用。用农村宅基地和住房来置换城镇社区公寓式的住房,本质上是上海市郊区生产方式,由传统意义上的农业生产方式向非农业生产方式转型过程中引起的,尽管在实践中是通过农村土地整理和置换来加以表达。在这个意义上,上海市所推行的"三个集中"即产业聚集、人口集中和土地资源合理利用背后的内在逻辑,则是以工商业为代表的第二、第三产业逐渐削弱甚至取代传统的农业生产方式,客观上要求对农村社会的土地、人口以及工商业资源重新进行优化配置。笔者在金山区调研时,当地村委会一个领导很坦率地表达了他们真实的想法,"仅仅靠在土地上种粮食是没有办法解决富裕问题的",因此他们村委会优化耕地和宅基地资源,最主要的目的就是进行招商引资,以便获得更多的财政收入。但是由于各地经济发展不平衡,有些城郊接合部在城市化中已经完全不需要进行农业生产，因此绝大多数农民在置换中的居住习惯问题体现得并不明显；而在传统意义上的农业区，如崇明、金山、奉贤等地，由于大部分农民的生计问题还要靠土地来支撑或补充才能得到解决，在置换中还有部分群众基于生计的担忧，还不愿意将承包地交给村集体经济组织，这种生产方式转变的不彻底性致使居住方式改变必须在安置房中考虑到农业生产对居住方式变迁带来的种种问题。

置换中一个最为直接的问题就是，这些从事农业生产的农户生产工具和机械在小区内如何安放？他们的农业劳动成果如大米、大豆等在什么地方如何打晒、储存？特别是在农业生产方式下所形成的居住行为、居住观念以及居住卫生等习惯通过潜在或隐性的方式使他们不断地被标签化和顽固化，人为地阻碍了他们融入社区生活、融入城市生活。

习惯本身有其产生、演变和消亡的过程，作为一种烙印在人们内心深处的意识和观念，并通过行为自觉或不自觉的方式表达出来的居住习惯更具有顽强的生命力。对此，列宁有着深刻的认识："改造小农，改造他们的心理和习惯，这件事需要花几代人的时间。"而这种习惯在城市化中在小区内得以蔓延。调研中，一个城郊经济发达地区的基层干部感叹道："虽然在身份上，现在很多的人都变为居民，但是脑子里还是农民。""现在很多农民，虽然已经住进了公寓，但是，他们还是在公寓的旁边或附近小道的旁边找出、甚至是挖出一块地进行种菜，你也没有办法。影响整个社区的规划和面貌。"致使他们"在进入汪洋般的城市中，像一个传统文明的孤岛，它的'身'已经进入城市，但它的'心'还是村落的"。[①]

（二）置换中应根据置换农户居住习惯进行住房设计和住房建设

在置换中，置换农户住房习惯与城市居住方式存在着很大的差别，在安置房的设计上必须考虑到这种差别。一方面农民原有的住房习惯和住房传统不可能瞬间消失，其有一个演变和消亡的过程；另一方面大部分置换安置房都是建设在本地城镇周边的，无论是居民的居住行为，还是建筑本身将来的发展趋势肯定是城市的一部分。因此在置换安置房的设计和建设

---

① 连宏萍：《空间的转换——一项对失地农民住房的研究》，中南大学2008年硕士学位论文，未刊稿，第80页。

过程中，既要照顾到既有的农户传统居住习惯，同时也要考虑将来城市化发展的趋势。

英国法律史专家梅特兰在论述本国传统的诉讼模式时说："我们埋葬了传统的诉讼模式，但传统的诉讼模式依然从坟墓里出来统治我们。"这句话给我们的启示是，我们只有在照顾或尊重传统的基础上才能对传统加以改造和引导。在置换安置房的设计和建设方面，也是如此。首先在设计上，要进行实地调研，向涉地农户虚心请教，要了解农户对于置换后居住小区的住房设计、住房功能、住房面积、住房房型、住房朝向、住房主体以及住房习惯等方面的要求，以便最大化地了解、认识和掌握当地群众的住房需求和居住习惯；其次在住房设计上，要尊重当地农户的合理的居住习惯，要设身处地从农户身份的角度来考虑他们的住房习惯。特别要兼顾传统的农业社会生产条件下所形成的居住习惯，如中低层建筑（不超过6层或7层）、居住小区兼顾农业生产功能、家庭住房结构或模式、特殊群体住房意愿（如老人、残疾者、小孩等）、居住空间的可改造性（根据居者的需求对卧室和餐厅进行隔离）、住房朝向（农村居住较倾向住房朝南型）、地下储存室等，因此住房设计应当考虑的因素不应当借由城市化之名来加以剥夺；对此，上海市明确规定："在农民选择房型的基础上，按照规划和相关技术标准，精心设计、高质量施工建造农民集中居住区"[①]。笔者在调研中，奉贤区庄行镇的住房设计给我留下了很深刻的印象，在置换中不仅有专门的入户调研住房习惯的工作队，而且在设计上，还给小区的居民配上了打谷场、地下储存室、老人公寓等与传统居住方式相切合的居住措施。而笔者在浙江台州市进行调研时发现，在置换中有地方造起了22层的农民公寓，遭到当地农民的反对。

当然在安置房的设计和建设上，也不能不顾居住习惯合理性，一味地满足置换农户不合理的居住需求，要在实践中甄别当地农户居住习惯合理性来进行置换小区的设计。如庄行镇有部分农户提出建议说，小区内老人较多，希望政府能够在建设小区的时候，留一块地修建吊唁场地，以满足农民祭祀故人之用。最后镇政府没有满足这一要求，理由是，"这一建议与城市化、

---

① 《关于本市实行城乡建设用地增减挂钩政策推进农民宅基地置换试点工作的若干意见》（沪府办发〔2010〕1号）。

现代型住宅小区建设相悖,特别是考虑随着城市化的推进,受城镇生活方式的熏陶,农民转化为市民后,传统陋习可望改变"[1]。

与此同时,在置换安置房设计上,尊重传统合理的居住习惯的基础上,应当参考城市商品房质量和设计模式,用城市商品房居住理念和居住方式来引导和推动置换农户居住方式和居住习惯的改变,置换房的设计应当"随时关注社会的发展趋势和演进方向,关注新科技对居民生活的影响和对住宅发展的促进和要求,更应关注居住者在不断变化的社会中产生的新的心理和情感要求,争取使住宅能在更长时期内满足居住者的需要,以免重复建设和改造带来的资源、财力和时间浪费"[2]。根据未来家庭分化和人口增加等因素对住宅需求的弹性,在不改变建筑主体结构和承重架构的基础上,为居住者最大化地利用住房面积进行设计和建设。

(三) 应从住房权保障的视角来看待居住习惯调适问题

住房权保障的落实不仅仅停留在住房财产权的增值和保障,更要着重于居住者的文化、习惯以及心理层面上的调整与适应。以便让置换农户适应居住方式变化中的种种生活以及习惯问题,让他们迅速地适应城市化的生活。而这些问题反映在法律层面上,都应该从住房习惯权的角度来加以审视。

在置换中,居住习惯问题除了由居住方式变迁引发其问题和纠纷以外,最主要的原因在于,农户搬进置换房中后,居住成本和生活成本大大高于置换前独门独户居住方式的居住成本和生活成本,引发了很多"买得起"而"住不起"的怨言。调研中了解到,置换前农户可以利用院子里的空地种蔬菜、饮用水可以用井水、洗衣可以用河水,但是进入小区居住后水电煤网费、粮食、蔬菜、物业管理费、垃圾清理费等大大增加了开销[3]。特别是有的置

---

[1] 徐瑞祥:《宅基地置换工程中农民居住空间需求与房型设计研究》,同济大学2007年博士后流动站出站报告,未刊文。

[2] 同上。

[3] 有人对此做了相关的实证调研,认为置换后每户支出平均增加了4000元左右,增幅达到35%以上。详见住房和城乡建设部政策研究中心课题组:"农村住房集聚建设要因地制宜",载《住房保障》2009年第4~6期。

换小区，基础设施配套不全、规划不合理、居民生活不方便，如离菜市场远、医疗卫生环境差等，还加大了当地居民的交通成本，致使很多农户以居住习惯不适应等为由拒绝置换。

大部分置换地将农民承包地收回集体经济组织后，按照上海市置换政策给予办理小城镇社会保障。但是小城镇社会保障仅仅是达到政策年龄的人才有，对于四五十岁的中年人来说，就业就成为问题的关键，而且本地人总体上竞争不过外地人。因为现在上海市规定上海本地的农民进厂要交"四金"，养老保险、住房公积金、失业、工伤险等，结果算下来，每个月每个工人要多开七百多元。因此，这些企业老板都招外地人，这样企业就可以节省很大一笔开支。笔者访谈时，很多本地的农民对此有着很深刻的体会，在这种情况下，本地人则大部分从事开黑车、做生意以及承包一些小的承包工程等职业。但是从事这种工作本身具有很大的不确定性，更是加剧了居住开支的负担。

因此，在居住方式转变以后的城镇化的农民社区，在居住习惯和居住成本加大的情况下，必须要在住房权保障上给予相应的补贴和帮助。在这方面，尽管上海市政府出台了相应的补贴和帮扶政策，如按照置换政策规定："减免农民集中居住区建设所涉及的各种相关行政事业性收费，免收相关施工、勘察、设计市级交易服务费；按照本市相关规定建设民防工程、绿化设施等后，免收民防工程建设费、绿化保证金等相关收费；给予农民集中居住区供电配套工程收费优惠政策。"但是这些优惠政策并没有体现在置换后的生活补贴上，在实践中，置换农户往往将开支增加的负担归责于政府的置换。特别在物业管理费收缴方面，因为置换小区的物业管理公司都是镇级集体经济组织负责组建，所需费用大都是镇政府财政补贴，尽管有的置换小区的物业管理公司制定了0.2元/平方米的标准，并远远低于上海市最低档0.48元/平方米的标准，但是实践中物业管理公司根本收不到物业管理费，他们告诉笔者不仅收不到，而且有的居民还要在他们身上出气。对于此，重庆市做出规定，由政府对置换农民公寓的物业管理费按每户20元/月给予五年的财政补贴，应该说是一种比较可行的方法。

第三节 置换中农民住房权保障立法思考

宅基地置换住房置换是解决农民市民化住房问题的一个基本策略。但是在置换中出现的这些问题,在法律层面上应该如何分析,是在研究过程中笔者给予重点关注的问题。

一、从住房权保障高度来审视宅基地置换的法律和政策

住房权保障是基本生存权的应有之义。传统农村宅基地制度之所以无偿和无固定期限地分配给农户和农民,并成为一种社会福利,其最核心的价值则在于保障农村社会"居者有其屋"。而现在因为城市化和工业化的用地需求导致建设用地指标紧缺,需要重新用单元式的居住来取代传统的独门独户式的居住,以便为城市发展获得更多的建设用地指标。但是这种单元式的居住方式和城市生产方式和家庭结构基本上是协调的,或者说是建立在城市工商业和"核心家庭"的结构基础之上的。而现在用这种居住方式来取代传统的农村居住方式,更为集约地利用农村建设用地,以便通过这种方式节约或节余一部分建设用地指标来缓解或解决城市发展和建设用地问题。从这个意义上而言,宅基地置换本身是城市化发展的客观需求,同时通过宅基地置换不仅为城市发展开拓了空间,也使更多的农民不断地由传统的村落向城镇转移,促进了城市化的进程。但是,进城后的"农民"因为传统的居住方式、居住习惯、家庭结构以及生产方式等因素会不会导致他们的住房权保障被侵犯或剥夺?是不是还能像传统宅基地福利分配那样得到同等标准住房保障?或者说,用城镇里单元式楼房能否满足原本居住在宅基地上农民的住房需求?特别是在置换过程中,相关法律政策还不健全、不完善的背景下,侵犯农民房地财产权和住房权的现象时有发生,这些都不得不让我们从住房权保障的角度去重新审视宅基地置换的法律和政策。

(一)"住房权保障"条款在置换法律和政策的缺失

经过系统地阅读房地法律以及置换相关政策和文件,笔者发现农村房地改革的设计思路,依然停留在传统思路上,即主要是来规范和科学使用农村

集体建设用地,以便保护耕地和节约建设用地指标。但是制度设计者恰恰忽略了这样一个事实:置换后的农民已经从农村村落式的居住空间转为到城镇居民小区里进行居住。因此,在制度设计上表现出了潜在的漏洞。主要表现在以下几个方面。

1."住房权保障"并没有在制度改革中得以明确

从现行法律制度上看,住房权保障基本上都是针对城镇居民的,仅有2007年颁布的《物权法》第42条对此进行了一个原则性的规定:"征收单位、个人的房屋及其他不动产,应当依法给予拆迁补偿,维护被征收人的合法权益;征收个人住宅的,还应当保障被征收人的居住条件。"关键的问题是,宅基地置换是不是土地征用,现在无论是理论界还是实务界并没有一个统一的说法①。在置换中能否拿这一条规定来获得救济,实务中还有待于实践的充分展开。而且即使可以用这一条来主张自己的权利,由于这个规定过于原则和抽象,如何保障当事人的居住条件以及通过什么样的程序和标准来获得保障都没有相关的实施细则。

而从中央政府及国土资源部的政策文件来看,基本上都是从如何整理和集约使用农村宅基地和建设用地作为政策的核心目标,对于宅基地整理和置换中如何保障居住方式转变后的住房和居住问题则没有相关规定。《国务院关于深化改革严格土地管理的决定》(国发〔2004〕28号)(以下简称《决定》)仅有"鼓励农村建设用地整理,城镇建设用地增加要与农村建设用地减少相挂钩"。但对于农村建设用地集约利用后的居住问题并没有给予任何要求和规定。《关于规范城镇建设用地增加与农村建设用地减少相挂钩试点工作的意见》(国土资发〔2005〕207号)则是进一步细化了《决定》的城乡建设用地的减少挂钩,对居住条件或居住保障没有任何说明和规定。《关于进一步规范城乡建设用地增减相挂钩试点工作的通知》(国土资发〔2007〕169号)要求,"挂钩试点工作要以落实科学发展观、构建和谐社会为统领,坚持以改善农村生产和生活条件为目标,以优化用地结构和节约集约用地为重点,以保护资源、保障权益为出发点和落脚点"。"要充分考虑农村社会保障能力,充分尊重当地文化习惯和农民意愿。""对被拆迁农民要足额补偿并

---

① 关于这一点详见第五章第二节的论述,在此不再赘述。

妥善安置，切实提高被拆迁农民的生活水平，保障其长远生计；集中安置的，要从实际出发，方便生产生活，使被拆迁农民真正享受到挂钩试点工作带来的实惠。"2008年原国土资源部出台的《城乡建设用地增减挂钩试点管理办法》又继续重申了上述规定："以保护耕地、保障农民土地权益为出发点，以改善农村生产生活条件，统筹城乡发展为目标，以优化用地结构和节约集约用地为重点。"

只有在2010年7月原国土资源部所颁布的《关于进一步做好征地管理工作的通知》中，针对征地农民的住房问题进行了规定，"在城乡结合部和城中村，原则上不再单独安排宅基地建房，主要采取货币或实物补偿的方式，由被拆迁农户自行选购房屋或政府提供的安置房。被拆迁农户所得的拆迁补偿以及政府补贴等补偿总和，应能保障其选购合理居住水平的房屋"。但是，这一条能否针对宅基地置换和整理并得以运用，并没有在文件中予以说明。

从上述中央政府和国土资源部门的文件来看，虽然文件中提到，"改善农村生产和生活条件""保障权益""保障土地权益"等规定，但对于建设用地整理后农民居住条件，特别是对于进入城镇以后的农民的居住条件和住房权保障并没有给予重视和相关论述。

具体到上海市宅基地置换政策，2004年置换政策在着眼于宅基地集约利用的基础上，明确规定了宅基地置换还要提升郊区农民的居住条件。2010年又在总结前五年置换工作经验的基础上，明确规定"通过宅基地置换……改善农民居住条件和生态环境质量，实现农民居住布局从自然形态向规划形态的转变"①。但是在置换中出现相应的住房问题，则没有给予任何的规定。如在实践中想要置换，对于原房较小的贫困户，按照置换标准根本无力购买安置房的，如何置换，并没有相关的规定。

2. 住房财产权相关规定的不充分、不周延

住房财产权是住房权保障的基础。如果进入城镇后的农民没有相应的住房产权，很难说其能够具备稳定而长远的住房权保障。按照国家土地法律和宅基地整理政策，目前通过宅基地置换来集约化使用农村建设用地，以便获

---

① 《关于本市实行城乡建设用地增减挂钩政策推进农民宅基地置换试点工作的若干意见》。

得城市建设用地指标,在法律层面上并没有相关依据,现行《土地管理法》基于土地管制制度和社会保障属性等原因,禁止农村集体和农户将农村宅基地转变土地用途,仅对合法取得建设用地的企业,在破产、兼并等特定情形才予以认可。对此,《土地管理法》第63条做了明确规定:"农民集体所有的土地使用权不得出让、转让或者出租用于非农业建设;但是,符合土地利用总体规划并依法取得的建设用地的企业,因破产、兼并等情形致使土地使用权依法发生转移的除外。"但是基于城市化用地扩张和耕地保护的现实需求,这个规定不断地被实践所突破,并在2004年被中央政府所承认和肯定,《国务院关于深化改革严格土地管理的决定》规定:"在符合规划的前提下,村庄、集镇、建制镇中的农民集体所有的集体建设用地使用权可以依法流转。"这种政策内容和基本法律规定相冲突的情形决定了大部分的政策都是处于试点和探索阶段。因此,在这种情形下,政策本身对于置换中的住房财产权保障设定的原则性规定都比较笼统。如在决定是否置换的决策程序上,宅基地通过2/3以上多数或85%以上的多数人的同意就可以置换,按照现行《土地管理法》的规定:这种多数决定的原则只有在集体承包经营权的流转或集体以外的成员能否享有本集体经济组织土地承包经营权上,可以按照这个程序进行决策,但是对于关涉到农户住房权保障的宅基地使用权能否按照这个程序进行置换,无论是在《宪法》上还是在《土地管理法》上都没有相关规定,实践中有人认为这是在以多数人的意志侵犯少数人财产权的典型表现。在住房补偿、评估以及拆迁程序上,都是参照或依据征用集体建设用地的规定来进行,导致按照征地标准侵犯农民的住房财产权的现象时有发生;因置换不公平和不公正的现象也为数不少;在置换房地产权上,存在很多的瑕疵,如2004年政策承诺置换后的住房小区全部改为具备国有建设用地的"大产权房",但是由于政策变动的原因,至今只有嘉定外冈兑现了政策,大多数试点镇的置换房还是"小产权房"。

3. 置换住房补偿对象确立不科学

在住房补偿对象的确定上,各地主要是按照具备本集体经济组织的户籍为标准。现代社会因为生产方式由传统的农业劳动正在向工商业劳动转移,导致农村社会人口流动量比较大。如果仅仅按照户籍为标准而不能有变通的话,会导致一部分农户住房财产权和住房权保障受到侵害。对于已经死亡的农民其建筑物还存有的，应该按照法律规定的内容和相关政策的规定给予其住房补偿费，对于宅基地是否还应保留，笔者认为应该分情况，如果已经死亡的农民没有继承人或继承人按照法律或政策的规定，已经享有法定的宅基地面积，对宅基地面积应该不予补偿；如果已经死亡的农民有继承人，而且继承人按照法律和政策规定没有相应的宅基地或者宅基地面积没有达到相应的标准的，则应该给予宅基地使用权的补偿。但是在实践中，很多地方对于已经亡故多年的人，不分情况地给予宅基地使用权的补偿的做法，并不符合我国宅基地法律制度规定的精神。对于还没有出生婴儿的住房是不是应该给予相应的住房补偿？对于入赘的女婿和入门的儿媳没有本地户口是否给予住房补偿？对于违法购买宅基地其他经济组织成员或城市户籍的人是否给予建筑物的补偿？这些补偿在实践中极不统一，有的地方给，有的地方坚决不给，还有的地方给予打了折扣的补偿，这些做法非常混乱。

4. 农户置换中住房权保障并没有得到社会和理论界重视和关注

在对各地的宅基地置换或宅基地换房等实践中，学界都给予及时的关注，并相应从自己所学的专业视角或个人兴趣发表自己对宅基地置换的看法[①]。但是，对于在置换过程中产生的农民住房保障问题则没有给予相应的关注。特别是在实践中确实有部分群众因为政策原因，如补偿对象的确定不合理、补偿标准过低或补偿不规范而买不起住房或致原有住房面积大大缩小以及住房财产权在置换中被侵犯等原因导致住房困难、人口结构和居住方式转型不协调等问题，并没有引起社会的关注。而从现有的研究来看，大部分论者都着眼于失地农民的住房问题进行研究，如罗震宇的《城市居住空间分异与群体隔阂——对失地农民城市居住问题与对策的思考》主要是从失地农民的居住与城市居民的居住隔阂为视角进行分析；李燕琼的《我国不同地区失地农

[①] 如吕民元："以宅基地置换加快推进农民居住向城镇集中"，载《上海农村经济》2004年第8期；沈永昌："沪郊宅基地置换试点的调查"，载《上海农村经济》2005年第7期；张祎娴等："上海郊区宅基地置换试点的探讨"，载《城乡建设》2008年第7期；刘娥苹、张国明："沪农村宅基地置换推广条件分析"，载《上海党史与党建》2009年第8期；施建刚等："对发达地区农村宅基地置换模式的思考"，载《农村经济》2007年第4期；还有苟滢华：《上海市郊农民宅基地置换与城市化再推进》，华东师范大学2005年人口学专业硕士论文；徐瑞祥：《宅基地置换工程中农民居住空间需求与房型设计研究》，同济大学2007年博士后流动站出站报告；陈筱琳：《上海郊区宅基地置换问题研究》，上海交通大学2009年公共管理专业硕士研究生论文，未刊稿，等等。

民的住房安置状况及政策实施效果评析》,对于失地农民因住房致贫的问题进行了分析;吴玉兰的《关于失地农民的住房问题》进行了政策制定和改进层面的分析等。但是对于置换后或集中居住的农民住房权保障问题,学界和实务界给予的关注则不够。仅有周沛所发表的《农村居住集中化过程中农民住房保障与福利研究》等为数不多的几篇论文。

(二) 对策和建议

被征用土地农民和城市低收入家庭的住房问题已经在城市化过程中向我们敲响了居住保障的警钟。而在宅基地置换过程中,应该进一步明确和完善法律和政策层面的住房权保障。

1. "住房权保障"应该在宅基地制度改革中予以明确

首先应该在宪法层面补充和完善宅基地所有权和使用权条款,并明确在宅基地制度城市化改革中必须要保障进城农民的住房权。与此同时,根据各地宅基地流转和置换的实践,及时总结经验和教训,及时出台《农村宅基地流转和宅基地置换法》,或者授权国务院出台《农村宅基地流转和宅基地置换条例》,并在制度设置中要明确"住房权保障"条款。特别是要联系和衔接近几年来国土资源部门所颁布的城乡建设用地增减挂钩的文件,将保障被拆迁农民的生活水平和长远生计有保障的规定予以具体化,明确规定在试点或改革中维护农民进城的"住房权保障",是保障被拆迁农民的生活水平和长远生计有保障最基本的内涵。对此,立法应明确规定,要根据农村家庭人口结构及其增长趋势、住房需求、家庭经济条件等因素来开展房地置换。同时,要对在置换中没有能力和办法解决家庭住房的农户,给予相应的扶持和财政上倾斜。上海市政府所制定的宅基地置换政策对于提高置换农户的居住条件和居住水平,特别是加大了农民进城后的基础设施建设起到了非常重要的作用。但是在置换中还缺少"住房权保障"条款,在置换中尽管强调等价交换有助于保护农民宅基地和房屋上财产权,但是对于置换中所存在住房结构失衡问题给予的关注并不够,对于农村人口发展的动态趋势和住房需求之间的协调的研究还需要加强,要加强和研究根据农村人口的住房状况和无法通过置换来满足其家庭住房需求的涉地农户,其在置换后的住房问题如何解决,特别是在实践中已经出现这样的问题,未来随着人口动态的发展和静态置换房之间的不协调将会出现更多的住房问题。

2. 细化和具体房地财产权的有关条款

要在做好规划和土地用途管制的情况下,修改《土地管理法》第43条、第44条以及第63条等规定占用建设用地只能从集体土地征用而来的"单轨道"的供地模式,切实做到农村集体土地和城市国有土地"同地、同价和同权"。特别是要对于置换后所节约的建设用地指标的收益权必须明确相应的比例数额来作为原所有权人和使用权人的收益;与此同时,要明确宅基地置换后的安置房土地产权,赋予政策承诺的国有土地使用权。在多数人决定置换的同时,必须设定相应的规则来保障少数人的房屋与土地的权益,对于不涉及公共利益且不愿意进行置换的农户,对于他们的房地财产权应当给予尊重。如果其所在的宅基地和房屋涉及整个置换地土地规划等问题时,可以给予异地安置等灵活方式加以协商解决。对于置换中拆迁程序、评估以及补偿标准要专门制定相应的法律给予明确和细化,特别是对于房地评估公司的选定方面,要积极吸取《国有土地上房屋征收与补偿条例(第二次公开征求意见稿)》的第17条规定,将房地产价格评估机构由原来的拆迁人改为被拆迁人。

在置换房地产权来源合法性方面,因为基层村镇土地管理档案的不健全和不完善,致使当时批准建设房屋的证明文件没有得到很好的保管,尤其是农户的批准建设的文件又丢失的情况下,要根据农户的居住情况和房屋使用情况给予认定,并给予相应的补偿,与此同时要给予公示。对于宅基地使用证上的房屋建筑面积与实际情况不一的情况,也要根据具体建筑使用年限和导致"证"和"实"不一的原因[①]进行认定。应该通过立法或政策来明确补偿的标准,即按照实际面积来进行认定,但是应该排除公告以后扩大建筑面积。

3. 以户口为置换住房补偿对象的原则,同时完善"例外"规则

在当前城乡二元化格局还没有根本打破的背景下,特别是传统农村社会资源分配的属地化和集体化原则,都决定了以"户籍"作为置换住房补偿对

[①] 实践中由于宅基地使用证制度不统一,1997年之前农村只发放宅基地使用证,并没有房屋产权证,当时发放宅基地使用证的时候,并没有对宅基地上房屋产权、面积以及房屋的形状等情况进行测量和计算,但是到了1997年后,宅基地使用证和房屋产权证两证合一。但当时有的地方宅基地使用证并没有更换,产生直接用宅基地使用证地基面积认定建筑面积的情况,但是在置换评估的过程中又要按照建筑的实际面积进行测量和评估,因此出现"证""实"不一的情况,在实践中问题比较突出。

象的合理性与合法性。但是在城市化背景下，人口流动加快与回流的现象频繁，特别是城郊土地升值加快，致使户口没有迁出的农户即使有条件的迁出也不愿意迁出，而户口已经迁出的农户则"想方设法"地迁回来，更是使户籍标准问题复杂化。笔者认为应当在坚持户籍作为确定置换房屋的补偿对象的基础上，将相关例外情形也纳入到法律规则中来。根据罗马法谚"有规则必有例外"的原则，在坚持以"户"为原则的情况下，严格地设定相关的例外规定。事实上，这样规定的原因，并不是户籍本身不起作用了，而是社会发展和客观情形已经为户籍这个判断标准创造了很多例外的情况。在这种情况下，我们必须要通过立法或政策将这些例外情形纳入到规范化的模式当中来，否则不仅会造成很多置换的不公平的现象，还会加剧置换过程中的住房问题。

笔者认为在置换中以下例外情形要给予考虑：一是，有现存宅基地和住房的农户，原则上对住房应该给予补偿，除非能够证明其住房产权来源存在违法的情形；至于对于宅基地是否给予补偿，要具体问题具体分析，主要看是否符合"一户一宅"的立法规定。如果农户占有的宅基地面积，没有超过上海市人均宅基地面积的规定的，应该给予宅基地使用权的补偿，超过的宅基地则不应该给予补偿；这主要是基于传统的宅基地使用权的分配，是基于农村社会的居住保障而进行福利分配的立法目的。二是，户籍迁出不超过五年（包括五年）且因为在城市中没有属于自己的住房经常居住在本地的，应该给予住房补偿，判断是否经常居住在本地按照置换公告前一年的居住时间为标准；户籍迁出原居住地超过五年的，不应该给予住房补偿，其产生的住房问题应该纳入到城市低收入居民的住房保障体系中来加以解决。三是，户籍迁出后因离婚且经常居住在本地的妇女，应该给予相应的住房补偿。四是，未出生的婴儿应该给予相应的住房补偿。五是，入赘的女婿和嫁到本地的儿媳原则上应给予相应的住房补偿，但是其已经在原居住地置换中获得补偿的除外。六是其他情形。

在例外条款的设立过程中，要完善资格审查认定和纠纷解决制度，对于资格的审查应该充分发扬民主的精神，应该由村委会组织村民代表或村民大会来进行审查和形成决议，对决议不服的农户，可以在收到决议后15日内到乡镇人民政府申诉或到法院进行起诉，以便获得相应的权利救济。

4. 加强郊区农村家庭人口与住房调适性的调查和研究

在置换前，要高度重视郊区农村家庭人口结构与住房需求的静态和动态研究，当地土地管理部门或建设部门要在当地村委会的配合下，进行当地家庭人口与住房现有状况的调查研究，并在获得第一手资料的情况下，根据城市化进程和当地家庭人口的居住需求以及发展趋势，合理设计住房面积、住房房型以及住房结构等，合理规划置换小区的土地面积和空间结构。置换中根据农户的家庭结构来置换相应的房屋结构；对置换后可能产生的家庭住房问题要给予及时的跟踪和研究。这方面立法应该明确规定，乡镇人民政府（或街道办事处）要在村委会的配合下，对置换地农户家庭人口、房屋居住面积和住房结构进行调研，并在此基础上建立相应的数据分析和档案归档制度，并根据分析结果进行置换小区的规划、房屋面积和房型的设计以及置换房屋预留制度的制定。

二、房地置换"客体"定位与住房权保障

农村房屋与宅基地不仅是一种自然资源，更重要的这种资源是通过国家的法权关系对此给予定位和保障，以便使房地产权的所有者和使用者获得一个相对稳定的居住空间或居住环境。正是在这个意义上，我们可以说如何对置换中房地的"客体"进行定位，不仅是对房地的归属者和使用者财产权的有力保障，更为重要的是对于房地的所有人和使用人提供了预期和确定的住房权保障。

（一）置换"客体"的法律规制及其漏洞

置换安置房产权问题是置换中问题比较突出的一个问题。其不仅关系到进城后"农民"财产权的增值的问题，更重要的是其关系到他们今后住房安全与保障问题。从土地房屋法律设定层面上来看，农村宅基地因为发挥着集体成员的住房保障等社会功能和政治功能，其产权的设定具有身份性、福利性、无偿性、受限制转让权（集体范围内和流转后不能再申请宅基地的限制[①]）以及无固定期限性等特点。而置换前农村的房屋虽然在法律层面上享有完整意义上的所有权，但是在实践中，由于房屋交易实行"房随地走"

[①] 详见《土地管理法》第62条的规定。

"地随房走"的"房地一体主义"原则,致使完整意义上房屋的所有权因宅基地所有权和使用权的限制而变得极不充分,成为名副其实上"僵化的财产"(厉以宁语)。这种以牺牲财产价值来实现农村社会住房权保障的宅基地制度设计模式,极不符合城市化和工业化中土地集约利用和耕地保护的制度理念,因此需要将其转化到保障农村社会的住房保障和财产价值并重的格局上来①。宅基地置换打破原有的宅基地与房屋利用格局的一个可行的办法,是推动这一格局转变的强大的抓手。但是通过宅基地置换而进行的安置房建设用地是什么样性质,以及在性质转变中存在哪些法律上的漏洞?如何在法律层面上完善这一制度?则是实践中亟须解决的问题。而如果从当前试点镇和非试点镇的置换范围来看,问题则可能更为复杂。上海的试点镇和非试点镇存在着规划区内的宅基地置换和规划区外的宅基地置换模式,但是无论是规划区内置换还是规划区外置换,关于置换后小区的建设用地的性质都是实践中比较突出的问题。

(二)城市规划区内的置换小区用地性质及其立法建议

在城市规划区内部,因为城市发展的需要,特别是置换结余的土地指标通过出让,能够迅速地转化为高额的土地收益金,为置换安置小区的建设用地转性后土地出让金的缴纳提供了财政和经济基础。但是置换安置小区的建设用地是国有建设用地还是集体建设用地,在法律上并没有给予明确规定。只有2005年国土资源部下发的《关于规范城镇建设用地增加与农村建设用地减少相挂钩试点工作的意见》第14条中规定"项目区内建新地块用于商品房开发的,应是国有土地"。而且国土资源部基于土地用途管制的考虑,相关职能领导在开会时不断强调,"农村集体建设用地流转不得用于商品房开发"②。但是置换安置房在性质上应该是安置房,不应该属于商品房开发。而且各地在集体建设用地流转的政策文件中几乎都重申了这一点,即禁止集体建设用地流转用于商品房开发③。

---

① 刘俊:"农村宅基地使用权制度研究",载《西南民族大学学报(人文社科版)》2007年第3期。
② 详见:http://tgs.ndrc.gov.cn/ggkx/t20091226_321640.html,访问日期:2010年5月17日。
③ 如广州市《集体建设用地使用权流转实施办法(试行)》《昆明市集体建设用地使用权流转管理办法》、上海市《关于开展农村集体建设用地流转试点工作若干意见的通知》等。

1. 实践上的操作：用无期限限制的宅基地和住房置换国有土地上的商品房

但是，无论城市规划区内进行置换安置房建设，还是从事商品房开发，其相同点就是都是使用的国有建设用地。从住房财产性收入增加来看，通过集体建设用地置换成国有建设用地，并使规划区原来集体房地财产权转变为城市住房财产权，尽管基于置换后居民住房权保障的考虑，一般在产权上给予两年时间的限制，但是超过两年则可以和商品房一样进行入市交易，如嘉定区外冈镇、松江区的永丰街道办事处以及奉贤四团镇的前哨村、新建村及平海村为配合临港新城建设等而进行的宅基地置换，而获取的安置房都可以在产权办理的两年后进行上市交易。因此，这在实践中成为涉地农民置换的动力，并得到当地群众的支持和拥护。

2. 理论上的质疑：能否这样置换

但是，从当前的法律规定和相关土地法基本理论来看，这还是存在一定法律上和理论上的问题。对此有的学者已经给予了关注，如蒲方合认为，在城市规划区内用无限制期限的宅基地使用权，来换取具有法律规定期限住宅用地（70年）使用权，特别是进城后农民及其子女的住房的基地70年以后还要缴纳土地出让金，而现在无期限限制的宅基地使用权则流转给当地政府或项目用地者，"这实质上等于取得了农民集体的宅基地所有权……这等于以宅基地权利置换的形式，进行了变相的宅基地买卖，违反了农村集体土地所有权不得交易的规定"[1]；并因此认为，"为了保护宅基地权利置换中的弱势群体（农民以及农民集体）的合法权益，应通过立法明确规定，被置换的宅基地使用权的最高年限。在农村宅基地权利置换合同中，对拟被置换的宅基地使用权的期限以及拟换取的国有建设用地使用权的期限，都应有明确具体的约定，以明确合同当事人双方的权利义务，定纷止争"[2]。

作为天津市宅基地换房政策研究和起草人，南开大学法学院万国华教授也指出，用无期限的宅基地使用权来置换有期限规定的国有建设使用权在法律上和理论上存在一系列问题。"正因为没有期限规定，宅基地所有权人也

---

[1] 蒲方合："中国新农村建设中的宅基地权利置换客体研究"，载《前沿》2010年第1期。
[2] 蒲方合："中国新农村建设中的宅基地权利置换客体研究"，载《前沿》2010年第1期。

可以随时终止，这便给农村集体经济组织的行政管理人员以徇私舞弊的可乘之机。同时，也因为没有期限规定，无法正确评估宅基地使用权的价值，不利于宅基地使用权的行使，也不利于宅基地使用权受到损害或侵害时的补偿或赔偿。"[1] 其认为解决的办法有两种路径可循："路径一，参照国有土地上住宅使用权期限70年的规定，对宅基地使用权规定相应期限，以利于农民充分行使宅基地使用权，有效保护农民的财产权益。路径二，在保持我国土地所有权二元体制不变的前提下，探索特定时期、特定区域宅基地换房后宅基地使用权的无期限模式。待条件成熟后，可尝试通过立法确认农民通过宅基地换房所得小城镇住房包括附着于其下之土地使用权的无期限性，理论上可视为农村宅基地使用权权利束和空间范围的延伸。"[2]

3. 解决问题的关键：农民要获得置换后节余的土地收益

笔者认为，将农村宅基地无期限的使用权改为有固定期限的使用权或参照国有建设用地70年的使用期限，无论是在实践中还是在法理上都不符合我国宅基地的实际。最好的路径选择还是在坚持宅基地使用权无限期使用的基础上，通过宅基地置换协议来具体确定宅基地置换后土地使用具体期限和在使用期限内土地收益金的分配比例和归属。理由如下：一是，由于我国集体土地所有制固有的局限性，宅基地使用权具体期限的设定并不能有效地约束所有者和地方政府的土地行政管理和土地征收，关于这一点可以从土地承包经营权的实践来作为参考，虽然国家赋予农用地30年的承包经营权，并严格限制发包方的收回权和地方政府的征收权，但是，在实践中并没有缓解土地承包经营权屡屡被收回和征收的命运。因此，针对这种现状党和中央政府在近年来的文件中，将30年土地承包经营权延长为"长久"的使用权[3]。二是，无论是置换方无限制地使用宅基地还是所有权人（通常是村委会）收回宅基地使用权，都是没有依照土地管理法和宅基地制度的相关规定而从事的违法行为，这主要与当前我国土地流转和置换收益分配体制不健全和宅基

---

① 万国华："宅基地换房中的若干法律问题"，载《中国房地产》2009年第3期。
② 万国华："宅基地换房中的若干法律问题"，载《中国房地产》2009年第3期。
③ 如2008年党的十七届三中全形成的《中共中央关于推进农村改革发展若干重大问题的决定》明确规定："赋予农民更加充分而有保障的土地承包经营权，现有土地承包关系要保持稳定并长久不变。"

管理制度比较混乱有很大关系，和宅基地使用权的年限并没有本质上的必然联系。三是，从现行置换实践上来看，据笔者这几年的调查显示，在一般农户的意识中，"责任田是国家或集体的，而宅基地则是自家的"的这种观念非常普遍和深入人心。如果通过立法只赋予他们70年的使用权，断然不能让他们从心理和思想上认同和接受。至于宅基地置换后置换方和项目使用者无限期地使用宅基地使用权现象的出现，只能通过节余后的宅基地或集体建设用地[1]使用，只能通过置换后土地流转协议等方式来约定使用期限和土地收益分配方案（主要是农民、集体与国家三者之间分配比例）。立法应该主要从这三方受益分配资金的管理和用途上来进行干预，如分配的比例和收益的用途，笔者认为农民至少要获得30%左右的宅基地流转收益金，而村集体获得宅基地流转收益也应该不低于30%，并规定地方政府和集体所获得土地收益，除了填补置换所需用的资金外，应该主要用于置换公寓的基础设施建设和住房保障金，以便提高置换后这部分群众的居住条件和应对现在或未来产生的住房问题。

对于规划区内置换后置换小区的建设用地，应该是国有土地使用权，还是无期限的宅基地使用权，抑或是特殊的国有建设用地使用权[2]，笔者认为，对于这个问题，现实的试点已经给出了答案。在笔者的调研和采访中，无论是地方政府的乡镇干部，还是村委会和农民都认为，能获得可上市交易的国有建设用地使用权，是他们在宅基地置换过程中愿意推行置换的动力和开展工作的基础。特别是上海市城市中的房价不断攀升，郊区房屋升值存在很大空间，因此，实践中老百姓对此也非常乐意能够获得国有建设用地上的房屋。对于赋予特殊的国有建设用地使用权，笔者认为，如果能在宅基地置换后节余的土地指标收益中让进城农民能够获得长期而稳定的土地收益分配，则没有必要对此给予特殊规定，这是因为进城农户已经在节余的土地收益中获得了70年以后的土地出让金的收益。如果不能够获得长期而稳定的收入，则应该考虑给予特殊的国有建设用地使用权，以保障进城后农户

---

[1] 因为在实践中宅基地置换最主要的目的还是获得集体建设用地指标，并通过集体建设用地指标进而获得征地指标或流转集体建设用地指标从事房地产开发以外的活动，如建立工厂等。

[2] 实践中还有人提出应该落实国有建设土地使用权，但是应该在70年后给予特殊照顾，如减免土地出让金等优惠政策。

的住房权保障的维护。对于万国华教授所提出的路径二，笔者认为在置换规划区内不应当适用这种模式，因为按照我国现行《宪法》和相关法律的规定，城市里的土地属于国家所有是原则性的规定，而如果在城市规划区内建设的住房的土地性质并没有转变为国有建设土地，明显不符合我国《宪法》和《土地管理法》等基本的规定，而且也不符合我国城市化进程中土地利用方式的转型。

(三) 城市规划区外宅基地置换小区用地性质及立法建议

1. 问题

在城市规划区外，由于政府推行宅基地置换的目的，主要是通过宅基地置换来获得节余出来的建设用地指标，这主要是因为在规划区外，存在城市规划没有到达该地区、土地级差地租不明显等因素，而该地区宅基地闲置和浪费现象特别严重，整理空间比较大，所以只能通过建设用地指标的方式将这些闲置和节余的土地在区域范围内加以使用。而节余出来的土地则就地复垦为农田。以后这些复垦后土地只能基于公共利益目的，国家才能将其征收为国有建设用地。在这个意义上，有学者认为通过置换的宅基地本是该地区可以用来发展第二产业或第三产业的，现在却通过整理后只能变为农田，这无疑是国家通过变相的手段剥夺了涉地农民的土地发展权[1]。

另外，城市规划区外绝大多数试点镇和非试点镇所建设的置换小区用地，并没有转变为国有建设用地。按照2004年上海市宅基地置换试点的政策，为了为试点镇宅基地置换提供动力，增加郊区农民住房财产性收入，"试点基地建设用地一并实行征用和出让，除上缴中央部分，市、区两级土地出让收益全免。农民集中居住的房屋竣工使用后，按户颁发房地产权证"。这一政策成为试点镇农民愿意进行置换的最强劲的动力。笔者在调研和走访中，绝大多数农户都是因为置换能获得城市商品房才愿意置换。

这一规定在实践中没有有效地落实，如青村镇和庄行两镇在宅基地置换试点过程中，共缴纳土地出让金1.8亿元，按照试点政策，这1.8亿元应该全部返还，但是至今还没有落实这项政策[2]。而在试点镇中，目前只有嘉定

---

[1] 蒲方合："中国新农村建设中的宅基地权利置换客体研究"，载《前沿》2010年第1期。
[2] 张祎娴："上海郊区宅基地置换试点模式及案例研究"，载《城市规划》2010年第5期。

区外冈镇兑现了这一政策，其余的试点镇至今没有落实，在实践中矛盾和纠纷比较大。

调查了解到，这一部分资金难以返还的主要原因是，2006年12月，国务院办公厅发布的《关于规范国有土地使用权出让收支管理的通知》要求："从2007年1月1日起，土地出让收支全额纳入地方基金预算管理。收入全部缴入地方国库，支出一律通过地方基金预算从土地出让收入中予以安排，实行彻底的'收支两条线'，任何地区、部门和单位都不得以各种名义减免土地出让收入。""任何地区、部门和单位都不得以'招商引资''旧城改造''国有企业改制'等各种名义减免土地出让收入，实行'零地价'，甚至'负地价'，或者以土地换项目、先征后返、补贴等形式变相减免土地出让收入。"市区（县）两级政府土地出让收益减免的政策优惠因此失去了通道。而这部分出让金返还恰恰是宅基地置换过程中资金平衡和房产证办理①的关键。

依据上海市房屋土地资源管理局《关于本市郊区宅基地置换试点中办理房地产登记的通知》（沪房地资权〔2008〕648号）的规定，"宅基地置换集中建房可以申请办理土地使用权初始登记和房屋初始登记"，但是，"房地产登记机构在办理上述房地产初始登记时，应当在房地产登记簿及房地产权证的附记栏中注记'宅基地置换试点集中建房基地商品住宅，不得转让（除签订宅基地置换协议外）、抵押、租赁'的字样"。因此，当初宅基地置换时承诺的房屋产权可以上市交易政策没有落实。2010年年初所颁布的《关于本市实行城乡建设用地增减挂钩政策推进农民宅基地置换试点工作的若干意见》的通知中，就直接改为：农民集中居住区用地一并实行征收和出让，并按照规定缴纳土地出让收入，其收入全部缴入相关区县级国库，在按规定提取相关费用后，由区县政府安排支出，用于农民集中居住区基础设施建设。问题

---

① 根据建设部的规定，开发公司自房屋竣工之日起，三个月内应办理初始登记，产权管理部门从受理初始登记之日起，20个工作日内核准登记并颁发房产证。但是在办理初始登记的时候必须要缴清土地出让金。在宅基地置换过程中，中心村或农民公寓建设成本之所以比较低，最主要的是市、区两级政府土地出让金的减免。而现在土地出让金不能减免，而土地出让金的费用最终还需要置换农民来拿，否则办不了能够上市交易的房地产证，其实质还是小产权房。这也是当前宅基地置换过程中遇到的非常突出的矛盾。

的关键在于谁来缴纳这笔土地出让金，在实践中争议比较大，项目开发公司认为应该由房屋产权人（置换农户）缴纳，而涉地农户则认为应该由置换方（项目开发公司或房地产公司）缴纳，但是从"沪房地资权〔2008〕648号"文件来看，这笔出让金还是涉地农户来缴纳，除非签订的宅基地置换协议明确写明，这在实践中无疑助长了置换农户和项目开发公司之间的谈判动力，增加了置换的难度。

2. 解决问题的思路

（1）宅基地部分发展权留给村集体经济组织，并列入住房权保障基金。

针对上述实践中存在的两个问题，笔者认为如果仅仅通过宅基地置换获得建设用地指标，进而将宅基地等建设用地就地复垦为农用地，确实存在变相剥夺宅基地上的土地发展权问题。针对这一问题，笔者认为应该通过立法或政策规定，对于置换后节余的土地指标，要优先留给本集体经济组织作为发展本集体经济之用。对此，原国土资源部《城乡建设用地增减挂钩试点管理办法》中也明确规定：通过宅基地整理或城乡建设用地增减挂钩节余的土地指标，"优先保证被拆迁农民安置和农村公共设施建设用地，并为当地农村集体经济发展预留空间"。上海市2004年的宅基地置换政策中，对于置换后节余的土地指标"在符合国家和市相关政策和规划前提下进行适度开发。开发实行封闭运作、独立核算，收支盈余部分纳入市、区（县）两级专项扶持资金，用于平衡试点投入"。各试点镇主要是通过房地产开发用地来获得高额的土地出让金，以便来平衡试点投入。实践中问题也是比较突出，有很多置换农户心理不平衡，特别是有部分群众反映，原本是他们的宅基地，在自己手里不值钱，但是在政府手里却是天价。但是从15个镇的试点情况来看，资金缺口还是比较严重，"几乎所有的试点镇都无法实现资金平衡，资金平衡缺口在1亿元左右，缺口最大的高达2.28亿元（主要是离城镇较远的试点基地），最小的也有0.3亿元（主要是离城镇极近的试点基地）"[1]。也就是说，即使政府通过土地出让获得了巨额的土地出让收入，但是这些土地出让收入还不足以平衡置换试点投入资金。但是一次性出让的土地出让金能够

---

[1] 陈筱琳：《上海郊区宅基地置换问题研究》，上海交通大学2009年公共管理专业硕士研究生论文，未刊稿。

平衡试点投入本身并不能否定土地发展权的存在，特别是政府在土地出让金收入上，还有其他税收和土地税的收入。因此，在这个意义上，笔者认为应该将宅基置换后的节余的土地指标划出一定的比例，以便作为集体经济组织的发展之用。而且在2010年初所颁发《关于开展农村集体建设用地流转试点工作若干意见的通知》（沪府办发〔2010〕3号）也明确了这一点："通过土地整治将农村集体建设用地复垦为耕地并加以保护利用产生的建设用地指标和耕地占补平衡指标，在满足整治区内新增建设用地需求后，可以在全市范围内流转。"在解决了给予整治区内的宅基地上部分发展权外，关键的问题是给多少？这个比例如何确定？这部分土地指标的经济收入应该如何分配？在当前实践中这一部分极不规范，留多少或留给谁来用这部分土地指标，立法还不是很明确。笔者认为当前可以参考上海市集体征地留用地制度，"将按规划可转为建设用地的实有土地，原则上按5%～10%的比例留给村集体经济组织"①。其所获得的收益，必须要划出一部分作为本集体经济组织成员的住房保障费用。

(2) 应该兑现政策：将置换小区用地转性为国有建设用地。

对于试点镇，应该兑现政策的承诺，将置换小区用地转性为国有建设用地，对于非试点镇，应该在符合规划的条件下，将置换小区用地转性为国有建设用地。对于试点镇，不论是在城市规划区内还是规划区外，都应该按照2004年的政策承诺，将置换小区用地转性为国有建设用地。这是因为：一是，本来农户之所以愿意进行宅基地置换，很大程度上就是因为政府承诺，用国有建设用地上的商品房来置换宅基地和住房。如果事后因为政策执行环境问题发生了变化，就改变原来的政策，不符合最基本的政府诚信原则。二是，从宅基地置换实践来看，这些置换小区基本上都是建在小城镇周边，随着城市化的推进，这些小城镇也逐渐融为大城市的一部分或成为各区县的城市的一部分，在这种背景下还是用集体建设用地来给他们建设小区，不仅仅违背我国基本的《土地管理法》，而且还不符合城市化进程的需要。三是，当前郊区小产权房和宅基地私下交易现象比较普遍，政府用小产权房来安置涉地农户，不仅助长了小产权膨胀和宅基地隐形市场，而且还对置换农户存

---

① 《关于本市实施农村集体征地留用地制度暂行意见》。

在不公平的对待，因为这些宅基地通过小产权的建设对外出租或出售远远要高于通过宅基地置换所获得的住房收益。基于以上考虑，笔者认为应该将宅基地置换小区的用地转变为国有建设用地，对于土地出让金收缴后，通过市级财政和区县级财政要给予补贴土地出让金的方法来予以解决。特别通过置换节余建设用地指标，在土地出让金以及流转收益等收入方面，要在置换小区建设用地的土地出让金的缴纳上给予一定的支持。

从现有国内实践层面上看，目前开展宅基地置换的地区，有的置换小区是国有建设用地，如天津市宅基地换房，有的则仍然是集体建设用地，即名副其实的"小产权房"，如重庆的九龙坡实行的"双交换"。这种实践上极不统一的做法，对于我国现有法律制度而言是一个极大的挑战。笔者认为，这方面的实践和改革应该在实践的检验下，特别是要在尊重涉地农民的意愿的前提下，来进行相应的产权制度设计，从目前上海市的宅基地置换的实践来看，应该说大多数郊区农户都比较认同赋予置换后小区建设用地的国有土地使用权。对此，也有的论者提出了不同的看法，认为应该赋予置换小区的集体建设用地使用权，一方面是让进城农民感觉不到进城后的经济压力，另一方面是基于农民拿到能入市交易的商品房就出售，而致使最终无家可归的局面，基于这样的考虑，其主张，农民即使愿意将集体土地上的商品房进行出售，也应该向集体经济组织缴纳相应的土地出让金[①]。笔者认为这种主张并不符合上海农村社会的实际，因为进城农民已经进入小区里居住，无论住房基地的产权是集体还是国家的，对于减轻进城经济压力并没有什么实质意义上的功能；另外，现代郊区城市化加快，郊区农民特别渴望能够获得和城里人一样的房屋产权，以便获得住房财产性收入的增加，据笔者调研了解到，基于郊区房地产升值空间很大的考虑，农民一般不会轻易将房屋进行出售，大部分进城后的"新市民"一般将其房屋进行出租，以便获得未来升值的预期。如果置换后，农民进行房屋出售时还要向集体经济组织或地方政府缴纳相应的土地出让金，不仅限制了这些"新市民"房屋财产性收入增加的范围，还可能加重进城后这部分群体的经济负担和住房负担。

与此同时，中央政府在制定土地出让金缴纳政策上，也不能过于原则，

---

① 邓星晨、蔡伟明："宅基地置换中农民新居的产权问题"，载《中国商界》2009年第2期。

对于宅基地置换等集约农地使用和农民进城后安置住房等方面要给予相应的政策支持。在这方面可以制定相应的土地出让金监管程序,明确地方政府在土地出让金管理方面的行政问责制,最主要的是要针对合理的特殊情形给予区别对待。具体可设定经过国土资源部门批准的城乡建设用地减少挂钩试点,通过宅基地置换的住房用地,可以给予相应土地出让金减免优惠。同时要对违法和违规进行土地出让金减免的行为进行严厉查处和处罚。

三、土地收益分配与置换中农民的住房权保障

当前,由于地方政府掌握着土地转用的征收权和土地出让一级市场上的垄断权,致使整个土地转性收益几乎都被地方政府所获取[①]。因此,在这个意义上而言,征地制度本身具有"土地财政"的特征。

(一)"土地收益"视野下的宅基地置换

在征地制度向农村宅基地置换转换中,其背景是中央政府基于粮食安全和农业可持续发展等因素的考虑,在城市化过程中,中央政府提出保住18亿亩耕地红线的目标,并在这个目标的指导下,对现有的土地审批制度和指标管理制度进行了改革,即采用"每年基层政府能够报审并实施的建设用地指标来自于中央政府'计划指令'式逐级分解下达"[②]的方法。在这种建设用地指标控制下的征地模式无疑大大限制了各地政府的土地征收的权力和范围,但是城市发展用地需求,并没有因为中央政府建设用地指标限制而减少,甚至随着城市化的推进还出现需求旺盛的局面。针对这种情况,一些城市发达地区或用地指标紧缺的城市,不得不采用向农村建设用地要城市发展建设用地的做法。

在这个过程中,关键的问题在于置换中如何保障原居住者进入城市居住后形成的住房问题,不仅仅要在住房本身问题上给予高度重视,而且还要在节余的宅基地置换指标或土地指标收益上给予相应比例的考虑。虽然中央政策并没有对这一块进行设定,但是却对置换后形成的土地节余指标给予相应

---

① 据有的学者分析,在土地征用出让过程中,如果成本价为100元,农民只获得其中的5%~10%,村级集体得25%~30%,而60%~70%为政府及其各级部门所获得,详见赵德余:"土地征用过程中农民、地方政府与国家的关系互动",载《社会学研究》2009年第2期。

② 陶然、汪晖:"中国尚未完成之转型中的土地制度改革:挑战与出路",载《国际经济评论》2010年第2期。

的规定,如国土资源部《城乡建设用地增减挂钩试点管理办法》规定:这些土地指标"优先保证被拆迁农民安置和农村公共设施建设用地,并为当地农村集体经济发展预留空间"。在置换的实践中,农户和地方政府之间的分歧最大的一个问题是如何分配置换后土地收益。在笔者看来,这个问题不仅涉及农户的经济利益问题,更为重要的是,还涉及将来他们以及他们的子孙后代进入到城市后所形成的住房权保障问题。

(二) 在城市规划区内的置换后的土地使用和收益问题

在城市规划区内,通过宅基地置换节余的土地指标幅度,基本上都能达到50%以上,如A村、B村、C村共有宅基地2000亩,通过置换节余的建设用地指标达到1000亩,甚至更多,如有的试点镇节余土地指标幅度达到60%。而节余的这1000亩宅基地指标基本上都通过就地征收的方式,用于本地城市建设用地,因为属于城市规划区,离城市比较近,而且土地拍卖出让价格比较高,一般有的能够以300万元左右/亩的价格进行出售,而获得的土地出让收入,则来填补置换小区的建设费用。一般而言,置换刚开始政府先期投入巨大,动辄上亿元,但是随着置换的推行,特别是宅基地节省下的土地指标拍卖(实践中一般是进行商品房和别墅类小区的开发)获得高额的土地出让收入,基本上可以用出让金来填补先期投入,最后达到投入与收入的持平。

但是在此过程中最大的问题是,节省下的土地指标基本上都用于城市房地产开发和工业用地,却没有任何土地指标给予原所有权人和原使用权人进行发展经济之用。因此,致使很多当地农户感觉这样做和征地没有什么区别。对于这样的做法,地方政府认为节省下的土地指标通过他们拍卖等出让方式,获得收入,全部用在了置换中的商品房建设、基础设施建设和安置费等用途,实际上已经给予了置换农户相应的宅基地所有权和土地使用权的补偿。而农户则认为地方政府除了拍卖土地出让收入给予农民一次性安置补偿外,并没有体现土地所有权和使用权的可持续性利用和发展的特点,特别是地方政府除了利用所节余的土地进行出让以外,还可以对土地使用者征收土地使用税以及其他物业税和费,如果是工业用地的,还要征收相应的增值税等,而仅仅给予这样一次性补偿,明显没有体现原有的土地价值;如果考虑到闲置的宅基地可以进行流转,出租用于工业用地,则获得的收入可能与通过宅基地置换获得收益之间的差距更大。而对如何给置换农户和村集体相应的"集体经济发展预留空间",则因为土地指标紧缺问题,而没有考虑。

(三) 城市规划区外置换后的土地收益问题

如果从整体上的角度来考虑整个规划区的农村土地,特别是农用地,则会发现在整个置换中,规划区的农用地也面临着不断地被征用的危险。假定A村、B村、C村现在共有耕地为1000亩土地,按照上海市政策的规定在置换中可以将其退回原集体经济组织,由村集体或镇集体给予相应的小城镇社会保险,对于这一点,无论是2004年推行的置换政策还是2010年推行的置换政策都没有给予强制性的要求,但是实践中,规划区内的农用地上缴给村集体或地方政府的很少,在这种情况下还是逃脱不了被征收的命运。

而这一点要结合城市规划区外的宅基地置换来进行说明。假定城市规划区外有D村、E村、F村,三村共有宅基地2000亩,经过置换节余土地指标1000亩,但是由于这些建设用地指标如果就地进行开发,则土地价格因为土地上产业、人口等原因,能够获得的土地级差地租很少,因此,即使政府给予相应政策上的优惠,也很少有人到这样的地方去投资,因此直接导致一个后果就是节余的土地没有办法在本地进行高价出让,最后只能就地进行复垦成为农用地,让这些节余后建设用地转变为农用地,政府获得这些农用地指标,如1000亩土地指标,到城市规划区内部通过土地征收(如A村、B村、C村的耕地)的方式来获得高额的土地出让金。同时,又获得土地的占补平衡。

但是,在城市规划区外部进行宅基地置换也同样存在类似的问题,即宅基地置换节余的土地指标绝大多数试点镇并没有留给当地村集体经济组织或村委会。而且,还存在土地发展权转移到城市规划区内的问题。

在置换中无论是城市规划区内部还是规划区外部的置换,对于置换后已经或可能产生的进城农民的住房问题,并没有给予系统而富有远见的规划和设计。如何在置换过程产生的土地收益中分配出一部分资金,作为这部分新进城市民的住房保障金问题,则是未来宅基地置换或城乡建设用地减少挂钩的难点和关键。

随着全国整体上宅基地置换的推行,特别是2009年在编制新一轮《全国土地利用总体规划纲要(2006—2020年)》时,中央政府和国土资源部基于耕地保护的考虑，已经认可通过城乡建设用地增减挂钩来进行农村宅基地置换的大背景[1]，未来城市建设用地增加的潜力有多大，直接和农村宅基地置换的空间有多少紧密地联系在了一起。在这样的背景下，"可以预见，新一轮针对农村宅基地的'大拆大建'即将开始"[2]。具体到上海市而言，按照土地利用总体规划，到2020年，上海市的建设用地为2980平方公里，而上海实际建设面积到2009年就已经达到2700多平方公里，未来十年间可用建设用地指标可说是奇缺。而先有以宅基地为主（近600平方公里）的农村建设用地则为1100多平方公里，如何通过宅基地置换将这些建设用地指标用来填补城市建设用地指标，可以说是当前和今后突破城市建设用地指标瓶颈的最为关键和重要的问题。

但是在这个过程中，农村社会住房与家庭人口之间的协调性危机，则通过分家立户、居住习惯、居住代际等形式得以表现出来。关键的问题是我们要在置换中的土地收益或相关的土地出让税费中单列出一部分资金，以便解决置换中出现的住房保障问题。

（四）置换中的土地权益合理分配

而置换中住房保障问题是与土地权益的合理分配紧密相关的。从全国范围内来看，目前宅基地置换节余的土地指标收益大都用在了置换投入资金的平衡上，从某种意义上来说，这是中国农民支持城市化建设的一种牺牲。这是因为，农民通过上楼的方式，为地方城市的发展让出了一大部分土地所有权和使用权，但是，在让出空间的同时，不仅要解决好当前的农民住房问题，更要关注和预测将来产生的住房权保障问题。笔者认为，一方面，在置换中，无论是城市规划区内还是规划区外，都应当留出一定比例的建设用地指标，作为本集体经济组织或置换农民发展本集体经济的用地之需，这个比例最起

---

[1] 2009年国土资源部提出了一个"屋顶理论"：中央下达到地方的控制性规划指标中增加一个计划期末（2020年）城乡建设用地总规模，这个规划期末的城乡建设用地总规模不允许被突破，犹如一个房屋的屋顶，一个地区的城乡建设用地空间就取决于"离屋顶的距离"，即现状城乡建设用地总规模和规划城乡建设用地总规模的差距，如果现状已经突破"屋顶"，就必须通过建设用地复垦将总量降下来。陶然、汪晖："中国尚未完成之转型中的土地制度改革：挑战与出路"，载《国际经济评论》2010年第2期。

[2] 陶然、汪晖："中国尚未完成之转型中的土地制度改革：挑战与出路"，载《国际经济评论》2010年第2期。

码的参考依据,应当依照上海市"征地留用地"的政策规定标准加以落实。同时规定,集体经济组织应当按照不低于每年征地留用地收入的30%收益,给本集体经济组织成员缴纳或补助住房公积金。另一方面,在置换小区住房建设过程中,应该学习天津和重庆的做法,在置换小区中留有一定比例的经营房作为集体经济组织的开发和经营收入。不过,还要在此基础上,进一步明确细化这些经营收入的用途和功能,留给集体经济组织经营房的收入也应当按照一定比例单列,最好也为30%左右,专门作为置换农民的住房公积金或住房补贴。

本章小结

本章主要针对宅基地置换过程中存在的住房和居住保障问题展开研究。首先回顾了宅基地置换之前宅基地居住保障功能、因上海市征地导致住房保障问题以及上海市城市低收入家庭的住房保障问题。在此基础上,通过运用笔者的调研材料来描述和分析宅基地置换中出现的住房保障问题,并对这一问题进行了分析,认为在宅基地置换中,立法应该从置换农民进城住房权保障为基点,来制定和完善相关法律和政策,应该对置换的客体即宅基地使用权转变为城市国有建设使用权来保障进城后居民的居住安全,应该从置换后的土地收益分配中预先划出一定比例的土地收入作为置换农民的住房保障金。

第六章
上海市宅基地置换中的生存权保障
——以土地权益与农民生存权内在联系为视角

为了配合和落实2003年《上海市被征用农民集体所有土地农业人员就业和社会保障管理办法》等确定的社会保障与土地处置、户籍转性整体联动"三联动"原则，利用宅基地置换来推动城郊发展向"人口集中、产业集聚和土地集约利用"方向发展，以便更快地推动上海郊区城市化，2004年《关于本市郊区宅基地置换试点若干政策意见》等决策明确要求，"有条件的试点地区，应积极推进镇保"。而推行镇保的条件则是：试点区域内农业人员与集体经济组织协商一致，在自愿将承包的土地退还给集体经济组织后，按照本市有关政策为其落实小城镇社会保险[1]。各试点根据这一政策精神，纷纷在宅基地置换中推行了"土地换镇保"，即涉地农户将自己的承包经营权交出，换取小城镇社会保障。

本章根据在置换中"土地换镇保"的实践中出现的问题，重点关注以下问题：基于涉地农民的生存权保障设定的理论基础和实践悖论及其背后的逻辑。从生存保障权的角度来审视，"土地换镇保"中的产权边界与长远生计可持续具有什么样的内在联系？或者说，在用社会保障替代土地保障的功能中，如何来审视土地的增值收益功能？尤其是置换后承包地的规模化或集中化利用后，承包地的产权归谁、收益由谁享有？通过什么样的机制进行分配？

---

[1] 这一政策主要根据是，2004年《〈上海市小城镇社会保险暂行办法〉若干问题处理意见的通知（二）》（沪镇保办发〔2004〕1号）第2条规定，比照使用改征用的办法来落实"镇保"（小城镇社会保险）。"具有本市户籍的男性60周岁、女性55周岁及以下的农业人员，经与集体经济组织协商一致，在将承包的土地退还给集体经济组织后，具备条件的集体经济组织可以按照本通知第一条第二款办法为其落实小城镇社会保险；男性年龄超过60周岁、女性年龄超过55周岁的农业人员，符合上述条件的，可以参照征地养老的办法落实保障。具体办法由区县政府制定。"

如何建立一种土地收益与镇保增长之间的内在机制？这些问题都是在置换过程中笔者重点关注的。

第一节 置换中"土地换镇保"的法律问题

生产方式的变革所带来的非农就业和城市化不断得到提升，而非农就业和城市化的推进对于建设用地的需求增加，迫使对传统村落式的居住方式进行改革，而居住方式的变革又进一步推动生产方式更趋向非农化就业。在这种背景下，传统的农用地使用制度也面临着革新，即由传统的、分散的经营方式向集约化和规模化的生产方式过渡。但是，由于市场经济和城市生活的高度竞争性和不确定性，传统分散式的农地使用方式，可以为市场经济中的淘汰者或失败者提供最基本的生存保障，特别是现代农村社会保障极不健全的情况下，传统农地的社会保障属性还具有其残余的价值，在这个意义上而言，农地制度的改革者，在城市化背景下来推动农地规模化和集约化经营，必须要考虑传统农地上所体现的"残留的价值"。但是，这个"残留的价值"仅仅通过"镇保"可以取代吗？如何在实现农地利用朝着规模化和集约化方向发展的同时，能够更好地保障离地农民长远生计可持续性的发展。从法律和制度构建层面上，探索富有建设性的制度模式，能够确保农民进入城市以后的生活不因此而没有着落。在这个意义上而言，农地改革路径选择和决策，需要从整体性和系统性立场上统筹考量。

一、"镇保"基本内容

"镇保"是上海市小城镇社会保险的简称。其是 2003 年上海市政府为了解决城市化过程中失地农民、推进郊区城市化过程中遇到的土地、社保和户籍改革等综合性问题[①]，考虑到"农保"和"城保"的弊端而推出的一种新

---

① 关于这一点详见吴端君："上海失地农民的社会保障"，载《社会学》2008 年第 3 期；或王宇熹："上海小城镇社会保障制度改革与发展报告"，见汪泓主编：《上海社会保障改革与发展报告（2008）》，社会科学文献出版社 2008 年版，第 193 页以下分析。

的解决方法①。根据《上海市小城镇社会保险暂行办法》（沪府发〔2003〕65号）、《上海市被征用农民集体所有土地农业人员就业和社会保障管理办法》（沪府发〔2003〕66号）的规定，主要内容是将养老、医疗、失业、生育保险和工伤保险在内的"五险"合一，包括基本保险的统筹部分和补充保险的个人账户统筹部分。其总体框架可以概括为"25% + X"。25%指的是基本保险的统筹部分，主要包括养老、医疗、失业、生育和工伤保险。这部分费用，以上年度全市职工月平均工资的60%为基数，以25%的比例按月缴费。在25%的缴费比例中，养老、医疗和失业保险分别占17%、5%和2%，生育和工伤保险各占0.5%。X指的是补充保险的个人账户部分。补充保险由政府指导鼓励，单位和个人选择参加，实行个人账户制，归个人所有。

但是根据沪府发〔2003〕65号和沪府发〔2003〕66号文件的规定，前者主要是本市郊区范围内用人单位及具有本市户籍的从业人员，以及经市政府批准的其他人员，而后者则主要是被征地人员。因此在缴费方式和性质上二者存在很大的不同。如在缴费方式上，从业人员缴费已经由征地单位来缴纳②，这时镇保已经一次性缴纳了基本养老和医疗资金，企业一般只为那些被征地参加镇保后来工作的员工支付失业、生育和工伤保险即可，因此制度设计者主要是为了降低商务成本，促进郊区工业化和城市化的发展。而对于失地农民的参保缴费缴纳做了特别规定，即由征地单位或区县政府负责为被征用地农民一次性缴纳不低于15年的镇保基本养老、医疗保险费和3%补充医疗保险费，以及不低于24个月的生活补助费。在性质上，我们可以看出后

---

① 据钟仁耀等人的分析，在当时无论传统的农村保障，还是城市社会保障都存在自身无法克服的缺陷：第一，上海农村社会保险制度主要存在的问题：①社会统筹层次低，农村养老保险制度以乡镇为单位进行社会统筹，农村基本医疗保险制度则以村为单位进行社会统筹；②支付水平非常低，2003年全市农民月平均基本养老金约为75元，农民基本医疗保险也非常低，无法满足广大农村居民的需要；③各地之间差异大，乡镇和村的经济发展水平的高低和农保的水平之间存在直接联系。第二，上海市城镇社会保险制度也很难适合农村社会经济的发展水平：①城镇基本养老保险基金收支不平衡的压力不断增大，基金于1998年就发生了当年收支不平衡的现象，此后收支不平衡现象越来越严重，而且会导致个人账户"空账"问题。②城镇基本医疗保险基金支出的增长速度很快，市政府依然面临巨大的财政的负担。③城镇保险缴费率非常高，2003年缴费率已经达到了47.5%，对于个人和单位是一个很重的负担，而且已经严重影响到了上海市产业竞争力，对于上海招商引资带来了很大的负面效应。钟仁耀、查建华：《上海社会保障和谐发展研究》，上海财经大学出版社2007年版，第123页以下分析。

② 如失地农民已经获得征地单位给予缴纳的基础保险费后又就业的。

者主要是着眼于失地农民的生存权保障，即对失地农民群体制度安排以保障性和补偿性为根本特点，而前者主要着眼于社会保险[①]。

二、置换中"土地换镇保"的法律问题

按照宅基地置换政策，试点镇和非试点镇都按照上海市沪府发〔2003〕66号文件确立的社会保障与土地处置、户籍转性整体联动"三联动"原则，在宅基地置换中，根据居住方式带来的变革而相应地推行"土地换镇保"。

从第一批宅基地试点镇落实"土地换镇保"的实际情况来看，总体并不理想。

（一）各试点资金平衡缺口太大，致使"土地换镇保"事先承诺没有兑现

由于上海市政府主要给予政策支持，在前期投入阶段基本上是各试点镇自筹资金，如金山廊下镇试点前期投入需要资金4.44亿元，市财政给予补贴资金750万元，金山区财政补贴250万元，而需要自筹资金4.34亿元。而奉贤区庄行镇则主要是通过奉贤区土地发展中心，通过指标转移的方式，将邻近庄行镇待置换的区位比较好的两块土地进行抵押，获得银行10亿元贷款作为先期投入，但前期置换资金投入需要15亿元，尽管该试点虽然与资金雄厚的两家房地产公司进行合作，还有2亿元左右的资金需要平衡。总体而言，宅基地置换小区的先期投入资金缺口比较大，资金筹集和周转比较困难，各置换试点即使不将"镇保"投入资金计算在内[②]，资金平衡的缺口平均也在1亿元左右，其中缺口最大的试点高达2.28亿元无法进行资金平衡，资金平衡缺口最小的也有0.3亿元[③]。前期的房屋置换资金投入就已经让各试点镇在资金筹集方面陷入财政困境，而在推行"土地换镇保"上更是难以承受镇保资金的压力。特别是根据宅基地置换试点政策，市级财政和区级财政在资金

[①] 关于社会保障和社会保险的主要区别，胡苏云、杨昕给予了这样的分析：保障制度需要政府财政托底，因为土地是农民生活的资料，还发挥着未来的养老的功能；保险制度更多的是全社会的互助共济制度，政府基本只要顾及参保群体所缴纳资金的内部平衡，而参保者的生活、工作与其保险是不同的系统。详见胡苏云、杨昕："上海小城镇保险制度评析"，见卢汉龙主编：《上海社会发展报告（2009）——深化社会体制改革》，社会科学文献出版社2009年版，第295页。

[②] 据统计，每个试点如果全部落实"镇保"，需要资金1.5亿～2亿元。详见《上海市推进"三个集中"试点工作联席会议（2008年9月）》。

[③] 资料来源：《上海市推进"三个集中"试点工作联席会议（2008年9月）》。

筹措方面并没有给予具体可操作的办法,没有提出支持的具体方式、方法、途径和措施。

根据相关数据显示,金山廊下镇的试点仅仅为因征收置换小区和基础设施建设用地涉及的农民和部分老年人解决了镇保,共1132人,占全试点应落实镇保人数的44.50%,未解决镇保1412人,占应落实镇保人数的55.50%。对此,很多农民认为地方政府并没有兑现置换当初的政策,特别是看到已经落实镇保的农户,感到受到不公正的待遇,为此不断地进行上访。奉贤区青村镇试点1300户不包括镇保也需要3.5亿~4亿元的投入。镇保资金人均需要8万元以上,因此,先不解决镇保。在宅基地征用的农户中第一步解决一百多户镇保,其余以后再逐步解决。对于一些不给镇保就不愿意置换的老年人,则通过比照镇保数额的方式给予他们相应的补贴,这在实践中既不规范,也不长远。而庄行镇等试点虽然落实了"土地换镇保"的政策,实践中存在的问题也比较多,一方面大部分采取的是分期付款,如庄行镇政府要分10年还清欠款的办法,但这种做法明显不符合上海市劳动与社会保障局的规定,即从2005年1月1日起,要一次性缴清参加镇保人员的费用,同时也不符合社会保障费的缴费方式;另一方面在置换中因小区建设需要征收庄行镇附近东风村农民的土地,致使该地上的四百多人的镇保问题比较突出,市、区政府对此不予承认,最终则由镇政府和村委会独自承担,涉及镇保资金1.3亿元,现已支付了四千多万元,还有八千多万元没有支付[①]。大部分试点镇,特别是传统纯农业区试点镇,如奉贤区的青村镇、金山区的廊下镇、崇明县的陈家镇等地在进行"土地换镇保"政策的落实上,很不到位。再加上这些地区在置换前就缺乏相应的产业支撑,农民就地就业困难,收入受到影响,农民参与宅基地置换后基本生活难以得到长期保障。

(二)即使落实了"土地换镇保"政策,远郊试点地区农民的长远生计堪忧

即使落实了"土地换镇保"比较好的试点镇,无论对于征地养老人员还是对于就业劳动力来说,在置换后他们的长远生计可持续问题都非常突出。

---

① 胡苏云、杨昕:"上海小城镇保险制度评析",见卢汉龙主编:《上海社会发展报告(2009)——深化社会体制改革》,社会科学文献出版社2009年版,第300-301页。

特别是对于纯农业区的试点镇来说，问题堪忧。一方面，宅基地置换成小区住房以后，生活成本和日常开销大大增加，而传统的庭院菜园经济又在宅基地置换后变成了耕地指标，电费、水费、物业管理费以及交通费等开支大大增加，据住房和城乡建设部政策研究中心课题组对东部发达地区所做的相关实证调研，认为置换后每户支出平均增加了4000元左右，增幅达到35%以上[①]。另一方面，按照置换政策，农民将承包地"自愿"交给当地农村集体经济组织或村集体后，由当地镇政府和村委会落实镇保，农民不再和土地有关系了，即传统意义上的土地保障被现代意义的社会保障（镇保）给代替了。根据沪府发〔2003〕66号文件第5条第2款的规定，按照落实保障，市场就业的原则，征用地单位承担的征用地费用应当首先用于被征地人员的安置补助费；安置补助费应当首先用于落实社会保障；被征地人员实行市场就业。

根据笔者到各地的调研情况来看，这个政策在试点地区，特别是纯农业地区执行的效果并没有原来决策者想象得那样好。如笔者到奉贤区庄行镇、崇明县的陈家镇等试点镇调研，这些地区在实践中有的虽然落实了镇保，但是就业情况和长远生计可持续性状况不容乐观。特别是镇保的落实，当地农民要进入企业里工作，企业要为这些人缴纳"小三金"（镇保中的失业、生育和工伤保险，俗称小三金）[②]，当地农户在郊区企业就业竞争不过外地农民工，致使当地部分农民也加入开黑车等非法经营的行业中。

根据施建刚等人2008年在松江区佘山镇的调研，"宅基地置换后，生活得不到保障。参加镇保的人，达到退休年龄可领到370元的退休金，未到退休年龄而又没有工作的两年内可领290元/月的生活补贴。但是一般而言，农民要找到稳定的工作很难，所以普遍担心进住小区后，由于物业管理费、煤气费、生活费增加，生活质量达不到原有水平"[③]。

根据刘娥苹在金山区廊下镇的调研反馈来看，因为该镇试点地区经济相

[①] 住房和城乡建设部政策研究中心课题组："农村住房集聚建设要因地制宜"，载《住房保障》2009年第4~6期。

[②] 实践中，郊区企业每个月要为上海市户籍的农业人员缴纳170元左右的镇保费用，而雇佣外来农民工则仅仅缴纳十几元，最多几十元。

[③] 施建刚："基于'和谐'理念的宅基地置换模式创新"，载《农村经济》2008年第1期。

对落后，而且当地工业发展不充分、就地进行非农就业空间狭小，再加上集中居住后户均生活成本开支增加300元/月，致使置换后很大部分农民生活质量反而下降①。而徐杰对庄行镇的调研显示，农民在通过交出承包地获取镇保之后，根本享受不到土地增值所带来的任何利益。"由于年龄、学历、技能等原因，总有一部分人会在失地后找不到工作。那么，对于这部分弱势群体来说，政府的补偿和保障，就成为他们维持生计的主要来源。宅基地置换后，仅仅为失地农民一次性购买15年的社会保险、支付2年的过渡性的生活费以及一定比例的医疗补助，无法从根本上解决失地农民的生活保障问题。"②

（三）置换中"土地换镇保"在近郊和远郊的悖论

从置换的试点来看，近郊或城市化比较充分的试点，通过落实镇保来推动宅基地置换对当地农民并没有多少吸引力。这主要是因为：一是这些地区的农用地大部分都被征收，并按照征地落实城保或镇保的政策③，根据边际效应理论就可以很好地解释这个现象；二是这些地区住房建设和设计标准大都是接近别墅式住房，特别是这些地方邻接工厂群和城市带，房屋需求量大，出租所获得收入比较高；三是这些地区工商业发达，非农就业转移空间大，而且相对比较便利，可以就近实现非农转移。因此在实践中通过"土地换镇保"对这部分地区的民众很难具有说服力和吸引力。而在远郊，大多数农民基于改善居住条件的愿望和落实镇保的期待，虽然具备进行"土地换镇保"的群众基础和社会条件，但是，由于乡镇财政的制约和束缚，特别是当地非农就业空间狭窄以及农民的非农化意识不强等各种原因，地方政府在落实镇保上有财政压力和危机，即使靠市、区两级政府的帮扶落实了镇保，也难以保证当地农民长远生计可持续性发展。

刘娥苹等人对金山区两个试点镇（廊下镇和枫泾镇）④的比较分析，对此可以给予佐证。枫泾镇的试点无论是工业化、城市化、社会保障以及非农

---

① 刘娥苹、张国明："沪郊宅基地置换的推广条件"，载《上海房地》2009年第9期。
② 徐杰：《宅基地置换进程中沪郊农民消费生活考察分析——以奉贤区庄行镇为个案》，西南财经大学2008年消费经济学专业学位申请论文，第36页。
③ 在2003年年底推行"土地换镇保"政策之前，有很多区县是按照城保来落实失地农民的社会保障的，如浦东新区、松江以及闵行等。
④ 刘娥苹、张国明："沪郊宅基地置换的推广条件"，载《上海房地》2009年第9期。

就业等方面都远远高于廊下镇,因此在置换开始时,廊下镇的试点村就对置换政策给予认可和支持,但是枫泾镇的试点则不断推迟直至搁浅。廊下镇的试点村则比较落后,主要以传统的农业生产为主,尽管在置换前期,基于单元式的住房和镇保的考虑,很多农户愿意置换。但是置换后,廊下镇农民生计和社会保障问题就逐渐暴露。因为经济相对落后,而且当地工业发展不充分、就地进行非农就业空间狭小,再加上集中居住后户均增加生活成本开支300元/月,致使置换后很大部分农民生活质量反而出现下降。枫泾镇的试点在落实镇保上则更为宽松。因为该试点村邻接镇中心,工业化发展特别快,当地劳动力大部分已经就地转移到镇区工厂打工,特别是在置换之前该村的大部分农用地已经被征收为建设用地,镇保落实的比例已经比较高,生活水平也不断地得到提高。但是通过"镇保"这一政策来引导枫泾镇农民进行宅基地置换的动力并不是很大,因为一方面该村农村土地资源已经逐步向土地资本转化,而且当地农民靠出租住房所获得的收入已经比较高;另一方面镇保已经落实,按照置换政策的规定,不可能再给予相应的社会保障的提升。而浦东新区近郊的置换也表明,很多农民在置换前已经落实了"城保",现在则又要退回社会保障档次比较低的镇保,很多农民不愿意推行这个政策。

(四)"土地换镇保"中的原有农地产权问题与生存权保障

尽管"就业"与"社会保障"的落实在推行宅基地置换中具有非常关键性的作用,但是在"土地换镇保"中产权问题也是一个非常敏感的问题,特别是这些通过镇保流转的土地与涉地农民的长远生计可持续发展存在密切联系。产权问题在某种意义上已经从单纯的经济领域转化为政治和法律问题。

在各试点地区调研时发现,无论是地方政府还是农民都基于一种实用主义的立场来看待"土地换镇保"。农民之所以愿意用承包地换镇保,主要原因有以下几点:一是,在现行土地制度下,农地收入比较低,一般出租均价为1千元左右/亩/年,而换取了镇保则可以获得一次性8万多元的镇保费用,即使在承包地使用权年限的范围内[①]也获得不了这样的收入。二是,现行的土地征收制度所带来弊端,致使郊区农民对于农地长久的土地承包经营权感到非常不确定,在笔者调研中,很多农民都讲土地所有权和控制权不在于他

[①] 按照上海市1999年为第二次发包的时间,剩余的为20年左右。

们，而在于镇政府和国家。土地补偿费分配给农民的往往很少且操作很不规范[①]，因此在基层因为土地补偿费的分配问题，干群关系比较紧张。而现在推行"土地换镇保"，其中无论是村集体还是镇政府都要将土地的补偿费落实在镇保费用的缴纳上。三是，有些地方基层组织（村委会和镇政府）在置换中，强制推行"土地换镇保"，再加上农村土地所有权幻觉总是和干预所有权的程度呈现某种正比例关系，即"谁干预了农地产权，农民就将其视为所有权，无人干预则认为自己是所有权"[②]。在实践中往往基于不正确的产权认识，而从被动地不认可到主动地进行置换。

地方政府通过"土地换镇保"，一方面可以响应市委、市政府以及上级政府对于"土地向规模经营集中"的号召，以便在本村或本镇范围内尽快实现农地规模化经营，与此同时，也获得上级政府的认可和赞赏；另一方面通过"土地换镇保"，当地政府获得更为直接的土地使用或利用的控制权。这些通过镇保换取的农地通过平整后，不仅可以有效地增加部分耕地面积[③]作为建设用地指标，而且这些土地经营权和使用权的主体也相应发生了变化，实践中一般为镇政府成立的土地储备中心进行管理。虽然在政策文本上，是农民通过放弃第二轮承包余下的土地承包经营权，但是在实践中农地权利配置更为凌乱和复杂。

根据调研，这些通过镇保置换后的农地，按城市规划区内和外具有不同的经营模式。在城市规划区内部，这些通过镇保流转到镇政府手中的土地，都是作为土地储备来使用的，基本上都是由镇政府下属的土地储备中心来进行管理，主要是为了供应城市建设用地而进行的土地储备，一旦项目建设需要土地，则由土地储备中心来进行办理土地征用手续。实践中相关镇土地管

[①] 根据笔者2008年年底到远郊各区县的调研，很多村民和村委会组成人员认为农村土地是国家的，就是连镇政府也认为土地是国家的。这样的一种认识给现实中的操作带来一定的弊端。比如土地征收补偿款，按照规定前几年上海市的农村土地一亩是15700元，分配的比例应该是村民40%，村民委员会和镇政府各30%。但是，实践中很多镇政府就将这笔钱存放在镇政府的银行账户上，也不给村委会和村民分配，结果造成村委会和村民的不满。特别是当镇政府的领导换届选举的时候，新的镇政府领导成员就说这是镇里的收入，结果就不承认或干脆就说这笔钱根本就没有。因此，引起村民和村委会的不满。

[②] 陈胜祥："中国农民土地所有权幻觉探析"，载《青海社会科学》2010年第6期。

[③] 在实践中通过耕地整理后获得耕地面积要比原来获得耕地多出3%~5%。

理所工作人员认为,这些通过镇保流转的土地本来就是镇政府控制的土地,镇土地储备中心是其所有权代表者,认为在办理土地征用手续的时候,应该比征收农民土地的手续简单,建议市土地管理部门将通过镇保流转土地的征用审批权下放到区县土地管理部门来进行。因为这些镇保流转土地,和征收农民土地相比,已经对土地使用权人进行了安置[①]。

对于城市规划区外部,这些通过镇保流转后的土地,其所有权尽管是归各地的村委会或镇政府(集体经济组织),但是所有权的代表则一般是镇政府隶属下的土地储备中心,农用地由镇土地储备中心根据土地用途和级别来进行土地使用权的定价,实践中一般交给镇集体经济组织或镇农村土地发展公司进行农业经营。而对于通过土地整理获得多余的建设用地指标和置换中留给地方经济发展的建设用地等指标,则根据不同情况分别通过征用、流转或租赁等方式进行管理和经营,但是在具体操作中,镇土地储备中心优先于镇级和村级集体经济组织使用建设用地或建设用地指标。

如果联系"土地换镇保"的前提条件来看,即"落实镇保、土地处理和户籍转性"的"三联动"原则,我们可以发现从农村户籍向城镇户籍转变中的一些问题:转化为城镇户籍的原农村居民,是否还享有原有的农村集体土地所有权?原来的农村集体经济组织或村委会转变为城镇里的居委会是否还有集体土地所有权?

如果从户籍制度改革来看,上海市通过2001年上海市户籍管理制度:从2001年1月1日以后出生的农民子女,统一登记为城镇居民户口;1993年1月1日至2000年12月31日出生的农民子女,逐年解决"农转非"。尽管在源头上逐步切断农民人数有助于加快城市化进程,但是对于进城以后仅仅享受城镇社保的这部分人,是否对原有的农地享有所有权?特别是这一特殊的群体(16周岁以下),他们的生存权保障还基本上停留在传统农村社会中的家庭保障和土地保障层面上,如果通过"土地换镇保"仅仅给他们的家庭成员而没有他们的补偿,则不符合最基本的正义观和价值观。特别是随着政策的推行,这部分群体的社会保障问题将逐步地凸显出来。

而这种实用主义改革路线一个最大的隐患,则是将在知识、技能、文化

[①] 杨旭春:"镇保流转土地",载《上海土地》2007年第7期。

以及观念等方面比较弱势的一个群体，仅仅通过镇保置换的方式将他们的农地使用权（也有可能演变为所有权）和控制权收归到地方政府手中，而没有考虑到这一个群体在就业等长远生计可持续性问题上可能存在的困境。在农地改革的问题上没有将土地制度改革与社会保障以外的其他财产权制度完善结合起来，片面强调社会保障制度所发挥的功能能够解决传统土地制度上所承载的所有功能。这种改革的思路有将农村问题简单化之嫌。随着市场化就业、社会保障功能局限性的凸显以及农民城市化的推进，进城"农民"的长远生计问题将会逐渐凸显出来。对于这些问题，无论是现行的土地法律制度，还是进行置换的中央和地方政策都缺少相关的规定和说明。

（五）城市规划区内、外置换后增加的耕地使用权收益与生存权保障

作为城乡建设用地减少挂钩的核心问题，农村宅基地置换实质便是"在一个目标区内，要求一个区域中新开发的城市建设用地不得多于需要复垦的农村建设用地，即把城市的扩展和农业用地的恢复挂钩"[1]。根据前文分析，从置换的地域的特殊性来看，宅基地置换主要有城市规划区内部相互置换和规划区内部与规划区外部之间的置换两种置换方式。一般而言，在规划区内部由于耕地大部分都已被征收，通过宅基地置换节余的指标基本上就地进行开发，就上海市而言，各区县城市规划区内部，工业和城市化已经比较充分，规划区内部土地级差地租一般都比较高，因此在城市规划区内部节余的土地指标可以通过就地出让的方式来进行消化。特别是一些城郊接合部土地价格比较高昂，因此进行宅基地置换一般情况下都能够实现置换资金的平衡。由于这些地区工业化和非农产业发展比较充分，当地劳动力非农就业转移比较充分，实践中置换的主要矛盾则是对于规划区内通过宅基地置换所获得的建设用地增值收益与土地和房屋的补偿公平问题比较凸显。因为在城市规划区内部，地理位置和城市化发展相对比较充分，土地的级差地租比较高昂，通过宅基地置换节余后的建设用地以及通过镇保流转的农地，基本上都不再复垦为农田或从事农业经营，而是通过土地征收的方式转性为城市建设用地。

而在城市规划内所征用的农地指标用于城市建设用地或进行土地储备的指标，必须要到城市规划区外部的农业地区进行平衡，因为每年国家给予上

---

[1] 邓峰："城乡土地利用中的外部性与土地发展权转移"，载《城市问题》2010年第12期。

海市城市建设用地指标基本上是杯水车薪。城市规划区外的纯农业地区不仅农村建设用地置换空间比较大，而且该地区由于经济相对比较落后，住房和城镇化边际效应比较高，人们乐意接受置换。但是通过置换所获得的建设用地，不是通过实物形式转移的，而是将通过置换所节余的建设用地就地复垦为耕地，获得这个耕地指标后，再到城市规划区内通过对农用地的征收来获得建设用地。因此，对于通过宅基地置换进行复垦的耕地收益权，按照法律规定必须进行农业经营，而不得再进行非农业建设。

节余的建设用地就地进行复垦，复垦后的集体土地所有权应该归集体经济组织或村委会还是镇政府？对于这部分的土地的权利归属和收益分配，在目前的法律制度下缺少相应的规定，处于法律的空白地带。特别是这部分权属归属既不是地方政府通过"镇保"置换的，也不是地方政府完全通过交易获得的，因为在置换中地方政府的标准往往是对建筑物占地面积进行补偿，但是对于建筑物面积以外的土地面积（院落、房前屋后的自留地等）并没有给予相应的补偿。因此，这部分通过建设用地指标就地复垦的土地所有权和使用权以及收益分配权则在实践中成为争议地带。根据宪法和土地管理法等基本原理，笔者认为这部分收益应该归属当地的农村集体经济组织。但是通过"土地处分、落实镇保和户籍转性"后，这些集体经济组织或村委会在建制上都不复存在，因此由谁来代表新进城的"农民"享受这部分收益？农民转为市民后还有没有具备享受这部分土地收益的权利？这部分收益如何与进城"农民"的就业和社保待遇的提高等联系起来？则是完善和保护进城后"农民"生存权非常重要的内容。

（六）城市规划区内和规划区外的农地发展权与生存权保障

从表面上看，在城市规划区内和城市规划区外推行宅基地置换是分别进行的，而且二者之间没有什么联系。其实不然，在城乡统筹背景下，特别是在城乡二元土地制度、土地用途管制中耕地保护制度以及城市规划等制度的制约下，城市建设用地指标根本无法满足城市发展用地的需求。以上海市为例，按照土地利用总体规划，到2020年，上海市的建设用地为2980平方公里，而上海实际建设面积到2009年就已经达到2700多平方公里，近年来，中央政府给予上海市年均城市建设用地才4000亩左右。而在这种背景下，城市发展所需要的建设用地指标必须进行填补或平衡。即"如果一个地方获得了扩大城市用地许可,就意味着另一个地方必须增加耕地面积"①。近郊城市用地指标超过国家给予的指标,必须通过农村集体建设用地的整理、置换来进行平衡。由于农村建设用地无论在面积上还是在功能上,都是以宅基地为中心,呈现一种弥漫的自然状态,因此这也是实践中人们习惯以"宅基地置换"一词来对集体建设用地整理以便集约利用的实践予以描述。

在实践层面上,要推行宅基地置换必须具备两个条件:一是规划区外纯农业生产区具有较大的建设用地整理潜力;二是城市规划区的建新区土地使用权能够以较高的价格出让,二者缺一不可。从宏观上看,这两个条件基本上都不在一个区域,大多数的情况是,规划区内的土地有着较大的增值空间,但由于城市建设用地指标欠缺,地方政府无法通过征收或储备等办法来增加城市建设用地的权力;另外,规划区以外的郊区纯农业地带具有潜力巨大的空间,但是由于区位等方面的原因,土地增值空间非常有限,特别是这些地区,经济相对比较落后,基层政府和村委会或农村集体经济组织和农民,即使有整理和开发的意愿,但无法承担拆迁和补偿等巨大的先期资金投入,特别是进行整理和复垦后,获得这些土地的出让金,因为区位、投资环境等原因,还是农业经营性收入,根本无法进行资金平衡。因此,农民和村委会或村集体经济组织缺少进行宅基地置换的动力。而城市规划区内的村集体经济组织土地升值空间比较巨大,一般情形下,都是通过房租和地租就已经获得不菲的收入,再加上就业环境、居住条件以及基础设施建设等都比较宽松和优越(相对于纯农业地区)。但是城市规划区的土地(无论是宅基地等建设用地还是承包地)基本上都是通过土地征收来获得的,否则地方政府无法获得城市建设用地,而在耕地保护政策的限制下,地方政府进行土地征收是有条件的,即必须具有相应耕地指标来对其征收超过中央政府给予的建设用地指标以上的土地进行平衡,否则不仅其征地合法性受到质疑,而且还要承担相应的行政责任②。

为了获得土地出让收益的最大化,往往是规划区内土地征收(或置换)

---

① 邓峰:"城乡土地利用中的外部性与土地发展权转移",载《城市问题》2010年第12期。
② 详见国发〔2004〕28号规定:"调控新增建设用地总量的权力和责任在中央,盘活存量建设用地的权力和利益在地方,保护和合理利用土地的责任在地方各级人民政府,省、自治区、直辖市人民政府应负主要责任。"

和规划区外的置换结合在一起来进行。通过将规划区外的纯农业地区的宅基地整理集约利用（主要通过建设小高层式的农民公寓），获得的建设用地因为无法就地进行开发只好就地复垦获得建设用地指标，再到城市规划区内进行征收农民的耕地来获得城市建设用地，通过出让这些城市建设用地获得的部分土地出让金来填补城市规划区外所进行的拆迁、建新以及基础设施建设等先期投入。但是在这个过程中，我们可以发现，城市规划区外通过宅基地置换节余的土地指标，就地进行复垦，其以后在法律上也没有权利将这些耕地变性为集体建设用地。因而也就切断了这些地方发展集体经济用地的需求和空间。而在城市规划区内的原来的土地权利人因为土地被地方政府征收或通过宅基地置换和"土地换镇"保等方式，丧失了土地用途变更的权利，即土地发展权。

而土地发展权因为地方政府的土地出让（协议、拍卖和竞价等方式）最后被土地开发商获取。而地方政府给予城市规划区内的征地和拆迁补偿以及城市规划区外的置换补偿仅仅是土地财产权的一种表现形式。而且这种财产所有权的补偿并没有体现财产所有权本身的价值，事实上仅仅是"理论上"或"口头上"保障农民长远生计的补偿。实际上，由于各种因素的制约，如就业观念、就业技能以及物价等方面，这些通过置换或征地而失去农地的农民，其长远生计问题并没有得到根本解决。相反，通过土地转性后进行土地开发的房地产以及工商业企业等获得了巨额的收入，因此有学者借鉴英美国家的土地发展权的理论，来区分土地发展权收益与土地补偿费、安置费、土地出让金等现有的土地收益，认为应该在土地补偿费、安置费、土地出让金等基础上，土地使用人或土地开发商应当向土地所有权人支付土地发展权的对价[①]。

第二节 生存权保障视野下的理论和实践悖论："土地换镇保"

从生存权的角度来审视"土地换镇保"实践，在理论层面上看，存在非常基础性的缺陷；但是从实践上，根据制度改革和演变的路径，特别是现实

---

① 刘国臻："房地产老板的暴富与土地发展权研究"，载《中山大学学报（社会科学版）》2007年第3期。

中的财政压力和涉地农民的反应，也具有一定的合理性。在理论上存在重大缺陷和实践上存在一定合理性两难困境中，其背后的运行逻辑则是我们在研究土地与农民生存权保障之间内在关联时，需要结合具体的实践来加以探讨的。

一、生存权视角下的土地补偿：财产增值抑或保障功能

（一）基于生存权保障的农地补偿：农地财产增值权的缺失

我们党和政府十分关注和重视农村社会的生存权保障，而且这种生存权保障的制度设计与农地所有权和使用权制度的设计具有内在的联系。所有权属于集体、使用权属于农户，是农村土地制度最基本的内容，这也是为什么在传统的农村的社会保障主要靠农户、集体和土地来维持的最基本的法理。在某种意义上而言，赋予农村集体具有法律制度保障的土地所有权和赋予农民长期而有保障的土地使用权本身就是落实农村社会的生存权保障的最基本内容。尽管在法律层面上并没有明确这一点，但是我国长久以来农村社会保障制度的缺失以及农村社会保障制度的实践都反复地印证了农村社会保障来源于土地、家庭和集体的事实[1]。特别是我国《土地管理法》将农地征收的补偿仅仅限定于农地的农业收入和保障失地农民的生活为基本原则，更是凸显了农村土地以满足权利人以粮食为主要内容生存权保障的功能。这也是当下很多学者质疑和诟病现行的农村土地制度的核心问题之所在。特别是将这一制度内容与西方资本主义财产自由权为基础的农村土地制度进行比较，我们发现西方资本主义等现代化国家是在尊重农民的土地所有权或用益权的基础上，在保障本国农地财产权最大化利用的基础上而进行的制度设计，并对农地所有权者或使用者在市场化竞争过程中出现的农民破产、失业、贫困等社会问题，给予最基本的生存权保障，而在我们国家则主要是通过征地的方式来获取城市建设用地，而补偿给农民的并不是农地所有权或使用权的市场价格，而仅仅是具有生存权性质的农业收入补偿。

---

[1] 专门研究社会保障的郑功成教授也认为"以土地为生产资料的农民获得的保障就是其和其他集体成员在土地上的劳动所得，虽然在形式上这并非是社会保障的项目，但实际上是农民集体保障中的核心部分"。郑功成：《论中国特色的社会保障道路》，武汉大学出版社1997年版，第92页以下分析。

于是在这种土地管理体制之下,我们可以发现农民进行农地的非农化利用在实践中是禁止的,而只可以通过地方政府单一的渠道进行农地的非农化式的征收,特别是依照以公共利益为目的的征收制度,其界定的宽泛和随意已经被学界和实务界口诛笔伐,再加上我国现行法律体制中,因为缺少对地方政府的司法审查制度或常规性制约和监督制度缺失,致使通过民众的诉求来制约地方政府等非常规的制约机制显得势单力薄。而现行的《土地管理法》基于保护耕地和粮食安全等因素的考虑,主要还是以农业种植为补偿标准,即严格按照农地的平均年收入来进行补偿,其补偿的高低仅以农地种植结构和农业产值为基本评价标准。而没有考虑地方政府农地非农化(土地征收)后土地增值因素,在某种程度上,助长了这种依照以征地为契机的地方政府经济发展模式。

这一点无论是从土地法基本原理,还是从社会保障制度的基本原理都无法在理论上予以证明。即土地所有者和使用权人有权根据市场化运行机制,在现行法律制度和规划制度的框架下实现其土地财产权收益的最大化,而在市场竞争中破产的农户或农民根据自然法权原则,有权要求国家给予其最低限度的生存权保障。这是农村社会财产自由权和以生存权为主要内容的社会权在人权和基本法领域最基本的体现。而现行《土地管理法》及其相关政策文件主要集中在农村土地的农业收入为主要的生存权保障,而土地的财产权及其增值收益权则明显不足,这不仅是近年来地方政府频频征用农地的法理基础,也是农村社会不能充分行使农地财产权而进行投资和财产性收入增加的根本原因。

(二)财产增值和保障功能:物权法的改进

在地方政府推行"土地换镇保"的过程中,不仅农地的财产权增值功能被现行制度有意地规避掉,而且获得类似城市社会的社会保障待遇还需要用农地或农地被征用的补偿款来进行置换或购买,致使本来是政府责任的公共服务转化为农村社会的土地负担。而2007年颁布的《物权法》第42条第2款对此进行了突破,"征收集体所有的土地,应当依法足额支付土地补偿费、安置补偿费、地上附着物和青苗补偿费等费用,安排被征地农民的社会保障费用,保障被征地农民的生活,维护被征地农民的合法权益"。从这一规定来看,有两种理解,一种理解是实践中各省市政府的理解,"土地补偿费、安置补偿费、地上附着物和青苗补偿费"这四费作为被征地农民的社会保障费的资金来源,对此,上海市也不例外,沪府发〔2003〕65号第48条专门规定了被征地人员参加镇保费用的缴纳。"被征地人员安置补助费用于一次性缴纳基本社会保险费后的剩余部分,应当首先用于缴纳补充社会保险费。"而沪府发〔2003〕66号第5条第2款的规定:"征用地单位承担的征用地费用应当首先用于被征地人员的安置补助费。安置补助费应当首先用于落实社会保障。"特别是原来选择领取征地安置补助费的农民,其原来领取的安置补助费要自己承担镇保费用的缴纳。根据沪镇保办发〔2003〕1号文件规定,"未参加城保、农保的人员参加镇保时,其原领取的安置补助费应当用于一次性缴纳不低于15年的基本养老、医疗保险费,不足部分根据区县政府制定的补贴方案予以落实"。这些规定都明确了镇保费用资金来源主要是征地单位的安置补助费,不足部分则由区县政府和镇政府的财政来进行补贴。

另一种理解则是从法律技术层面上来进行的理解。有学者认为从《物权法》第42条的字面解释和立法目的解释来看,"不仅要给予'土地补偿费、安置补助费、地上附着物和青苗补偿等费用',还要'安排被征地农民的社会保障费用'"[1],即被征地农民的社会保障费是与"四费"相并列的补偿,而不是用"四费"来缴纳社会保障费。但是由于《物权法》第42条第2款的立法本身的可操作性和技术含量的因素,致使现在各地对于这一条款的理解发生了极大的偏差。实践中几乎各省市都是将这"四费"合一来缴纳农民的社会保障,而不是通过这"四费"以外的财政补贴来为农民落实社会保障。

(三)"土地换镇保"中保障功能面临着政策和法律的冲击

从上海市宅基地置换中用"土地换镇保"的实践来看,我们可以发现对农地财产权的增值收益并没有给予充分考虑。其进路依然是通过补偿涉地农民的农地的农业收入,只不过这种补偿的标准和方法得到很大的提升,由原来单一地补偿给农民土地安置费的货币补偿,到将这些安置补偿费用来缴纳小城镇社会保障费用。在推行方式上,宅基地置换中由原来的强制性的土地征收或征用,转变为在尽量充分尊重大多数农户意愿的基础上来获得建设用

---

[1] 张云华:"城镇化进程中要注意保护农民土地权益",载《经济体制改革》2010年第5期。

地或建设用地指标。这些标准和方式的提高或改进与传统的征收或征用农地相比,有了很大的改进,但是整个推进农村土地改革的思维模式并没有发生实质意义上的转化。即还主要是依据农地每年农业收入货币量来维持农村社会的生存权保障,而这种生存权保障不仅没有充分考虑农地本身的财产权以及其增值收益权的价值,还让农地本身的财产权承担本来应该由政府承担的公共服务即社会保障费用。特别是近年来中央的农村土地政策和公共服务政策发生了较大的变动,主要有2008年党的十七届三中全会明确提出要保障农村土地承包经营权期限由原来的30年改为"长期"不变,这极大地冲击了"土地换镇保"的土地法律基础。调研显示,各试点镇在用"土地换镇保"时一个非常重要的法律依据,是用第二轮承包地余下期限的土地承包经营权换取小城镇社会保障,如果中央政策将土地承包经营权的期限由30年修改为长期或长久不变,则农民用土地置换小城镇社会保障的热情则会大大减退。另外国务院在全面推进新农村医疗保险之后,于2009年8月开始启动新一轮的农村社会养老保险制度试点,并要求各地要在试点的基础逐年开展新型农村社会养老保险,于2020年全面普及农村社会的养老保险。根据试点政策的规定,推行新型农村社会养老保险的条件并没有要求农民通过土地置换的方式来进行。这项政策被2010年颁布的《中华人民共和国保险法》全面加以肯定,并通过法律的形式,明确要建立农村社会的养老、医疗、工伤、失业以及生育等社会保障制度。2010年底上海市根据国务院要求,出台了《上海市人民政府贯彻国务院关于开展新型农村社会养老保险试点指导意见的实施意见》(沪府发〔2010〕39号)探索个人缴费、集体补助、政府补贴相结合的新农保制度,2010年试点范围为浦东新区、松江区和奉贤区,以后逐步扩大试点。2011年底实现本市新农保全覆盖。这项政策和法律的出台极大地冲击了用"土地换镇保"的政策和法律基础,使其日益面临着合法性与合理性的危机。

二、实践逻辑:以社会保障为主导的运行机制

理论上或制度层面上农地财产权增值收益的分析并没有完全在实践层面上得到接受和认可。这主要是因为理论层面上的探讨并没有被现行法律吸收或吸收本身还需要一个过程,致使各省市的政策和实践依然在遵守现行土地

法律体系下来坚持以农业收入为补偿数额的生存权保障；从农民的角度来看，就社会保障功能农地改革与以往单纯发放土地补偿费而言，无论是在补偿力度上还是在补偿方式上都倾向于前者，特别是在非农就业和非农收入远远大于农业收入的社会经济结构转型的背景下，更是促使农民容易选择"土地换镇保"，再加上无论是农村社会保障还是城镇社会保障都是以农民缴纳社会保障费为主，集体和政府仅仅是给予扶助和补贴，那么社会保险费缴纳这样一笔开支对农民而言则是非常巨大的，致使农民本身也更为乐意选择"土地换镇保"；从政府的角度而言，在置换中通过"土地换镇保"有几点考虑：一是上级给予本级政府的政治任务，其完成的力度是考核其政绩的主要参考依据，二是配合农村城市化战略，实现"土地处置、落实镇保和户籍转性""三联动"的主要契机，并以此为抓手实现本地区资源、人力和财力的整合和优化配置，促进本地区经济社会发展，三是在既有的"土地财政"背景下，通过"镇保置换土地"来为本地区经济和社会发展获得更多的土地空间。

（一）滞后于理论的立法

当前理论界对于农地财产权增值收益权进行了广泛的研究。如王克强对上海市郊区农村土地所具有的功能效用进行分析，认为农村土地具有多重效用，如基本生活保障效用、就业机会效用、直接经济效益效用、子女继承效用、征地后可以得到补偿效用、避免重新获取时支付大笔费用效用[1]。他在此基础上认为，征收农民的土地要考虑农民的除基本生活保障部分以外的土地财产增值功能，再通过城郊土地资本化运作来获得郊区农民进城的社会保障资金，具体可以设置土地发展权、土地和集体资产股份化以及将农村土地纳入土地市场。而常进雄认为土地对于农民具有生活风险保障、就业保障以及财产增值保障等功能，应该在征地补偿或落实社会保障层面上将农村土地的这些特点进行考虑[2]。吴端君教授也认为，征地补偿费仅仅是农民丧失土地后的一种补偿，因此不应该因为农民享受了农地的经济补偿，就影响他们

---

[1] 王克强：："农村土地基本生活保障向社会保险过渡存在的困难——兼论农民对土地决策基础从生存伦理向经济理性的转移"，载《社会科学战线》2005年第2期。

[2] 常进雄："城市化进程中失地农民合理利益保障研究"，载《中国软科学》2004年第3期。

享受社会保障和城市"低保"的国民待遇①。其言外之意就是主张土地的经济补偿功能和公民的社会保障权在实践层面上并不是矛盾的。

刘俊教授从法律技术角度上解读现行的农村土地承包经营权的社会保障性和财产增值性（物权性）之间的矛盾和冲突。他结合当前城市化的进程、农村劳动力的转移等背景，认为社会保障功能已经阻碍了土地利用效率和财产增值功能，将土地的社会保障功能与物权功能区分开来，并建议政府"应当不失时机由土地的社会保障功能向土地利用效率价值"②转化。郑雄飞博士则通过剖析"土地"和"社会保障"的两种资源所具有属性及衍生权利束，认为保护和发展人权，特别是人的生存权是二者的契合点，而异质点在于资源属性的不完全同质（自然资源与社会资源）和权利口径与责任主体的不同。在此基础上，他认为基本保障不可换，不能混淆"补偿"和"保障"以逃避政府的责任；但补充保障可以换，能够利用地上权利及其资产收益来添置非基本保障利益③。这些理论上的分析都主张，在土地制度的改革上应该通过落实社会保障，以便剔除农村土地保障功能对于土地财产功能发挥的制约，将土地本身的财产性增值功能给凸显出来；并认为土地的保障功能应由单一的生存保障转变到生存保障功能和发展保障功能并重的格局上来。这些研究成果在学界或理论界引起了广泛的讨论和认同，但是这些研究能否转化为立法内容以及如何转化为立法内容则是非常关键的环节。

在实践中各省市在既有的立法并没有吸收农村土地财产增收收益权的补偿标准之前，依然在既有的法律体系下和政策框架下来进行以生存权保障为主要标准的补偿，再加上我国司法制度在体制层面上不能通过判例的方式来对既有的农村土地法律制度存在的机械、僵化或不公正进行修正或批判，致使整个法律体系的更新需要立法来进行，而立法程序的展开不仅滞后，而且要照顾到全国范围内的经济、社会发展不平衡的现状，致使在短时间范围内

---

① 吴瑞君："城市化过程中征地农民社会保障安置的难点及对策思考"，载《人口学刊》2004年第3期。

② 刘俊：《土地权利沉思录》，法律出版社2009年版，第135页。

③ 郑雄飞："破解'土地换保障'的困境——基于'资源'视角的社会伦理学分析"，载《社会学研究》2010年第6期。

改变这种现状，根本行不通。而省级人大及人大常委会作为政策制定和实施的监督者往往出于地方政府发展经济和社会等因素的考虑，其监督大都停留在具体的形式上，而不能根据基本的法律原则和现有的理论研究成果对本级政府及其下级政府出台的政策文件规定进行富有实际意义上的批判和修正。这样致使整个国家的土地补偿标准和相关的制度改革，寄托于党中央和中央政府的政策性文件，但是由于党和中央政府的政策性文件往往规定得比较笼统和原则，在细化中由于缺少可操作性和稳定性而只具有形式上的意义，并不能对现有的体制和实践进行根本性的改革。

以上海市为例，从笔者近几年来参与历次研讨会和对相关理论探讨的收集情况来看，大多数学者和专家对这一问题达成了共识：仅仅通过补偿给农民具有生存权保障性质的社会保障，而不能将社会保障与土地财产权的收益结合起来进行改革是在变相地剥夺农民的土地财权权利和公共服务权利。与此同时，这一时期，党中央和中央政府农地补偿政策和农村社会保障政策等发生了很大的变化，但是上海市从2004年以来所推行的宅基地置换和"土地换镇保"的实践并没有因此而中断或停滞，也没有因此而受到重大的影响。而在"土地换镇保"中所出现的案件和纠纷通过司法程序来修正和批判上海市宅基地置换试点的政策案件为零，而上海市人大及人大常委会在法律和政策监督层面所做的工作也往往停留在程序上的认可和通过，而不能对上海市政府宅基地置换试点政策规定中，出现的有违全国立法和党中央和中央政府的文件或政策提出合理化的建议和意见。

（二）"土地换镇保"的农民立场

在宅基地置换"土地换镇保"的政策推行中，农民因为对现行土地法律和社会保障制度等相关规定缺乏全面而系统化的理解和掌握，因此不可能站在理论界和学界的高度对"土地换镇保"这一政策给予批判和反对，在这个层面上而言，知识的贫困而带来的权利贫困具有很强的解释力。在"土地换镇保"过程中不仅仅是土地财产权被剥夺，更为根本的问题则是权利的贫困。但是问题也不是如理论层面上那样绝对，农民在"土地换镇保"中基于一种实用主义的立场来看待这一实践，尽管不能像一些学者从理论层面上对这一问题进行宏观和整体上的把握，但是基于生活的经验和常识，他们就能够在置换中认识到政府所做的置换本身是一种"有利可图"的政治实践。而这种"有利可图"主要的着眼点则是自己的土地。因此在置换中如何实现农民的土地利益最大化也是农民与政府之间博弈的核心。

在调研和走访中,笔者发现上海市郊大部分农民愿意将自己的承包经营权上缴给本村集体经济组织而获得小城镇社会保障。这主要是因为如下原因。

首先,上海市市郊农村非农收入是农村收入的主要部分,大部分市郊农民都不是以土地收入为自己的生活来源。这是市郊农民之所以接受"土地换镇保"最为重要的社会基础和经济基础。在宏观层面上而言,2008年年末的数据显示:2008年上海市郊区农民人均可支配收入达11385元,其中,"工资性收入、家庭纯收入、转移性和财产性收入比重分别为71.9%、6.2%、21.9%"[①]。在微观层面上,笔者到远郊如崇明、金山、奉贤等区调研发现,这些地区的农户尽管非农就业收入低于上海市农民平均水平,农地收入在总支出收入中占据重要位置,但是非农就业收入占农村人均总收入的比例值已经排列到第一。特别是这些远郊地区的地方政府和农户中的绝大多数已经形成和认同这样一种认识,即"单纯的农地经营已经无法填饱肚子",并在地方政府的引导下将承包地流转给外地人或本集体经济组织以外的农户进行经营。

其次,郊区农民通过"土地换镇保"获得的长远收益远远高于传统的征地单纯的土地农业标准的补偿,是他们愿意接受"土地换镇保"的最为直接的动力。笔者在调研时发现,市郊很多农户和农民愿意出让承包地经营权来置换小城镇社会保障,最主要的一个原因是,很多农户认为,与以往的征用农地相比,通过"土地换镇保"所获得收益要远远高于征地单纯的货币补偿。具体而言,根据现行《土地管理法》的规定,国家基于公共利益征收或征用农民的土地仅仅以农地的亩/年农业收入量作为补偿标准,最多的补偿是30年农业收入,按照上海市每亩每年农地收入1000元的平均值计算,农民每亩土地获得征地补偿也只有3~5万元,再加上目前很多地区的农村的耕地远远低于人均1亩耕地的现状,能够获得的征地补偿费则非常少。而现在通过"土地换镇保",每人可以获得最少8万元、最多15万元的"镇保"基金,而这些镇保基金费用主要由土地安置费来承担,不足部分由集体经济组

---

① 喻平:"上海农村60年发展铸辉煌",载《上海农村经济》2009年第11期。

织和区镇政府来进行补贴,这与以往通过土地征收给予一次性3万~5万元的货币补偿相比,要多得多,而且还避免了土地补偿款截留在镇政府和村委会而农户仅获得很少一部分的现象。

再次,从上海市原有农村养老保险制度(以下简称老农保)、2010年年底上海市按照国务院新型农村社会养老保险试点要求又开始推行"新农保",这二者与"镇保"的比较来看,无论是上海市从1993年推行的"老农保"还是刚刚推行的"新农保",都需要农民缴纳一定比例的费用。如"老农保"根据《上海市农村社会养老保险办法》第10条的规定,"农、副业从业人员,应当以本乡上一年度劳动力月平均收入为缴费基数,按照百分之五的比例缴纳养老保险费"。而根据《上海市人民政府贯彻国务院关于开展新型农村社会养老保险试点指导意见的实施意见》(沪府发〔2010〕39号),上海市新农保由个人缴费、集体补助、政府补贴三部分构成。尽管上海市政府给予很大的资金扶持,但无论是"老农保"还是"新农保",缴费的主要承担者还是农民自己。而"镇保"则主要由征地单位或地方政府或村委会来进行缴费。特别是"老农保"和"新农保"的保障待遇远远没有"镇保"和"城保"待遇高。笔者在松江区调研时发现,有很多老年人因为无力耕种土地,而通过土地流转获得收入不高的情况下(一般是1000元/亩/年),为了获得每个月近700元的"镇保"待遇,干脆将土地交给村集体经济组织由其落实镇保,尤其是有些地方老年人特别想获得"镇保"待遇,而当地镇保名额不足的情况下(实践中每户平均只有一名镇保的名额),怎么办?实际的做法就是将老人的承包田收回,在农保的基础上参照镇保给予相应的保障。他们镇的镇保水平在670元,而这些交出去承包田的老人每月的农保是420元左右[①]。在医疗保险方面"新农保"和"老农保"医疗保障水平也远远没有"镇保"的水平高,"新农保"和"老农保"仅仅在解决小病问题给予农

[①] 松江区委书记在解决这个问题时主要有两个办法:一是依据《松江区被征用农民集体所有土地农业人员就业和社会保障的实施意见》,根据上级部门核定的镇保名额,对符合条件的人员办理镇保等相关手续;二是针对镇保名额不够的实际,经党政班子会议研究决定,对凡到达法定退休年龄的农业户口人员,在自愿退出土地承包经营权的基础上,养老待遇参照镇保补足。详见房价网:《及时研究落实整改》,松江区委书记书面答复网友提问。

民报销,而大病则无能为力,而"镇保"在大病的报销比例和报销数额上要远远高于农保,最高可达5万~6万元。

最后,郊区农民愿意接受"土地换镇保"的一个重要原因,就是涉地农民仅仅将第二轮发包期余下(按《农村土地承包法》规定的30年期限计算)土地承包经营权期限交给村集体经济组织,按照现有农地集体土地所有权为集体成员共有的法律原则,涉地农民所享有的集体土地所有权并没有因此而丧失,因此调研中很多农民认为他们依然享有通过集中规模化经营的集体农地所有权。

(三)"土地换镇保"的地方政府立场

地方政府在推行"土地换镇保"中起到了关键性的作用。笔者在调研中有一个非常深刻的体会,如果没有区(县)、镇政府和村委会等基层组织积极推动,农村土地制度的改革以及公共服务等一系列制度的改革根本无法推行下去,尽管在推行中存在这样或那样的问题。因此,基层政府在农村社会转型中发挥的功能,具有非常重要而又存在很大风险的二重性的特征。从地方政府推行"土地换镇保"的实践来看,其积极推动"土地换镇保"具有多重因素。

第一,宅基地置换中落实农民公寓地基的需要。根据宅基地置换试点政策,新建小区地基必须要通过土地征收的方式,将原来的农村集体土地转变为国有建设用地。在置换中置换小区的选址,基于交通、公共服务以及基础设施建设的考虑,绝大多数选址都会占用承包地,对于这部分耕地的征用,根据沪府发〔2003〕66号文件的规定,则必须给涉地农民落实"镇保"。当然在置换项目结束后,通过拆旧和复垦可以获得相应的土地指标以便实现置换小区建设用地占补平衡。这部分涉地农户的"镇保"则是必需的,也是宅基地置换中先期投入的重要组成部分。

第二,"镇保流转土地"。根据宅基地置换政策规定,2004年《关于本市郊区宅基地置换试点若干政策意见》等决策明确要求,"有条件的试点地区,应积极推进镇保"。而推行镇保的条件则是:试点区域内农业人员与集体经济组织协商一致,在自愿将承包的土地退还给集体经济组织后,按照本市有关政策为其落实小城镇社会保险[①]。沪府办发〔2010〕1号文件则规定："对置换区域内农业人员，经与集体经济组织协商一致，在将土地承包经营权退还给集体经济组织后，具备条件的集体经济组织可按照有关政策（沪府发〔2003〕66号和沪镇保办发〔2004〕1号。——引者注），为其落实小城镇社会保险。"根据这一政策文件，我们可以发现在宅基地置换过程中，上海市政府由原来的被动地通过"镇保"来解决被征用土地农民的生存权保障，到置换中主动地用"镇保"这一政策来置换"农地的承包经营权"。根据沪府发〔2003〕66号文件的基本内容和背景，当时出台这一政策主要是为了解决被征用土地农民用一次性货币补偿根本无法保障失地农民的长远生计可持续问题。对于能否用这一政策主动地来置换农民土地承包经营权，在这一政策文件中没有相关规定。后来因为实践中"镇保"待遇不断得到提升，逐渐为郊区农民所认可，特别是一部分老年农民，主动要求通过自己的土地承包经营权来置换"镇保"，沪镇保办发〔2004〕1号文件、《关于本市郊区宅基地置换试点若干政策意见》以及沪府办发〔2010〕1号文件认可了这一做法，并在宅基地置换中予以推广。通过这一做法所获得的土地，在实践中又称为"镇保流转土地"。根据笔者的调研，目前政府所推行的镇保流转土地有着广泛的群众基础。特别是纯农业地区，如金山廊下镇、奉贤区青村镇以及崇明区的陈家镇等地，很多农民想通过"土地承包经营权"来置换"镇保"。这些地区只能解决在置换中涉及征用地农民的镇保和一部分老年农民的镇保。因此在实践中让很多农户感到受到不公平的待遇。现在的主要问题已经不是要不要置换的问题，而是如何解决"镇保"名额分配不公平的问题。因为镇保基金费用的缴纳主要由镇政府和村集体经济组织来承担，现实中由于这些地区的镇域经济和村域经济没有足够的财政资金，致使所能给予购买镇保的

[①] 这一政策主要根据是，2004年《〈上海市小城镇社会保险暂行办法〉若干问题处理意见的通知（二）》（沪镇保办发〔2004〕1号）第2条的规定，比照使用改征用的办法来落实"镇保"（小城镇社会保险）。"具有本市户籍的男性60周岁、女性55周岁及以下的农业人员，经与集体经济组织协商一致，在将承包的土地退还给集体经济组织后，具备条件的集体经济组织可以按照本通知第一条第二款办法为其落实小城镇社会保险；男性年龄超过60周岁、女性年龄超过55周岁的农业人员，符合上述条件的，可以参照征地养老的办法落实保障。具体办法由区县政府制定。"

名额有限。而现实中农民想通过土地承包经营权置换镇保的愿望又非常强烈，因此在实践中存在很大的矛盾。

第三，土地财政。土地财政是地方政府努力推行"土地换镇保"最为强大的动力。正如周黎安所分析："地方政府在改革开放以来，在没有显著增加社会税收负担的情况下，地方政府主要利用土地有偿使用和转让制度，在相对短的一段时间里完成了绝大多数城市的改造和重建任务，建立了高度发达的城市基础设施和跨区域的交通运输网络，为中国经济的持久增长打下了坚实的基础。"[1] 但是自从2004年以来，中央政府对于各地建设用地指标严格控制，各地如何在现行法律和政策的体系下利用土地有偿使用和转让制度来经营城市？如果没有相应的建设用地指标，那么利用建设用地有偿出让和转让来经营城市只能是"巧妇难为无米之炊"。这是在新的形势下地方政府面临的难题。但是地方政府结合中央政府优化本地区的建设用地政策，成功地破解了这一难题。具体而言就是在城市或郊区小城镇规划区外或远郊，通过村庄整理和宅基地置换，如在远郊A村、B村、C村、D村、E村分别占用宅基地1000亩，而通过宅基地置换，将原有的农村居住形态由原来的院落方式转化为城市小区的居住方式，实践中一般可节约50%的土地面积[2]，即2500亩土地，而由于远郊地理位置、基础设施等比较落后，土地的级差地租并不凸显，实践中往往将节约的土地就地复垦为农田，根据《土地管理法》的占补平衡原则，就可以在城市规划区或小城镇规划区周围通过征地方式来进行指标置换，但是由于通过传统的征地方式不仅程序烦琐、涉及的时间较长以及不确定因素较大，实践中很多地方往往是事先通过"土地换镇保"将农民的土地承包经营权收归集体，并统一由镇或街道办事处的土地储备中心来进行统一经营，如果有投资项目或基础设施建设等需要国有土地的项目，则直接将这些"镇保流转土地"通过征地的程序来获得。这样不仅涉及的时间较短，而且前期已经对涉地农民进行了"镇保"安置。

现实中为了获得镇保资金和宅基地置换中拆旧建新的资金平衡，各个试

---

[1] 周黎安：《转型中的地方政府：官员激励与治理》，格致出版社、上海人民出版社2008年版，第3页。

[2] 从上海市宅基地置换的实践来看，一般节约50%，而安徽来安县则可以节约60%左右。

点镇基本上都将这些节余土地指标通过竞标的方式用来实现土地使用权的利益最大化。根据土地使用权出让利益最大化的原理，这些节约的土地指标一般用在商业住宅供地上获得土地使用金空间较大。这主要是因为当地政府为了获得最大化的土地出让收益，通过成立土地储备中心，垄断商品房建设用地的出让权，通过"饥饿供地"以拉动地价，从而谋求土地利益最大化。而刘红梅等人对上海市等地的调研显示，"由建筑业和房地产业创造的税收是地方税中增幅最大的两大产业，增幅高达50%~100%，这两项税收占到地方税收的37%以上"[①]。从笔者到各试点镇调研来看，几乎各个试点镇都将节约的土地指标转化为商业住宅和高档别墅建设用地，更是说明了各试点积极推行"土地换镇保"的土地财政动力机制。

第四，农地规模化经营。在城市规划区内或小城镇规划区内，这些"镇保流转土地"通过宅基地置换节余的土地指标获得建设用地，经过土地征收而成功地转化为建设用地。而在城市或小城镇的规划区外或纯农业地区，有条件的镇和集体经济组织也在积极地推进"土地换镇保"，这主要是基于农业规模化经营的考虑。笔者在调研中发现，目前通过镇保而获取农民土地使用权而实现规模化经营的镇已经不在少数。如奉贤区庄行镇实行"宅基地置换与调整农业布局有机结合起来，将农业区域划分四大块，形成了万亩良田、万亩蔬菜、万亩养殖水面和万亩国林的新格局，实现了集中经营和管理，规模化经营已经初显"[②]。非试点镇中也有很多镇或街道办事处，如奉贤区的四团镇、嘉定区的江桥镇以及松江区的永丰街道办事处等。这些通过镇保流转的土地在规模化经营中，一般都是由镇或街道办事处下成立土地储备中心，由土地储备中心组织农业经营公司来实现农地规模化经营管理，其所获得的农业收入要远远高于以往农村单户经营收入，特别是机械化和规模化所带来的集中收益比较明显，而这些农业经营公司根据土地的农业用途向镇土地储备中心上缴土地使用费。但是这些土地使用费首先用来填补镇保基金的空缺。问题是填补镇保基金节约的收益如何分配？对于这个问题在实践中很不统一，

[①] 刘红梅、肖平华、王克强："中国县级土地财政收入问题研究"，载《中国土地科学》2010年第11期。

[②] 上海市郊区经济促进会宅基地置换试点调研组："要认真把本市宅基地置换试点政策落到实处"，载《上海土地》2009年第3期。

有的全部归镇政府所有,有的地方则由镇政府和村委会按照3∶7进行收益分配,有的地方则按照5∶5的比例进行分配。笔者认为,对于通过镇保流转土地的规模化经营除了填补镇保基金的空缺,由镇土地储备中心收取最多5%的管理费以外,其全部的收益应该归于农村集体经济组织和集体成员所有,已经通过"村改居"的集体经济组织,则由居委会和居民所有,农村集体经济组织和居委会最多获得30%的收益,以便用来开展公共服务,其余的收益都应该通过股权的方式量化给集体成员。

第五,产业发展。"宅基地置换"和"土地换镇保"不仅为地方经济发展提供用地空间,而且更为重要的是通过招商引资,促进当地非农产业集聚发展。在宅基地置换之前,尽管各镇、村都在努力进行招商引资促进本地区非农经济的发展,但是由于缺少规划、基础设施严重落后等原因造成本地投资环境差、产业无序发展严重,非农产业虽然得到较快发展,但是效益还不是十分明显,最为严重的是浪费了大量的建设用地指标。而通过宅基地置换和"土地换镇保",在置换中将本地区的招商引资与本地区的产业集聚和产业结构调整等因素结合起来,通过"宅基地置换"将安置小区建立在小城镇或城市等基础设施比较好的区位,而通过"土地换镇保"将传统的农业区进一步整合,并与城市规划区形成相对合理的空间,这对于地方政府加大投资当地的基础设施建设和扩大招商引资力度,都起到非常好的推动作用,特别是通过招商引资获得本地区制造业的发展,而制造业的发展对于本地区服务业和土地需求进一步扩大、土地出让金价格进一步提升、就业扩大、税收增加等的"溢出效应",必将有力推动本地区的农村经济向工业经济、农业就业向非农就业、农村生活向城市生活转变,最终不仅实现生产方式的转变,而且还有助于本地区的产业结构的调整,并带来产业集聚效应,最终快速地推动本地区经济由农业经济向工业经济发展。

第六,农村城市化。从地方政府的角度而言,农村城市化是本地经济发展的动力,又是本地区经济发展的标志。因此农村城市化最为重要的方面则是农业生产方式向非农业生产方式的转移。关于这一点,无论是干部还是群众在访谈中都认为,在上海市整体消费水平比较高的环境下,仅仅依靠传统的农业经济已经不能获得长远可持续的生存权保障。因此通过宅基地置换不仅仅要让农民住进城市小区,更为重要的是让农民彻底从传统的农业生产方式中解脱出来，让农民实现非农就业。这不仅是城市化的要求，而且更是农村城市化的物质基础。

除了创造条件让农民进行非农就业之外，保障农民在城市化进程中的住房权、生存权则是问题的关键，而这些权利的保障对城市发展、地方财政还主要以城市以及城市基础设施建设为主要投入领域的地方政府而言，必须将城市化进程中的农民的宅基地与承包地权利的处置与农民住房权以及生存权保障结合在一起进行综合考量。在宅基地置换用"土地换镇保"的实践中，各地都面临着镇保缴费财政压力。如奉贤区在2003年小城镇保险推出之前，土地出让金基本上都用于本区内的城市基础设施建设，基本没有相应的预留，到2004年有147909人参加了镇保，资金需求是71亿元。2004年按照15年的缴费，首付20%，80%分9年还清，目前缴纳了21亿元，还差50.87亿元，利率至少按照中国人民银行当年利率的75%。到2007年，奉贤区需要缴纳33亿元及利息，而奉贤区可支配的财政收入一共只有22.5亿元。区政府与市劳动保障局协商，采取措施来缓解压力，把原来10年付款和12年的付款统一两张协议一起延长到15年付款（2019年）。松江区面临的问题更为严重，由于在"镇保"实行之前，松江区多半的财政资金都用在了城市基础设施建设上，当2004年松江区政府对全区12.59万失地农民落实"镇保"时，共需要资金53亿元，由于先前政府过度投资城市基础设施建设而用完了土地出让所得，后续镇保资金的平衡只有等待以后的土地出让收入来填补。类似奉贤区、松江区这样的财政困境，几乎每个郊区、县都存在。在各区县极力推行农村城市化中，因为财政压力等困境，为了发展地区经济，不得不将农民的住房权和生存权与农村宅基地和承包地结合在一起进行。从这个意义上而言，问题不仅仅是当前土地制度的缺陷所致，更为重要的是，在一切以发展为主导的整个国家意识形态下，即使有着世界上最严格的土地保护制度，也难免土地权利被侵害。

三、权利保护与经济发展：理实悖论的生成逻辑

从理论层面上而言，生存权保障是"农民基于其自身存在和公民权所拥有的天然权利，是一种自然法权，根本不需要任何交易即应获得"[①]。但是从

[①] 郑雄飞："破解'土地换保障'的困境——基于'资源'视角的伦理学分析"，载《社会学研究》2010年第6期。

当前整个经济发展以工业和服务业等非农产业为主导的发展背景下，特别是城市化急需庞大的基础设施建设和资金投入的情况下，农村土地权利保护面临着经济发展的挑战。特别是改革开放以来，农村社会面临的主要问题由温饱问题逐渐向富裕问题转变，三农问题的解决亟须跳出"三农"来解决，其实质就是，通过非农就业和农村劳动力向城市转移才是破解"三农"问题的关键。但是农村城市化过程需要有庞大的城市工业、服务业等非农就业的需求，这就需要城市政府来发展城市、经营城市，而经营城市和发展城市的土地资源和巨额资金，需要利用现行农村土地的级差地租来获取，于是在农村城市化过程中面临着一个极为深刻的悖论：即"农民问题的根本解决离不开城市化加速，可是在征地制度基础上推进城市化，却又不断地损害农民的财产权利和收入"[1]。而这种悖论的背后，实质是农民土地权利保护与地方城市经济发展两难选择的问题。

从理论层面上而言，生存权保障作为人权最为核心的内容之一，是国家应该承担的最基本的义务。随着我国社会的发展，近年来国家也出台了相应的《国务院关于开展新型农村社会养老保险试点的指导意见》（国发〔2009〕32号），根据该文件要求，到2020年在全国农村普及养老保险。目前上海市已经按照国务院的要求出台了《上海市人民政府贯彻国务院关于开展新型农村社会养老保险试点指导意见的实施意见》（沪府发〔2010〕39号），并确定浦东新区、松江区和奉贤区为试点地区，计划于2011年在全市普及"新农保"。根据国务院确定的新农保基金由个人缴费、集体补助、政府补贴的原则，具体数额，个人缴费标准目前设为每年500元、700元、900元、1100元、1300元5个档次。参保人自主选择档次缴费，多缴多得。集体补助根据自己的条件，应当对参保人缴费给予一定补助，具体补助标准由村民委员会召开村民会议民主确定。政府补贴，根据农民每年500元、700元、900元、1100元、1300元缴费标准，对应政府缴费补贴标准为每年200元、250元、300元、350元、400元。根据这项政策，除了应该享受城保或镇保外，年满60周岁以上且未享受"老农保"、镇保及城保的农民，与重度残疾人等缴费

---

[1] 北京大学国家发展研究院综合课题组：《还权赋能：奠定长期发展的可靠基础——成都市统筹城乡综合改革实践的调查研究》，北京大学出版社2010年版，第5页。

困难群体可以免费享受每个月155元的"新农保",而以前通过缴费而达到15年的60周岁农民则可以获得每个月300元的"新农保"。这项政策的实施,是当前政府落实和推行农民生存权保障的重大举措。

土地换什么样的社保?无论是"新农保"还是"老农保"都不是也不应当是"土地换镇保"的镇保安置模式,特别是在缴费上和养老、医疗待遇上,前两者的缴费主要还是由农民自己缴费为主,而"镇保"则全部由用地单位和各乡镇财政来支付,在养老和医疗待遇上,"镇保"的待遇水平也远远高于前二者,新农保养老待遇为155元/月,老农保的待遇为300元/月,而镇保待遇据最新调研已经达到780元/月,到2013年可达到960元/月。而医疗保险待遇在大病统筹上,其所获得报销数额也远远高于农保,最高可达6万元。这也是实践中很多农民不愿意享受"农保",而用承包地换"镇保"的主要动力。

各地所推行的土地换社保之所以遭到很多学者的批评,主要是因为有些地方政府根本没有相应的财政能力来给涉地农民购买高水平的社会保障,有相当一大部分省市还用低水平的农村养老保障来换取农民的承包经营权,还有一部分省市即使用了城市社会保障来换取农民的土地承包经营权,但是本地城市社会保障水平太低,笔者在安徽省来安县调研了解到,当地的城市最低生活保障一个月才100元左右,因此当地的失地农民意见比较大。而上海市用土地承包经营权来置换"镇保",在保障的待遇和缴费的水平上都属于全国的领先地位,而且在实践中将"五险"合一,基础保险和补充保险相结合。

从缴纳费用上来看,在"镇保"的缴费上突破了现行的《土地管理法》所设定的农村土地补偿的农业收入补偿标准,根据调研,现在上海市郊区农地承包经营权农业补偿可以达到4万~5万元,如果考虑郊区很多农村人均土地已经远远低于1亩的现状,获得补偿费则更少。但是通过"镇保"来置换农村土地承包经营权中,一般镇保的缴费水平在8万元左右,有的地方最高达到15万元,在"镇保"费用缴纳的结构中,除了土地安置费以外,村集体经济和乡镇政府财政都给予相应的补贴。

从建立城乡一体化社会保障制度的时间上来看,考虑到在全国范围内建立城乡统一的社会保障制度需要一个很长的跨越期,而郊区农民又强烈呼吁要享受城市社会的社会保障,而地方政府又不可能在短时间内满足郊区农民的这种需求。因此现实的办法只有通过农村土地用益物权来置换城市社会的社会保障,这自有其合理的地方。特别是在当前城市发展需要征收和征用农村社会的土地已经成为无法阻挡的趋势,农民的土地使用权处于相对不稳定状态的情况下,这种用农村土地使用权来置换城市社会保障的步伐更是加速推进了。

从经济发展的角度来看,按照上海市经济发展体制,"上海市政府除对全市性大市政和全市性公用事业的建设外,区县范围内的市政配套工程均由区县负责"[1]。为了吸引投资者来本地投资,各区县以及各乡镇甚至各村都在不断地加大本地城市基础设施建设,区县政府财政都用于城市基础设施建设和城市市政工程的改造投入上面。胡怡建等人的研究显示,上海市郊区各区县"在财力相对有限的情况下,出于本区县经济效益考虑,往往会优先安排与第二产业相关的基础设施建设,如工业区配套设施建设等,而缺乏动力增加对经济效益相对较低的农业基础设施、农村社会事业等方面的支出,从而使郊区农村公共品和公共服务长期处于投入不足的状态"[2]。而在这种背景下,让地方政府将土地财产增值大部分用于失地农民的补偿上事实上变得不具有可行性。

第三节 "土地换镇保":基于农民生存权保障的立法思考

现行的"土地换镇保"最大的弊端就是切断了土地财产增值权利与进城农民财产收入之间的联系。如何在农地制度的改革中凸显农地生存权,保障中土地财产增值收益功能,则是未来农地改革的一个基本方向。

一、"土地换镇保"的制度改造

由于农村土地制度的改革具有渐进性和较为严重的制度演变的路径依赖,笔者认为,在宅基地置换中推行"土地换镇保"制度,这种制度的形成自有

---

[1] 刘德吉:"上海新郊区建设中的地方政府职能定位及实现途径",载《华东理工大学学报》2007年第4期。

[2] 胡怡建等:《上海财政运行实证研究》,上海财经大学出版社2006年版,第219页。

其现实合理性。但是其存在的问题及其修正则是未来立法应该给予关注的重点。

（一）农地承包"经营权"换镇保而不是农地所有权

1. "土地换镇保"的实质

在实践的操作中，由于这些流转的土地都是通过区县政府和乡镇政府落实涉地农民的镇保而获得的，特别是在城市规划区和小城镇周边，这些"镇保流转土地"实际上就是待征用土地。从这个意义上而言，这部分地区虽然形式上是"镇保流转土地"，实质上则是变相地征用土地。只不过这种征地的方式与传统的征地方式相比，先于征地程序之前就落实涉地农民的社会保障。这也是为什么从上海市政策文件上看，是用农地承包经营权来置换"镇保"，而实践中因为在城市规划区内这部分土地最后都难免被通过土地征收程序而转化为国有建设用地的命运。从后续程序来看，"土地换镇保"实质上就是通过农村集体经济的土地所有权和土地承包经营权一起来置换"镇保"。

2. 立法应明确土地承包经营权置换镇保

在宅基地置换中推行"土地换镇保"，立法应当明确通过"镇保"流转的仅仅是农民的土地承包经营权，而且是第二轮承包经营期限内的土地承包经营权，不能无限地扩大为长久或长期的土地承包经营权。根据《农村土地承包法》的规定，第二轮土地承包经营权在上海较普遍为20年左右。实践中，因为相关政策文件并没有给予明确，这样在很多地方农民理解是用20年的土地承包经营权使用年限，而地方政府则将土地承包经营权理解为长期使用权。因此，立法基于保护农民土地权利的要求，应该对此予以明确。根据《宪法》和《土地管理法》以及相关法理，应该将所有权的主体明确规定为农村集体经济组织或已经发生"村改居"的"居委会"，并对通过"镇保流转土地"收益分配及其监管程序进行明确，考虑到其流转的起始原因是通过"镇保"而推进的，乡镇政府和村集体经济组织已经为集体成员购买"镇保"这一事实，应该明确规定其收益应优先用于平衡镇保基金，节余的土地收益除了扣除至多5%的管理费之外，节余全部收益应该由村集体经济组织和集体成员共有。而村集体经济组织或"居委会"在扣留30%的费用作为本社区集体公共服务以外，其余全部收益，在坚持民主和公开的条件下，将这部分收益通过股权分配的方式量化为集体成员所有。与此同时，应该建立相应的收益公开程序和收益分配程序。

3. 征收"镇保流转土地",涉地农民基于土地所有权应享有土地权益

在"土地换镇保"后,如果遇到国家公共利益事项需要进行征收或征用"镇保流转土地"的,集体所有权共有人应该享有知情权、参与权和监督权,并以所有人的身份获取土地收益的权利。根据调研所知,在目前城市规划区和小城镇周边征收或征用"镇保流转土地"的不在少数,主要是按照现行《土地管理法》相关征收程序和补偿标准。特别是现行《土地管理法》对公益性用地和经营性用地区分并不十分严格的情况下,征收"镇保流转土地"的现状不可能具有根本性的改观。笔者认为,要使"镇保流转土地"的原用益物权人根据集体土地所有权集体成员共有属性,来分享土地所有者权益,必须要在彻底改革我国目前的征地制度的基础上,将征地严格限制在"公益性"的范围内,并按照市场价来补偿原有的集体土地所有人。但是考虑到地方政府所投入的基础设施建设以及为土地用益物权人投入了"镇保"、教育以及医疗等公共服务,集体土地所有权人应该在合理的范围内享有土地财产权收益分配,但是不得低于土地出让金30%的收益。当然,考虑郊区区县政府或乡镇政府的财政状况,可以将这些应属于涉地农民土地出让金收益通过股权的方式量化到原有集体成员。

(二) 户籍转性的"农民"应该基于土地所有权享有土地权益

1. 应当明确进城农民应该享有土地权益

无论是宅基地置换试点政策还是依据小城镇社会保险的有关政策都没有明确户籍转性"农民"是否还享有原有的土地权益。与此同时,根据农村土地集体所有,集体成员共有的法理,即使农民将土地承包经营权通过镇保的方式流转到集体经济组织或镇集体经济组织,但是原有集体农民是否还享有集体所有权的利益分配,在"土地换镇保"过程中并没有给予相关说明和解释。

从宅基地置换的实践来看,户籍转性的农民主要有两种类型。一是通过土地处置、落实镇保而取得城镇户籍的农民,即根据"土地处置、落实镇保和户籍转性""三联动"原则而进行户籍转性的。二是根据上海市户籍政策而发生户籍转性的。上海市从2001年出台户籍政策的改革,即从2001年1月1日以后出生的农民子女,统一登记为城镇居民户口;1993年1月1日至2000年12月31日出生的农民子女,逐年解决"农转非"。

对于第一种类型户籍转性的农户又可以分为两种类型，一种是涉地农民的土地已经通过土地征收程序而失去承包经营权和集体土地所有权，对于这部分农民，其原有的土地权利已经通过相应的土地征收程序给予了相应的补偿，关于这方面的研究大部分都是从失地农民社会保障和土地权益保护进行论述，学界目前探讨得比较充分，这里不做赘述[1]。

2. "镇保流转土地"的农民应该享有流转后的土地权益

另一种是涉地农民通过"镇保流转土地"而失去一定期限土地承包经营权，但是其基于集体成员的身份依然共享着集体土地所有权的权利，实践中这部分土地被村集体经济组织或镇集体经济组织委托给土地经营或开发公司，这部分已经办理过户籍转性的"农民"是否享有"镇保流转土地"权益，对于这个问题，学界的理解存在着很大的不同。有的学者认为仅仅通过镇保或市民身份为条件，"简单地要求农民以放弃对集体土地的权利分享为代价获得市民身份和一些失地补偿是不公平的，完全隔断了农民与土地的关系，剥夺了农民可持续的发展条件"，因此，主张"农民完全可以带着土地权利进城做市民"[2]。但是也有的学者认为，让户籍转性的农民享有"镇保流转土地"权益具有以下问题，一是事实上会形成农民在土地上重复收益的情况。因为"在宅基地置换试点工作中，政府在拆迁补偿，解决'镇保'和'养老'和置换小区建设方面将做出大量的投入，事实上会形成农民在土地上的重复得益"[3]。二是造成进入城市生活的"农民"对土地的过度依赖，致使土地改革过程中与进城农民形成一种"剪不断、理还乱"的关系。三是，随着土地收益的增加，容易形成一批批懒汉[4]。因此，主张不应该让这部分户籍转性的"农民"继续享有这部分土地权益。

笔者认为，应该让这部分户籍转性的农民继续享有"镇保流转土地"收益。其理由如下，首先，从"镇保流转土地"或"土地换镇保"来看，按照

---

[1] 李淑梅：《失地农民社会保障制度研究》，中国经济出版社2007年版；陈信勇、蓝邓骏："失地农民社会保障的制度建构"，载《中国软科学》2004年第3期。

[2] 张云华："城镇化进程中要注意保护农民土地权益"，载《经济体制改革》2010年第5期。

[3] 徐瑞祥：《宅基地置换工程中农民居住空间需求与房型设计研究》，同济大学2007年博士后流动站出站报告。

[4] 徐瑞祥：《宅基地置换工程中农民居住空间需求与房型设计研究》，同济大学2007年博士后流动站出站报告。

最新出台的沪府办发〔2010〕1号文件规定，其主要是用土地承包经营权，而不是农村土地所有权来进行置换"镇保"。根据《农村土地承包法》第10条的规定，国家只保护承包方依法、自愿、有偿地进行土地承包经营权流转。而该法第20条则明确规定耕地的承包期为30年。根据上海市"土地换镇保"的相关政策和实践，"土地换镇保"只有将其理解为用第二轮承包期限内的农村土地承包经营权来置换"镇保"才能在法律上站得住脚，否则，这一行为就是违反《农村土地承包法》的行为，因此应认定为无效。其次，根据农村土地集体所有权的法律规定，集体土地所有权应该属于集体成员共有，特别是2007年颁布出台的《物权法》第59条和第60条的规定，与《民法通则》和《土地管理法》相比较，更加凸显了集体成员所有权共有的特点，如《物权法》第59条规定农民集体所有的不动产和动产，属于本集体成员集体所有。该法第60条明确规定，集体所有的土地，属于村农民集体所有的，由村集体经济组织或者村民委员会代表集体行使所有权。与此相对比，我们可以发现，相比较《民法通则》和《土地管理法》，《物权法》的规定"农民集体所有的土地依法属于村农民集体所有的，由村集体经济组织或村民委员会经营、管理"，更为凸显农民集体成员的所有权，而村集体经济组织或村民委员会仅仅是代表集体成员行使所有权权利。因此，从这个意义上而言，涉地农民不仅享有法律规定的农村土地承包经营权，而且还享有土地集体成员共有的所有权。而"土地换镇保"只是涉地农民行使集体土地用益物权即农村土地承包经营权的一种形式。换句话说，"土地换镇保"并没有将农民的集体土地所有权权益体现出来。这也是有的学者认为，农民在获得镇保后会重复收益的错误之处，问题的实质是其没有看到集体土地所有权还是属于涉地农民的。最后，户籍转性的"农民"实际上是出于一种社会弱势群体，如在教育、技能、知识和观念层面上与普通市民相差比较悬殊[1]，如果仅仅

---

[1] 关于这方面的研究可以参见王克强对于上海市农村劳动力与城市劳动力关于教育差距方面的研究，目前一个城市劳动力的平均教育年限是12.2年，一个农村劳动力的平均受教育年限是7.7年，两者差距为4.5年。也就是说一个农民还需要大约4.5年的教育培训才能达到一个城市劳动力的就业竞争力。该教育培训费用包括直接的支出和间接的支出。直接的支出包括缴纳的学费、教材费用等，间接支出包括因学习而减少的工资收入、增加的家庭成员照顾家庭的负担等。上海财经大学课题组、王克强："城镇化过程中郊区集体土地资产化运作与社会保障机制建设研究"，载《中国投资学会获奖科研课题评奖会论文集（2004—2005年度）》2005年。

给予户籍转性为城市市民的原有"农民""镇保"待遇，而要成为真正的市民还需要花费很大的成本，比如熟悉新生环境的成本、学习掌握新技术的成本、在竞争中处于不利地位、失业的风险等。对于这部分开支或损失则应该由农村土地改革者通过土地收益分配的方式予以弥补或给予补偿。

3. 政策规定的户籍转性农民子女应该享有镇保流转土地权益

通过户籍改革擅自将农村村民转变为城市户籍的政策或行政行为，则明显存在违规违法之处。对此，《国务院关于深化改革严格土地管理的决定》（国发〔2004〕28号）已经明确规定"禁止擅自通过'村改居'等方式将农民集体所有土地转为国有土地"。笔者认为，应该基于农民生存权保障的考虑，通过立法明确规定户籍转性的农民（包括2001年1月1日后出生的农民子女通过户籍转性变为居民）可以继续享有这部分土地权益。在落实"镇保"以及农民土地财产权增值收益方面，要承认或肯定这部分群众应该享受相应的土地财产权利。在宅基地置换中推行"土地换镇保"，对于没有年满16周岁的少年不给予落实镇保，通过本家庭其他成员劳动收入来维持这部分农民子女的基本生活和教育开支等，这无形之中加重了户籍转性后的农民家庭负担。

（三）"镇保流转土地"的经营管理权应给予明确

通过镇保来推动农村集体土地的流转，客观上推动了农地的规模化经营。但是在实践中，"镇保流转土地"基本上都是通过地方政府（主要是乡镇政府）用镇保流转过来的土地，因此，即使在成文法和政策规定层面，这些土地的所有权属于村集体经济组织，地方政府享有土地使用权，但是由于地方政府还享有土地管理权和土地征收权，即使按照《土地管理法》的规定，这些土地只能用于农业用途，但是实践中，由于地方政府"土地财政"的获利心理以及城市发展的用地需求等因素的推动，致使地方政府动用土地征收权征用这些土地比较随意。而土地征收的频频使用，潜在地削弱了地方政府对于"镇保流转土地"的经营管理权，或者对于这些镇保流转土地根本上不行使经营管理权。尤其是在城市规划区内部或小城镇周边，大部分是通过土地征收的方式来进行项目开发。据笔者调研，很多城市规划区内部或小城镇周边的农地，有的是将这些农地承包给温州人种蔬菜、西瓜，有的给安徽人种植蔬菜，还有的就干脆闲置，通常在规划区或小城镇周边的"镇保流转土地"主要是为进一步招商引资所需项目用地留下后路①,因此所签订的农地租赁合同一般都是由镇政府下的土地储备中心和租赁人一年一签,大部分的合同明确规定,待项目落实后,租赁合同予以终止。因此,城市规划区的镇保流转土地经营和管理处于非常混乱的状况。由于这部分土地目前处于悬置状态,相应的政策或立法并没有对此进行设定。

而对于规划区外的纯农业地区,"镇保流转土地"的经营管理权主要是由乡镇政府的土地储备中心或土地管理所来进行经营管理。调研显示,这部分的土地经营管理权也十分混乱,有的是由乡镇土地储备中心自己经营管理,有的则是出让或出租于外地人耕种,有的则由当地的村委会或镇集体经济组织成立的农地开发公司经营,而这些土地租金的收入收缴和支出等经济账目则十分混乱,不利于土地流转后土地所有权的人的保护。

笔者认为,"镇保流转土地"的经营管理权应该通过立法予以明确,因为各乡镇是通过镇保资金的支付获得土地使用权,根据土地承包经营法的规定,经营管理权应该属于乡镇的集体经济组织,但是必须对乡镇的集体经济组织的收支及盈余分配进行规范,以便做到收支透明。另外,根据《土地管理法》,如果土地使用权人没有经营管理,或土地使用人没有按照土地的用途使用土地,则土地所有权人有权收回土地使用权。

(四) 征地留用地制度应该适用于"土地换镇保"

"土地换镇保"与传统的征地在客观上都会造成失地农民的产生。因此在推行"土地换镇保"中,应该将传统征地的留用地制度适用到通过"土地换镇保"的失地农民,这是因为无论是被动地通过征地方式获得"镇保",还是通过"自愿"主动的方式换取的"镇保",其结果上都造成了失地农民问题。根据实践,在城市规划区内,有的是农民主动通过"土地换镇保"的方式将土地承包经营权交出,有的则是通过政府的征地行为被收回,由于在城市规划区内,无论是何种方式获得的土地,最终都会被用来作为国有建设用地进行开发或建设。因此,在这个地区,一般都是根据征地留用地的政策,让失地农民获得了一定比例(5%~10%)的国有建设用地使用权。而在城市

---

① 各乡镇或街道办事处都成立招商引资办公室,纷纷到外地拉项目,并有相应的项目指标,如果完不成则到年终给予相应的处罚。

规划区外一些纯农业地区，通过宅基地置换后，集体建设用地节余的土地通过指标的方式转移到其他地区，而本地只能将集体建设用地复垦为农业用地，而在农业生产收益远远低于非农业生产收益的大背景下，无疑剥夺了农民的土地发展权利益。特别是有的城市规划区外的纯农业地区也通过"土地换镇保"的方式将土地承包经营权退回本村集体经济组织，对于这样的农村集体经济，应该给予相应的建设用地指标来发展本集体经济组织非农经济，对此《关于本市实施农村集体征地留用地制度暂行意见的通知》（沪府发〔2005〕35号）明确规定，"按照'三个集中'要求，凡全村耕地按城市（镇）总体规划和土地利用总体规划划定为基本农田的，可以按该村农用地5%左右的比例配给留用地指标，由乡镇帮助在经批准的各类工业园区中调剂。具体实施办法可由各区县制定"。但是从宅基地试点镇来看，在城市规划区内这项政策落实得比较好，而在城市规划区外，基本上都没有落实这一政策。

二、"土地换镇保"中的土地发展权与生存权保障

在宅基地置换中，由于城市规划区内或小城镇周边建设用地需要通过征收大量的耕地来获得，而在建设用地指标紧张的情况下，通过土地征用的建设用地指标，则需要在城市规划区外的纯农业地区通过宅基地整理所节余土地就地复垦，获得相应的建设用地指标，以便实现占补平衡。因此，在宅基地置换中就同时出现了因土地利用方式转变而带来的土地发展权问题。其中，必然涉及城市规划区内或小城镇周边的土地利用性质的改变和城市规划区外土地利用性质的变化。

（一）土地发展权范畴的界定

土地发展权实质上是在城市化中，如何解决静态层面上土地用途管制和动态层面上土地利用中利益平衡的矛盾，而在20世纪50年代，是英、美、法等国家面对城市扩张中因农地保护、城市建筑物密度提高、土地分配和土地建设等引起的土地产权问题，相继创设的一种新型的土地权利类型。

国内学界在20世纪90年代末期，针对当时土地征收征用过程中因补偿标准仅仅考虑到农用地农业产值而没有考虑到土地区位等要素而存在的问题，逐渐利用这一概念和理论来分析和探讨未来土地制度改革，尤其是农村土地制度改革中应该赋予农地的发展权。

1. 土地发展权的概念界定

从概念上来看，土地发展权主要有狭义和广义的两种理解。狭义的土地发展权主要观点是，土地所有权人通过土地用途的变更（如农用地转化为建设用地）或在土地性质不变的条件下，通过兴建建筑或改良建筑而获得利益的权利。而广义上的土地发展权主要观点是，土地利用和再开发的用途转变和利用强度的提高而获利的权利。对于土地发展权的广义与狭义的理解的分歧，有学者认为主要是"源于对土地所有权人主张的发展权客体的差异。如果只涉及土地用途和性质或者土地集约程度某一方面改变带来的权利，即是狭义的土地发展权；如果包括这两个方面，则是广义上的发展权"[1]。而农地发展权是土地发展权的主要内容之一，其主要是指土地用途由农用地转为建设用地的使用之权，主要包括国家通过征地将农村集体农用地转为国有建设用地，农村集体用地和用地指标转变为国有建设用地或国有建设用地指标。

2. 土地发展权的归属与生存权保障

关于土地发展权的归属，目前国内学界有三种观点，一种观点主张土地发展权的归属主体应该效仿英国和法国的立法例，将其归为国家所有[2]；另一种主张土地发展权归属主体应该效仿美国的立法例，将土地发展权自动归属于原土地所有权人，将其归为私人所有[3]；还有一种观点主张，应该从现有的土地所有权制度和维护农民利益出发，土地发展权的归属应该是国家和农村集体[4]。

笔者认为，农村土地发展权应该在国家、农村集体和农民三者之间进行

---

[1] 王永莉："国内土地发展权研究综述"，载《中国土地科学》2007年第3期。
[2] 沈守愚："论设立农地发展权的理论基础和重要意义"，载《中国土地科学》1998年第6期；胡兰玲："土地发展权论"，载《河北法学》2002年第3期；贾海波："农地发展权的设立与权利属性"，载《中国土地》2005年第10期。
[3] 黄祖辉、汪晖："非公共利益性质的征地行为与土地发展权补偿"，载《经济研究》2002年第5期；杨明洪、刘永湘："中国农民集体所有土地发展权的压抑与抗争"，载《财经科学》2004年第6期；张安录："可转移发展权与农地城市流转控制"，载《中国农村观察》2000年第2期；周建春："中国耕地产权与价值研究——兼论征地补偿"，载《中国土地科学》2007年第1期等。
[4] 戴中亮、杨静秋："农村集体土地发展权的二元主体及其矛盾"，载《南京财经大学学报》2004年第5期；刘国臻："中国土地发展权论纲"，载《学术研究》2005年第10期；朱启臻、窦敬丽："新农村建设与失地农民补偿——农地发展权视角下的失地农民补偿问题"，载《中国土地》2006年第4期。

合理分配。从经济发展和城市化进程来看，城市发展的先期投入与基础设施建设是提升本地区土地发展权最为重要的动力机制，因此，应当在土地发展权分配中考虑这一因素。另外由于在土地发展权创设中，必然要涉及农村土地被征收或征用的问题，基于涉地农民土地权益和生存权保障问题，农民对于因土地产权和土地利用性质变更所带来的土地收益的增值或贬值问题，必然与其生存权保障问题存在直接或间接的联系。为了更好地维护涉地农民的生存权保障，这些因土地产权和土地利用性质的变更导致的增值利益应由涉地农民享有增值的部分利益，而因此导致土地利用贬值的涉地农民，应该享有相应的补偿。

（二）城市规划区内的土地发展权问题

在城市规划区推行宅基地置换，其中有两部分土地涉及土地发展权问题。一是原有的农村宅基地通过置换后节余的土地，通过土地征收后就地转化为城市建设用地，即由原来的农村集体建设用地转变为国有建设用地。基于土地级差地租以及房租收入的考虑，目前在城市规划区或小城镇周边地区进行宅基地置换，并将置换后的建设用地就地转化为国有建设用地，在实践中地方政府和涉地农民矛盾的核心则是，这一部分土地的发展权的潜力比较大。因此如何合理分配这一部分的土地经营收益则是目前法律应该给予重点关注的问题。二是在城市规划区通过"土地换镇保"获得的农用地，由于城市向外扩展，这部分农用地最终也要经过土地征收的方式转变为城市建设用地。这其中存在的土地发展权主要由以下两部分组成，一种是由原来的农用地转化为建设用地，即土地用途性质发生变化所带来的收益增值；另一种是这种土地发展权由于受到国家建设用地指标总量的限制，这种土地发展权又是出于一种待开发的状态。即由于这部分农用地要征收为建设用地，受到每年国有建设用地指标的限制，则需要配合城市规划区外的纯农业地区宅基地置换所节余的集体建设用地指标，才能进行土地征收。也就是说，在城市规划区内因为受到国家建设用地指标的限制，规划区内的农用地只能作为农业用途来进行使用，而不得作为建设用地进行开发，不管其土地的区位优势以及级差地租收入效应如何明显。因此，城市规划区内的农用地发展权的实现必须要借助城市规划区外部的宅基地置换等方式来加以推进。

(三) 城市规划区外的土地发展权问题

在城市规划区外部的纯农业地区推进宅基地置换，通过置换节省下的农村集体建设用地指标因为区位优势、基础设施建设等因素，获得土地级差地租优势并不明显，因此，大部分的建设用地则通过土地就地复垦获得建设用地指标，以便将土地指标转移到城市规划区内或小城镇周边进行开发，根据沪府办发〔2010〕1号文件规定"建设用地节余指标可在市域范围内通过土地有形市场调剂到项目区外使用"。而原有的集体建设用地则只能作为农业用地进行开发或使用，由于农地收益远远低于非农地的收益，因此，城市规划区外部的纯农业地区在宅基地置换中，其虽然扩大了农用地的面积，但是因为其扩大的土地面积只能作为农用地进行开发，与作为土地的非农用途相比其所获得收益是非常低水平的。在城市规划区外部的纯农业地区进行宅基地置换，通过集体建设用地指标的转移，事实上是变相地剥夺了原有的建设用地用来发展非农产业的机会与权利。因此，在指标转移中，必须要给予这部分损失补偿。而目前宅基地置换中并没有相关措施来对此进行补偿。即使给予补偿也主要以乡镇和村集体经济组织部分建设用地作为本地区发展经济用地，实践中不仅指标少，而且落实得很不到位。具体到涉地农民手中，则没有相关政策，让失地农民能够补偿因此而遭受到的损失，更不要谈享受土地发展权的问题。

(四) 生存权保障视野下土地发展权的构建

笔者认为，在宅基地置换中应该将规划区内的土地征收与规划区外的宅基地置换结合在一起来进行创设土地发展权，这是因为城市规划区内的通过土地征收而获得建设用地是与城市规划区外宅基地置换所节余的建设用地指标紧密地联系在一起的。因此，无论是规划区内的土地征收（土地换镇保），还是规划区外的"宅基地置换"都涉及土地发展权的转移问题，特别是在城市化过程中失地农民作为一个弱势群体以及现有的集体土地还承担着农村社会生存权保障功能，而现有土地征收和征用制度的补偿标准还主要是以农地的农业经营收入进行补偿，而不能保障失地农民的长远生计可持续性。在宅基地置换中，应该从涉地农民生存权保障的视角来重新审视农地发展权的分配问题。同时，作为地方政府在宅基地置换中进行大量先期投入，特别是农地开发收益的增长与城市基础设施建设以及地方政府在土地一级出让市场的垄断权,在土地发展权分配格局中应当考虑这一点。笔者认为在设定农地发展权上,要将土地收益分配按照地方政府、城市规划区内和城市规划区外4∶3∶3的分配格局来进行分配。而这些收益主要用于失地农民集体经济发展和镇保的补充保险的缴纳,以便保障失地农民生计长远可持续性地发展。

三、"土地换镇保"中生存权保障的政府责任

地方政府不仅是宅基地置换的发起者和推动者,而且也是宅基地置换的受益者,同时更是宅基地置换中涉地农民的生存权保障的责任主体。对此,立法应该给予明确,并应该作为宅基地置换中的一个非常重要的基本原则给予确立下来。

(一)立法应该明确地方政府涉地农民生存权保障政府责任

在当前由于全国立法层面上的模糊、凌乱以及矛盾等因素的制约,是推行"土地换镇保"的法律难题之所在。如《土地管理法》对于土地征收征用的补偿标准还是按照农用地的农业年收入为标准给予失地农民补偿,而在2004年以后为了保障失地农民长远生计有保障,中央政府和国土资源部又通过三令五申的方式,强调地方落实失地农民的社会保障。2007年《物权法》第42条第2款吸收了这些政策和文件的精神,明确规定,"征收集体所有的土地,应当依法足额支付土地补偿费、安置补助费、地上附着物和青苗的补偿费等费用,安排被征地农民的社会保障费用,保障被征地农民的生活,维护被征地农民的合法权益"。而这一立法在实践中过于模糊,如这"四费"和落实失地农民的社会保障费之间的关系是并列关系还是包容关系?这一规定无论是从体系解释还是字义解释上都存在很大的模糊之处。

特别是在政策层面上仅仅强调不落实征地农民社会保障,则不得给予征地审批[①],但是实践中落实失地农民的社会保障水平如何?落实得规范不规范?根据国发〔2004〕28号文件的规定:"在城市规划区内,当地人民政府应当将因征地而导致无地的农民,纳入城镇就业体系,并建立社会保障制度;

---

① 国办发〔2006〕29号文件规定:做好被征地农民就业培训和社会保障工作。被征地农民的社会保障费用,按有关规定纳入征地补偿安置费用,不足部分由当地政府从国有土地有偿使用收入中解决。社会保障费用不落实的不得批准征地。

在城市规划区外，征收农民集体所有土地时，当地人民政府要在本行政区域内为被征地农民留有必要的耕作土地或安排相应的工作岗位；对不具备基本生产生活条件的无地农民，应当异地移民安置。"这一规定将失地农民的社会保障以城市规划区为标准，分别给予不同的安置待遇。根据这一标准，上海市所推行的镇保明显不符合这一规定的内容，因为根据上海市被征地农民落实小城镇社会保险的规定，在城市规划区内的农业地区应该落实"城保"，在城市规划区外的农业地区应该实行留地安置或移民安置。而上海市无论是在城市规划区内还是在城市规划区外，不仅按照土地征用来落实既不是"城保"又不是"农保"的"镇保"，而且通过地方政府主导的"镇保"来流转"土地"，即通过支付"镇保"基金的方式来获取农地的承包经营权（实际上有的地方是农地的土地控制权和土地所有权）。

笔者认为，为了进一步规范宅基地置换中农村社会保障问题，立法应强调地方政府在推行宅基地置换中"土地换镇保"的行政责任。在当前土地制度改革中，中央政府比较强调的是保护耕地的地方政府行政责任，如自2004年以来不断强调"调控新增建设用地总量的权力和责任在中央，盘活存量建设用地的权力和利益在地方，保护和合理利用土地的责任在地方各级人民政府，省、自治区、直辖市人民政府应负主要责任"。而对于地方政府在土地制度改革过程中，对涉地农民的生存权保障行政责任，更应该通过立法来明确。

（二）立法应加重市政府生存权保障责任

在宅基地置换中，上海市政府主要是在政策和决策层面给予各试点区县等优惠，如土地出让金除了上缴中央部分外，市区两级全免；节余建设用地开发，免收耕地开垦费和新增建设用地有偿使用费；以及先期投入给予象征性的财政支持以外，推行宅基地置换以及落实镇保方面主要还是区县政府和乡镇政府财政，尤其是各试点镇政府的财政支持[①]。由于置换过程中先期投

---

① 如奉贤青村和庄行两镇总投资23亿元。这笔巨额资金，是从五个方面筹措的：一是由区土地储备中心向农业银行以土地抵押的方式贷款共11亿元；二是由区镇两级政府向有关企业借款5亿多元；三是缓付工程款1.4亿元；四是缓缴镇保金1.6亿元；五是区镇两级政府财政垫付4亿元。引自上海市郊区经济促进会宅基地置换试点调研组："要认真把本市宅基地置换试点政策落到实处"，载《上海土地》2009年第3期。

资资金量巨大,而在试点镇财政在有限的条件下,根本无力进行镇保资金的筹集和缴纳,大部分试点镇都是通过预付一部分的方式,分数年进行偿还。这种状况对于城市规划区等区位地理优势比较优越的乡镇,以后可以通过本地区"镇保流转土地"来获得镇保资金的平衡,而对于规划区外的纯农业地区,根本无力对缺口巨大的"镇保"资金进行平衡。笔者在调研中,这些乡镇干部对此表示了极大的担忧。特别是这些地区所节余的建设用地指标在本地区,因为土地区位较差以及基础设施建设相对落后等因素的影响,致使这些建设用地在本地出让所获得土地出让金根本无法平衡宅基地置换的先期投入,且不用谈用土地出让金来平衡镇保资金了。致使在宅基地置换中推行"镇保流转土地"是有人欢喜有人愁。而这种后果是直接造成地方政府在执行"土地换镇保"方面存在不规范的最重要的原因,同时也是在宅基地置换中通过镇保流转土地侵犯农民生存权保障的最为重要的原因之一。

这个问题产生的主要原因,有学者分析认为其出现在镇保制度本身设计得不合理,主要是在"镇保"制度设计过程中,"关注点集中于资金的筹资总量和支出的平衡,而忽视了其中参保主体失地农民的筹资来源于土地的特点,而土地有级差地租收益,地价有升值收益"[①]。致使在全市范围内不考虑各乡镇土地的级差地租的收入差别,而统一全市镇保人员缴纳水平,这种"表面的合理性,实际上忽视了镇保应有的统筹功能"[②]。笔者认为这种观点具有一定的道理,但是没有指出问题的关键。这是因为土地作为一种公共资源,从宏观上着眼,使用用途的变更在某种意义上是通过剥夺或压缩其他农业地区的土地发展权而进行的,特别是在土地占补平衡为基本原则的土地用途限制下,城市规划区内建设用地指标的获取,需要城市规划区外的农业地区通过宅基地等农村建设用地的整理所节约的用地指标来平衡。否则在耕地占补平衡和建设用地指标的限制下,城市规划区内区位比较好的土地也不能获得相应的土地级差地租。因此,在这个意义上而言,城市规划区内的建设用地和城市规划区外的纯农业的地区土地利用是一个有机联系的统一的整体,

---

[①] 胡苏云、杨昕:"上海小城镇保险制度评析",见卢汉龙主编:《上海社会发展报告(2009)——深化社会体制改革》,社会科学文献出版社2009年版,第296页。

[②] 同上。

二者具有相互配合、密切联系的一面；但是基于非农业用地的收益远远高于农业用地的土地资源配置市场化的背景，二者也都存在着相互竞争、相互限制的一面。而这种相互竞争、相互限制状况在我国城乡二元化的土地管理制度下，通过行政强制性指令计划来分配被削弱了，但是这种争夺土地发展权的状况并没有得到根本改变。因此，从土地级差地租实现途径来看，级差地租获得较为明显的地区往往是将土地利用外部性转移给级差地租不明显的地区。在这种情况下，应该是在全市范围内通过土地出让金以及相关的土地使用税的转移支付，将相应的土地收入的一部分通过转移支付的方式来弥补这种外部性转移所带来的损失。而不是根据级差地租收入情况来决定镇保资金投入的区别对待。因此，这方面上海市政府应该出台相应的税收转移支付政策，通过税收或财政调节的方式来根本解决这一问题。这不仅是经济发展公平的需要，更是落实和保障规划区外纯农业地区的涉地农民生存权保障的具体体现。

另外，如果根据土地级差地租的收入情况来落实本地区的镇保缴费水平，则会带来更多镇保分配公平问题。各试点镇及区县政府都会以土地级差地租收入入不敷出为由而减少镇保的缴费水平和镇保落实名额，对于涉地农民生存权保障带来极其消极的影响和后果。据笔者调研，即使是在政策要求全市统一缴纳镇保基金的水平下，部分试点镇存在落实镇保缴费水平不到位或镇保名额任意减少等不规范的现象。因此，进一步完善"镇保"制度，最为重要的改革思路，则是在现有的基础上，进一步完善上海市政府加强各区县的财政和税收的转移支付制度，来加强各试点镇，尤其是规划区外纯农业地区的财政和税收支持力度。这方面上海市政府还有很大的空间来进一步完善"镇保"制度。

（三）立法应当规范相应的政府责任

在宅基地置换中，区县和乡镇政府都面临着巨大的镇保资金投入。特别是以往土地出让金大部分都投入本地区的基础设施建设，基本上没有预留，郊区各区县都面临着镇保资金的亏空的财政压力[1]。尽管没有足够的财政支持，但是各区县以及乡镇政府利用招商引资的方式来推动本地区经济发展的

---

[1] 晋洪涛："上海'镇保'制度的实施困境与政策改进"，载《调研世界》2010年第11期。

用地需求并没有因此而减少，而现实中用地需求的满足，则需要给涉地农民落实镇保，但是实际情况则是由于地方政府财政亏空而无法落实镇保。在这种背景下，各区县政府不得不采用一种极不规范的方式，即通过后续土地出让或开发的收入来填补先前失地农民的社会保障基金，即通过一种"拆东墙补西墙"这样一种极不规范的财政运行机制的来为失地农民落实"镇保"。[①]而这种运行机制的可持续性以及合理性则备受质疑。其中最主要的原因则是各区县政府基于满足城市建设用地需求，通过分期付款的方式给失地农民购买"镇保"，致使本届区县政府支付给失地农民的财政压力减少，而同时本届政府则一次性获得了长达40~70年的土地出让金来投资本地区的城市基础设施建设，以便获得本地区经济发展指标。而将所需巨额的"镇保"费用通过银行担保和分期付款的方式分摊到以后几届政府身上，形成了所谓历史遗留问题。而当这种历史遗留问题遇到国家严厉的土地调控政策或国家土地出让制度改革等情形时，如原来通过"镇保"换来的"土地"不能有效地出让或出让的收益上缴中央政府的比例增大等因素，则必会促使这些历史遗留问题进一步恶化，致使镇保资金来源的断裂，涉地农民生存权保障面临危机。

而如果考虑到以下情形，则问题更为严重。从各区县政府在宅基地置换中的行为目标来看，各区县政府在宅基地置换过程中推行土地换镇保，都试图将节余的建设用地在本区县内进行平衡。这是因为在本区、县内实现平衡，能够获得更为充分的土地出让金收入，以及土地出让后的投资项目的财政税收等方面的收益，特别是投资后所形成的就业、资金以及经济发展的集聚效应，不仅有效地激活了本地区经济发展的活力，而且也有助于本地财政税收的急剧增加；不仅区县政府有这样的想法，而且各乡镇政府也存在同样的需求。特别是在现行土地收益分配严重不规范的背景下，更是加剧了这一问题的严重性。如实践中在A区（远离城市区的纯农业地区）a镇通过宅基地置换节余1000亩土地指标，基于级差地租的考虑，将其转移到B区（城市规划区或乡镇建成区附近）b镇，基于这1000亩建设用地指标，B区b镇通过"土地换镇保"的方式征收了1000亩的耕地作为建设用地，从宏观层面上而言实现了国家的耕地占补平衡，但是在微观上，A区与B区在土地出让金上

---

① 朱中原："土地换社保的财政困局"，载《记者观察》2007年第8期。

如何实现合理的分配，特别是通过土地出让后所进行的投资项目所获得税收、财政收入以及本地区就业、产业发展所带来的无形利益如何分配，在实践中并没有相应的分配标准，致使 A 区在建设用地指标转移上都存在很大的利益冲突，而想方设法在本行政区内来实现平衡。但是在本行政区域内实现平衡毕竟有着一定的限度，特别是经济发展不充分导致级差地租实现极为有限，现实的情况是 A 区政府不得不采用通过以租代征的方式来规避这种平衡，由于受本地区经济发展现状和财政情况的限制，给予涉地农民的社会保障极不规范，也不长远，如有的试点镇应该按人口来落实镇保，但是仅仅按照一户一个镇保名额来落实镇保。

即使是同一个区的两个乡镇也存在着类似的问题。如同是 A 区的 a 镇（以农业经营为主要产业的镇）和 b 镇（以非农产业经营为主的镇），a 镇通过宅基地置换节余出建设用地指标 1000 亩，如果这些建设用地指标在本镇进行就地实现的话，则只能以每亩的 150 万元的土地出让金进行出让，但是如果在 b 镇则能以每亩 300 万元的土地出让金的收入进行出让。但是如果考虑到 b 镇土地换镇保的成本和拆迁成本每亩 100 万元，则 a 镇应该获得每亩 200 万元的土地出让金，但是实践中 b 镇政府会寻找各种理由来提高本地土地指标置换的费用支出，以便让 a 镇政府获得的土地收入减少；而 a 镇则基于土地出让金以外的考虑如投资后财政、税收以及就业和产业发展等有形或无形效益，而不愿将建设用地指标流转出本镇行政区域。但是本地的财政又不能提供巨额的镇保资金，实践中往往则是通过减少镇保名额等方式来进行用地计划。

因此，立法应该进一步规范和限制各区县和乡镇政府这种基于投机心理和地方保护主义立场来利用土地的现象，特别是这种土地利用模式与经济发展、本地 GDP 增长以及地方政府领导的政绩等存在内在的联系时，涉地农民的生存权保障也就如同农地保护一样，面临着被边缘化的风险。笔者认为，其背后的原因，除了现行土地权利配置存在着重大缺陷以外，更为重要的是地方政府在农村土地改革中所承担的生存权保障的行政责任没有得到现行法律和政策的重视。因而，在农村土地制度改革中涉地农民长远生计可持续发展问题进而产生的生存权保障危机则会进一步恶化。

笔者认为，立法应该从以下几方面进行着手来设定区县政府和乡镇政府在宅基地置换中生存权保障的政府责任。

第一，立法应该建立合理的正常的公共财政体制，特别要具体规定市、区县以及乡镇的"镇保保障准备金"，并明确规定实行专款专用，不得挪作他用。与此同时要加强审计机关和地方人大对镇保保障基金准备金的审计和监管力度。

第二，立法应当明确规定推行"土地换镇保"的镇保缴纳条件，只有财政资金有保障的镇或区县才能推行。严禁不具备财政实力的地区主动通过承诺的方式来推行"土地换镇保"。

第三，立法应当具体规定"镇保"资金的缴纳程序，并严格执行。对于符合条件的地区必须要在规定的时间内一次性缴纳镇保费用，严禁通过分期付款的方式来拖欠镇保费用的缴纳。不能在规定的时间内一次性缴纳镇保费用的，应当禁止或取消该地区推行"土地换镇保"。

第四，严格落实"承包地经营权换镇保"政策，禁止通过"土地换镇保"变相地剥夺农民的集体土地所有权，并对"土地换镇保"在镇保落实方面存在不规范等行为的相关责任人和执行人给予相应的行政处分。

第五，要进一步明确和细化土地指标流转的相关区县和乡镇的土地收益分配比例，土地指标流入地不能仅仅通过土地出让金的形式来补偿土地指标流出地，应该考虑到土地指标在本地区经济发展以及产业发展等方面的相关重要性，并通过财政或税收补贴的方式来补偿土地指标流出地。与此同时，应该加强土地流入地和流出地土地出让金和土地财政税收收入分配的用途管制，发展经济和落实两地失地农民"镇保"的用途，来具体划分相应比例来进行合理分配。

本章小结

本章主要是针对农民"被"上楼之后，因城镇居住生活开支增加带来的损失以及承包地经营权置换镇保后所带来的长远生计可持续的危机等问题进行论述，认为应该在"土地换镇保"的基础上，设立农村土地发展权、对农民进城后生活开支的增长给予相应补贴等。在此基础上考察了在宅基地置换中推行"土地换镇保"存在的问题，并从生存权保障的视角来剖析政府主动通过"镇保流转土地"的真正意图及其存在的法律问题。本章特别对"土地换镇保"的理论层面与实践层面存在的问题进行了分析，认为"土地换镇保"中理论的提出实质是地方政府与农民在经济发展与生存权保障博弈的一种结果。在此基础上,笔者采取了不应该完全否定"土地换镇保"的立场,认为为了保证制度的连续性,应该在改造"土地换镇保"制度的基础上,规范"土地换镇保"相关土地权利和社会保障权利,应该在"土地换镇保"中设定和保障涉地农民的土地发展权,应该在"土地换镇保"中落实政府的生存权保障责任。

结　语

与传统征地制度相比，农村宅基地置换是农村土地制度改革的一种试点和探索。中央政府基于耕地保护、地方政府基于建设用地指标、农民基于获得更多的土地收益，宅基地置换实践与征地制度相比，无论是经济上的补偿，还是社会公共保障的获得，都是一种改进，并在实践中为更多的农户所接受。但是，以宅基地置换制度来节约利用农村建设用地、获取城市发展用地空间和保护农村耕地等为目标制度实践，不仅带来土地制度的改革，而是与整个农村社会转型紧密联系在一起的。特别是传统的农村宅基地和耕地，在保障与农村社会结构和生产方式相适应的"耕者有其田和居者有其屋"上，还发挥着重要的功能和作用。在宅基地置换中其实已经在改变和削弱传统农村土地制度所要实现的功能，而替代措施即用城市小区式的住房来置换宅基地上的土地和房屋，用小城镇社会保障来置换农村土地承包经营权，这些措施能否真正实现传统农地制度所发挥的功能，可以说是衡量农村宅基地置换推行成败的最为重要的标准。

经过调研和分析，笔者认为：

第一，用城市小区式的住房来置换宅基地上的土地和房屋，用小城镇社会保障来置换农村土地承包经营权，这些替代措施并没有完全取代传统农村社会的土地所发挥的住房保障和生存保障功能。其中最主要的原因，一是，各区、县、镇政府在推行置换中存在的侵犯农民土地和住房权益问题比较突出，即使严格按照上海市宅基地置换政策来推进置换，按照"拆一补一"来进行置换，但是由于农村社会家庭结构和社会结构与城市社会存在着根本性的差异，用公寓式住房给予农民住房补偿，恰恰没有考虑到进入城市生活"农民"住房需求的可持续性和动态性。二是，通过宅基地置换所结余的土地指标和其增值收益权被地方政府所获取，农民缺少长远生计及可持续的收入来源，则更加剧了农民的住房权保障问题。三是，用"镇保"来置换承包地则将农民推向了失地和市场化就业的境地,失地农民仅仅靠"镇保"费用和市场化的就业来支撑起进入小区居住后高昂的生活开支,其可持续性还存在质疑。

第二,尽管这些替代措施并没有完全取代传统的农村土地所发挥的住房保障和生存保障功能,但由于"城市化"等的客观需要,又不能从整体上否定宅基地置换实践和制度。基于"三农问题"和城市化建设合理利用土地之间的悖论,即"三农问题的解决离不开城市化",改革开放40年的历史表明,唯有城市化进程的推进,农村社会剩余人口的不断转移,"三农问题"才能真正得到解决。但是,城市化又是在侵犯农村土地及农民权利的基础上来推进的,尤其是农民的生存权(征地制度及变相的征地——"承包地换镇保")和住房权(宅基地置换)。基于这种悖论,笔者并没有因此整体上否认宅基地置换和"土地换镇保"的在实践上的探索和可行性。而是指出,通过宅基地置换来推进农村社会转型,有条件的地区,如上海市,应该在进行宅基地置换和"土地换镇保"中不断完善宅基地置换政策和制度。笔者受现行征地制度改革路径的启发,认为农村土地制度的改革是一个渐进和连续的过程,不可能彻底打破原有的制度另辟蹊径。宅基地置换制度的推行就是最好的例子,因为在宅基地置换中仅仅是对传统征地制度过程中的弊端进行扬弃,但是在城市规划区还需要利用征地制度来配合宅基地置换的推行,而宅基地置换的推行也为征地制度顺利推进开辟了一种新的路径。因此,在当代,农村土地制度变革具有很强的路径依赖的特点。这种制度变革的特点,也决定了以农村社会住房权保障和生存权保障为核心的农村土地制度形成,要在改造征地制度和宅基地置换制度的基础上来进行,而不能另起炉灶,对征地制度和宅基地置换制度彻底粉碎。否则,即使在成文法层面上摧毁了征地制度和宅基地置换制度,也不能摧毁实践上的制度变迁路径依赖。

第三,宅基地置换不仅仅是土地与房屋的置换,而且也是农民的生活和生产方式本身在置换。其背后的根本原因是以工商业为代表的第二、第三产业生产方式和生活方式在逐渐取代传统的农业生产和生活方式,客观上要求对农村社会的土地、人口以及工商业资源重新进行优化配置。而这一过程突出的矛盾和问题表现了,传统的农地功能"居者有其屋和耕者有其田"的土地根基在宅基地置换中所面临的挑战和危机。因此,立法应明确规定推行宅基地置换的住房权和生存权保障条款。

在宅基地置换中要改革涉地农民宅基地节余指标的收益分配制度，让涉地农民共享土地收益。实践表明政府一次性通过宅基地置换城市房屋的实物补偿并没有完全体现出宅基地用益物权和集体土地所有权的本身收益的长久性的特点，因此，应该将宅基地节余土地指标的权益（至少节余指标出让金的30%）通过股权化方式分配给涉地农民，并在此基础上设立住房保障金，在财政上保障涉地农民的住房权。

在置换中应该加强"地籍"和"房籍"与家庭结构和人口结构等调研、动态预测分析。在宅基地置换时尽量设计与农村家庭和人口结构相适应的房型、房层等；在宅基地置换后建立人口与房屋统计和登记制度，特别是结合《物权法》施行后不动产登记制度的建立，并在此基础上建立置换涉地农民住房与人口调整的追踪制度。

针对"镇保流转土地"被地方政府征收征用而损害农民生存权保障的做法，笔者认为立法应该明确规定，涉地农民根据土地所有权依然对"镇保流转土地"享有收益，地方政府征收这些土地依然要给予农村集体经济组织和农民收益补偿。与此同时，还应该加强地方政府在宅基地置换中保障涉地农民的生存权的行政责任，并确立土地发展权制度。土地利用方式由农业向工商业用地转化的过程中会带来极高的利润，但是这种利润获得除了土地使用人非农经营外，土地也发挥了非常重要的功能，因此，土地使用权人应将这部分利润归还给原有土地所有人，并在此基础上增加生活补贴，以保障涉地农民的长远生计可持续。

参考文献

一、中文著作类

[1] 黄荣华. 革命与乡村—农村地权研究：1949~1983 以湖北新洲县为个案 [M]. 上海：上海社会科学院出版社，2006.

[2] 刘俊. 土地权利沉思录 [M]. 北京：法律出版社，2009.

[3] 杜润生. 杜润生文集（上）[M]. 太原：山西经济出版社，1998.

[4] 周其仁. 产权与制度变迁——中国改革的经验研究 [M]. 北京：北京大学出版社，2004.

[5] 宋志红. 集体建设用地使用权流转法律制度研究 [M]. 北京：中国人民大学出版社，2009.

[6] 陈映芳，等. 征地与郊区农村的城市化——上海市的调查 [M]. 上海：文汇出版社，2003.

[7] 黄季焜. 制度变迁和可持续发展——30 年中国农业与农村 [M]. 上海：格致出版社、上海人民出版社，2008.

[8] 郑戈. 法律与现代人的命运：马克斯·韦伯法律思想研究导论 [M]. 北京：法律出版社，2006.

[9] 吴远来. 农村宅基地产权制度研究 [M]. 长沙：湖南人民出版社，2010.

[10] 毛泽东. 实践论 [A] //毛泽东著作选读. 北京：人民出版社，1986.

[11] 杜润生. 杜润生自述：中国农村体制变革重大决策纪实 [M]. 北京：人民出版社，2005.

[12] 林毅夫，等. 中国的奇迹：发展战略与经济改革 [M]. 上海：生活·读书·新知三联书店，1994.

[13] 张乐天. 告别理想人民公社制度研究 [M]. 上海：上海人民出版社, 2005.

[14] 周晓虹. 传统与变迁——江浙农民的社会心理及其近代以来的嬗变 [M]. 上海：上海三联书店, 1998.

[15] 黄宗智. 长江三角洲小农家庭与乡村发展 [M]. 北京：中华书局, 1992.

[16] 吴玲. 新中国农地产权制度变迁与创新研究 [M]. 北京：中国农业出版社, 2007.

[17] 张静. 现代公共规则与乡村社会 [M]. 上海：上海书店出版社, 2006.

[18] 杨一介. 中国农地权基本问题——中国集体农地权利体系的形成与扩展 [M]. 北京：中国海关出版社, 2003.

[19] 沈国明. 渐进的法治 [M]. 哈尔滨：黑龙江人民出版社, 2008.

[20] 周黎安. 转型中的地方政府：官员激励与治理 [M]. 上海：格致出版社、上海人民出版社, 2008.

[21] 李淑梅. 失地农民社会保障制度研究 [M]. 北京：中国经济出版社, 2007.

[22] 陈小君, 等. 后农业税时代农地法制运行实证研究 [M]. 北京：中国政法大学出版社, 2009.

[23] 萧功秦. 中国的大转型——从发展政治学看中国变革 [M]. 北京：新星出版社, 2008.

[24] 吴毅. 小镇喧嚣——一个乡镇政治运作的演绎与阐释 [M]. 上海：上海三联书店, 2007.

[25] 叶剑平, 张有会. 一样的土地, 不一样的生活 [M]. 北京：中国人民大学出版社, 2010.

[26] 陈杰. 城市居民住房解决方案——理论与国家经验 [M]. 上海：上海财经大学出版社, 2009.

[27] 张广荣. 我国农村集体土地民事立法研究论纲——从保护农民个体土地权利的视角 [M]. 北京：中国法制出版社, 2007.

[28] 陈小君，等．农村土地法律制度的现实考察与研究——中国十省调研报告书［M］．北京：法律出版社，2010．

[29] 蓝宇蕴．都市里的村庄——一个"新村社共同体"的实地研究［M］．上海：上海三联书店，2005．

[30] 钟仁耀，查建华．上海社会保障和谐发展研究［M］．上海：上海财经大学出版社，2007．

[31] 郑功成．论中国特色的社会保障道路［M］．武汉：武汉大学出版社，1997．

[32] 胡怡建，等．上海财政运行实证研究［M］．上海：上海财经大学出版社，2006．。

[33] 王卫国，王广华．中国土地权利的法制建设［M］．北京：中国政法大学出版社，2002．

[34] 现代汉语大词典，编委会．现代汉语大词典［M］．上海：现代汉语大辞典出版社，2002．

[35] 国土资源部土地整理中心，等．农用地定级估价与农地流转［M］．北京：中国经济出版社，2010．

[36] 李卫祥．农村土地整理［M］．北京：中国社会出版社，2008．

[37] 袁以星．上海"三农"决策咨询研究——2004年度上海市科技兴农软课题研究成果汇编［M］．上海：上海财经大学出版社，2005．

[38] 凌耀初．统筹城乡发展实施策略［M］．上海：学林出版社，2006．

[39] 蔡继明，邝梅．论中国土地制度改革——中国土地制度改革国际研讨会论文集［M］．北京：中国财政经济出版社，2009．

[40] 徐勇，赵永茂．土地流转与乡村治理——两岸的研究［M］．北京：社会科学文献出版社，2010．

[41] 上海市现代上海研究中心．上海城市的发展与转型［M］．上海：上海书店出版社，2009．

[42] 上海市人民政府发展研究中心．上海市重大决策咨询研究重点课题成果汇编［R］．2003．

[43] 上海市奉贤区规划管理局，同济大学经济与管理学院．上海市奉

贤区区域发展战略与策略研究——基于"三个集中"的理论和实践探索[M]. 上海：上海图书馆，2004.

［44］崔建远. 房屋拆迁法律问题研究［M］. 北京：北京大学出版社，2009.

［45］康宝奇. 城市房屋拆迁及"城中村"改造的法律适用［M］. 北京：人民法院出版社，2004.

［46］汪泓. 上海社会保障改革与发展报告（2008）［M］. 北京：社会科学文献出版社，2008.

［47］卢汉龙. 上海社会发展报告（2009）——深化社会体制改革［M］. 北京：社会科学文献出版社，2009.

［48］北京大学国家发展研究院综合课题组. 还权赋能：奠定长期发展的可靠基础——成都市统筹城乡综合改革实践的调查研究［M］. 北京：北京大学出版社，2010.

二、译著类

［1］哈特. 法律的概念［M］. 许家馨，李冠宜，译. 台北：商周出版社，2000.

［2］本杰明·卡多佐. 司法过程的性质［M］. 苏力，译. 北京：商务印书馆，1998.

［3］威廉·阿朗索. 区位和土地利用：地租的一般理论［M］. 梁进社，李平，王大伟，译，北京：商务印书馆，2007.

［4］欧根·埃利希. 法社会学原理［M］. 舒国滢，译. 北京：中国大百科全书出版社，2009.

［5］爱弥尔·涂尔干. 孟德斯鸠与卢梭［M］. 李鲁宁，等，译. 上海：上海人民出版社，2003.

［6］吉尔伯特·罗兹曼. 中国的现代化［M］. 国家社会科学基金"比较现代化"课题组，译. 南京：江苏人民出版社，1995.

［7］何·皮特. 谁是中国土地的拥有者——制度变迁、产权和社会冲突［M］. 林韵然，译. 北京：社会科学文献出版社，2008.

［8］汉密尔顿，杰伊，麦迪逊．联邦党人文集［M］．程逢如，等，译．北京：商务印书馆，2004．

［9］白苏珊．乡村中国的权力与财富：制度变迁的政治经济学［M］．郎友兴，方小平，译．杭州：浙江人民出版社，2009．

［10］让·欧仁·阿韦尔．居住与住房［M］．齐淑琴，译．北京：商务印书馆，1996．

［11］罗伯特·霍恩，等．德国民商法导论［M］．楚建，译．北京：中国大百科全书出版社，1996．

［12］加布里埃尔·A. 阿尔蒙德，等．比较政治学：体系、过程和政策［M］．曹沛霖，等，译．上海：上海译文出版社，1987．

［13］大须贺明．生存权论［M］．林浩，译．北京：法律出版社，2001．

三、期刊类

［1］喻文莉，陈利根．农村宅基地使用权制度嬗变的历史考察［J］．中国土地科学，2009（8）．

［2］刘云生．集体土地所有权身份歧向与价值悖离［J］．社会科学研究，2007（2）．

［3］谷晓坤，代兵，陈百明．中国农村居民点整理的区域方向［J］．地域研究与开发，2008（6）．

［4］陈大兴，马焕灵．高校土地置换的逻辑制约与平衡［J］．煤炭高等教育，2010（1）．

［5］李志明，李刚，黄晓林．土地置换若干问题研究［J］．国土经济，2002（2）．

［6］陶小马，何芳．黄浦江沿岸地区土地置换模式研究［J］．城市规划汇刊，2000（5）．

［7］徐燕雯．土地置换与土地估价相关问题分析［J］．财会通讯：综合（上），2009（5）．

［8］信欣，牛宏艳．试析"宅基地置换"的变与不变［J］．天津经济，2009（6）．

[9] 胡新民．农村宅基地整理纵横谈——来自金华市的实践与思考［J］．中国土地，2002（10）．

[10] 朱林兴．农村宅基地置换的若干问题［J］．上海市经济管理干部学院学报，2006（2）．

[11] 陈修玲．我国农村宅基地置换现存问题及政策建议［J］．地方财政研究，2010（1）．

[12] 芮黎明．"两置换一转化"：推进农村改革发展［J］．江南论坛，2009（10）．

[13] 周京奎，吴晓燕，胡云霞．集体建设用地流转模式创新的调查研究——以天津滨海新区东丽区华明镇宅基地换房为例［J］．调研世界，2010（7）．

[14] 张正芬，王德．宅基地置换在上海农民居住集中中的运用［J］．上海城市规划，2008（2）．

[15] 蒲方合．中国新农村建设中的宅基地权利置换客体研究［J］．前沿，2010（1）．

[16] 张祎娴、王仲谷．上海郊区宅基地置换试点运作模式研究［J］．苏州科技学院学报：工程技术版，2008（4）．

[17] 董万程．农村宅基地使用权流转的法律分析［J］．河南省政法管理干部学院学报，2010（1）．

[18] 刘勇，吴次芳，杨志荣．中国农民居民点整理研究进展与展望［J］．中国土地科学，2008（3）．

[19] 黄祖辉，王朋．基于我国农村土地制度创新视角的社会保障问题探析［J］．浙江社会科学，2009（2）．

[20] 柴晓宇．社会保障视野下农村土地制度完善之思考［J］．东方法学，2010（1）．

[21] 朱烨辛．关于不同经济状况农民宅基地置换工程满意度的实证研究［J］．安徽农业科学，2008（10）．

[22] 施建刚，黄晓锋，王万力．对发达地区农村宅基地置换的模式思考［J］．农村经济，2007（4）．

［23］张祎娴．上海郊区宅基地置换试点模式及案例研究［J］．城市规划，2010（5）．

［24］沈永昌．沪郊宅基地置换试点情况调研［J］．上海农村经济，2005（7）．

［25］张祎娴，王仲谷．郊区城市化进程中的公共政策研究——以上海郊区宅基地置换试点为例［J］．苏州科技学院学报：工程技术版，2008（3）．

［26］万国华．宅基地换房中的若干法律问题［J］．中国房地产，2009（3）．

［27］邓星晨，蔡伟明．宅基地置换中农民新居的产权问题［J］．中国商界，2009（12）．

［28］周沛．农民居住集中化过程中农民住房保障与福利研究［J］．社会科学研究，2007（4）．

［29］干经天，奚剑鑫．"十一五"上海郊区农民住房建设政策措施研究［J］．上海农业学报，2006（2）．

［30］罗震宇，等．城市居住空间分异与群体隔阂——对失地农民城市居住问题与对策的思考［J］．城市发展研究，2009（1）．

［31］李燕琼，等．我国不同地区失地农民的住房安置状况及政策实施效果评析［J］．农业经济问题，2007（10）．

［32］吴玉兰．关于失地农民的住房问题［J］．中国城市经济，2005（2）．

［33］高超，施建刚．上海农村宅基地置换模式探析——以松江区佘山镇为例［J］．中国房地产，2010（7）．

［34］张洪涛．再论我国法社会学研究的结构性缺陷——从方法的角度［J］．西南交通大学学报：社会科学版，2006（3）．

［35］张时飞，唐均，占少华．以土地换保障——解决失地农民问题的可行之策［J］．红旗文稿，2004（8）．

［36］陈虎．法社会学实证研究之初步反思——以学术规范化与本土化为背景［J］．法制与社会发展，2007（2）．

［37］钱忠好．中国农村土地制度历史变迁的经济学分析［J］．江苏社会科学，2000（3）．

[38] 许章润. 地权的国家德性 [J]. 比较法研究, 2010 (2).

[39] 邵传林, 冯振东. 中国农地产权制度60年: 历程回顾与变迁评判 [J]. 经济与管理研究, 2009 (10).

[40] 王跃生. 集体经济时代农民生存条件分析——立足于河北南部农村的考察 [J]. 中国农村观察, 2002 (5).

[41] 王维洛. 中国的私有土地是如何国有化的? [J]. 当代中国研究, 2007 (4).

[42] 张红宇. 中国农地制度变迁的制度绩效: 从实证到理论的分析 [J]. 中国农村观察, 2002 (2).

[43] 于淼, 伍建平. 浙江嘉兴"以土地换保障"的经验及其反思 [J]. 中国农业大学学报: 社会科学版, 2006 (2).

[44] 陈颐. 论"以土地换保障" [J]. 学海, 2000 (3).

[45] 王克强. 上海市农民从土地保障向社会保险过渡条件的理论与实证研究——降低土地对农民基本生活保障效用的条件分析 [J]. 农业经济问题, 2005 (2).

[46] 姜长云. 农村土地与农民的社会保障 [J]. 经济社会体制比较, 2002 (1).

[47] 唐钧, 张时飞. 着力解决失地农民生计的可持续性 [J]. 中国人力资源社会保障, 2005 (8).

[48] 郑雄飞. 从"他物权"看"土地换保障"——一个法社会学的分析 [J]. 社会学研究, 2009 (3).

[49] 韩俊, 张云, 张要杰. 农民不需要"以土地换市民身份"——北京市朝阳区农村集体经济产权制度改革调查 [J]. 中国发展观察, 2008 (6).

[50] 路斐. 我国农村土地所有权制度的"体制性"品格 [J]. 法律科学, 2009 (5).

[51] 刘广栋, 程久苗. 1949年以来中国农村土地制度变迁的理论和实践 [J]. 中国农村观察, 2007 (2).

[52] 张静. 土地使用规则的不确定: 一个解释的框架 [J]. 中国社会科学, 2003 (1).

［53］李元．土地理论和当前的热点问题［J］．中国土地，2010（5）．

［54］孙仲彝．上海建设社会主义新郊区新农村土地利用问题的思考［J］．上海农村经济，2006（7）．

［55］顾达明，秦智红．城市郊区集中化农民中心村建设的探索——从上海七宝镇看沪郊农民住宅的发展［J］．上海经济研究，2004（11）．

［56］徐全勇，沈飞．三村合并——浦东新区环东中心村的形成模式［J］．小城镇建设，2001（2）．

［57］张水清，杜德斌．从"均衡发展"到"重点建设"——新形势下上海郊区城市化模式的探讨［J］．上海城市规划，2001（2）．

［58］张占耕．上海郊区城镇化重点突破的战略研究［J］．上海社会科学院学术季刊，2000（1）．

［59］黄应霖．论上海郊区小城镇建设用地的控制［J］．上海城市管理，2004（2）．

［60］程英．上海农村小城镇发展状况分析［J］．上海统计，1999（1）．

［61］徐建锋，蒋俊．对土地置换两种不同形式的分析［J］．中国土地，2006（8）．

［62］倪宇立．上海市土地利用现状分析［J］．上海城市管理职业技术学院学报，2002（6）．

［63］杨益军．土地置换与经营城市［J］．上海土地，2003（1）．

［64］邹金宝．上海外滩房屋置换及其意义［J］．上海综合经济，1996（11）．

［65］周世江．解决住房问题对策［J］．上海综合经济，1997（4）．

［66］刘汉裔．关注动迁居民弱势群体，加快中低价位住宅建设——对上海中低价商品住宅建设的建议［J］．上海土地，2003（3）．

［67］徐海弘．征用集体所有土地在补偿方面的问题及其对策［J］．上海土地，2003（3）．

［68］沙海林，杜治中，等．对加快浦东新区农民向集镇和中心村集聚的调查和思考［J］．上海农村经济，1997（5）．

［69］上海市郊区经济促进会宅基地置换试点调研组．要认真把本市宅基地置换试点政策落到实处［J］．上海土地，2009（3）．

[70] 朱林兴. 有序推进农村集体建设用地流转 [J]. 上海土地, 2009 (2).

[71] 方伯平. 浅议农村宅基地集约利用 [J]. 上海土地, 2009 (4).

[72] 陶然, 汪晖. 中国尚未完成之转型中的土地制度改革：挑战与出路 [J]. 国际经济评论, 2010 (2).

[73] 蔡玉胜, 王安庆. 城乡一体化进程中土地利用存在的问题与对策——以"宅基地换房"模式为例 [J]. 经济纵横, 2010 (1).

[74] 何缨. 宅基地换房模式的法律思考 [J]. 山东社会科学, 2010 (1).

[75] 祝志勇. 统筹城乡发展中农村土地流转的多边利益平衡问题思考 [J]. 探索, 2008 (1).

[76] 向前. 统筹城乡发展中的农村土地流转模式探析——以重庆市为例 [J]. 农业经济, 2009 (5).

[77] 邱继勤, 邱道持, 石永明. 城乡建设用地挂钩指标的市场配置 [J]. 城市问题, 2010 (7).

[78] 王守军, 杨明洪. 农村宅基地使用权地票交易分析 [J]. 财经科学, 2009 (4).

[79] 汪拓, 吴晓光. "建设用地置换"的安徽试验——专访安徽省国土资源厅厅长张庆军 [J]. 中国经济周刊, 2009 (19).

[80] 郑尚元. 居住权保障与住房保障立法之展开——兼谈《住房保障法》起草过程中的诸多疑难问题 [J]. 法治研究, 2010 (4).

[81] 李保春. 我国土地财政现象若干思考 [J]. 财政研究, 2010 (7).

[82] 李凤章. 通过"空权利"来"反权利"：集体土地所有权的本质及其变革 [J]. 法制与社会发展, 2010 (5).

[83] 周其仁. 农地产权与征地制度——中国城市化面临的重大选择 [J]. 经济学（季刊）, 2004 (10).

[84] 李怀胜. 路径依赖与弱势情结——梁丽案的一个法社会学解读 [J]. 西部法学评论, 2010 (2).

[85] 魏建. 嵌入和争夺下的权利破碎：失地农民权益的保护 [J]. 法学论坛, 2010 (6).

[86] 刘娥萍, 张国明. 沪郊农村宅基地置换推广条件分析 [J]. 上海党史与党建, 2009 (8).

[87] 住房和城乡建设部政策研究中心课题组．农村住房集聚建设要因地制宜［J］．住房保障，2009（4）．

[88] 刘俊．农村宅基地使用权制度研究［J］．西南民族大学学报：人文社科版，2007（3）．

[89] 邓星晨，蔡伟明．宅基地置换中农民新居的产权问题［J］．中国商界，2009（2）．

[90] 赵德余．土地征用过程中农民、地方政府与国家的关系互动［J］．社会学研究，2009（2）．

[91] 住房和城乡建设部政策研究中心课题组．农村住房集聚建设要因地制宜［J］．住房保障，2009（4~6）．

[92] 施建刚．基于"和谐"理念的宅基地置换模式创新［J］．农村经济，2008（1）．

[93] 陈胜祥．中国农民土地所有权幻觉探析［J］．青海社会科学，2010（6）．

[94] 杨旭春．镇保流转土地［J］．上海土地，2007（7）．

[95] 邓锋．城乡土地利用中的外部性与土地发展权转移［J］．城市问题，2010（12）．

[96] 刘国臻．房地产老板之暴富与土地发展权研究［J］．中山大学学报：社会科学版，2007（3）．

[97] 张云华．城镇化进程中要切实保护农民土地权益［J］．经济体制改革，2010（5）．

[98] 常进雄．城市化进程中失地农民合理利益保障研究［J］．中国软科学，2004（3）．

[99] 吴瑞君．城市化过程中征地农民社会保障安置的难点及对策思考［J］．人口学刊，2004（3）．

[100] 郑雄飞．破解"土地换保障"的困境——基于"资源"视角的社会伦理学分析［J］．社会学研究，2010（6）．

[101] 喻平．上海农村60年发展铸辉煌［J］．上海农村经济，2009（11）．

[102] 刘红梅、肖平华、王克强．中国县级土地财政收入问题研究［J］．中国土地科学，2010（11）．

[103] 刘德吉. 上海新郊区建设中的地方政府职能定位及实现途径 [J]. 华东理工大学学报：社会科学版，2007（4）.

[104] 王永莉. 国内土地发展权研究综述 [J]. 中国土地科学，2007（3）.

[105] 沈守愚. 论设立农地发展权的理论基础和重要意义 [J]. 中国土地科学，1998（6）.

[106] 胡兰玲. 土地发展权论 [J]. 河北法学，2002（3）.

[107] 贾海波. 农地发展权的设立与权利属性 [J]. 中国土地，2005（10）.

[108] 晋洪涛. 上海"镇保"制度的实施困境与政策改进 [J]. 调研世界，2010（11）.

[109] 朱中原. "土地换社保"的财政困局 [J]. 记者观察，2007（8）.

四、学位论文类

[1] 司艳丽. 论集体建设用地使用权流转的法律规制 [D]. 中国政法大学博士学位论文，2006.

[2] 苟滢华. 上海市郊农民宅基地置换与城市化再推进 [D]. 华东师范大学硕士学位论文，2005.

[3] 徐瑞祥. 宅基地置换工程中农民居住空间需求与房型设计研究 [D]. 同济大学博士后流动站出站报告，2007.

[4] 徐杰. 宅基地置换进程中沪郊农民消费生活考察分析——以奉贤区庄行镇为个案 [D]. 西南财经大学硕士学位申请论文，2008.

[5] 刘金海. 集体产权变迁中的国家、集体与农民——应用于城市化进程中的团结村 [D]. 华中师范大学博士学位论文，2003.

[6] 钱文亮. 中国农村社会保障法律制度 [D]. 对外经贸大学博士学位论文，2007.

[7] 蒋文华. 多视角下的中国农地制度——理论探讨和实证分析 [D]. 浙江大学博士学位论文，2004.

[8] 王留豹. 构建农村社会保障路径研究 [D]. 华中科技大学博士论文，2006.

［9］胡贤辉．农村居民点用地变化驱动机制——基于湖北三县市的农户调查研究［D］．华中农业大学博士学位论文，2007．

［10］彭鹏．湖南农村聚居模式的演变趋势及调控研究［D］．华东师范大学博士学位论文，2008．

［11］王鹏．上海市低收入家庭居住问题研究［D］．同济大学博士学位论文，2007．

［12］连宏萍．空间的转换——一项对失地农民住房的研究［D］．中南大学硕士学位论文，2008．

［13］陈筱琳．上海郊区宅基地置换问题研究［D］．上海交通大学硕士学位论文，2009．

五、报纸类

［1］江平．农村土地问题实际是三大土地问题［N］，法制日报，2007－07－10（3）．

［2］邓中生．宅基地换房关键在于平衡利益［N］．中山日报，2009－04－20（A5）．

六、网站类

［1］罗必良．农地产权模糊化：历史、现实与变革［EB/OL］．（2009－06－30）［2010－05－09］．http：//www.cngdsz.net/Paper/Economics/2009－06－30/8661.html，．

［2］中国农村土地制度研究［EB/OL］．（2006－12－07）［2010－03－18］．http：//www.lrn.cn/economic/landeco/200612/t20061207_10231.html．

［3］21世纪经济报道．规范农村宅基地流转广东先试先行［EB/OL］．（2007－03－12）［2009－01－18］．http：//www.21cbh.com/HTML/2007－3－12/HTML_VISVEKBMMSYY_3.html．

［4］万国华．宅基地换房本质是一种新型的土地征收关系［EB/OL］．新华网天津频道，（2008－12－18）［2010－08－12］．http：//news.nankai.edu.cn/mtnk/system/2008/12/18/000020862.shtml．

七、英文文献类

[1] John S. Bradway. How to Practice Law Effectively [M]. Oceana Publications, 1958.

[2] Kate Green Joe Cursley. Land Law [M]. Law Press of China, 2003.

[3] Fellmann, T., J. Mllers. Structural Change in Rural Croatia: Is Early Retirement an Option? [J]. International Advances in Economic Research, 2009, 15(1).

后　记

在本书初稿刚刚完成之际，笔者拿着打印好的文稿，无论是手里还是心里都有一种沉甸甸的感觉。此时此刻，这种感觉挺复杂的。有对学术和知识的敬畏，有对自己学术能力忐忑不安的怀疑，更有对支持和帮助我完成本书写作的老师、同学以及亲人的感谢与感激。

本书尝试将宅基地置换制度置于城乡统筹的背景中来进行实证研究，并将这样的一个实践置于特定的时间和空间——2003年至2011年以来上海、安徽等地实践之中，通过对这一特定实践观察、思考和分析，以探求和反思社会转型时期农村土地改革的可能路径，以及相关的制度需求。特别是在传统农村社会"耕者有其田、居住有其屋"的土地制度和建立在其基础之上的产权制度、社会保障制度、户籍制度，在统筹城乡背景下其日益面临挑战，并不断出现相关制度危机的情况下，如何在置换中保障涉地农民的土地、房屋等不动产的财产性收入的增加？如何在置换中通过制度性的创立促使土地制度适应城乡统筹的要求，并在此过程中使土地产权制度合理配置？如何在宅基地置换过程中合理规制地方政府与涉地农民在产权上比较明确而清晰权利和义务关系？如何通过宅基地置换制度创设来反思和检讨现行的财政和税收制度？如何从制度上使置换后涉地农民的在就业和长远生计问题上得到切实有效的保障？如何通过宅基地置换制度的合理配置促使农民更有效地融入城镇？如何通过宅基地置换制度的创设不仅为农民在身份上转化为市民，而且在生活方式和生产方式上也发生置换？这些问题都涉及农民宅基地制度变革问题，特别是在统筹城乡背景下，其综合性、复杂性以及盘根错节的交织性体现得尤为明显和突出，可以说是牵一发而动全身。因此，在这个意义上而言，宅基地置换制度的推行并不是孤军深入的，宅基地置换制度推行的背后，往往涉及农民社会一系列制度变迁和农村社会的转型。但是在制度变迁和社会转型的背后隐含着各个方面的置换,如现代地权模式置换传统地权模式,城市生活方式和生存方式置换农村社会生活方式和生存方式,社会结构由现代意义上的单位模式置换了传统意义上家族模式,甚至生存观念本身也发生了由新而旧的置换。但是制度置换的过程在本质上而言,就是城乡统筹的过程,也是产权变迁的过程,更是社会转型的过程。但是在这个转型的过程中,建立在传统农村社会的地权基础之上的产权制度、户籍制度、社会保障制度等的内涵不断被赋予新的内容,制度本身面临着更新和变革,如何通过具体的实践和典型的案例来触摸这种制度变迁的路径。这是本书努力的方向。

学术之路充满艰辛。尤其是在当今社会转型时期,我们面临着重大的利益调整以及制度变迁过程中所带来的种种矛盾和悖论。记得当年在大学学习的时候,与王海涛师兄在校园中,围绕着英国著名法学家梅因"所有进步社会的运动,到此处为止,是一个'从身份到契约'的运动"的论断,展开了浅显而激烈的论争。这开启了我走向学术上的法律之门。大学期间,我除了认真研读了教科书和一些法学著作之外,还立志考取法学硕士研究生。在面临专业选择时,我选取了攻读法理学。在中国政法大学求学的三年,也是我不断读书和思考的三年。当年,由于不擅长法理学和法哲学的思辨,我毅然选择攻读拉伦茨的《法学方法论》,并花了大量的时间,在小月河边与攻读民商法专业的好友周彬彬研讨该书,至今我还保留该书的学习笔记。当时在读拉伦茨的《法学方法论》时,我们都是就书本而书本,就理论而理论,没有条件,也没有能力将其与社会典型案例或社会实践中中国问题结合起来进行系统而专业的分析和研究。所以,当面对体系化的理论和德国的规范体系如何运用到我国的法律实践的问题时,我们始终需要进行学术反思和转型。而这种转机于我而言在2008年到来了。

2008年6月,我顺利考上了沈国明老师的博士研究生。2008年6月18日,第一次去拜访沈老师的时候,虽然以前未曾谋面,但他非常平易近人,像拉家常一样,我就将硕士阶段对脱离中国社会本身来思考法律问题困惑向他请教。沈老师寥寥数语,就指出当前法学研究脱离具体社会问题和实践而存在的弊端。他肯定了我想在博士期间结合我国实践进行学习的大方向,鼓励我好好地做下去，并让我在开学后与其具体的系统的讨论——我的博士论文选题的方向和思路。博士入学报道以后，2008年9月17日沈老师专门抽出一上午的时间，与我谈博士论文选题的问题。他不仅打消了我选择农村宅基地置换法律制度研究的顾虑，而且还鼓励我从宅基地法律制度具体实践形态的角度进行研究。他说宅基地流转问题关涉我国农村与城市发展和社会稳定问题；也关涉农民社会保障与城市化进程的推进以及城乡二元化的格局与发展问题。对于这一制度的确立与否要慎重，需要加强研究和系统的论证才能对这一问题进行解决。突然我感到自己一直苦苦思索的问题，豁然开朗。这次谈话足足用了三个小时。通过沈老师这样一一点拨，我感到自己未来三年的方向已经明确，身上顿时充满了干劲。选题确定好以后，博士学习阶段第一年我在安徽和上海进行大量的调研，每次调研回来以后，都将调研心得和体会写成文字，向沈老师请教。沈老师无论多忙，都给予我耐心地解答。

每每遇到认识的难题时，老师都能通过简洁而深刻的论断，如醍醐灌顶，让我受益匪浅。例如，沈老师经常强调，从事农村宅基地置换制度的实证研究，白描的方法很重要，即将问题讲明白、说清楚。老师渊博的学识、严谨的学风、务实的精神以及和蔼的笑容每每都让我为之感动。特别是这些年沈老师对中国农民生存和发展的现状的关切，对失地农民住房和生存问题的担忧，体现了他对当下基层民众的关心和关爱，对法治中国独特而深刻的理解。如他认为，在一定程度上，描述和剖析现实的利益冲突，其价值不亚于对具体规则的设计本身。怎样才能使中国具备创新法律的能力，具备独立造法的能力，具备自我生成法律的能力？就中国的现状而言，描述经验和事实，比直接引入概念更有价值。必须把抽象的法律规则和概念还原为具有代表性的社会实践，透过法律条文和概念去探寻法律规则背后最朴素、最简捷、最真实的利益关系，发现法条背后隐藏的历史和经验，理解法条的经济内涵和文化内涵。这些都让作为学生的我深深敬佩和感受到应终身学习。论文初稿完成后，沈老师在百忙之中抽出宝贵的时间通读全稿，并提出细致而全面的修改建议。可以说，没有沈老师的指点，就不会有本书的面世。

在本书的写作和答辩过程中，要感谢华东政法大学法律史导师组全体老师的宽容和关爱。因为在法律史专业做农村宅基地置换法律制度研究显得有点"异类"。但法律史专业的老师兼容并蓄的心胸和培养学生多元发展的格局的教育理念，事隔多年之后，仍然让我深受感动。感谢何勤华老师在我攻读博士期间在学术上对我的帮助，特别是他那渊博的知识、严谨的学风和实证的精神，每每让我对学术心怀敬畏和向往之心。王立民教授、徐永康教授、李秀清教授和丁凌华教授等老师，在课堂上精彩的传道、授业和解惑，让我受益匪浅并心存感激。

论文在调研期间，得到很多亲友的支持和帮助，在此表示感谢。金山区司法局马智勇、金山区鲁堰村朱秀云书记、奉贤区四团镇王石明科长、松江区顾立丰律师、我的学生王佳琪、陈静等为我在上海的调研顺利开展提供了许多帮助。安徽省国土资源厅土地复垦中心钱晓忠主任、来安县国土局赵静局长、长丰县国土局郑伟主任等人为我在安徽省调研提供了帮助和支持。还有一些已经记不清楚姓名的农民朋友，特别是一位姓陈的大哥，在我在安徽调研的时候，给我讲述农村基层社会人际关系因为农村土地制度变迁所带来利益格局的调整。原来是一个县城小干部的他，在家庭生活中地位优位，而后其弟弟通过承包地而发家致富，不断获得家庭优位。他的家庭史使我感受到农村社会复杂而不断向"现代"发展的画面，让我感触颇深。经过一年的调研之后，我决定不让人引荐，单独赴奉贤庄行镇调研。虽然没有任何人引荐，当地农民朋友仍然热情地接待了我，并给我讲述农村土地与社会变迁过程中他们生活的苦与乐。在访谈中他们的热情帮助和积极参与，时常让我感动不已，并成为我关注和研究此问题的动力。

饮水思源，感谢在我人生成长中给予帮助和支持的老师。感谢我的高中老师周宜涛先生，周老师在我身体虚弱的那段日子，不仅每天早上带我晨跑，而且在精神上给予我莫大的鼓励，让我跨越了那个充实而又难忘的高中阶段。感谢我的学术启蒙老师蒋传光教授和孙洪坤教授，他们不仅培养了我对学术的兴趣和爱好，而且对于我的学术发展给予了力所能及的指点和帮助。感谢已故恩师程春明教授，让我在法大学习期间得到良好的法学方法论的训练，并心怀一颗敬畏学术之心！同时，在法大读书期间有缘得到舒国滢教授的指点和帮助，让我终生难忘。

在学术道路上，有很多同学和朋友给予了很大的帮助和支持，在这里表示感谢，尽管在此不能一一列举。感谢师兄王海涛博士这些年在学术上给予了我莫大的帮助和支持，他是我学术成长道路上的一面旗帜；师姐齐春轶博士虽然远在德国法兰克福大学求学，也经常远隔重洋打来电话，关心我的论文写作情况，让我深受感动；同门朱淑丽师姐、曾坚师姐、阎锐师姐和翟芳师姐经常关心我的论文写作情况，并在生活上和学习上给我很大帮助，让我少走很多弯路；师妹穆红琴博士和我一起到上海郊区调研，彼此互相学习，让我深受启发；同学任海涛、王笑红、于宵、翟冠慧、陈晓聪、焦应达、赵笑君、王晓峰、熊建明等博士经常在一起讨论学术，受益匪浅。

博士毕业后，我因学习和研究农村土地法律制度，有幸认识了一些师友。李凤章教授在各种土地法研讨会上经常提携我，让我开阔了视野。在李老师的引荐下我结识了本人仰慕已久的博士后合作导师彭诚信教授。彭诚信老师经常向我提出土地开发权的性质和中国化等问题，让我对进一步研究农村土地问题有了系统而深入地思考。在他的指点下，我又尝试从民法和物权法的视角来学习和研究土地法。到了《东方法学》编辑部，我得到了吴以扬副主编的支持和肯定，他为我创造了宽松的学术氛围，并在我学习过程中给予了他力所能及的支持和帮助。同时，我也非常有幸地认识了傅鼎生老师，他在土地法和物权法方面给了我很多富有启发性的指导。虽然傅老师已经因病逝世，但他的音容笑貌依然留在我的心中，激励我在学术之路上不断前行。挚友魏治勋教授、陈敬根博士、张先贵博士等人在学术上也给予我很多的启发。在此一并感谢！

感谢我的岳父岳母。为了我能够安心学习和读书，他们给予了力所能及的帮助。岳母在我到安徽调研期间，不仅帮我联系调研地点，而且还给我提供生活上和学习上的照顾。在论文写作期间，她经常帮助我们料理家务，为我的学习和写作提供了温馨而安静的生活环境。这些都是不能仅仅用"感谢"来表达的，也许只有学术上和工作上加倍努力，学有所成，才能报答他们一二。感谢我的爱人袁苇鸣女士，尽管我们相识、相爱到相伴的大部分时间都是在图书馆里度过的。对此，她给予了莫大的理解和宽容，默默地支持着我的学习和写作，让我时常感到内疚和感动。

最后，感谢我的父母。父亲是一名小学教师，也是我的小学老师；从小他就非常关心我的学习和成长，并教育我要做一个有益于社会和国家的人。在我人生面临各种选择时，他总能给出让我受益终身的方案和建议，并给予我力所能及的支持。我的母亲虽然读书不多，但她正直、善良，总是通过言传身教、默默支持和无私的爱，让我身心得到健康的成长，对社会和对未来充满希望和乐观。当然，我同我学术上和事业上的丝毫成就都得益于我父母的养育和教导。

由于本人学识浅薄，本书存在这样或那样的问题在所难免，请各位方家批评指正。

孙建伟

2011 年 5 月 1 日初草拟于上海，

2018 年 11 月 15 日改定于上海